本书由陕西师范大学出版基金资助出版

陕西师范大学国家重点学科建设项目

张懋镕　主编

中国古代青铜器整理与研究

青铜匜卷

王　宏　阴玲玲　著

科学出版社
北　京

内 容 简 介

本书以两周青铜匜为研究对象，通过对青铜匜的研究简史、定名与功用、型式分期、组合关系、地域文化风格、与相关器类之间的关系、起源与消亡等方面的考察，力求在系统收集整理两周青铜匜资料的基础上，进一步深化对这类重要青铜礼器的研究与认识。

本书可供考古学、历史学及相关专业的专家学者参考使用。

图书在版编目（CIP）数据

中国古代青铜器整理与研究. 青铜匜卷 / 张懋镕主编；王宏，阴玲玲著. —北京：科学出版社，2023.3

陕西师范大学国家重点学科建设项目

ISBN 978-7-03-073122-7

Ⅰ. ①中… Ⅱ. ①张… ②王… ③阴… Ⅲ. ①青铜器（考古）–研究–中国 Ⅳ. ①K876.414

中国版本图书馆CIP数据核字（2022）第168839号

责任编辑：李　茜 / 责任校对：王晓茜

责任印制：肖　兴 / 封面设计：北京美光设计有限公司

科学出版社 出版

北京东黄城根北街 16 号

邮政编码：100717

http://www.sciencep.com

中国科学院印刷厂 印刷

科学出版社发行　各地新华书店经销

*

2023年3月第　一　版　开本：787×1092　1/16

2023年3月第一次印刷　印张：24

字数：554 000

定价：268.00元

（如有印装质量问题，我社负责调换）

多卷本《中国古代青铜器整理与研究》编写缘起

经过十几年的准备工作，多卷本的《中国古代青铜器整理与研究》即将出版。回顾往事，真是百感交集。

30年前，我的处女作《释“东”及与“东”有关之字》发表，从那时候起，青铜器的学习与研究注定成为我一生的追求。

29年前，我开始师从李学勤先生研习古文字。中国古文字有很多分支，如甲骨文、金文、战国文字、简牍帛书文字。先生告诉我：“你在陕西，陕西有很多青铜器，你就做金文研究吧。”在先生的指导下，我受到严格的学术训练，这令我终生受益。我的硕士学位论文是《周原出土西周有铭青铜器综合研究》。所谓综合研究，就是从青铜器、古文字、历史文献三方面来研究。从此综合研究成为我研究青铜器遵循的准则与方法。

1989年，西北大学文博学院成立新的专业——博物馆专业，大概考虑到我本科学的是考古，于是把我从文献专业调到博物馆专业。除了继续讲古文字，又开了一门新课“青铜器鉴定”。自此之后，我开始系统研习青铜器，包括没有铭文的青铜器。

在长期的教学与研究工作中，我渐渐对中国古代青铜器有了新的认识。

概而言之，中国古代青铜器的研究，自两宋以来，已有一千多年的历史，取得了丰硕的成果。尤其是近百年来的研究，在青铜器的分期、分区系、分国别、分器类诸方面卓有成效，为世人所瞩目。

回顾历史，也毋庸讳言，我认为就青铜器基础性工作而言，其资料的整理还远远不够。且提一个最基本也是最简单的问题：迄今为止究竟有多少件中国古代青铜容器？（尚且没有涉及兵器、工具、车马器、钱币、铜镜等）几万还是十几万，恐怕连一个非常粗略的估计都没有，专家也说不清楚。家底不清，研究对象模糊，研究很难继续深入。由于中国古代青铜器资料十分庞杂，其收集、整理并非易事，所以这一部分的工作非常重要。说到研究，比如青铜器的定名，鼎、鬲、簋等各类器物的分类研究，它们之间的相互关系，各类纹饰的分类研究，纹饰和器物之间的相互关系，各个阶段铭文的特点，器物、纹饰、铭文三者之间的互动关系以及对断代的作用等等，其研究或不够系统，或不够深入，有些方面甚至是空白。

20多年来，我一直在进行这方面的研究工作，写了《西周方座簋研究》《两周青铜盨研究》《西周青铜器断代两系说刍议》《试论中国古代青铜器器类之间的关系》《青铜器自名现象的另类价值》等文章，希望从器类、断代、地域、定名等多个角度和层面对青铜器进行探索。

同时我也十分关注国内外青铜器研究专家的成果，他们的论著是我案头的必备书籍，我经常地反复阅读，受益无穷。

在研究中，我深感个人力量的有限。从1999年招收青铜器方向研究生起，就逐渐形成了一个构想：如果研究生本人没有更好的研究题目，我就请他（她）来作青铜器中的某一部分，整理、研究某一类青铜器，或某一类纹饰，或某一时段的铭文，等等。经过十多年的积累，已经完成了20多篇硕士和博士学位论文。其中分器类的整理与研究完成多半，某一地区、某一时段的铜器的整理与研究正在进行，纹饰与铭文的分类、分时段研究也做了一部分。这些为多卷本《中国古代青铜器整理与研究》的编撰奠定了基础。同时，我注意到其他先生也在指导研究生做类似的学位论文，对我们也很有启发与帮助。

前几年，在编写《青铜器论文索引》的过程中，与北京线装书局的刘聪建先生多有接触。他听了我的上述介绍后，很感兴趣，遂与我商定，在原有研究生论文的基础上，由我主编，各专题作者分别著述，形成一套多卷本《中国古代青铜器整理与研究》。但由于种种原因，在线装书局只出了三卷。如今，在科学出版社的大力支持下，计划得以重新实现，拟在今后的若干年里，陆续完成和出版20卷以上的著作。

写作多卷本《中国古代青铜器整理与研究》的目的拟在全面、系统整理青铜器资料，在充分吸取古今中外研究成果的基础上，对青铜器的形制、纹饰、铭文、组合关系等方面作全方位考察和研究，并试图总结出关于中国古代青铜器产生、发展、消亡的基本途径、规律、特点及其原因。这是一个遥远的目标，但我们有信心一步一步地走近它。

由于这套多卷本《中国古代青铜器整理与研究》的作者都是毕业不久的研究生，眼界有限、文字青涩也在所难免。我的指导也很有限，很多问题我也不懂或知之甚少。当时作学位论文时，我希望他（她）们放大胆子去写，因此他（她）们的观点与我也不尽一致。但无论如何，在阅读他（她）们的学位论文时，在与他（她）们的反复讨论、交流中，我也有很多的收获，这是最令人快乐的事情。我将阅读后的感想写出来，作为序言放在书前，就是希望继续与大家讨论，将《中国古代青铜器整理与研究》延续下去。而随着一本本书稿的出版，这一批年轻的作者也正在走向成熟，这或许是比书稿的出版更有意义的事情。

最后要感谢参加我的研究生学位论文答辩以及审阅论文的诸位先生，并希望今后继续得到你们的批评与帮助。感谢陕西师范大学暨历史文化学院给予的大力支持，感谢科学出版社李茜与曹伟两位编辑的辛勤工作，让我们十几年来的梦想终于得以实现。

乙未年立冬后二日张懋镕写于

陕西师范大学中国青铜文化研究中心

前　　言

青铜匜是两周时期重要的礼器，既见于考古资料，也见于文献记载。早在北宋时期，金石学家就已经注意到了匜这种器物，并对其定名与功用做了定义。此后清代以及近现代学者陆续对匜有过不同程度的著录与研究，使匜类铜器的研究概况逐渐明晰起来。但不足之处在于，前贤们的研究只是针对某件匜的个论或者是部分匜的专论而言，并未对所有的青铜匜有过一个全面的整理与研究。如此，就存在这样一个问题：迄今为止，到底有多少青铜匜？它存在几种形态？流行时代如何？定名与功用如何？地域分布如何？器形演变如何？在铜礼器中的地位如何？等等，都是没有解决或者至少是没有完全解决的问题。有鉴于此，我们认为有必要对青铜匜重新做一个全面的收集与整理，并进行相关的研究，目的在于摸清青铜匜的家底，搞清楚学界的研究状况，以便为学界对匜类铜器的研究工作提供一份可资参考的数据资料。

本书收集的对象主要是西周至战国时期的铜匜，秦汉时期由于青铜器走向衰落，匜类铜器生活化，所以本书对秦汉时期的匜不再收录。对于考古出土的匜，采取应收尽收的原则，除图像铭文资料明确的匜外，对于一些图像、尺寸未发表的匜，也全部予以收录。对于传世的匜，则谨慎一些，特别是一些宋、清金石著录中的仿古器，或者是款识类著作中只定名为匜，而没有提供图像资料的器物，如果不能确定是两周时期的匜，则不予收录。

目　录

多卷本《中国古代青铜器整理与研究》编写缘起……………………………　张懋镕（i）

前言……………………………………………………………………………………（iii）

第一章　青铜匜研究简史………………………………………………………………（1）

第一节　宋元明时期 ………………………………………………………………（1）
第二节　清代时期 …………………………………………………………………（3）
第三节　民国时期 …………………………………………………………………（8）
第四节　中华人民共和国时期 ……………………………………………………（11）
第五节　日本学者的研究 …………………………………………………………（17）
小结 …………………………………………………………………………………（18）

第二章　青铜匜的定名与功用…………………………………………………………（19）

第一节　青铜匜的定名 ……………………………………………………………（19）
第二节　青铜匜的功用 ……………………………………………………………（30）
小结 …………………………………………………………………………………（34）

第三章　青铜匜的型式分析、分期断代及各期特征…………………………………（35）

第一节　青铜匜的型式分析 ………………………………………………………（35）
第二节　青铜匜的分期断代及各期特征 …………………………………………（47）
小结 …………………………………………………………………………………（62）

第四章　青铜匜的组合研究……………………………………………………………（63）

第一节　分析的对象与方法 ………………………………………………………（63）
第二节　青铜匜组合研究 …………………………………………………………（63）
小结 …………………………………………………………………………………（101）

第五章　青铜匜地域文化分析…………………………………………………………（103）

第一节　关中及以西地区 …………………………………………………………（103）

第二节 中原地区 …… (107)
第三节 汉淮及长江中游地区 …… (112)
第四节 长江下游地区 …… (120)
第五节 海岱地区 …… (124)
第六节 北方地区 …… (128)
第七节 巴蜀地区 …… (132)
小结 …… (132)

第六章 青铜匜与其他器类的关系 …… (135)

第一节 青铜匜与觥的关系 …… (135)
第二节 青铜匜与盉的关系 …… (140)
小结 …… (142)

第七章 青铜匜的起源与消亡 …… (143)

第八章 结语 …… (148)

参考书目 …… (149)

附表 …… (173)

附表1 出土青铜匜资料统计表 …… (173)
附表2 传世青铜匜资料统计表 …… (270)
附表3 器形、尺寸不明匜资料统计表 …… (310)
附表4 出土青铜匜窖藏、墓葬资料统计表 …… (329)
附表5 青铜匜分期演变图 …… (367)
附表6 本书引用书目简称全称对应表 …… (369)

后记 …… (373)

第一章　青铜匜研究简史

同大多数青铜器的研究轨迹一样，青铜匜的研究简史大体上也可以分为四个时期：宋元明时期、清代时期、民国时期、中华人民共和国时期。

第一节　宋元明时期

宋代是金石学的发轫期。宋朝统治者为巩固政权，建立严格的纲常伦理，大力奖励经学，试图恢复礼制。于是朝廷及士大夫均热衷于古代礼乐器物的搜集、整理与研究。唐代以来墨拓术和印刷术的发达，为金石文字的流传提供了方便条件，也促进了金石学的形成和发展[①]。于是两宋时期诞生了相当数量的金石学作品，这一时期关于青铜匜的著作有以下几类。

一、图　录　类

北宋吕大临的《考古图》，是最早著录青铜匜的金石学著作，此书收录4件匜：弭伯匜、季姬匜、仲姞旅匜、牛匜[②]（卷6，4、6、8、10），每器均摹画图像，记录大小尺寸、容积、重量、收藏者和出土地点，并对有铭文的器物铭文做了隶定、考释。

其后宣和年间王黼著《博古图》[③]，收录定名为“匜”者凡16器，其中商启匜、商凤匜、商三夔匜、周父癸匜（卷20，24～29）、周文姬匜（卷20，33）、周遍地雷纹匜、周夔匜（卷21，7、8）7件器实为觥。真正为匜者只有周司寇匜（卷20，3）、周义母匜（卷20，35）、周孟皇父匜（卷20，37）、周螭首匜（卷20，39）、周弭伯匜（卷21，4）、周季姬匜（卷21，5）、周牛足匜（卷21，9）、汉螭匜（卷21，12）、汉注水匜（卷21，10）9件器，皆摹绘图像，并对尺寸、容积、铭文等做了解释说明。

---

① 中国大百科全书总编辑委员会《考古学》编辑委员会：《中国大百科全书·考古学》，中国大百科全书出版社，1986年，第236页。

② （宋）吕大临：《考古图》，清乾隆四十六年四库全书文渊阁书录钱曾影钞宋刻本。历代金石著作中匜的细目见附表1～附表3，下同。

③ （宋）王黼：《博古图》，清乾隆十八年天都黄晟亦政堂修补明万历二十八年吴万化宝古堂刻本。

其中的汉注水匜属汉代器，秦汉铜匜不列入本书研究范围，故下文金后著作中凡涉及秦汉铜匜者，一般不再提及。

《博古图》收录匜的数量明显增多，并在匜类器卷首引用先秦文献，将匜盘洗盆锔杅归为一组，对该组器中的每种器类进行了概括性的说明（卷20，22～23），这是《考古图》所不具备的。

又有南宋赵九成撰《续考古图》，收录1件定名为“王宫匜”（卷2，35）的器物，实为鼎；又收录1件定名为“觥”的兽首三足器，实为匜（卷3，33）①。

元明两朝金石学不甚发达，迄今未见元人关于青铜匜的金石学著作，明代仅见胡文焕著《古器具名》，收录1件定名为“凤夔匜”（卷上，35）的器物②，但实际上是觥。

二、款　识　类

南宋薛尚功《历代钟鼎彝器款识法帖》收录称为“匜”的铭文15条：启匜、祖戊匜、叔匜、父癸匜、季姬匜、孟皇父匜、弭伯匜（著录作“张伯匜”）、寒戊匜、司寇匜、文姬匜、义母匜、齐侯匜、杞公匜、孟姜匜、田季加匜（47、113～117）③。其中的启匜、文姬匜实际上是觥，杞公匜是壶。祖戊匜、父癸匜因无器形图像，不好确定是何器，但从铭文内容皆为单一的日名、族徽来看，与匜流行时段的铭文体例不符，所以这两件器应当不是匜，而是其他器类。其余10件器都是匜。

王俅《啸堂集古录》，收录定名为“匜”的铭文9条：商启匜、周父癸匜、周孟皇父匜、周司寇匜、周文姬匜、周义母匜、周弭伯匜、周季姬匜、齐侯匜（71～73、96、99）④。其中真正属于匜者只有周孟皇父匜、周司寇匜、周义母匜、周弭伯匜、周季姬匜、齐侯匜。

宋代为金石学的发轫期，《考古图》开青铜匜研究之先河。宋代的金石学家已经注意到了匜这种器物，并能够结合文献对匜的功用以及在礼仪中的使用场合做一些初步的讨论。也认识到了匜与盘的关系，如《考古图》在著录铜器的时候已经有意识地将匜排列在盘的后面（《考古图》卷6，1～4）；《博古图》在著录匜时，还在文前加了一篇名为《匜盘洗盆锔杅总说》的绪言（《博古图》卷20，22、23），使读者在查阅正文内容之前便能了解到这些器物具有相似的功用；薛尚功、王俅对于青铜匜铭文

① （宋）吕大临、赵九成：《考古图、续考古图、考古图释文》，中华书局，1987年，第222、239、250页。

② （明）胡文焕：《古器具名》，明万历自刻本。

③ （宋）薛尚功：《历代钟鼎彝器款识法帖》，1935年海城于省吾影印明崇祯六年朱谋垔刻本。

④ （宋）王俅：《啸堂集古录》，1922年涵芬楼本。

的收集也是较为详尽，而且都做了初步的考释。

以上这些研究成果都表明宋代的金石学家对匜已经有了一个初步的认识，他们积累的学术经验也为后世的金石学研究提供了可资借鉴的良好体例。但存在的不足在于，宋代金石学家虽然能够对匜进行定名，但却不甚准确，往往将一些现在看来属于鼎、壶、觥类的器物定名为“匜”，这是其阙失之处。

第二节　清代时期

清代是金石学发展的复兴期。乾隆皇帝尤好崇古，敕命臣下编撰“乾隆四鉴”，收录清宫收藏铜器总计4000余件，对古器物研究的复兴起了重要的推动作用。此后，受乾嘉学派的影响，金石学大为发展。清代金石学家的特点是精于鉴别，详于考订，研究范围较广，并且有一些集成性和综合性的工作[①]。这一时期，关于青铜匜的金石学著作有以下几类。

一、图　录　类

乾隆皇帝敕命梁诗正主持编纂《西清古鉴》，收录定名为“匜”者有30件器：周司寇匜、周祖匜、周姜伯匜、周陈伯匜、周伯匜、周伯和匜、周女匜、周山匜、周般匜、周利匜、周举匜一、周举匜二、周子匜、周子孙匜、周牺匜一、周牺匜二、周马匜、周兽匜、周云雷匜、周饕餮匜、周夔龙匜、周蟠虬匜、周蟠夔匜一、周蟠夔匜二、夔首匜、螭首匜、云纹匜、环纹匜一、环纹匜二、环纹匜三（卷32，1～32）[②]。但其中的周司寇匜、周祖匜、周伯和匜、周女匜、周山匜、周般匜、周利匜、周举匜一、周举匜二、周兽匜、周饕餮匜实则为觥；周伯匜，容庚、刘雨先生认为是一件伪器[③]。从形制上来看，我们认为其应当是一件清代的仿古器；周子孙匜，实际上是一件鬶形器；周牺匜一、周牺匜二、周马匜当属动物形的觥类器，并不能看作是匜。真正属于匜的有周姜伯匜、周陈伯匜、周子匜、周云雷匜、周夔龙匜、周蟠虬匜、周蟠夔匜一、周蟠夔匜二、夔首匜、螭首匜、云纹匜、环纹匜一、环纹匜二、环纹匜三，以上诸器皆有摹绘图像、尺寸说明。

王杰等编《西清续鉴》（甲、乙编），甲编收录定名为“匜”者有7件器：周

---

① 中国大百科全书总编辑委员会《考古学》编辑委员会：《中国大百科全书·考古学》，中国大百科全书出版社，1986年，第236、237页。

② （清）梁诗正：《西清古鉴》，清乾隆二十年内府刻本。

③ 刘雨：《乾隆四鉴综理表》，中华书局，1989年，第114页。

父乙匜、周伯匜、周季姬匜、周牺首匜、周环纹匜一、周环纹匜二、汉兽匜（卷14，33～39）[①]。但其中属于匜的只有周环纹匜一、周环纹匜二两件，其余5件都是觥类器。

乙编收录定名为“匜”者9件：周唯叔匜、周仲驹匜、周蟠夔匜、周螭首匜、周雷纹匜、汉牺首匜、汉蟠虬匜、汉夔纹匜、唐虎匜（卷14，41～49）[②]。其中的周仲驹匜其实是觥；汉夔纹匜从形制上来看应该称作“匜鼎”，归属于鼎类；唐虎匜虽然形制类似春秋时期的匜，但是造型奇特，且著录称其“金错四足”。容庚先生在论及“乾隆四鉴”收录铜器时，认为“金银错之商周器十九皆伪”[③]，加之传世以及出土的春秋青铜匜中极少发现有错金银装饰工艺的，所以我们认为这件所谓的“唐虎匜”应该是清代的仿古器，并不是春秋时期的匜。其余6器都是匜。《西清续鉴》（甲、乙编）中每器均有图像，记录大小尺寸、容积、重量，并有铭文考释。

梁诗正、王杰等编《宁寿鉴古》，收录定名为“匜”的铜器24件：周公父匜、周仲驹匜、周智匜、周蟠夔匜一、周蟠夔匜二、周蟠夔匜三、周蟠夔匜四、周蟠夔匜五、周夔纹匜一、周夔纹匜二、周夔纹匜三、周夔纹匜四、周夔纹匜五、周牺首匜、汉盠匜、汉虎匜、汉夔匜、汉蟠夔匜一、汉蟠夔匜二、汉蟠虺匜、汉牺首匜一、汉牺首匜二、汉环纹匜一、汉环纹匜二（卷12，51～76）[④]。其中的周仲驹匜、周智匜、周蟠夔匜五、周夔纹匜一、周夔纹匜三、周夔纹匜五、汉虎匜、汉蟠夔匜一、汉蟠夔匜二都属于觥类器，其余15器都为匜。

刘喜海《长安获古编》收录了伯正父匜图像及铭文（卷1，28）[⑤]。

吴云《两罍轩彝器图释》收录了齐侯匜（卷7，21），并对该匜的流传经历做了记述[⑥]。

曹载奎《怀米山房吉金图》收录甫人父匜、燕公匜、齐侯匜3件器（乙，7、8、16）[⑦]，皆描摹图像，考释文字。

端方《陶斋吉金录》收录定名为“匜”者有3件器：诸女匜、賁弘匜、甫人父匜（卷3，34～37）[⑧]，皆有图像及铭文资料。但是从图像来看，这3器都是觥，其中的甫人父匜图像是一件明清时期仿古的觥，但却配用了真正的甫人父匜的铭文，可能是作者犯的一处张冠李戴的错误。另端方《陶斋吉金续录》收录了昶伯庸匜的相关资料

① （清）王杰等：《西清续鉴》（甲编），宣统三年涵芬楼石印宁寿宫写本。

② （清）王杰等：《西清续鉴》（乙编），1931年北平古物陈列所依宝蕴楼钞本石印本。

③ 容庚：《商周彝器通考》（上册），台湾大通书局印行，1973年，第221页。

④ （清）梁诗正、王杰等：《宁寿鉴古》，1913年涵芬楼依宁寿宫写本石印本。

⑤ （清）刘喜海：《长安获古编》，清光绪三十一年刘鹗补刻标题本。

⑥ （清）吴云：《两罍轩彝器图释》，同治十一年自刻木本。

⑦ （清）曹载奎：《怀米山房吉金图》，日本明治十五年（1883年）文石堂翻刻木本。

⑧ （清）端方：《陶斋吉金录》，清光绪三十四年石印本。

（卷2，16）[①]。

丁麟年《移林馆吉金图识》，收录1件“公中考父”匜[②]。从形制看，这件匜与新郑李家楼郑公大墓出土的瓢形匜相似[③]，年代在春秋中期前后。有37字铭文，“唯六月初吉丁亥，公中考父自作匜，用祀用享，多福滂，用祈眉寿，万年无疆，子子孙孙永宝是尚”。与之同铭者有公中考父壶（《铭图》12422），但是相较而言，这两件器字形书体相差甚远，公中考父壶铭文清晰整齐、遒劲有力，而“公中考父”匜则书体软弱，“唯”“滂”“是”等字笔画交代不清，毫无力度，且吴镇烽先生《铭图》也未收录该匜，故此我们认为这是一件器真铭伪的铜匜。

二、款　识　类

倪涛《六艺之一录》收录定名为“匜”的铭文7条：商启匜、祖戊匜、周父癸匜、周司寇匜、周孟皇父匜、周义母匜、周文姬匜（卷12，下15～下20）[④]。其中属于匜的只有周司寇匜、周孟皇父匜、周义母匜3条。

阮元《积古斋钟鼎彝器款识》收录定名为匜的铭文有4条：商匜：父辛匜、父癸匜盖（卷2，22）；周匜：诸女匜、姬单匜（卷7，24）[⑤]。其实真正属于匜的只有姬单匜（蔡侯匜）。

吴荣光《筠清馆金文》收录匜铭6条：周并匜、周相匜、周齐侯匜、周叔妘匜（叔上匜）、周燕公匜、周奉册匜（卷4，46～51）[⑥]，其中属于匜的只有周齐侯匜、周叔妘匜（叔上匜）、周燕公匜3条。

吴式芬《攈古录金文》收录匜铭23条：姬单匜（卷2·1·16）、伯庶父匜（卷2·1·30）、周笔匜（卷2·1·85）、周妘匜（卷2·2·10）、史颂匜（卷2·2·11）、伯正父匜（卷2·2·33）、父癸匜、父辛匜（卷1·2·82）、册父乙匜（卷2·1·42）、长汤匜（卷2·1·42）、燕匜（卷2·1·43）、甫人父匜（卷2·1·55）、黄仲匜（卷2·1·55）、诸女匜2件（卷2·1·75、76）、吕仲匜（卷2·2·20）、燕公匜（卷2·1·84）、昶伯庸匜（卷2·2·55）、郑伯匜（卷2·3·8）、齐侯匜（卷2·3·15）、陈子匜（卷2·3·60）、叔妘匜（叔上匜）（卷

① （清）端方：《陶斋吉金续录》，清宣统元年石印本。
② （清）丁麟年：《移林馆吉金图识》，1941年北平东雅堂翻印清宣统二年石印本。
③ 河南博物院、台北历史博物馆：《新郑郑公大墓青铜器》，大象出版社，2001年，第136页。
④ （清）倪涛：《六艺之一录》，乾隆四十六年四库全书文渊阁本。
⑤ （清）阮元：《积古斋钟鼎彝器款识》，清嘉庆九年自刻本。
⑥ （清）吴荣光：《筠清馆金文》，清宜都杨守敬重刻本。

2·3·75）、取肤上子商匜（卷2·2·6）[①]，其中可以确定为匜的有姬单匜（蔡侯匜）、伯庶父匜、周窀匜、周妘匜（函皇父匜）、史颂匜、伯正父匜、长汤匜、燕匜（𠂤姬匜）、甫人父匜、黄仲匜、吕仲匜、燕公匜、祳伯庸匜、齐侯匜、陈子匜、叔妘匜（叔上匜）、取肤上子商匜。其余父癸匜、父辛匜、诸女匜可能是觥，因无图像，不好遽定。

方濬益《缀遗斋彝器考释》收录定名为"匜"的器铭有30条，有斧子匜、文父丁匜、王子匜等[②]（卷14·1～18），其实真正属于匜的只有媟匜（卷14·2）、虢季匜（卷14·7）、蔡侯匜（姬单匜）（卷14·6）、𠂤姬匜（卷14·10）、苏夫人匜（卷14·8）、甫人父匜（卷14·7）、黄仲匜（卷14·6）、周窀匜（卷14·9）、燕公匜（卷14·13）、史颂匜（卷14·11）、函皇父匜（卷14·11）、伯正父匜（卷14·12）、㠱孟姜匜（卷14·16）、鲁伯愈父匜（卷14·15）、祳伯庸匜（伯庸匜）（卷14·12）、取肤上子商匜（卷14·10）、堇生匜（有伯君匜）（卷14·14）、齐侯匜（卷14·14）、叔男父匜（卷14·13）、仲白匜（卷14·15）、陈子匜（卷14·18）、叔上匜（卷14·17）共计22条，其余器由于没有图像资料，吴镇烽先生在《铭图》中也没有收录，因此我们暂不将其作匜类器看待。另外《缀遗斋》收录的伯庶父㿽（卷14·34）实际上也是匜，即伯庶父匜，收录的齐侯作孟姜盂（卷28·2）也是匜。

吴大澂《窸斋集古录》收录铜匜铭文23条（16·18～28）[③]，其中属于匜的只有虢季匜（16·20）、苏夫人匜（16·25）、黄仲匜（16·24）、周窀匜（16·21）、史颂匜（16·25）、函皇父匜（16·26）、㠱孟姜匜（16·23）、祳伯庸匜（16·22）、取肤上子商匜（16·22）、薛侯匜（16·21）、齐侯匜（16·23）、仲白匜（鲁大司徒匜）（16·27）、陈子匜（16·24）13件，其余因无器形图像，《铭图》也没有收录，故此暂不作为匜看待。另外吴氏所著《恒轩所见所藏吉金录》收录有叔男父匜图像及铭文摹本[④]。

陈介祺《簠斋吉金录》收录6条匜铭文（匜1～6）[⑤]：陈子匜、取肤上子商匜、周窀匜、黄仲匜、苏夫人匜、㠱孟姜匜，都是匜。

盛昱《郁华阁金文》收录定名为"匜"者铭文23条[⑥]（第28册），经仔细甄别，其中册父辛匜、册冉匜、作匜都不是匜。真正属于匜者有媟匜、伯庶父匜、苏夫人匜、黄仲匜、叔黑𦣞匜、周窀匜、燕公匜、史颂匜、函皇父匜、伯正父匜、㠱孟姜

① （清）吴式芬：《攈古录金文》，1913年西泠印社翻刻光绪二十一年吴氏家刻本。

② （清）方濬益：《缀遗斋彝器考释》，1935年商务印书馆石印本。

③ （清）吴大澂：《窸斋集古录》，1930年涵芬楼影印本。

④ （清）吴大澂：《恒轩所见所藏吉金录》，光绪十一年自刻木本。

⑤ （清）陈介祺：《簠斋吉金录》，1918年风雨楼影印本。

⑥ （清）盛昱：《郁华阁金文》，北京大学图书馆藏拓本。

匜、鲁伯愈父匜、杞伯每刃匜、䢅伯庸匜、取肤上子商匜、番仲[illegible]匜、番䢅伯者君匜、叔男父匜、中白匜、陈子匜20件。另外盛昱还收录1件薛侯盘（第30册），实际上是薛侯匜。

刘心源《奇觚室吉金文述》共收录了定名为“匜”的铭文11条[①]，其中只有9条是匜：苏夫人匜、黄仲匜、周窀匜、函皇父匜、取肤上子商匜、堇生匜（有伯君匜）、仲白匜、陈子匜（卷8·29～34）、齐侯匜（卷18·26）。另刘氏还收录了1条命名为“齐侯盂”（卷6·38）的铭文，其实是匜。刘氏《古文审》收录定名为“匜”者有伯元匜、诸女匜、叔妘匜（卷首·21）[②]，只有伯元匜（陈伯元匜）、叔妘匜（叔上匜）是匜。

朱善旂《敬吾心室彝器款识》收录定名为“匜”者铭文2条：周窀匜、相匜[③]，其中只有周窀匜是匜。

清代金石学家在宋代以来金石学的基础之上，收录匜的材料更加丰富，体例更为完备，对文字的考释也更为详尽，而且金石学家人数也大为增多，说明清代的金石学研究较之于宋代成就更为显著。

但应当指出的是，无论是宋代还是清代，金石学家对匜的研究所显示出的不足之处也是客观存在的，主要表现在：

在研究内容上，侧重点主要在于对文字的考释，而对于青铜匜器形、纹饰的分析以及与之相关的器类组合研究则较为欠缺。

在器物的真伪辨别上，还往往将一些当朝的仿古器当作商周时期的真器来看待。如本节所述《西清续鉴》（乙编）收录的唐虎匜就是明显的例证；又如丁麟年《移林馆吉金图识》收录的“公中考父”匜，铭文内容明显是仿刻自公中考父壶，丁氏却言之凿凿，认为其“刻款精深……绝非赝制”，如此等等。

还有一点就是宋清两代的金石学家均将当前学术界统称为“觥”的器物命名为“匜”，这当是这一时期的金石学家们还没有对觥与匜的区别有明确的认识所致。当然，先贤们能把“觥”命名为“匜”，也同时说明这两种器物之间存在着某种联系，这个问题我们将在本书第六章专文探讨，兹不赘述。

当然，古人治学，受当时的客观条件限制，在特定的时空背景下有特定的侧重点与目的性，故而出现一些在我们今人看来有待商榷的观点也就在情理之中了，对于这一点，我们是不能苛责古人的。我们需要做的是不断吸纳古人的优秀研究成果，并对其中的不足之处进行补充，同时对于一些截至目前仍然难以解决的问题也要客观地罗列出来，承认自己的缺点与不足，以便为将来解决这些问题留出空间，这样才能使青铜匜的研究不断地走向完善。

---

① （清）刘心源：《奇觚室吉金文述》，清光绪二十八年自写刻本。

② （清）刘心源：《古文审》，清光绪十七年自写刻本。

③ （清）朱善旂：《敬吾心室彝器款识》，清光绪三十四年朱之榛石印本。

第三节　民国时期

民国时期虽然社会动荡，但是学术研究仍有长足发展。表现在金石学上，就是研究范围更为扩大，不仅包括新发现的甲骨、简牍，而且及于明器和各种杂器，不再限于文字，罗振玉和王国维是当时集大成的学者，均有多种著述。马衡所著《中国金石学概要》，则对金石学做了比较全面的总结[①]。民国时期关于青铜匜的研究著作大概有如下几类。

一、图　录　类

孙壮《澄秋馆吉金图》，收录了史颂匜的全形拓图片及铭文拓片，附有尺寸数据[②]。

周庆云、邹寿祺《梦坡室获古丛编》，收录商祖丁匜、宋雩尊、散伯匜3件器物[③]，实际上商祖丁匜从形制上来看应当是西周晚期的瓦棱纹匜，铭文应当为后刻。宋雩尊实际上是前文多家已经著录过的作司寇匜。

靳云鹗《新郑出土古器图志初编》、关百益《郑冢古器图考》、孙海波《新郑彝器》[④]分别对1923年河南新郑李家楼郑公大墓出土的铜匜资料做了收集。

于省吾《双剑誃吉金图录》收录了史颂匜的照片及铭文资料[⑤]。

刘节《楚器图释》收录了安徽寿县朱家集李三孤堆战国晚期楚墓出土的一件铜匜[⑥]。

容庚《海外吉金图录》收录3件匜：云雷纹匜、夔龙纹匜、凤鸟盖匜。皆附有照片资料，在图例说明部分还从器物尺寸、口径、重量、纹饰及形制诸方面对器物的时代进行了推断[⑦]。

---

① 中国大百科全书总编辑委员会《考古学》编辑委员会：《中国大百科全书·考古学》，中国大百科全书出版社，1986年，第237页。

② 孙壮：《澄秋馆吉金图》，1931年北平商务印书分馆石印本，53。

③ 周庆云、邹寿祺：《梦坡室获古丛编》，1927年石印本，第25、26、100页。

④ 靳云鹗：《新郑出土古器图志初编》，1923年影印本，20·1、2，21·1；关百益：《郑冢古器图考》，1928年中华书局影印本，5·5、6，7·2；孙海波：《新郑彝器》，1937年考古学社专刊第十九种影印本，93、94、118、119。

⑤ 于省吾：《双剑誃吉金图录》，中华书局，2009年，卷上·匜51。

⑥ 刘节：《楚器图释》，1935年影印本，21·图7。

⑦ 容庚：《海外吉金图录》，1935年考古学社专集第三种影印本，115～117。

容庚《宝蕴楼彝器图录》收录𣄰叔匜、兽首流匜2件器①。

容庚《善斋彝器图录》收录5件匜：伯匜、燕公匜、箄匜、𧊒匜、夆叔匜，从尺寸、口径、底径及纹饰等方面对器物做了概说②。

容庚《颂斋吉金续录》收录了叔侯父匜的图像及铭文资料③。

二、款识、考证类

民国时期关于青铜匜的款识类著作首推罗振玉《三代吉金文存》，此书收录定名为“匜”的铜器铭文多达68条④，其中真正属于匜者有53条，分别为：媬匜、𣄰叔匜、自匜、王子适匜、冉匜、虢季匜、蔡侯匜、蔡子佗匜、铸客匜、孟嬴匜、𬇙姬匜、伯庶父匜、叔侯父匜、郑义伯匜、苏夫人匜、甫人父匜、曾子伯窞匜、长汤伯茬匜、黄仲匜、召乐父匜、叔黑臣匜、周宅匜、燕公匜、史颂匜、函皇父匜、伯正父匜、㠱孟姜匜、鲁伯愈父匜、𧊒匜、梦子匜、箅匜、杞伯每刃匜、昶伯庸匜、叔高父匜、戴伯匜、叔𡨦父匜、取肤上子商匜、番仲𤕌匜、陈伯元匜、堇生匜、番君匜、番昶伯者君匜、㠱夫人匜、薛侯匜、楚嬴匜、齐侯作虢孟姬匜、叔男父匜、公父宅匜、仲白匜、陈子匜、叔上匜、齐侯匜、逢叔匜。

罗振玉《贞松堂集古遗文》，共收录罗氏认为是“匜”的铭文28条⑤，实际上这里面真正属于匜的只有𣄰叔匜、自匜、王子适匜、蔡子佗匜、叔侯父匜、郑义伯匜、曾子伯窞匜、召乐父匜、叔黑臣匜、鲁伯愈父匜、梦子匜、箅匜、杞伯每刃匜、叔高父匜、戴伯匜、叔𡨦父匜、番仲𤕌匜、陈伯元匜、番君匜、番昶伯者君匜、㠱夫人匜、公父宅匜、逢叔匜23件器。其余器类因无图片佐证，归属不明，为谨慎起见，本书暂不作收录。

又有王国维于1914年编著的《国朝金文著录表》，书中收录了王氏认为是“匜”的铭文61条⑥，实际上能确定为匜的只有媬匜、𣄰叔匜、自作吴姬匜、蔡侯匜、伯庶父匜、燕匜（𬇙姬匜）、郑义伯匜、长汤匜、苏夫人匜、曾子伯窞匜、甫人父匜、黄仲匜、召乐父匜、叔黑臣匜、燕公匜、周宅匜、史颂匜、周妘匜（函皇父匜）、吕仲匜、㠱孟姜匜、鲁伯愈父匜、伯正父匜、杞伯每刃匜、昶伯庸匜、叔高父匜、取肤上子商匜、番仲𤕌匜、番昶伯者君匜、㠱夫人匜、堇生匜、薛侯匜、郑伯匜、番君匜、齐侯

---

① 容庚：《宝蕴楼彝器图录》，1929年北平京华印书局影印本，80、83。

② 容庚：《善斋彝器图录》，1936年燕京大学哈佛燕京学社影印本，95～98。

③ 容庚：《颂斋吉金续录》，1938年考古学社专集第十四种影印本，47。

④ 罗振玉：《三代吉金文存》，中华书局，1983年，卷17，第1788～1824页。

⑤ 罗振玉：《贞松堂集古遗文》，1930年石印本，卷10，31～42。

⑥ 王国维：《国朝金文著录表》，1927年海宁王忠悫公遗书二集重定本，表5·3～表5·6。

匜、叔男父匜、陈子匜、鲁大司徒匜、叔妘匜、逢叔匜39条，其余22条是否是匜因无图像资料，难以遽定，暂时存疑。

另外在1921年，王国维还著有《观堂集林》一书，在其中的《说觥》篇中，他从匜的形制、定名、功能等方面出发，进行了详细论述，提出了区分匜与觥的三个标准[①]为匜、觥的区分提供了参考依据，意义十分重大，我们在后文探讨匜、觥之间的关系时，还将引用先生的这个论断。

徐乃昌著《安徽通志金石古物考稿》，收录铸客匜、戴伯匜、逢叔匜铭文3条[②]。

郭沫若著《两周金文辞大系图录考释》，收录14件匜：史颂匜、燕公匜、陈伯元匜、苏夫人匜、郑义伯匜、齐侯匜、函皇父匜、叔上匜、陈子匜、薛侯匜、鲁大司徒元匜、杞伯每刃匕匜、庆叔匜、苏夫人匜，并对铭文做了考释[③]。

三、综论性著作

容庚著《商周彝器通考》，该书结合文献，对匜的定名、功用问题做了探讨。并结合流足、鋬、圈足、盖的形制特征，将匜分为甲、乙两类，认为匜的流行时间是在西周晚期以后。并举20器为例，对每件器例皆详尽描绘尺寸、形制、纹饰，标明著录书刊并进行时代推断。对匜的定名、铭文的字数、铭文所在的位置等问题都有着较为细致的说明，且附有图像资料[④]。

四、工　具　书

容庚编著《金文编》，共收集不同写法的金文“匜”字20字[⑤]，并注明每一个字所依托的青铜器名，为学界查找青铜匜的相关字形提供了方便，是一部查阅青铜器铭文字形的工具书。

总观民国时期青铜匜的研究概况，大致有如下特点：

（1）在著录体例上基本沿用了清代金石学的治学方法，产生了相当数量的高品质著作。等这些著作截至今日依然是十分重要的金石学文献，是研究青铜器的必备书目。

---

① 王国维：《观堂集林》，中华书局，1959年，第149、150页。

② 徐乃昌：《安徽通志金石古物考稿》，1936年安徽通志馆石印本，金石古物考1・38～1・39。

③ 郭沫若：《两周金文辞大系图录考释》，上海书店出版社，1999年，图编页：第17页，录编页：第44、128、199、204、205、212、225、234、236、253、266、280页，释文页：第131、180、184、189、195、200、211、226、243页。

④ 容庚：《商周彝器通考》（上册），台湾大通书局印行，1973年，第465～469页。

⑤ 容庚编，张振林、马国权摹补：《金文编》，中华书局，1985年，第843、844页。

（2）在器物的定名上有了很大的进步。虽然民国时期依然存在将“觥”定名为“匜”的现象，但是相比于宋、清两代，概率已大为减少，说明这一时期人们接触的材料在增多，对匜的认识也更为深入。

（3）收录青铜匜的数量空前增多。仅以罗振玉《三代吉金文存》为例，该书收录青铜匜铭文多达53条，这在以往的金石学著作里是未曾见过的。截至2020年，吴镇烽先生编著《商周青铜器铭文暨图像集成》《商周青铜器铭文暨图像集成续编》《商周青铜器铭文暨图像集成三编》三部著作，收录迄今所见有铭文的青铜匜也就184件左右，《三代吉金文存》就占据了将近1/3，即此可见其时学人用功之深，搜罗资料之广泛。

（4）研究方法有创新。王国维的“二重证据法”，容庚的器物分类法，郭沫若的“标准器法”，李济先生引入的考古学分析法，都对青铜匜的研究具有方法论上的指导意义。

（5）硬件技术有进步。伴随晚清时期西方摄影技术的传入，青铜匜的图像制作出现了质的变化，由原来的手工摹绘转变为相机拍照，青铜匜图像的精准度大为提高，为学界的研究提供了方便，这是民国时期学术研究在硬件技术上的进步。

第四节　中华人民共和国时期

中华人民共和国时期，随着大规模的田野考古发掘以及国际的学术交流，关于青铜器的资料空前增多。尤其是改革开放以来，社会稳定，经济发展，加之国家对考古事业的重视，使得这一时期关于青铜器的研究人数也空前增多，大量关于青铜器的考古报告以及图录著作相继出版，极大地拓展了青铜匜的研究空间，从而使青铜匜的研究较民国时期更为全面、细致，这都是以往时代所不曾具备的有利条件。

由于这一时期关于青铜匜的资料十分浩繁，我们难以像民国及以前的著作那样，对著录中的青铜匜资料一一罗列，此处仅选择一些具有代表性的著作，进行罗列说明，关于这些著作中青铜匜的详细资料，我们将在本书的附表1～附表4部分全部收录，读者可以参看。

中华人民共和国时期关于青铜匜的著作主要有以下几类。

一、图　录　类

陈梦家收集流散于美国的商周青铜器，编著成《美帝国主义劫掠的我国殷周铜器集录》一书，该书共收录青铜匜13件，对于每件的藏地、尺寸、时代以及相关方面的著述都有较为详尽的说明，是研究流散在美国的青铜匜的重要资料①。

中国青铜器编辑委员会编纂的《中国青铜器全集》16册，共收录了44件两周时期的青铜匜，附有精美的图片以及相关尺寸、出土地、藏地说明等②。

陈佩芬著《夏商周青铜器研究》3册，共收录上海博物馆藏的青铜匜14件，附有精美的彩色照片、铭文拓片、器物尺寸、形制描述以及相关的研究成果③。

陈佩芬著《中国青铜器辞典》6册，共收录青铜匜资料30件，皆有照片及详细的文字说明④。

曹玮著《周原出土青铜器》10册，收录了陕西周原地区出土的5件青铜匜，这部书是以出土单位为单元，首先介绍铜器出土单位的概况，然后分述每件器物的细目，这对了解青铜匜的出土背景情况具有很好的参考作用⑤。

陆勤毅、宫希成主编的《安徽江淮地区商周青铜器》，收录了安徽江淮地区出土的6件两周时期青铜匜，对于我们了解这一地区青铜匜的地方特色具有参考作用⑥。

湖北省考古研究所编著的《曾国青铜器》，收录了2007年以前除曾侯乙墓与擂鼓墩2号墓以外的曾国青铜器，其中有青铜匜10件。该书编写体例类似《周原出土青铜器》，先介绍出土单位，再分述器物，并讨论器物的时代及文化属性等，是一部具有研究性质的青铜器著作⑦。

李伯谦主编的《中国出土青铜器全集》20册，收录了78件出土青铜匜的资料，皆附有彩色照片、定名、时代、尺寸以及器形描述等，其中有若干器还是迄今未见发表的，这为青铜匜的研究增添了新资料⑧。

---

① 陈梦家：《美帝国主义劫掠的我国殷周铜器集录》，科学出版社，1962年，A826～A838。

② 中国青铜器编辑委员会：《中国青铜器全集》，文物出版社，1995～2009年，（5）194、195，（6）73、84、147，（7）14、15、91、92、99、104、114～116，（8）100～102、104、106，（9）36、57、58、59、87、88、133～135，（10）61、71、72、107、122、125，（11）61、63、160、161、176～178，（15）190～192。

③ 陈佩芬：《夏商周青铜器研究》，上海古籍出版社，2004年，（西周）423～426，（东周）472～476、526、577～579、637。

④ 陈佩芬：《中国青铜器辞典》，上海辞书出版社，2013年，第1209～1224页。

⑤ 曹玮：《周原出土青铜器》，巴蜀书社，2005年，（1）第45页，（2）第206、260页，（3）第385页，（5）第985页。

⑥ 陆勤毅、宫希成：《安徽江淮地区商周青铜器》，文物出版社，2014年，114～118、185。

⑦ 湖北省考古研究所：《曾国青铜器》，文物出版社，2007年，第44、229、249～251、291、292页。

⑧ 李伯谦：《中国出土青铜器全集》，科学出版社，2018年，（1）74、98、147，（2）74、75、123，（4）257～259、356～358，（5）205、206，（6）304、307、310～313、383，（7）79、134、141、144、203、204，（8）81、82、165～169、195，（10）322、323、418～422，（11）170、（12）235～239、343、355～370，（13）496、498～501，（14）156，（17）574、486～488，（20）219、318。

二、铭 文 类

铭文类著作首推中国社会科学院考古研究所编著的《殷周金文集成》（简称《集成》），共收录青铜匜铭文110条①，这是一部收录青铜匜铭文全面的资料性著作。

山东省博物馆编《山东金文集成》，收录青铜匜铭文30条，附有铭文拓片、字数、器物尺寸、藏地以及出土时间地点等，是检索山东地区青铜匜铭文的重要资料②。

刘雨、卢岩《近出殷周金文集录》，收录了自《殷周金文集成》出版后至1999年5月新发现的青铜器铭文资料，其中包含青铜匜铭文12条，附有照片、铭文字数、尺寸、释文、著录、出土地点、现藏地等③。

吴镇烽编《陕西金文汇编》，收录了1949年以后陕西出土、征集及传世器等1035件有铭文的青铜器，其中包括匜铭5条，附有器物时代、出土时间、地点、收藏地以及相关著录书目等④。

吴镇烽编《商周青铜器铭文暨图像集成》（以下简称《铭图》）《商周青铜器铭文暨图像集成续编》（以下简称《铭图续编》）、《商周青铜器铭文暨图像集成三编》（以下简称《铭图三编》），收录两周时期有铭文的青铜匜186件（其中《铭图》14860“冉父辛”匜、《铭图续编》0523“叔男父”匜为伪铭），皆附有器物照片、铭文拓片、铭文隶定、著录出处、现藏地等相关内容。这三部书是集图像与铭文为一体的大型青铜器著作，对于查阅有铭文的青铜匜十分便捷⑤。

张天恩编《陕西金文集成》16册，收录了2014年12月以前陕西境内出土的商周至三国时期的有铭文青铜器，其中包括19件青铜匜资料，皆有照片、著录出处以及铭文考释等⑥。

台湾严一萍编著《金文总集》，收录宋代至1983年6月见于著录的所有青铜器铭文，有铭文、图像、前人题跋等，是一部便于检索青铜器铭文的工具书，其中收录73

① 中国社会科学院考古研究所：《殷周金文集成》，中华书局，1994年。因数量较多，此处不一一列举，检索《集成》“匜”条目可参看《集成·引得》4306。

② 山东省博物馆：《山东金文集成》，齐鲁书社，2007年，第687～718页。

③ 刘雨、卢岩：《近出殷周金文集录》，中华书局，2002年，1010～1021。

④ 吴镇烽：《陕西金文汇编》，三秦出版社，1989年，651～655。

⑤ 吴镇烽：《商周青铜器铭文暨图像集成》，上海古籍出版社，2012年，14851～15004。吴镇烽：《商周青铜器铭文暨图像集成续编》，上海古籍出版社，2016年，0983～0997、06221；吴镇烽：《商周青铜器铭文暨图像集成三编》，上海古籍出版社，2020年，1244、1246～1254、1256～1260。

⑥ 张天恩：《陕西金文集成》，三秦出版社，2016年，0074、0285、0338、0451、0669、0725、1310、1381、1423、1424、1503、1513、1664、1665、1686、1850、1900、1949、1964。

件青铜匜铭文资料[①]。

台湾钟柏生等编著《新收殷周青铜器铭文暨器影汇编》，收录了《殷周金文集成》出版后新出土的有铭文铜器，以及《殷周金文集成》失收、漏收的部分，其中包括青铜匜25件[②]，附有图片、铭文拓片、器名、字数、年代、国属、发表刊物及页码、篇名、作者、器物尺寸、出土时间、出土地点、现藏地、流传经过等信息。

三、综论性著作

容庚、张维持著《殷周青铜器通论》，该书是在《商周彝器通考》的基础之上，参考其他有关青铜器的论著编写而成的。此书将匜归于水器部，并引用文献，对匜的功用、起源等问题进行了论述。并按照形制将匜分为四足匜属、三足匜属、圈足匜属、无足匜属四类，每类各举若干器为例，注明形制、尺寸、出处、铭文隶定及时代推断等[③]。

郭宝钧著《商周铜器群综合研究》，对于商周时期的青铜器做了分期分群讨论，并对青铜匜的发展演变及起源等情况有概括性的说明[④]。

朱凤瀚著《中国青铜器综论》，此书上编通论中作者先结合文献，对匜的定名、功用、起源做了讨论，接着又用类型学的方法对匜进行了型式分析[⑤]。下编分论中作者又将各个地域出土的包括青铜匜在内的青铜器做了研究。

四、研究论文

李学勤《岐山董家村训匜考释》，对最早的青铜匜——训匜（𠑇匜）铭文做了考释[⑥]。

孙华《商周铜卣新论——兼论提梁铜壶及铜匜的相关问题》，将妇好墓出土的带

---

① 严一萍：《金文总集》，艺文印书馆，1983年，第3713～3768页。

② 钟柏生、陈昭容、黄铭崇、袁国华：《新收殷周青铜器铭文暨器影汇编》，台北艺文印书馆，2006年，43、47、60、87、89、326、398、405、464、472、589、602、762、858、1085、1209、1266、1322、1465、1670、1675、1733、1805、1833、1916。

③ 容庚、张维持：《殷周青铜器通论》，文物出版社，1984年，第67～69页。

④ 郭宝钧：《商周铜器群综合研究》，文物出版社，1981年，第66、152页。

⑤ 朱凤瀚：《中国青铜器综论》，上海古籍出版社，2009年，第288～295页。

⑥ 李学勤：《岐山董家村训匜考释》，《新出青铜器研究》，文物出版社，1990年，第110～114页。

流鋬鼎形器[①]（孙文称之为“三足釜形匜”）以及司母辛觥这类柱足觥定名为“匜”，认为类似司母辛觥这类“匜”是模仿兽类的，并为类似𠑱匜这类匜的造型与瓠匏（葫芦）等植物的果实有关[②]。

业师张懋镕在《夷曰匜研究——兼论商周青铜器功能的转化问题》一文中，以夷曰匜这件介于觥、匜之间的过渡器作为切入点进行分析，认为匜同盉一样，也可以从酒器（所谓的觥）转化为盥洗器[③]。

王红梅《中国国家博物馆藏鸟形青铜匜形器来源考释》，认为国博馆藏的河北唐山贾各庄出土的鸟形匜，为典型的燕国器物，器形来源于西周中期出现的青铜匜器形，以及来源甚古的鸟形器造型[④]。

赵平安《释易与匜——兼释史丧尊》，文中运用了甲骨文、金文资料探讨了匜字的来源，认为“匜字最先作‘象匜注水于盘形’，这个匜字太复杂，在甲骨文中使用面不广，后来又简化为‘象匜之侧立形’的匜，因为象匜之侧立形的匜字与其他器皿易混淆，所以这个匜字使用面也不广，而被新造为‘象流水下注形’的匜字所取代”。文中还解释了“匜”字的含义，认为匜本义为注水酒的器皿，引申义有“给予、赐予”的意思[⑤]。

王帅《商周青铜器自名新解——以匜、盉为例》，文中主要对青铜匜自名中的“[illegible]”字做了考证，认为该字“恐非来自匜的侧面造型，此字形应当是产生的时代更早、流行时间更久的青铜盉的表意初文”[⑥]。

夏麦陵《嚣伯匜断代与隞之地望》，文章从形制、纹饰、铸造工艺、铭文书体等方面出发，对嚣伯匜进行了断代，并认为“嚣”即“隞”，隞地在今河南敖仓，嚣伯匜的出土说明“嚣”这个称名从仲丁（当更早）时一直延续到春秋早期，甚至更晚。嚣伯匜出土于河南确山，当与郑国有战事于这一带有关[⑦]。

郑清森《“宋孟姬”青铜匜考》，认为铭文中的“宋孟姬”为该器的主人，该器是郑国国君特为女儿出嫁到宋国所做的媵奁之物，它的发现为研究西周末年郑、宋两

① 中国社会科学院考古研究所：《殷墟妇好墓》，文物出版社，1980年，第47页，图31·3。

② 孙华：《商周铜卣新论——兼论提梁铜壶及铜匜的相关问题》，《洛阳博物馆建馆四十周年纪念文集（1958～1998）》，科学出版社，1999年，第29、31、32页。

③ 张懋镕：《夷曰匜研究——兼论商周青铜器功能的转化问题》，《古文字与青铜器论集（3）》，科学出版社，2010年，第155～163页。

④ 王红梅：《中国国家博物馆藏鸟形青铜匜形器来源考释》，《北方文物》2017年第1期，第53、54页。

⑤ 赵平安：《释易与匜——兼释史丧尊》，《金文释读与文明探索》，上海古籍出版社，2011年，第70～73页。

⑥ 王帅：《商周青铜器自名新解——以匜、盉为例》，《中原文物》2013年4期，第75、76页。

⑦ 夏麦陵：《嚣伯匜断代与隞之地望》，《考古》1993年1期，第73～80页。

国之间的政治关系提供了珍贵的实物资料[①]。

张天恩《司马南叔匜小议》，作者从山东莒县峤山镇前集村出土的司马南叔匜谈起，认为器主“南叔”与湖北随州的曾国有关系，系曾国南宫家族的小宗到达现今的鲁地充当诸侯国的司马[②]。

黄旭初与黄凤春，何琳仪与高玉平分别对2011年湖北郧县肖家河出土的唐子仲濒儿匜铭文做了考释[③]。

王人聪在《新获滕太宰得匜考释》一文中，认为滕太宰得匜对滕国历史及滕国铜器的研究有重要意义[④]。

张光裕《新见“用饮元駍乘马匜”试释》，对原为私人收藏、现藏台北故宫博物院的用饮元駍乘马匜铭文做了考释，认为该匜是为出征前饲喂马匹而作[⑤]，见解比较新颖。

张临生在《说盉与匜——青铜彝器中的水器》一文中，认为西周中期周人因实行沃盥之礼而使用盘盉组合，后将觥加以改造，创造出极佳的注水器匜，使盘匜组合成为主体。但盉并未因匜的兴起而终止兼代水器的差事，从西周到春秋，它一直担负水器的职务，但扮演的是配角，为匜的分支[⑥]。

张氏又在《故宫博物院所藏匜形器研究》一文中，通过分类分组的方式，从形制、纹饰、铭文等方面入手，对台北故宫博物院藏的青铜匜的时代、演变轨迹、地域文化特征等问题做了分析[⑦]。

陈昭容《从古文字材料谈古代的盥洗用具及其相关问题——自淅川下寺春秋楚墓的青铜水器自名说起》，讨论了匜自名中“匜”字前的形容词，像盥、沫、会等字；讨论了水器的作器者与使用者，以及水器中特多媵器的内涵；讨论了“匜”字在长江中下游吴、楚、蔡等地的区域性写法，以及墓葬中盥洗用器与墓主身份的关系等[⑧]。

---

① 郑清森：《“宋孟姬”青铜匜考》，《中国历史文物》2007年5期，第12页。

② 张天恩：《司马南叔匜小议》，《青铜器与山东古国研究学术研讨会论文集》，上海古籍出版社，2017年，第316～319页。

③ 黄旭初、黄凤春：《湖北郧县新出唐国铜器铭文考释》，《江汉考古》2003年1期，第11～13页；何琳仪、高玉平：《唐子仲濒儿匜铭文补释》，《考古》2007年1期，第64～68页。

④ 王人聪：《新获滕太宰得匜考释》，《文物》1998年8期，第90页。

⑤ 张光裕：《新见“用饮元駍乘马匜”试释》，《青铜器与金文（第二辑）》，上海古籍出版社，2019年，第1～15页。

⑥ 张临生：《说盉与匜——青铜彝器中的水器》，《故宫学术季刊》17卷第1期，1982年，第37页。

⑦ 张临生：《故宫博物院所藏匜形器研究》，《故宫学术季刊》1卷3期，1984年，第31～66页。

⑧ 陈昭容：《从古文字材料谈古代的盥洗用具及其相关问题——自淅川下寺春秋楚墓的青铜水器自名说起》，《“中央研究院”历史语言研究所集刊》第71本第4分，2000年，第872、873、883～887、894～897、901页。

五、工　具　书

孙稚雏编《金文著录简目》，收录了82件青铜匜，每匜之下罗列前人关于该匜的著录书目①；另外孙稚雏著《青铜器论文索引》，收录了20世纪50年代至1982年间的有关青铜匜的考古发掘资料②。

张懋镕、张仲立主编《青铜器论文索引》（全三册），张懋镕《青铜器论文索引》（上、下册），这两部书收录了1983～2006年有关青铜匜研究的考古材料及研究论文。这是在材料发表年代上和孙稚雏的著作相衔接的又一部关于青铜器资料检索的工具书，为查找青铜匜的相关资料提供了方便③。

董莲池著《新金文编》，共收录25种"匜"字铭文的写法，为我们检索匜类铜器的铭文构形提供了便利④。

中华人民共和国时期关于青铜匜的研究成果，总结起来具有以下特点。

（1）研究材料空前增多。新材料的不断涌现使得对青铜匜进行综合研究成为可能，这是以往时代不曾具备的资源优势。

（2）研究方法多样化。考古地层学、类型学的广泛应用，使得这一时期青铜匜的研究不再局限于宋代以来金石学家以器物为本位的研究方法，进而可以对和青铜匜器物相关的背景资料进行更深层次的考察。

（3）香港、台湾地区学者的参与，他们的一些治学理念与研究方法值得我们学习、借鉴。

（4）电子数码技术的发展，使得青铜器照片质量比以往任何一个时期都更加精准，为从微观方面进行青铜匜的研究提供了技术上的支持。另外电脑设备的广泛应用，使得写作效率大为提高，从而促使大量有关青铜器的图书著作不断涌现，为学界开展青铜器的研究提供了丰富的资料来源。

第五节　日本学者的研究

日本学界久有研究中国古代青铜器的传统，林巳奈夫著有《〈殷周时代青铜器之研究〉——殷周青铜器综览一》一书，收录青铜匜23件（匜48～匜70），附有图片及

① 孙稚雏：《金文著录简目》，中华书局，1981年，第352～357页。

② 孙稚雏：《青铜器论文索引》，中华书局，1986年。

③ 张懋镕、张仲立：《青铜器论文索引（1983～2001）》，香港明石馆出版社，2005年；张懋镕：《青铜器论文索引（2002～2006）》，线装书局，2008年。

④ 董莲池：《新金文编》，作家出版社，2011年，第1764～1766页。

铭文拓片、型式划分、时代判断、尺寸以及出土地点[①]，是一部研究青铜匜的重要著作。但其不足之处在于将商至西周时期的觥及一些动物形尊也作为匜看待，这个观点是有待重新考虑的。

另外樋口隆康、林巳奈夫《不言堂——坂本五郎：中国青铜器清赏》收录了重环纹匜、兽首流匜两件匜的资料[②]；梅原末治《日本蒐储支那古铜精华》收录了苏夫人匜及叔毂匜相关资料[③]；高滨秀、冈村秀典《世界美术大全集 · 东洋编 · 第1卷 · 先史、殷、周》收录了1952年河北唐山贾各庄出土鸮首三足匜的资料[④]。

以上资料对于了解海外学者研究青铜匜的状况具有重要的参考作用。

小　　结

从青铜匜的研究简史我们可以看到，学界对于青铜匜的研究方法，大致经历了北宋至清代的金石学阶段、民国时期金石学与考古学并用阶段、民国以后的考古学阶段三个大的时段。前人取得的成就是伟大的，也是我们今后开展工作的基础，所以充分合理地学习并运用前人的研究成果，是我们完成本书的前提。

---

① 〔日〕林巳奈夫：《〈殷周时代青铜器之研究〉——殷周青铜器综览一》，吉川弘文馆，1984年，匜48～匜70。

② 〔日〕樋口隆康、林巳奈夫：《不言堂——坂本五郎：中国青铜器清赏》，日本经济新闻社，2002年，182、183。

③ 〔日〕梅原末治：《日本蒐储支那古铜精华》，1959～1962年，4 · 337、4 · 340。

④ 〔日〕高滨秀、冈村秀典：《世界美术大全集 · 东洋编 · 第1卷 · 先史、殷、周》，小学馆，2000年，175。

第二章　青铜匜的定名与功用

第一节　青铜匜的定名

一、青铜匜的器物形态

关于文物的定名原则，学界一般认为有三条：①有自名的器物要依自名定名。②宋代学者依据史籍著录做出的命名。③既无自名，又缺乏史籍著录者，可根据其造型、用途予以定名[①]。

匜是有自名的，王国维曾经论及："凡传世古礼器之名，皆宋人所定也，曰钟、曰鼎、曰鬲、曰甗、曰敦、曰簠、曰簋、曰尊、曰壶、曰盉、曰盘、曰匜、曰盦，皆古器自载其名，而宋人因以名之者也。"[②]迄今为止，我们共收集到有自名的匜有174件，其中自名为"匜"者154件，自名为"匜"且图像清楚者117件。通过对这117件自名匜的归纳分析，我们发现可定名为"匜"的青铜器大体有如下几种形态。

一是蹄足匜。扁长体，有三足或者四足，首端有长槽形流或管状流，尾端有环形或龙形鋬。这种形态的匜有446件左右，占据青铜匜的绝大多数，且流行时间最长，分布地域最广，是两周青铜匜的主流形态。例见：1960年陕西扶风县法门镇齐村窖藏出土的中友父匜[③]（图2-1）、湖北安居桃花坡出土的重环纹匜（图3-12）。

二是会匜。圆体或桃形体，短槽形流或管状流向上弯曲，尾部有环形或龙形鋬，大多数为平底，少数为圜底，主要流行于春秋晚期，楚地多见。这种匜因多自名为"会匜"，所以本书为方便与其他形态的匜相区分起见，将这类匜统以"会匜"称之。例见：1978～1979年河南淅川下寺楚墓M3出土的鄬仲姬丹匜，铭曰"唯王正月初吉丁亥，蔡侯作媵鄬仲姬丹会匜……"[④]（图2-2）。

三是瓢形匜。器形似瓢，深腹、流较平直，平底或圜底。造型简单，多为素面，少数有线刻纹饰。起源于春秋早期，多流行于战国时期，下限一直延续到汉代。为

---

① 张懋镕：《关于青铜器定名的几点思考——从伯涓父簋的定名谈起》，《古文字与青铜器论集（3）》，科学出版社，2010年，第139页。

② 王国维：《观堂集林》，中华书局，1959年，第147页。

③ 张天恩：《陕西金文集成（3）》，三秦出版社，2016年，0338。

④ 吴镇烽：《商周青铜器铭文暨图像集成》，上海古籍出版社，2012年，14878。

方便区分起见，本书将这类匜统以“瓢形匜”称之。这类匜形制类似汉代的魁（图2-3），因而许慎《说文 · 匚部》有“匜，似羹魁”[①]的说法。例见：重庆云阳李家坝遗址出土铜匜[②]（图2-4）。

图2-1　中友父匜

（《陕西金文集成（3）》0338）

图2-2　鄬仲姬丹匜

（《淅川精粹》第93页）

图2-3　广西合浦望牛岭汉墓出土铜魁

（《全集》12 · 96）

图2-4　重庆云阳李家坝遗址出土铜匜

（《寻巴》第79页）

二、青铜匜自名的分类

青铜匜自名器数量众多，因而命名的方式也就不尽相同，大致可分为以下几类。

1. 使用专名的匜

专名的匜指的是器形与名称完全相符，不需要讨论者。我们上文对青铜匜形态的确定即是以专名匜为依据的，这类匜占青铜匜自名器的绝大多数。专名的匜在金文中大多数写作“（也）”，见召乐父匜（《集成》16 · 10216）、叔五父匜（《铭图》14938）等。长沙五里牌406号战国楚墓出土的竹简遣册中，有“也一禺”的写法，意即“匜一偶”，意思是墓葬中随葬两件匜[③]。到了东汉时期，许慎《说文》著录的“匜”字始给“也”加上“匚”，变为“匜”。《说文 · 匚部》：“匜，从匚，也

① （汉）许慎：《说文解字》，中华书局，1963年，第268页。

② 台北故宫博物院：《秦业流风——秦文化特展》，台北故宫博物院，2016年，025。

③ 中国科学院考古研究所：《长沙发掘报告》，科学出版社，1957年，第57页。

声。”[①]“匜”写作“”，一说表示象匜之形[②]，或谓“匜转输液体时的形状”[③]。

也有部分“匜”字构形较为复杂，跟所要强调匜的属性有关。强调匜为铜质者，则从“金”，写作，见中友父匜（《集成》16·10224）、史颂匜（《集成》16·10220）、陈伯元匜（《集成》16·10267）等，1986年湖北荆门包山2号楚墓出土的瓢形匜，与之对应的遣策就记为“一鉇”[④]。

强调匜为木质者，则从“木”。1972年湖南长沙马王堆1号汉墓出土两件云纹木胎漆匜，与之对应的190号竹简简文就写作“髹画杝二”[⑤]，“杝”即“匜”。

强调匜跟盛放、倾倒液体有关，则从水，写作“”，见于曾夫人匜（《铭图》14964）。

强调匜为器皿者，则从“皿”，写作，见于曾子伯父匜（《集成》16·10207）、叔上匜（《集成》16·10281）、䄑伯者君匜（《集成》16·10268）、楚嬴匜（《集成》16·10273）等。也有从“金”从“皿”的复合写法，写作，见于滕太宰得匜（《铭图》14879）、陈子匜（《集成》16·10279）等。

古文字中“也”“它”字形相同，可以通用，所以青铜匜自名中有些将“也”写为“它”者，如“鉈”（叔匜，《铭图》14854）、“鍂”（陈子匜，《铭图》14994）、“盄”（夨叔匜[⑥]），皆可通释为“匜”。

“匜”字在金文中还有一些不从“也”“它”的写法，如：

写作“”，见于贾子己父匜（《集成》16·10252）、“”荀侯稽匜（《集成》16·10232）、“”宗仲匜（《集成》16·10182）、“”季姬匜（《集成》16·10179）。对于这个字，赵平安[⑦]、陈昭容[⑧]等皆认为是匜的象形字，象匜的侧面形状。而王帅对此持不同观点，认为“”字最初恐非来自匜的侧面造型，此字与盉关系十分密切，应当是“产生的时代更早、流行时间更久的青铜盉的表意初文”，并列

① （汉）许慎：《说文解字》，中华书局，1963年，第268页。

② 李学勤主编：《字源》，天津古籍出版社，2012年，第1118页。

③ 张利军：《释金文中字——兼论青铜器匜之得名》，《文博》2008年6期，第35页。

④ 湖北省荆沙铁路考古队：《包山楚墓（上册）》，文物出版社，1991年，第110页。

⑤ 湖南省博物馆、中国科学院考古研究所：《长沙马王堆一号汉墓（上集）》，文物出版社，1973年，第88、145页。

⑥ 武汉大学历史学院等：《湖北枣阳郭家庙墓地曹门湾墓区（2015）M43发掘简报》，《江汉考古》2016年5期，第45页。

⑦ 赵平安：《释易与匜——兼论史丧尊》，《金文释读与文明探索》，上海古籍出版社，2011年，第69页。

⑧ 陈昭容：《从古文字材料谈古代的盥洗用具及其相关问题——自淅川下寺春秋楚墓的青铜水器自名说起》，《“中央研究院”历史语言研究所集刊》第71本第4分，2000年，第894页。

举了5点理由予以论证[①]。我们认为，虽然学界对这个字的释读存在争议，但其指代的器物却无一例外都是形制标准的青铜匜，因此这个字在没有定论之前，我们认为其应当释读为“匜”为宜。这4件匜当中，贾子已父匜、荀侯稽匜出土于山西闻喜县上郭村春秋墓地[②]，宗仲匜出土于陕西蓝田指甲湾[③]，季姬匜《考古图》称“得于京兆（今陕西西安）”[④]，其他地方没有发现这种写法，所以将“匜”字写作“”或许是两周之际关中、晋南一带个别地区的做法，具有一定的地方特色。

还有一件伯庶父匜，自名为“”。于豪亮先生在20世纪80年代就已将其释读为“夷”[⑤]。上古音中“夷”为喻母脂部，“匜”为喻母歌部字，两字声纽相同。文献中“也”常与“殹”相通，“殹”为影母脂部字，所以歌部字与脂部字是可以相通的，也就是说“夷”“也”可通。故“”字也当释读为“匜”。

另有“匜”写作“曳”者，见于以邓匜（《铭图》14990）、寿匜（《铭图续编》0982）、彭子射匜（《铭图》14878）等。或有“曳”下从“皿”者，写作“盅”，见于黄仲酉匜（《铭图》14902）、攻吴季生匜（《集成》16 · 10212）、蔡大司马燮匜（《铭图续编》0997）等。或“曳”下从“廾”，写作“𢍰”者，见于东姬匜（《铭图》15002）、唐子仲濒儿匜（《铭图》14975）等。曹锦炎先生在考释彭子射匜铭文时认为，“曳”可读为“匜”。古音“曳”为喻母月部字，“匜”为喻母歌部字，两字属双声关系，故可通假。《史记 · 司马相如列传》：“掛独茧之褕袘。”《文选 · 上林赋》中，“袘”作“絏”，是“也”“曳”相通之证，“匜”从“也”得声[⑥]。故青铜匜铭文中的“曳”“盅”“𢍰”都指的是匜。从出土资料来看，称“匜”为“曳”的现象主要分布在春秋时期的楚地，所以“曳”可以看作是“匜”字的一种地方性写法。

还有1件鬻匜（《铭图续编》0996），自名从區从皿，写作“𥁞”。查飞能博士认为上古音中“區”是溪母侯部字，可读为匣母鱼部的“盂”字，《说文 · 邑部》：“邘，周武王所封，在河内野王是也。从邑、于声。又读若区。”匜是喻母歌部字，溪是牙音，喻是舌音，发音部位较为接近，韵部侯、歌旁转，“𥁞”“匜”可通读。又匜有自名“盂”者，區、匜可通当无疑问，故“𥁞”可读为“匜”[⑦]，此说可从。故

---

① 王帅：《商周青铜器自名新解——以匜、盉为例》，《中原文物》2013年4期，第75 ~ 76页。

② 山西省考古研究所：《三晋考古（1）》，山西人民出版社，1994年，第95页。

③ 吴镇烽、朱捷元、尚志儒：《陕西永寿、蓝田出土西周青铜器》，《考古》1979年2期，第120页。

④ （宋）吕大临：《考古图》，清乾隆四十六年四库全书文渊阁书录钱曾影钞宋刻本，卷66。

⑤ 于豪亮：《陕西省扶风县强家村出土虢季家族铜器铭文考释》，《于豪亮学术文存》，中华书局，1985年，第13页。

⑥ 曹锦炎：《彭射铜器铭文补释》，《文物》2011年6期，第95页。

⑦ 查飞能：《商周青铜器自名疏证》，西南大学博士学位论文，2019年，第195页。

“匜”写为“匲”也当是一种特殊的写法。

2. 使用共名的匜

共名指的是使用青铜礼器的通用称谓来表示某一类个体器物的名称，多称“尊”“尊彝”“宝尊彝”等。青铜匜使用共名者有：

夷曰匜：“夷曰作宝尊彝”（《铭图》14859），西周中期。

冉匜：“作父乙宝尊彝，冉”（《铭图》14872），西周中期。

𣄰姬匜：“𣄰姬作宝，其用子孙享”（《铭图》14887），西周晚期。

毛百父匜：“毛百父作宝，子子孙孙永宝用享”（《铭图续编》0988），西周晚期。

黄孟姬匜：“黄子作黄孟姬行器，则永祜福，霝终灵复”（《铭图》14942），春秋早期。

作司寇匜：“作司寇彝，用率用［征］，唯之百［姓］，雩之四方，永作祐［福］”（《铭图》14956），春秋晚期。

梦子匜：“梦子作行彝，其万年无疆，子孙永保用”（《铭图》14935），春秋晚期。

青铜器的共名起源于商代晚期，西周早期专名开始增多。因此青铜匜用共名很明显是受到了商代晚期以来青铜器定名传统的影响，这跟其他青铜礼器定名称谓的发展演变脉络是一致的。

3. 与盘连称的匜

与盘连称的匜指的是匜的自名不是单纯的称“匜”，而是称作“盘匜”或者“匜盘”，见于：

艿匜：“唯五月初吉丁亥，艿作旅盘匜，其万年子子孙孙永宝用”（《铭图续编》0993），西周晚期。

伯大父匜：“伯大父作行盘匜”（《铭图》14857），西周晚期。

季大匜：“季大作其盘匜，眉寿无疆，永宝用之”（《铭图续编》0989），春秋早期。

晋姞匜：“唯八月丙寅，晋姞作铸旅盘匜，其万年永宝”（《铭图》14954），春秋早期。

大孟姜匜：“太师子大孟姜作盘匜，用享用孝，用祈眉寿，子子孙孙，用为元宝”（《铭图》14987），春秋早期。

夨叔匜：“唯九月初吉壬午，夨叔逢𫹱父媵孟姬元女匜盘，其永寿用之”（《铭图三编》1257），春秋早期。

燕公匜：“燕公作为姜乘盘匜，万年永宝用”（《铭图》14918），春秋晚期。

盘匜、匜盘连称的现象不是偶然的，而是有着特定的目的。张懋镕先生曾经研究过，“器名互称或连称不是漫无目标的，而是局限在一定的范围内……在于它们之间形态相近，功能相近”[①]。盘、匜都为水器，而且在墓葬组合或者文献记载中往往都是配套使用，所以除了匜可以称“盘匜”，盘也可以称“盘匜”，如鲁少司寇封孙宅盘铭：“鲁少司寇封孙宅作其子孟姬嫛媵盘匜”（《集成》16.10154）；郑伯盘铭：“郑伯作盘匜”（《集成》16.10090），皆是这个缘故。

4. 名实不符的匜

名实不符的匜指的是器形为匜，却冠以别的器物的名称。如器形为匜，却自名为盘者：

（1）太师氏姜匜：“唯王三月丁丑，太师氏姜作宝盘，其万年无疆，子子孙孙永宝用，其敢有夺，则俾受其百殃”（《铭图》14999），西周晚期。

（2）夆叔匜：“唯王正月初吉丁亥，夆叔作季改盥盘，其眉寿万年，永保其身，施施熙熙，寿老无期，永保用之”（《铭图》15001），春秋晚期。

（3）賸匜：“唯正月初吉丁亥，蔡叔季之孙賸媵孟姬有之妇沬盘，用祈眉寿，万年无疆，子子孙孙，永宝用之，匜”（《铭图》15003），春秋晚期。

（4）倗匜：“倗之盥盘”（《铭图》14855），春秋晚期。

（5）下鄀唐公妆匜：“下鄀唐公妆之盥盘”（《铭图续编》0984），战国早期。

又如器形为匜，却自名为盉者：

（1）僟匜：“唯三月既生霸甲申……僟用作旅盉”（《铭图》15004），西周中期。

（2）毳匜：“毳作皇母媿氏沬盉，媿氏其眉寿万年用”（《铭图》14934），西周晚期。

再知器形为匜，却自名为盂者：

齐侯匜：“齐侯作媵宽圈孟姜盥盂，用祈眉寿，万年无疆，施施熙熙，男女无期，子子孙孙，永保用之”（《铭图》14997），春秋晚期。

还有器形为匜，却自名为鬲者：

如郳友父匜：“郳友父媵其子胙曹宝鬲，其眉寿永宝用”（《铭图》14926），春秋早期。匜称鬲，或许表明匜在某种场合可作为饪食器使用。

匜称盘、盉、盂，同上文所举匜盘连称一样，也并非作器者随意为之，而是匜与盘、盉、盂等同为水器，具备相同或者相近的功能，而且功能之间也有着此消彼长的

① 张懋镕：《试论青铜器自名现象的另类价值》，《古文字与青铜器论集（3）》，科学出版社，2010年，第131、132页。

转化关系，这个问题业师张懋镕先生论述甚详[①]，兹不赘述。

从时间先后顺序来看，共名匜出现最早，其次出现专名匜，期间又交替出现盘匜连称的匜、名实不符的匜，这表明匜的定名有一个循序渐进的过程。当它作为一种新事物出现的时候，人们还不知道如何命名它，因此就采用了礼器的共名或者借用了其他器物的名称（如儹匜称盉）。随着时间的推移，人们经过长期的使用、观察，逐渐创造出了匜的专名。随着水器中盘匜组合的进一步紧密化，匜逐渐和盘可以互称、连称。由于它本身就是一种水器，在使用专名的同时又时不时借用其他水器的名称，这与匜在礼器中的地位和作用的变迁是密切相关的。

三、青铜匜自名前定语释义

匜不但有自名，而且在自名前还往往加上一些表示修饰限定的字或词，用以表明其功能或用途。但因年代久远，好多字义按照当今语法已难以理解，因此有考释的必要。查飞能博士此前已做过青铜盥洗用器自名修饰语的解释[②]，但他的研究对象包含了所有的盥洗用器，解释较为广博。本节专对匜自名之前的定语做一解读，以便于读者参考。如下：

1. 宝匜、尊匜

“宝匜”见于虢季匜（《铭图》14873）、叔五父匜（《铭图》14938）等。

“宝匜”等同于青铜器中的“宝鼎”“宝簋”“宝壶”一样，是对礼器的尊称，表示“宝贵”“贵重”之意。

“尊匜”见于曾子伯窞匜，“唯曾子白窞自作尊匜”（《铭图》14897）。

番仲[illegible]匜：“唯番仲[illegible]自作尊匜，其万年其子子孙孙永宝用享”（《铭图续编》0991）。

“尊匜”意思同“宝匜”一样，都是表示“尊贵”“贵重”之意。青铜器自名称谓中有“尊鼎”“尊壶”“尊彝”“尊罍”等，皆是其例。

2. 御匜

“御匜”见于滕太宰得匜，“滕太宰得之御匜”（《铭图》14879）。

唐子仲濒儿匜：“唯正月一日己未，唐子仲濒儿择其吉金，铸其御会匜”（《铭图》14975）。

---

① 张懋镕：《试论青铜器自名现象的另类价值》，《古文字与青铜器论集（3）》，科学出版社，2010年，第131、132页。

② 查飞能：《商周青铜器自名疏证》，西南大学博士学位论文，2019年，第339～350页。

"御"在古文献中有"进献"之意。《广雅·释诂二》："御，进也。"[①]《诗·小雅·六月》："饮御诸友，炰鳖脍鲤。"毛传："御，进也。"[②]又有使用之意，《楚辞·九章·涉江》："腥臊并御，芳不得薄兮。"王逸注："御，用也。"[③]《春秋·桓公十四年》："秋八月壬申，御廪灾。"杜预注："御廪，公所亲耕以奉粢盛之仓也。"[④]所以此处的"御匜"当指器主亲自所作的专用之匜。青铜器铭文中有"盛君萦之御簠"（《铭图》05780）；"滕侯昃之御敦"（《铭图》06057），亦同其理。

3. 盥匜

罗儿匜"罗儿曰：'余吴王之甥，学卯公□逢之子，择厥吉金，自作盥匜'"（《铭图》14985）。

蔡侯申匜"蔡侯申之盥匜"（《铭图》14867）。

"盥"，《说文》："盥，澡手也。从臼、水，临皿。"[⑤]《左传·僖公二十三年》："奉匜沃盥，既而挥之。"孔颖达疏："盥，澡手也。"[⑥]《礼记·少仪》："洗、盥，执食饮者勿气。"孔颖达疏："盥，谓为尊长盥手。"[⑦]《大戴礼记·武王践阼》："于盥盘为铭焉。"孔广森补注："盥盘，洗手器，古者以匜沃盥，其下有盘承水也。"[⑧]古时有沃盥之礼，匜是必不可少的注水用器，所以"盥匜"即指沃盥之礼中用于注水洗手之匜。

4. 浣匜

仅见樊君夔匜，"樊君夔用自作浣匜，子子孙孙其永宝用享"（《铭图》14962）。

"浣""盥"可通，二字均为元部，见匣旁纽。《仪礼·士冠礼》："赞者盥

---

① （清）王念孙：《广雅疏证》，上海古籍出版社，1983年，卷二上·五。

② （汉）毛亨传，（汉）郑玄笺，（唐）孔颖达疏：《毛诗正义》（十三经注疏），北京大学出版社，1999年，第640页。

③ 崔富章、李大明：《楚辞集校集释》，湖北教育出版社，2002年，第1413页。

④ （春秋）左丘明传，（晋）杜预注，（唐）孔颖达正义：《春秋左传正义》（十三经注疏），北京大学出版社，1999年，第232页。

⑤ （汉）许慎：《说文解字》，中华书局，1963年，第104页。

⑥ （春秋）左丘明传，（晋）杜预注，（唐）孔颖达正义：《春秋左传正义》（十三经注疏），北京大学出版社，1999年，第474页。

⑦ （清）孙希旦撰：《礼记集解》，中华书局，1989年，第953页。

⑧ 黄怀信：《大戴礼记汇校集注》，三秦出版社，2005年，第651、652页。

于洗西。”郑玄注：“古文盥皆作浣。”[①]所以“浣”同“盥”，“浣匜”即是“盥匜”，即洗手之匜。

5. 淳匜

仅见叔良父匜，“铸公大正叔良父作淳匜，其眉寿万年子子孙孙永宝用”（《铭图》14968）。

“淳”，查飞能博士已有解释[②]。《说文·水部》：“淳，渌也。”[③]《周礼·考工记·锺氏》：“淳而渍之。”郑玄注：“淳，沃也。”孙诒让正义：“淳沃并以水浇渌物之称。”[④]《仪礼·士虞礼》：“淳尸盥，宗人授巾。”郑玄注：“淳，沃也。”[⑤]所以“淳匜”就是指“用以浇水之匜”。

6. 沬匜

鲁伯愈父匜：“鲁伯愈父作邾姬仁媵沬匜，其永宝用”（《铭图》14932）。

毳匜：“毳作皇母媿氏沬盉，媿氏其眉寿万年用”（《铭图》14934）。

“沬”，《说文》：“沬，洒面也。从水，未声。”[⑥]《汉书·律历志下》：“甲子，王乃洮沬水。”颜师古注：“洮，盥手也；沬，洗面也。”[⑦]所以“沬匜”也就是“盥洗之匜”。

7. 会匜

王子申匜：“王子申之会匜”（《铭图》14868）。

王子适匜：“王子适之会匜”（《铭图》14870），等。

匜铭中的“会”，写作“鐈”“遭”，宽式隶定作“会”。“会”读为“沬”。杨树达先生认为：“会古音在月部，沬古音在没部，二部音近故可通作也。”[⑧]信阳楚简二〇八“二会盘”，即“二沬盘”。简二九〇“一会帩”，即一条洗脸巾[⑨]。所以“会匜”即等同于“沬匜”。

---

① （汉）郑玄注，（清）张尔岐句读：《仪礼》，上海古籍出版社，2016年，第9页。

② 查飞能：《商周青铜器自名疏证》，西南大学博士学位论文，2019年，第343页。

③ （汉）许慎：《说文解字》，中华书局，1963年，第237页。

④ （清）孙诒让：《周礼正义》，中华书局，1987年，第3313页。

⑤ （汉）郑玄注，（清）张尔岐句读：《仪礼》，上海古籍出版社，2016年，第380页。

⑥ （汉）许慎：《说文解字》，中华书局，1963年，第237页。

⑦ （汉）班固撰，（唐）颜师古注：《汉书》，中华书局，1962年，第1017页。

⑧ 杨树达：《蔡子匜跋》，《积微居金文说》，科学出版社，1959年，第167页。

⑨ 王辉：《古文字通假字典》，中华书局，2008年，第504页。

8. 旅匜

皃叔匜："皃叔作旅匜"（《铭图》14856）。

仲姞义母匜："仲姞义母作旅匜，其万年子子孙孙永宝用"（《铭图》14948）。

青铜器铭文中的"旅"字，学界有"旅祭""军旅""旅行"等多种说法。陈英杰先生有很好的总结与研究[①]，此处取其一说，认为"旅"跟"军旅""旅行"等可以行动的情形有关，所以"旅匜"当指与军旅出行等有关的礼仪活动中所用之匜。

9. 行匜

樊夫人匜："樊夫人龙嬴自作行匜"（《铭图》14900）。

黄仲酉匜："曾少宰黄仲酉之行匜"（《铭图》14902）。

奚季宿车匜："奚季宿车自作行匜，子孙永宝用之"（《铭图》14925）。

公父宅匜："唯正月庚午，浮公之孙公父宅铸其行匜，其万年，子子孙永宝用之"（《铭图》14992）。

青铜器中的行器，学界也颇多解释，有"旅行之器""邦交盟会之器""明器""遣器"等诸种释义。查飞能博士有较为全面的总结，认为"行器"具有两种含义：一是出行之器；二是随葬明器[②]。就青铜匜而言，目前所见自名为"行匜"者共有上述4件，除了黄仲酉匜器型较小、制作粗疏，当可作为随葬明器看待外，其余3器都器型较大，装饰华美，似与"明器"说不太相符。所以我们认为青铜匜中的"行匜"当与"旅匜"意思接近，还是指与出行有关的礼仪用匜。

10. 媵匜

鲁侯匜："鲁侯作杞姬番媵匜，其万年眉寿宝"（《铭图》14923）。

郑伯匜："郑伯作宋孟姬媵匜，其子子孙孙永宝用之"（《铭图》14946）。

"媵"，《易 · 咸 · 象传》："媵口说也。"郑玄注："媵，送也。"[③]《仪礼 · 士昏礼》："媵布席于奥。"郑玄注："媵，送也，谓女从者也。"[④]《左传 · 僖公五年》："以媵秦穆姬。"杜预注："送女曰媵。"[⑤]所以"媵匜"就是女子出嫁之时的陪嫁之匜。

---

① 陈英杰：《西周金文作器用途铭辞研究（上）》，线装书局，2008年，第250～257页。

② 查飞能：《商周青铜器自名疏证》，西南大学博士学位论文，2019年，第369～373页。

③ （魏）王弼：《周易注疏》，中央编译出版社，2013年，第190页。

④ （汉）郑玄注，（清）张尔岐句读：《仪礼》，上海古籍出版社，2016年，第31页。

⑤ （春秋）左丘明传，（晋）杜预注，（唐）孔颖达正义：《春秋左传正义》（十三经注疏），北京大学出版社，1999年，第396页。

11. 沫鼎其匜

图2-5　倗鼎

（《全集》10·7）

仅见箄匜，“唯箄肇其作沫鼎其匜，万年无疆，孙孙享”（《铭图》14936）。

“沫鼎其匜”，前文已述，“沫”同“盥”。故“沫鼎”即是“盥鼎”。盥鼎在青铜器中也叫“汤鼎”，东周时期常见，多流行于南方楚地，是一种小口深腹的鼎，专用于烧开水，可用以洗浴。湖北荆门包山2号楚墓出土的这种鼎，对应之遣策就记为“一汤鼎”①。河南淅川下寺2号楚墓出土的倗鼎（图2-5），自名为“𪔂鼎”，或释为“汤鼎”，就是这种鼎的典型代表。水烧开后需要将水盛在匜中用于浇注，所以箄匜就是沫鼎的配套产品。也就是说，器主“箄”作匜的目的是盛装沫鼎烧开的水。“沫鼎其匜”中的“其”，用作第三人称代词，表示领属关系，相当于“他（们）、她（们）、它（们）（的）”，如《尚书·康诰》：“朕其弟，小子封。”②《论语卫灵公》：“工欲善其事，必先利其器。”③故“沫鼎其匜”指的是与“沫鼎”配套使用的匜。

12. 荐匜

太保医仲匜，“太保医仲作荐匜，用享用孝于其皇祖考，用祈万年无疆，子子孙孙永宝用享”（《铭图三编》1259）。

“荐”有进献之意，喻指“以物祭神”。《诗·大雅·行苇》：“醓醢以荐。”④《礼记·王制第五之二》：“庶人春荐韭，夏荐麦，秋荐黍，冬荐稻。”⑤《汉书·倪宽传》：“陛下躬发圣德，统楫群元，宗祀天地，荐礼百神。”⑥故“荐匜”指用于祭祀之匜。

---

① 湖北省荆沙铁路考古队：《包山楚墓（上册）》，文物出版社，1991年，第102页。

② （清）孙星衍：《尚书今古文注疏》，中华书局，1986年，第358页。

③ 刘宝楠撰，高流水点校：《论语正义》，中华书局，1990年，第621页。

④ （汉）毛亨传，（汉）郑玄笺，（唐）孔颖达疏：《毛诗正义》（十三经注疏），北京大学出版社，1999年，第1082页。

⑤ （清）孙希旦：《礼记集解》，中华书局，1989年，第353页。

⑥ （汉）班固撰，（唐）颜师古注：《汉书》，中华书局，1962年，第2630页。

13. 𩟏匜

郳大司马彊匜，“唯正月初吉，辰在庚午，郳大司马彊，择其吉金，为其𩟏匜，固寿其身，眉寿无疆，饮飤无期，子子孙孙，永保用之”（《铭图三编》1260）。

“𩟏”字不识，但该字从“飠”旁，疑与金文中的“饙”字意近。《说文·食部》：“饙，滫饭也。”[①]金文中常见“饙鼎”“饙簋”，故该匜铭文或喻指其跟食有关。

第二节　青铜匜的功用

一、匜的功用

匜的功用问题，文献有较多记载。《说文·匚部》：“匜，似羹魁，柄中有道，可以注水。”[②]《左传·僖公二十三年》：“（怀嬴）奉匜沃盥。”杜预注：“匜，沃盥器也。”孔颖达疏：“匜者，盛水器也。”[③]《仪礼·公食大夫礼》：“小臣具盘匜，在东堂下。”[④]《仪礼·既夕礼》：“两敦两杅盘匜。”郑玄注：“盘匜，盥器也。”[⑤]由文献可知，匜主要是作为盥洗用器的。

匜作为盥洗用器的功能也得到了铭文的证实，青铜匜自名中的“盥匜”“淳匜”“会匜”“沬匜”“浣匜”等，都是体现了其作为盥洗用器的功能。

《仪礼》关于盘匜组合的记载，也得到了考古材料的证实。宗仲匜、伯百父匜、鲁伯愈父匜、黄仲酉匜、毳匜等都有与之配套的宗仲盘、伯百父盘、鲁伯愈父盘、黄仲酉盘、毳盘[⑥]；季大匜铭文“盘匜”连称（《铭图续编》0989）、矢叔匜铭文“匜盘”连称（《铭图三编》1257）；1974年陕西户县宋村秦墓[⑦]、1978年山东滕州薛国故

① （汉）许慎：《说文解字》，中华书局，1963年，第107页。

② （汉）许慎：《说文解字》，中华书局，1963年，第268页。

③ （春秋）左丘明传，（晋）杜预注，（唐）孔颖达正义：《春秋左传正义》（十三经注疏），北京大学出版社，1999年，第474页。

④ （汉）郑玄注，（清）张尔岐句读：《仪礼》，上海古籍出版社，2016年，第241页。

⑤ （汉）郑玄注，（清）张尔岐句读：《仪礼》，上海古籍出版社，2016年，第345页。

⑥ 这几件匜对应的盘分别在《铭图》14386、14399、14448、14409、14452。

⑦ 陕西省文管会秦墓发掘组：《陕西户县宋村春秋秦墓发掘简报》，《文物》1975年10期，第57页。

城M1[①]、湖北宜城市蒋湾母牛山M1[②]、2011年湖北襄阳市枣园墓地M325[③]、1978年湖北随州擂鼓墩曾侯乙墓[④]出土的匜，出土时皆放在盘内。以上这些考古现象，都能够与文献相互印证，进一步证实匜具有盥洗用器的功能。

另外匜的装饰艺术也有助于说明其作为水器的功能。1957年河南陕县M2041、M2042、M2144出土的匜流部刻三尾鱼纹，底部为两条盘绕的水蛇[⑤]；1977年陕西凤翔高王寺村窖藏出土的匜流内錾刻水波与鱼纹[⑥]；2000年辽宁建昌县东大杖子墓地M11出土的刻纹匜流内也是錾刻了3条鱼的纹样[⑦]（图2-6），暗示着鱼在水流的通道中游动。这样的纹饰装饰可能正是为了表达匜具有跟水有关的功能。

当然，匜并不是只具备单一的水器功能。除水器外，匜还可以作为酒器。《礼记·内则》："敦、牟、卮、匜。"郑玄注："卮、匜，酒浆器。"鲁大司徒元匜铭文："鲁大司徒元作饮盂，万年眉寿永宝用。"（《铭图》06221）铭文中的"饮盂"，也明确地指明了匜可以作为酒器的功能。2002年河南信阳长台关七号楚墓出土4件鼎及两套组合器，其一为铜扁壶及器皿组合（铜扁壶1、折沿盘8、平口盘10、圆盒4套），另一为铜圆盒及酒具组合（圆盒1、匜9、盘6、耳杯23）。酒具组合中，匜9、盘6、耳杯23置于圆盒之中，其中的9件匜长径12.7～13.5、短径11.5～12、深3.2～3.8厘米[⑧]，都是小型器物，从体量及形制来看，其功能应该和同组的耳杯一样，作为饮酒器的可能性较大。

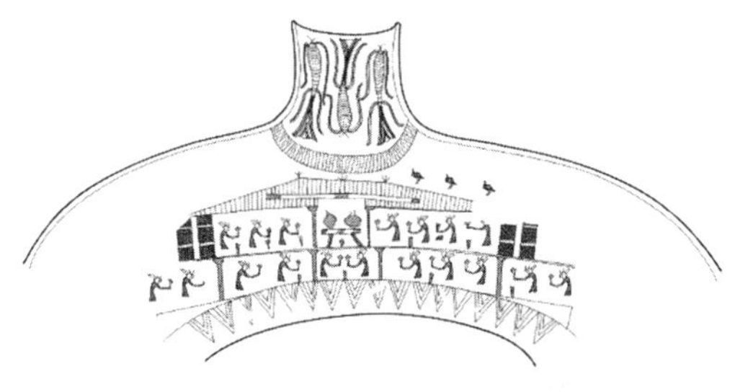

图2-6　辽宁建昌东大杖子墓地出土铜匜纹饰（局部）

（《文物》2015年11期，图41）

在某些特定场合，匜或许还有食器的功能，山东临沂市博物馆藏的郳友父匜，自名为"鬲"（《铭图》14926），以及上文所举郳大司马彊匜铭文，或即是匜可充当食器的证据。另有陕西韩城市博物馆藏有一件叔元父盨，铭曰"叔元父作尊匜（报告将

① 山东省济宁市文物管理局：《薛国故城勘察和墓葬发掘报告》，《考古学报》1991年4期，第457页。

② 李伯谦：《中国出土青铜器全集（11）》，科学出版社，2018年，369。

③ 李伯谦：《中国出土青铜器全集（11）》，科学出版社，2018年，370。

④ 湖北省博物馆：《曾侯乙墓（上）》，文物出版社，1989年，第243页。

⑤ 中国社会科学院考古研究所：《陕县东周秦汉墓》，科学出版社，1994年，第65、66页。

⑥ 韩伟、曹明檀：《陕西凤翔高王寺战国铜器窖藏》，《文物》1981年1期，第16、17页。

⑦ 辽宁省考古研究所等：《辽宁建昌东大杖子墓地2000年发掘简报》，《文物》2015年11期，第20页。

⑧ 河南省文物考古研究所、信阳市文物工作队：《河南信阳长台关七号楚墓发掘简报》，《文物》2004年3期，第38、39页。

“匜”字误释为“盨”），永宝用。”[①]称盨为“匜”，或许说明作为饪食器的盨与作为盥洗器的匜有某种功能上的相通之处。

二、匜的使用场合

关于匜的使用场合，我们可以从考古材料、铭文内容与文献记载几方面进行考察。

1. 用于祭祀

“国之大事，在祀与戎”，作为祭祀用器，是青铜器最主要的功能。用于祭祀场合的青铜匜见于：

番仲匜：“唯番仲㚸自作尊匜，其万年其子子孙孙永宝用享”（《铭图续编》0991）。

夷曰匜：“夷曰作宝尊彝”（《铭图》14859）。

冉匜：“作父乙宝尊彝，冉”（《铭图》14872）。

召乐父匜：“召乐父作妇改宝匜，永宝用”（《铭图》14906）。

叔黑臣匜：“唯叔黑臣作宝匜，其永宝用”（《铭图》14908）。

阳飤生匜：“阳飤生自作宝匜，用锡眉寿，用享”（《铭图》14915）。

太保医仲匜：“太保医仲作荐匜，用享用孝于其皇祖考，用祈万年无疆，子子孙孙永宝用享”（《铭图三编》1259）。

青铜器铭文中自称“宝+器名”“尊+器名”“宝尊彝”者，大多可以理解为器主所作的祭器。上举诸匜铭文便是明确指明了此处的匜就是器主所作的祭器。青铜匜铭文中匜作为祭祀用器多见于西周时期，春秋时期也有发现，但数量不多，春秋以后逐渐消失。

2. 用于沃盥之礼

《礼记 · 内则》：“进盥，少者奉盘，长者奉水，请沃盥，盥卒授巾。”[②]《内则》规范了沃盥之礼一系列的礼仪规则，而且对于握持盘、匜、巾者的身份都有严格的限定，唯有这样做，才能显现出礼仪活动中行礼者的高低贵贱，起到明等级、辨尊卑的作用。《左传 · 僖公二十三年》：“（秦怀嬴）奉匜沃盥，既而挥之。怒，曰：‘秦、晋，匹也，何以卑我？’公子惧，降服而囚。”[③]就是说怀嬴在为重耳用

① 陈红玲：《陕西韩城市博物馆藏铭文青铜器》，《考古与文物》2012年1期，第94页。

② （清）孙希旦：《礼记集解》，中华书局，1989年，第729页。

③ （春秋）左丘明传，（晋）杜预注，（唐）孔颖达正义：《春秋左传正义》（十三经注疏），北京大学出版社，1999年，第474页。

匜浇注洗手之后，重耳没有按照既定的礼仪规则，用巾擦手，而是挥干手中的余水。按照礼仪的规范，重耳的举动是失礼的行为，所以怀嬴发怒，重耳因惧怕而“降服而囚”。由此可以看出先秦时期“沃盥之礼”的严肃性与庄重性。青铜匜铭文中的“盥匜”“淳匜”“会匜”“沬匜”“浣匜”正是指明了匜作为盥洗礼器的用途。青铜匜铭文中带有“盥”字的有10件之多，而且年代绝大多数都在春秋时期，表明了这一时期“沃盥之礼”的盛行。

3. 用于出行携带

如叔匜、皃叔匜、孟皇父匜、樊夫人匜、公父宅匜等，皆自名为“旅匜”或“行匜”，虢宫父匜“……用从永征”，用饮元駐乘马匜铭文“用征以行……”，皆表明制作这些匜的目的是与军旅出行有关。

4. 作为陪嫁媵器，用于婚媾礼仪

蔡侯匜：“蔡侯作姬单媵匜”（《铭图》14874）。

曹伯匜：“曹伯媵齐叔姬匜”（《铭图》14876）。

鲁侯匜：“鲁侯作杞姬番媵匜，其万年眉寿宝”（《铭图》14923）。

自作吴姬匜：“自作吴姬媵匜”（《铭图》14864）。

苏夫人匜：“苏夫人作姪改襄媵匜”（《铭图》14893），等。

陈昭容先生在分析了先秦时期的盥洗用器后，认为妇女执奉之礼、婚礼中的沃盥礼、妇事姑舅之礼中都要用到盘匜，“这都可能是媵器多水器的理由之一”，“春秋时期，诸侯间盛行以婚姻维系政治关系，陪嫁品中以盥器为大宗，主要目的是期望负政治联姻之责的女主角能多利用盥洗用具，整治容颜，以美丽的容貌维系夫家的感情”①，这是正确的见解，我们表示信从。

带有“媵”字铭文的青铜匜共有30件，除自作吴姬匜不知道作器者是谁、苏夫人匜作器者是女性以外，其余28件全部是男性贵族为其女儿作器。这可以从一定程度表明，东周时期的男性在社会生活中可能居于主导地位，而女性的地位则相对较低，处于从属的地位。

5. 用于贵族的日常洗浴

1975年苏州虎丘东周墓出土的匜放在鉴内②，1974年甘肃平凉庙庄战国墓M6出土

---

① 陈昭容：《从古文字材料谈古代的盥洗用具及其相关问题——自淅川下寺春秋楚墓的青铜水器自名说起》，《“中央研究院”历史语言研究所集刊》第71本第4分，2000年，第886、901、902页。

② 苏州博物馆考古组：《苏州虎丘东周墓》，《文物》1981年11期，第52页。

的匜放在洗中[①]。诸类考古现象表明匜除了与盘配套使用，用于沃盥之礼外，在春秋以后还用于贵族的日常洗浴，是一种常用的清洁用器。

6. 用于温热

青铜匜除了注水功能之外，可能还有温热的功能。1984年安徽天长出土的西周铜匜底部有黑灰附着[②]；1986年河南平顶山应国墓地M95匜出土时外底部有烟炱灰烬[③]；1996年长沙市茅亭子楚墓M1出土的瓢形匜，腹底残留烟炱痕迹[④]。以上诸种现象表明这里的青铜匜可能是用于温热食物或酒水的温热器，而不是单纯的盛器。

7. 用于饲喂马匹

香港中文大学张光裕先生曾介绍一件现藏台北故宫博物院的“用饮元駐乘马匜”，铭为“铸会匜，用征以行，以粢粢盨，用饮元駐乘马，其眉寿无疆”。张先生认为铭文大意是“铸此匜盛载饮浆，于出行或出征前为‘元駐乘马’进行饲喂，既使精壮马匹气力饱足，又可藉以鼓励士气……”[⑤]铸匜用以饲喂马匹，这样的记载在金文中甚为罕见。张文见解新颖，可备一说，今暂列在此，以供学界参考。

小　结

本章我们分析了青铜匜的定名与功用问题。搞清楚了匜的定名、自名问题，以及由自名归纳出匜的三种器物形态；知道了匜大多是作为水器来使用，但是在某些特定的时代或场合还可以作为酒器、食器或温热器来使用；其广泛应用于祭祀、宴享、军旅出行、婚媾礼仪等活动当中。正因为匜的使用面十分宽泛，所以我们在考古材料中才能够见到这么多数量的青铜匜。

---

① 甘肃省博物馆：《甘肃平凉庙庄两座战国墓》，《考古与文物》1982年5期，第21页。

② 陈建国：《安徽天长县出土西周青铜匜》，《考古》1986年6期，第576页。

③ 河南省文物研究所、平顶山市文物管理委员会：《平顶山应国墓地九十五号墓的发掘》，《华夏考古》1992年3期，第95页。

④ 长沙市文物考古研究所：《长沙市茅亭子楚墓的发掘》，《考古》2003年4期，第40页。

⑤ 张光裕：《新见“用饮元駐乘马匜”试释》，《青铜器与金文（第二辑）》，上海古籍出版社，2019年，第1、14页。

第三章　青铜匜的型式分析、分期断代及各期特征

第一节　青铜匜的型式分析

截至2020年底，我们收集到青铜匜的资料共有836件，其中器形明确的出土器有524件（附表1），器形明确的传世器有172件（附表2）。另有140件器（含出土器107件、传世器33件）因年久散佚或图片资料未发表等原因，致使器形不明，故只作为参考资料（附表3），并不参与本节的型式分析。本章即以附表1、附表2收录的696件器形明确的匜为分析对象，对其进行型式分析。选用标本主要采用器形典型、时代明确的出土器，对于一些年代清楚的传世器也会酌情采用，力求使青铜匜的型式风貌得以全面表达。

在分析方法上，对于形制不同的匜，我们采用型的概念进行区分（用A、B型……表示），对于同型之下又有局部形制呈现规律性差异的匜，我们采用亚型的概念（用Aa、Ab，Ba、Bb型……表示），对于同一亚型下的匜，我们用式的划分来表示它们之间的早晚关系（用Ⅰ、Ⅱ、Ⅲ式……表示）。一般来说，用Ⅰ式表示的匜在年代上要早于用Ⅱ式表示的匜，用Ⅱ式表示的匜早于用Ⅲ式表示的匜，以此类推。

按照青铜匜的足部特征，我们可将其分为A、B、C、D四型。

A型　四蹄足或三蹄足，按照流部特征又可分为二亚型。

Aa型　槽形流，按照器形的演变情况又可分为六式。

Ⅰ式：短宽流，流较平直，鋬位于匜尾部中间，且未高出口沿。

标本：儹匜，1975年陕西岐山董家村窖藏出土。体腹呈瓢形，短宽流，流较平直。有一兽首平盖，四羊蹄形足，兽首鋬位于尾部正中。口沿下饰一周窃曲纹及弦纹。通高20.3、通长36.5厘米，重3.775千克[1]。器内底铸铭文90字，盖内67字，共157字（其中合文3），两铭连读。器铭：唯三月既生霸甲申，王在𦟼上宫，伯扬父乃成劾曰：“牧牛，𫗴乃可勘。汝敢以乃师讼。汝上代先誓。今汝亦既又御誓，専格啬睦朕，复亦兹五夫，亦既御乃誓，汝亦既从辞从誓。式苛，我宜鞭汝千，黜剭汝。今大赦　盖铭：汝，鞭汝五百，罚汝三锊。”伯扬父乃又使牧牛誓曰“自今余敢扰乃小

---

① 张天恩：《陕西金文集成（1）》，三秦出版社，2016年，0074。

大事。”“乃师或以汝告，则致，乃鞭千，幭剭。”牧牛则誓。乃以告吏𬮀，吏曶于会。牧牛辞誓成，罚金。㑞用作旅盉（图3-1）。

图3-1　㑞匜及器铭、盖铭

（《陕西金文集成（1）》0074）

Ⅱ式：流变窄长，微微上翘且略内束，鋬多为龙形，且龙背上拱略高出口沿，腹部多饰瓦棱纹。

标本一：叔五父匜，2003年陕西眉县杨家村青铜器窖藏出土。体腹呈瓢形，流较长，略上翘，龙形鋬，龙吻部紧嵌口沿，四夔龙形扁足。口沿下饰窃曲纹，腹部饰瓦棱纹。内底铸铭文16字（含重文2）。高18.1、通长16.6厘米，重2.4千克[①]（图3-2）。

标本二：函皇父匜，1933年陕西扶风县上康村窖藏出土。器形基本同于叔五父匜，不同之处仅在于该匜为四兽蹄形扁足，口沿下饰重环纹。内底铸铭文14字（其中重文1）。高13.2、通长26厘米，重1.14千克[②]（图3-3）。

图3-2　叔五父匜

（《陕西金文集成（6）》0669）

图3-3　函皇父匜

（《陕西金文集成（3）》0285）

① 张天恩：《陕西金文集成（6）》，三秦出版社，2016年，0669。

② 张天恩：《陕西金文集成（3）》，三秦出版社，2016年，0285。

Ⅲ式：流普遍上翘，且内束明显，龙形鋬的龙尾普遍上卷，器腹多饰瓦棱纹。

标本一：番伯酓匜，1974年河南信阳长台关春秋墓葬出土。流上翘，内束明显，龙形鋬高出口沿，龙尾上卷，四扁足。口沿下饰窃曲纹，腹饰瓦棱纹。内底铸铭17字。通高20.5、通长36厘米①（图3-4）。

标本二：鄩仲匜，1981年4月山东临朐县五井镇泉头村春秋墓葬出土。形制基本同于番伯酓匜，不同之处在于该匜为夔龙形扁足。内底铸铭21字（重文3）。通高22、通长42厘米②（图3-5）。

图3-4　番伯酓匜

（《全集》7·115）

图3-5　鄩仲匜

（《全集》9·87）

Ⅳ式：流大多较平直，体表多饰蟠螭纹、蟠虺纹等新兴纹饰。

标本一：蟠螭纹匜，2003年陕西凤翔孙家南头春秋秦墓M191出土。瓢形腹，流内束，龙形鋬，四扁足。腹部中央饰蟠螭纹。高16.2、长33.4厘米③（图3-6）。

标本二：蟠虺纹匜，1963年陕西宝鸡阳平镇秦家沟村秦墓M1出土。瓢形腹，流内束，龙形鋬，四扁足。腹部中央饰蟠螭纹。高10、长15.9厘米④（图3-7）。

Ⅴ式：流内束程度较上式更为明显，腹变深，足变矮，整器造型由原来的瘦长向短宽发展。

标本一：蟠虺纹匜，1980年河北怀来甘子堡春秋墓M1出土。瓢形腹，束流，深鼓腹，四矮夔龙形扁足，龙形鋬。通体饰蟠虺纹。高15.6、通长28厘米⑤（图3-8）。

标本二：三角云纹匜，1985年北京延庆军都山东周山戎部落玉皇庙墓地M2出土。瓢形腹，流内束，深鼓腹，四矮夔龙形扁足，龙形鋬。口沿下饰一周三角云纹，云纹

① 中国青铜器全集编辑委员会：《中国青铜器全集（7）》，文物出版社，1998年，115。

② 中国青铜器全集编辑委员会：《中国青铜器全集（9）》，文物出版社，1997年，87。

③ 陕西省考古研究院、宝鸡市考古工作队、凤翔县博物馆：《陕西凤翔孙家南头春秋秦墓发掘简报》，《考古与文物》2013年4期，第7页。

④ 陕西省文物管理委员会：《陕西宝鸡阳平镇秦家沟村秦墓发掘记》，《考古》1965年7期，第342页。

⑤ 中国青铜器全集编辑委员会：《中国青铜器全集（15）》，文物出版社，1995年，191。

下饰一周三角几何纹。通高15.8、通长28厘米[①]（图3-9）。

Ⅵ式：流基本与器口在一个平面上，多为三足，制作十分粗疏。

标本一：素面三足匜，1983年陕西凤翔八旗屯西沟道秦墓M3出土。通体素面，器腹较浅，扁平鋬，三足。高4.3、长13.5厘米[②]（图3-10）。

标本二：素面三足匜，2000年洛阳高速公路伊川段LJM74出土。形同标本一，环耳。残高8.6、长22.6厘米[③]（图3-11）。

Ab型　管状流匜，按照器形演变情况可分为四式。

图3-6　孙家南头蟠螭纹匜

（《考古与文物》2013年4期，图版6 · 1）

图3-7　秦家沟蟠虺纹匜

（《考古》1965年7期，图版2 · 2）

图3-8　甘子堡蟠虺纹匜

（《全集》15 · 191）

图3-9　军都山三角云纹匜

（《出土铜》1 · 74）

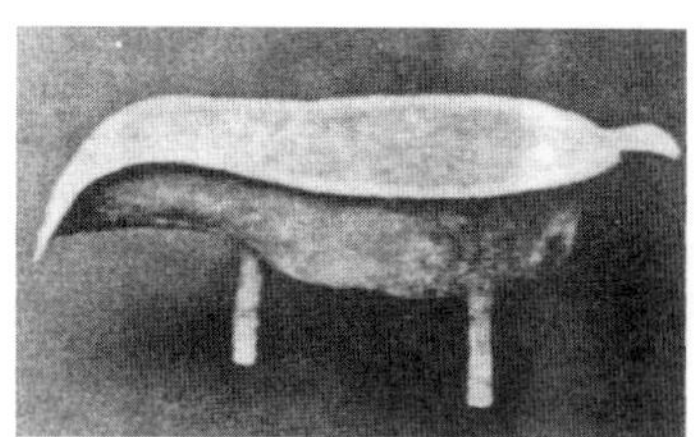

图3-10　八旗屯素面三足匜

（《文博》1986年3期，图版2 · 7）

图3-11　伊川LJM74素面三足匜

（《文物》2001年6期，图3 · 6）

① 北京市文物研究所：《军都山墓地：玉皇庙（二）》，文物出版社，2007年，第905页。

② 陕西省雍城考古队：《陕西凤翔八旗屯西沟道秦墓发掘简报》，《文博》1986年3期，第21页。

③ 洛阳市第二文物工作队：《洛阳（洛界）高速公路伊川段LJYM74发掘简报》，《文物》2001年6期，第47页。

Ⅰ式：流上扬，微内束。

标本一：重环纹匜，1979年湖北随县安居桃花坡M1出土。整器呈兽形，兽首管状流高扬呈嘶鸣状。腹部较深，四兽形扁足。龙形鋬，龙尾上卷。口沿下饰重环纹，腹饰瓦棱纹。通高15.7、通长28厘米①（图3-12）。

标本二：窃曲纹匜，1963年山东临沂册山五寺庄出土。整器呈兽形，兽首管状流向上扬起，微内束。腹部较深，四兽蹄形扁足。龙形鋬，龙尾上卷。口沿下饰窃曲纹，腹饰重环纹。高14.9、通长30.4厘米②（图3-13）。

Ⅱ式：流内束程度较上式更甚，变得弯曲，腹变浅，多装饰蟠螭纹或素面等。

图3-12　重环纹匜

（《曾国青铜器》第250页）

图3-13　窃曲纹匜

（《临沂集萃》第73页）

标本一：蟠螭纹匜，1978年山东滕州市薛国故城M1出土。兽首管状流内束，瓢形腹，龙形鋬，四小扁足。腹部装饰蟠螭纹。高14、长35.7厘米③（图3-14）。

标本二：兽首流匜，2013年山西隰县瓦窑坡墓地M29出土。兽首流较为平直，且向前平伸，腹平面呈圆角长方形，三蹄状足，龙形鋬。通体素面。通高11.4、通长27厘米④（图3-15）。

Ⅲ式：流弯曲程度较Ⅱ式更甚，呈“⌒⌣”形，有纹饰的器较少，素面器较多且大多做工粗糙。

标本一：蟠螭纹匜，1974年湖北省天门市李场黄家店出土。兽首管状流上扬且弯曲，瓢形腹，腹饰蟠螭纹，四夔龙形扁足，龙形鋬。高23、长34厘米⑤（图3-16）。

标本二：兽首流匜，1994年山东海阳县嘴子前春秋墓M4出土。兽首管状流较

① 随州市博物馆：《湖北随县安居出土青铜器》，《文物》1982年12期，第52页。

② 郑西溪：《临沂市博物馆馆藏集萃》，山东美术出版社，2011年，第73页。

③ 山东省济宁市文物管理局：《薛国故城勘查和墓葬发掘报告》，《考古学报》1991年4期，第460页。

④ 山西省考古研究所、山西大学历史文化学院、临汾市文物局等：《山西隰县瓦窑坡墓地的两座春秋时期墓葬》，《考古》2017年5期，第29页。

⑤ 湖北省博物馆：《湖北出土文物精粹》，文物出版社，2006年，第94页。

弯曲，椭方形腹较浅，龙形鋬，三矮蹄形足，通体素面。高12.5、长30.4厘米[①]（图3-17）。

图3-14　蟠螭纹匜

（《考古学报》1991年4期，图版9 · 2）

图3-15　兽首流匜

（《考古》2017年5期，图12）

图3-16　蟠螭纹匜

（《湖北出土文物精粹》第94页）

图3-17　兽首流匜

（《泱泱大国》第79页）

Ⅳ式：腹部变得更浅，制作粗率。

标本一：素面匜，1966年山西长治分水岭战国墓M232出土。管状流，浅腹，圜底，三细蹄足，兽形鋬。流口饰蟠螭纹。高10.2、通长22.7厘米[②]（图3-18）。

标本二：素面匜，1987年河南新郑新禹公路战国墓M1出土（M1：5）。形制基本同分水岭M232匜。高8、通长20.5厘米[③]（图3-19）。

B型　环足匜，根据形制不同可分为二亚型。

Ba型　器口平面呈椭方形。

标本一：素面环足匜，1981年河南洛阳东周墓C1M124出土。管状流，椭方形腹，尾部有环形鋬，底部三环形足。通高11、通长22厘米[④]（图3-20）。

① 烟台市文物管理委员会、海阳县博物馆：《山东海阳县嘴子前春秋墓的发掘》，《考古》1996年9期，第6页。

② 山西省考古研究所、山西博物院、长治市博物馆：《长治分水岭东周墓地》，文物出版社，2010年，第325页。

③ 赵清等：《河南新郑新禹公路战国墓发掘简报》，《考古》1994年5期，第403页。

④ 洛阳市文物工作队：《洛阳两座东周铜器墓》，《中原文物》1983年4期，第18页。

标本二：素面环足匜，2010年河南淇县宋庄东周墓地M4出土。槽形流，流内束，器身呈椭方形。尾部有环形鋬，底部有三环形足。高10、长29.5厘米①（图3-21）。

Bb型　器口平面呈桃形。

标本：桃形环足匜，仅1件，1959～1961年底山西长治分水岭战国墓M26出土。器口平面呈桃形，弧腹外鼓，底部承接三环足，素面。高7、口长10.5厘米②（图3-22）。

C型　圈足匜。按照形制不同可分为二亚型。

Ca型　椭方体，当为春秋晚期会匜的孑遗。

标本一：燕公匜，北京师范大学文博馆藏。腹呈椭方形，深腹，龙形鋬，圈足。口沿下饰三角云纹。内底铸铭13字。通高10、口长25厘米③（图3-23）。

标本二：错嵌红铜云雷纹匜，1957年河南陕县M2040出土。腹呈椭方形，较深，圈足。封口流，体窄边两侧有对称的环耳。通体嵌红铜，口沿和圈足饰三角云纹，器身错嵌云雷纹。流部兽面纹，双耳云雷纹。通高13.5、通长27.9厘米④（图3-24）。

Cb型　圆体，按照形制演变情况可分为四式。

Ⅰ式：腹部很深。

图3-18　长治分水岭M232素面匜

（《长治分水岭》图版144·4）

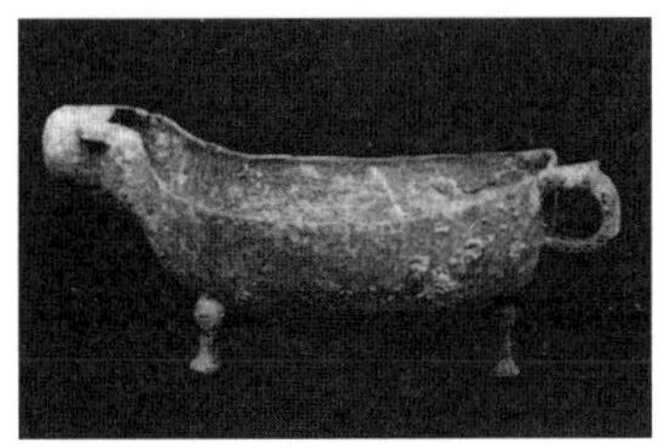

图3-19　新禹公路战国墓M1素面匜

（《考古》1994年5期，图版2·6）

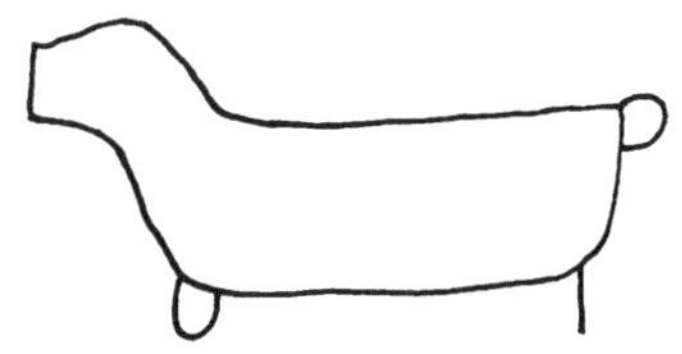

图3-20　洛阳东周墓C1M124素面环足匜

（《中原文物》1983年4期，第18页，图3·2）

图3-21　淇县宋庄M4素面环足匜

（《华夏考古》2015年4期，彩版2·6）

① 河南省文物考古研究院：《河南淇县宋庄东周墓地M4发掘简报》，《华夏考古》2015年4期，第6页。

② 山西省考古研究所、山西博物院、长治市博物馆：《长治分水岭东周墓地》，文物出版社，2010年，第275页。

③ 宣柳：《北师大文博馆收藏的两件青铜器》，《文物春秋》2015年5期，第68页。

④ 中国社会科学院考古研究所：《陕县东周秦汉墓》，科学出版社，1994年，第64页。

标本：素面匜，2005年河南洛阳西工区M8832出土。短流，圆体似瓢，深腹，矮圈足，环形耳。腹残。通高13、口长23厘米①（图3-25）。

Ⅱ式：腹较上式变浅，流变长。

标本：素面匜，河南洛阳中州路东周墓M2717出土（M2717：194）。圆体似瓢，腹较上式变浅，流变长，圈足。高7.3、口长23.6厘米②（图3-26）

Ⅲ式：腹较上式更浅，流更长。

标本：素面匜，1981年湖北随州擂鼓墩二号墓出土。圆体似瓢，腹较上式更浅，流变长，素面，圈足。高6、口长20.4厘米③（图3-27）。

Ⅳ式：流更长，变窄且上翘。

标本：私官匜，2007年陕西西安长安区神禾原大墓出土。长流上翘，深椭方腹下收为矮圈足。尾部有铺首衔环耳。内壁刻铭16字，通长46.5厘米④（图3-28）。

D型　无足匜，按照形制的不同，可分为二亚型。

Da型　即本书所称之“会匜”。体腹呈桃形，依器形演变情况，可分为二式。兽

图3-22　桃形环足匜

（《长治分水岭》图版125 · 5）

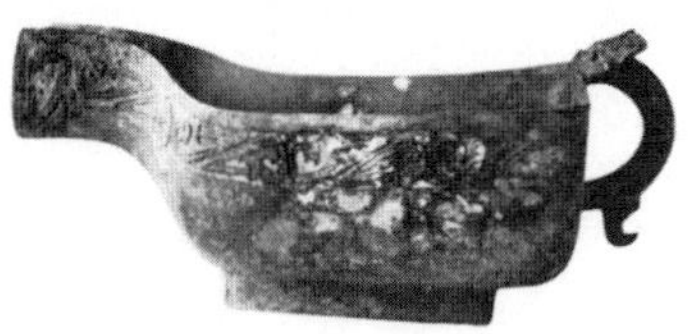

图3-23　燕公匜

（《文物春秋》2015年5期，图5）

图3-24　错嵌红铜云雷纹匜

（《陕县东周秦汉墓》图版40 · 1）

图3-25　洛阳西工区M8832素面匜

（《考古》2011年9期，图版9 · 4）

① 洛阳市文物工作队：《河南洛阳市西工区M8832号东周墓》，《考古》2011年9期，第37页。

② 中国科学院考古研究所：《洛阳中州路（西工段）》，科学出版社，1959年，第95、96页。

③ 湖北省博物馆、随州市博物馆：《湖北随州擂鼓墩二号墓发掘简报》，《文物》1985年1期，第24、25页。

④ 台北故宫博物院：《秦业流风——秦文化特展》，台北故宫博物院，2016年，025。

图3-26　洛阳中州路M2717素面匜

（《洛阳中州路（西工段）》图版65·3）

图3-27　随州擂鼓墩二号墓素面匜

（《文物》1985年1期，第33页，图58）

首管状流或槽形流向上弯曲，多为龙形鋬，体表多有纹饰。

Ⅰ式：腹部较浅。

标本一：唐子仲濒儿匜，2002年3月湖北郧县五峰乡肖家河村春秋墓M1出土。兽首管状流，束颈，桃形腹，平底。龙形鋬已残。流口顶部及腹部饰蟠虺纹，腹部蟠虺纹间饰一周绹索纹。内底铸铭20字。高13.7、口径26厘米①（图3-29）。

标本二：垂鳞纹匜，2014年湖北襄阳市南漳县川庙山M18出土。短槽流，桃形腹，弧腹较浅，平底略内凹，尾部有一环形鋬。口沿下饰两周垂鳞纹。高10.4、长22厘米②（图3-30）。

Ⅱ式：腹部较上式变深，流变长且上扬。

标本一：倗匜，1978～1979年河南淅川下寺春秋楚墓M2出土。兽首流较弯曲，深弧腹，平底，龙形鋬。口沿下饰一道凸弦纹，弦纹上下饰蟠虺纹，下部的蟠虺纹下饰一周三角几何纹。通高13.6、通长26厘米，重1.65千克③（图3-31）。

标本二：蟠虺纹匜，1978～1979年河南淅川下寺春秋楚墓M1出土。兽首流较弯曲，深弧腹，平底，龙形鋬。口沿下饰一道凸弦纹，弦纹上下均饰细密的蟠虺纹。通

图3-28　私官匜

（《秦业流风》025）

图3-29　唐子仲濒儿匜

（《江汉汤汤》第159页）

① 郧县博物馆：《湖北郧县肖家河出土春秋唐国铜器》，《江汉考古》2003年1期，第7页。

② 湖北省文物考古研究所、南漳县博物馆：《湖北南漳川庙山东周墓地2014年发掘报告》，《江汉考古》2015年4期，第48页。

③ 河南省文物研究所、河南省丹江库区考古发掘队、淅川县博物馆：《淅川下寺春秋楚墓（上）》，文物出版社，1991年，第135、136页。

高14.2、通长27厘米，重0.875千克[①]（图3-32）。

标本三：蟠虺纹匜，2008年河南南阳市卧龙区八一路春秋楚墓M1出土。槽形流，深腹。器口平面呈桃形，尾部有龙形鋬。口沿下饰一周蟠虺纹，鋬饰雷纹。高10.6、长25.7厘米[②]（图3-33）。

图3-30　垂鳞纹匜

（《出土铜》12 · 363）

图3-31　倗匜

（《南国楚宝》第22页）

图3-32　下寺M1蟠虺纹匜

（《全集》10 · 71）

图3-33　南阳八一路M1蟠虺纹匜

（《文物》2020年10期，第15页，图18）

Db型：即本书所称之“瓢形匜”。这类匜流较斜直，多为环形鋬，依照形制与纹饰演变特征可分为六式。

Ⅰ式：短流，腹大而深，饰重环纹。

标本：重环纹匜，仅1件，1981年河南信阳明港出土。短流内收，深弧腹下收为平底。口沿内敛，饰一周重环纹，腹部素面。高11、长26.7厘米[③]（图3-34）。

Ⅱ式：腹部较之上式更深，多饰新兴的蟠螭纹，有的是素面。

标本一：蟠螭纹匜，2002年湖北枣阳郭家庙曾国墓地M8出土。短流内收，深弧

① 河南省文物研究所、河南省丹江库区考古发掘队、淅川县博物馆：《淅川下寺春秋楚墓（上）》，文物出版社，1991年，第70、72页。

② 河南省文物考古研究院、南阳市文物考古研究所：《河南南阳春秋楚彭氏家族墓地M1、M2及陪葬坑发掘简报》，《文物》2020年10期，第8、12页。

③ 中国青铜器全集编辑委员会：《中国青铜器全集（7）》，文物出版社，1998年，125。

腹下收为平底。口沿内敛，饰一周首尾上下相对的蟠螭纹，腹部上下各有一周绹索纹，绹索纹之间饰相互缠绕的蟠螭纹。此匜装饰异常华美。通高8、通长18.3厘米[①]（图3-35）。

标本二：素面匜，1998年甘肃礼县圆顶山98LDM2出土。腹部素面，短流内收，深弧腹下收为平底。前胸及对应的尾部各有一环纽，口沿下饰一周绹索纹。通高21.2、口径36.4厘米[②]（图3-36）。

图3-34　信阳明港重环纹匜

（《全集》7·125）

图3-35　蟠螭纹匜

（《出土铜》12·362）

图3-36　素面匜

（《秦西垂陵区》图版2·27）

图3-37　南阳李八庙蟠虺纹匜

（《文物》2012年4期，封4·3）

Ⅲ式：腹较上式变浅。

标本一：蟠虺纹匜，2004年河南南阳李八庙春秋墓出土。短流，鼓腹，平底，环形鋬。颈饰重环纹，腹饰蟠虺纹。高9.4、口径17厘米[③]（图3-37）。

标本二：蟠虺纹匜，2006年湖北十堰市郧阳区乔家院M6出土。短流，鼓腹较浅，斜收为平底，环形鋬。颈饰重环纹，腹饰蟠虺纹。高7.5、口径18.2厘米[④]（图3-38）。

① 李伯谦：《中国出土青铜器全集（12）》，科学出版社，2018年，362。

② 甘肃省文物考古研究所、礼县博物馆：《甘肃礼县圆顶山98LDM2、2000LDM4春秋秦墓》，《文物》2005年2期，第13页。

③ 南阳市文物考古研究所：《河南南阳李八庙春秋楚墓清理简报》，《文物》2012年4期，第32页。

④ 李伯谦：《中国出土青铜器全集（12）》，科学出版社，2018年，361。

Ⅳ式：流较上式变细且上翘，腹较上式变化不明显，大多素面，少数有刻纹。

标本一：素面匜（M2048：8），1957年河南陕县M2048出土。瓢形，流上翘，尾部有环形鋬耳，素面。口径18.9厘米[①]（图3-39）。

标本二：刻纹匜，1977年陕西凤翔高王寺村窖藏出土。形同陕县M2048：8匜，只是这件匜流内錾刻有水波纹与鱼纹。通高10、流长6.4厘米[②]（图3-40）。

Ⅴ式：流较上式上翘，腹较上式变浅，多素面，少数有刻纹。

图3-38　郧阳乔家院蟠虺纹匜

（《出土铜》12 · 361）

图3-39　陕县M2048素面匜

（《陕县东周秦汉墓》图版30 · 3）

图3-40　凤翔高王寺窖藏刻纹匜

（《凤翔遗珍》132）

图3-41　包山2号楚墓素面匜

（《包山楚墓》（下）图版34 · 1）

标本一：素面匜，1986年湖北荆门包山2号楚墓出土。瓢形，长流，斜腹，平底，尾部有铺首衔环耳。腹深12.5、长36.1厘米[③]（图3-41）。

标本二：素面匜，1992年湖北老河口安岗1号楚墓出土。形制略同包山2号楚墓匜，素面。高9.6、口长径22.9厘米[④]（图3-42）。

Ⅵ式：流变窄长，大多上翘，腹部变深。

标本一：铸客匜，1933年安徽寿县朱家集李三孤堆楚王墓出土。长流上翘，深腹

---

① 中国社会科学院考古研究所：《陕县东周秦汉墓》，科学出版社，1994年，第66页。

② 韩伟、曹明檀：《陕西凤翔高王寺战国铜器窖藏》，《文物》1981年1期，第16、17页。

③ 湖北省荆沙铁路考古队：《包山楚墓》（上册），文物出版社，1991年，第110页。

④ 襄阳市博物馆、老河口市博物馆：《湖北老河口安岗一号楚墓发掘简报》，《文物》2017年7期，第6页。

向下斜收为平底，尾部有环形耳。腹部刻铭7字。高10.9、长23厘米[①]（图3-43）。

标本二：素面匜，山东临淄炼油厂出土。瓢形，深弧腹，长流略上翘，尾部有一环耳。高9.8厘米[②]（图3-44）。

另有湖北、安徽、江苏、山东、北京等地区出土的部分铜匜，演变规律不明显，具有较强的地方文化特征，属于非主流文化的铜匜，我们将作为地方类型匜在第五章论述，此处不再进行型式分析。还有部分单体铜匜，造型特殊，难以归入某一固定的类型，我们将这些铜匜作为特殊类型铜匜对待，也不参与型式分析。

图3-42　安岗1号楚墓素面匜
（《文物》2017年7期，图14）

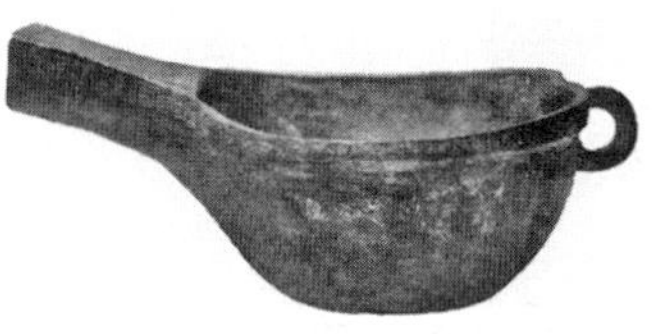

图3-43　铸客匜
（《铭图》14884）

图3-44　临淄炼油厂素面匜
（《泱泱大国》第110页）

第二节　青铜匜的分期断代及各期特征

依据青铜匜的发展演变规律，我们可将之分为8期：西周中期、西周晚期、春秋早期、春秋中期、春秋晚期、战国早期、战国中期、战国晚期。

本节的研究对象是所有836件铜匜，因为附表3中的铜匜虽然形制不明，但是通过发掘报告等相关背景资料显示的信息，它们的大概年代是清楚的，加之其中还有若干

① 吴镇烽：《商周青铜器铭文暨图像集成》，上海古籍出版社，2012年，14884。

② 秦始皇帝陵博物院：《泱泱大国——齐国历史文化展》，三秦出版社，2015年，第110页。

带有铭文的铜匜，铭文透露出来的历史信息十分重要，若弃之不用，则十分可惜，故本节在不影响整个文章结构的情况下，酌情采用了这批资料。现对各期的年代及特征做一论述。

一、第　一　期

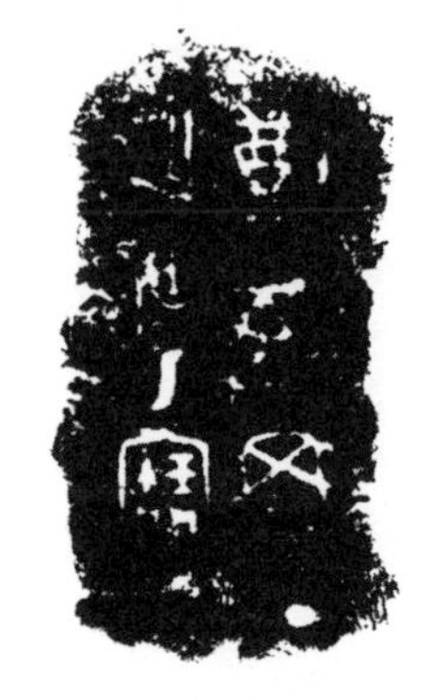

图3-45　冉匜铭文拓片（《集成》10191）

第一期主要流行Aa型Ⅰ式匜及特殊类型匜，共3件，占总数的0.4%。

Aa型Ⅰ式标本𠑇匜（图3-1），造型装饰较为简约，铭文字体较肥大，口沿下的窃曲纹呈现出较早的时代特征，学界多认为该器的年代在西周中期[①]。故Aa型Ⅰ式匜的流行年代在西周中期。

另有1件冉匜因年代久远，器已不存，仅存铭文拓片（图3-45）。但该匜铭文书体显示出肥大的痕迹，铭文内容保留有日名“父乙”，族徽“冉”等，体现出较早的时代特征。再结合最早的青铜匜出现在西周中期等，冉匜的年代也应该在西周中期。

还有1件夷曰匜，造型特殊，没有与之相似的标准器可资参考，但张懋镕先生曾专文论述，认为其年代在西周中期[②]，本书表示信从。

所以第一期的年代相当于西周中期。

第一期的青铜匜腹部均为素面，但口沿下却装饰有窃曲纹、蛇纹等不同的纹饰，这表明初创时期的匜虽然装饰略显原始，但表现手法却比较自由灵活，不似第二期以后的匜那样形成了固定的装饰范式。

第一期的青铜匜除𠑇匜具备157字的长铭以外，其余两匜（夷曰匜、冉匜）都以短铭为主。且3件匜都不自名为“匜”，而是以“宝尊彝（夷曰匜、冉匜）”或“盉（𠑇匜）”名之，说明这一时期匜的定名还没有成熟，只能以礼器的共名或其他器物的名字来代称。

第一期青铜匜的分布地域目前仅见于陕西，其余地区未见。

第一期是青铜匜的初创期。

---

① 中国青铜器全集编辑委员会：《中国青铜器全集（5）》，文物出版社，1996年，194、195；曹玮：《周原出土青铜器（3）》，巴蜀书社，2005年，第385页；陈佩芬：《中国青铜器辞典》，上海辞书出版社，2013年，第1209页；张天恩：《陕西金文集成（1）》，三秦出版社，2016年，0074。

② 张懋镕：《夷曰匜研究——兼论商周青铜器功能的转化问题》，《古文字与青铜器论集（3）》，科学出版社，2010年，第155页。

二、第　二　期

第二期有Aa型Ⅱ式匜、地方类型匜及特殊类型匜，共计112件，占总数的13.4%。

第二期Aa型Ⅱ式标本一叔五父匜（图3-2），与之同出的四十二年逨鼎、四十三年逨鼎被学界公认为是周宣王时期的标准器。据李学勤先生研究，叔五父是器主“逨”的字，因此叔五父匜也应当是周宣王时器[①]；标本二函皇父匜（图3-3）形制同于叔五父匜，因此这两件匜的年代都在西周晚期。故Aa型Ⅱ式匜的流行年代在西周晚期。

因此第二期的青铜匜年代约相当于西周晚期。

第二期的青铜匜不论是出土器还是传世器，数量都急剧增多，呈现出迅猛的发展势头。

在体量方面，第二期的匜通高在14～20厘米，通长在20～40厘米。体形变得修长，做工普遍精美，出现龙形鋬，代替了第一期的扁环形鋬，龙吻紧咬匜的尾部口沿，给人造成一种龙在匜中吸水的感觉，平添无限活力，是这一时期作器者在注重匜的实用功能的同时，对匜的艺术美感提出更高要求的体现。

这一时期的青铜匜纹饰普遍华美且形成固定范式，口沿部位沿袭了西周中期以来青铜器上流行的窃曲纹、重环纹，腹部无一例外全部装饰瓦棱纹。瓦棱纹装饰于体形横宽的器物上，会让器体显得更长、更加美观，这是符合人体视觉审美标准的。腹部装饰瓦棱纹的装饰手法毫无疑问是受到了西周晚期流行的圈三足瓦棱纹簋、盨的装饰手法的影响。

第二期的有铭铜匜数量明显增多，共有54件，虽然内容较为简短，但是作器者、受器对象、作器用途十分明确，对于我们探讨匜的器主、使用场合、功用等问题具有十分重要的作用。

这一时期匜的定名中，除太师氏姜匜自名为“盘”（《铭图》14999）外，其余凡是有铭文者皆自名为“匜”，相较于第一期称谓各异的现象，青铜匜的定名趋于稳定，表明匜作为一种独立的器类开始正式跻身礼器行列，并且发挥重要作用。“匜”字之本意为水流下注的形象，说明第二期青铜匜的注水功能在周人的礼仪生活中得到了普遍的使用。这一时期的叔良父匜，自名“淳匜”（《铭图》14968），即是对匜这种功能的最好注解。

另外这一时期匜的功能也趋于多样化，除了传统的祭祀礼器以外，郑伯匜（《铭图》14946）是为女陪嫁所作的媵器，说明这一时期匜作为陪嫁用器的角色也初现端倪。

第二期青铜匜的分布范围进一步扩大，除陕西周原及长安地区依然是出土核心

① 李学勤：《眉县杨家村新出青铜器研究》，《文物》2003年6期，第70页。

区外，在山西天马—曲村晋国墓地、河南平顶山应国墓地、山东曲阜鲁国墓地、湖北随州曾国墓地等都有广泛的出现。这些墓地出土的青铜匜，长度超过30厘米的历历可数，山东曲阜市鲁国古城望父台春秋墓葬M48出土的鲁司徒仲齐匜，长度甚至达到了36厘米（《铭图》14988），是同时期的大型铜匜之一，这些现象表明了姬姓诸侯国对青铜匜的重视。在安徽、江苏等地出土的地方类型铜匜中，还有长度超过40厘米的特大型铜匜[①]，表明了青铜匜文化在这些地方的发达程度。

综合以上特点，我们认为第二期是青铜匜的大发展时期。

三、第　三　期

第三期的青铜匜有Aa型Ⅲ式、Ab型Ⅰ式、Db型Ⅰ式，地方类型匜及特殊类型匜，共有186件，占总数的22.2%。

Aa型Ⅲ式标本一番伯酓匜（图3-4），李学勤先生认为其时代在春秋早期[②]；标本二鄩仲匜（图3-5）造型接近番伯酓匜，与之同墓伴出的有鼎、鬲、簠、盘等器，发掘简报认为其墓葬年代在两周之际[③]。但从伴出的簠口沿裙边较宽、鼎铭文较松散、匜流与器腹分界明显等特征来看，我们认为这组器物的年代应当置于春秋早期为宜，因此鄩仲匜当是春秋早期的器物。故Aa型Ⅲ式匜的流行年代在春秋早期。

Ab型Ⅰ式的管状流匜是这一时期出现的新器型。标本一随州安居桃花坡M1出土的重环纹匜（图3-12），流部上扬，龙形鋬出现向上卷曲的尾巴，符合春秋早期铜匜的普遍特征，与之同出的整组铜器发掘简报也认为年代在春秋早期[④]，所以这件匜的年代应该在春秋早期。标本二临沂册山五寺庄出土的窃曲纹匜（图3-13），龙形鋬龙颈上拱高出口沿，且龙尾上卷，也符合春秋早期青铜匜的造型特点，所以也应该是春秋早期的器物。故Ab型Ⅰ式匜的流行年代在春秋早期。

Db型Ⅰ式瓢形匜也是这一时期新出现的器型，仅1件。标本信阳明港出土的重环纹匜（图3-34），与这件匜同出的有鼎、鬲、壶、盘等器，年代均在春秋早期[⑤]。可知，明港重环纹匜的年代也在春秋早期。

---

① 李蔚然：《南京发现周代铜器》，《考古》1960年6期，第41页；李伯谦：《中国出土青铜器全集（8）》，科学出版社，2018年，82。

② 李学勤：《论汉淮间的春秋青铜器》，《文物》1980年1期，第57页。

③ 临朐县文化馆、潍坊地区文物管理委员会：《山东地区发现齐、鄩、曾诸国铜器》，《文物》1983年12期，第6页。

④ 随州市博物馆：《湖北随县安居出土青铜器》，《文物》1982年12期，第54页。

⑤ 信阳地区文管会、信阳县文化馆：《信阳县明港发现两批春秋早期青铜器》，《中原文物》1981年4期，第17页。

所以第三期的青铜匜年代约相当于春秋早期。

第三期青铜匜的体量跟第二期相比，没有太大变化，但是造型多样化趋势增强。主要表现在新出现Ab型Ⅰ式的管状流匜，造型生动精美，1989年山西省闻喜上郭村M33出土的虎形管流匜[①]，设计者将其塑造成了活脱脱一只老虎的造型；2012年河南南阳夏饷铺墓地出土的上都太子平侯匜[②]以及私人收藏的季大匜[③]、昶仲匜[④]等也都是将管状的流加以装饰，塑造成一只瑞兽的造型。这样制作的效果是让匜在具有实用价值的同时又兼具艺术的美感。信阳明港出土的Db型Ⅰ式重环纹匜[⑤]，器形简约大方，是目前所见最早的瓢形匜，具有十分重要的标识作用。安徽、江苏、山东等地出土的地方类型燕尾鋬匜、龙形鋬匜，均为三足，与中原地区的四足匜在形制、纹饰装饰上都有较大差别，具有明显的地域特点。

除造型外，第三期的铜匜在装饰风格上也出现了多样化的倾向。虽然绝大多数的青铜匜还是沿袭了第二期铜匜的装饰风格，即在口沿下装饰一周窃曲纹或者重环纹，腹部装饰瓦棱纹，以瓦棱纹为主，窃曲或重环纹居次作为辅助纹饰。但是也出现了一些新的纹饰类别及布局方式，如2017年陕西澄城刘家洼春秋芮国墓地M6出土的交龙纹匜[⑥]，交龙纹占据了腹部的绝大部分面积，成为主体纹饰，而传统的瓦棱纹却只占据了接近腹底的很小部位，变成了辅助纹饰。更甚者如1982年户县南关春秋秦墓M1出土的蟠螭纹匜[⑦]、2017年陕西澄城刘家洼春秋芮国遗址M49出土的窃曲纹匜[⑧]、季大匜（《铭图续编》0989）、皇与匜（《铭图》14933）都是腹部大面积装饰蟠螭纹、窃曲纹、垂鳞纹等，瓦棱纹在这些器上彻底绝迹了，这些都是社会发展到一定阶段青铜匜出现的新气象。总之，传统与新兴并存是第三期青铜匜纹饰装饰的主要特点。

第三期的有铭青铜匜共有75件，是有铭铜匜最多的时期，但铭文内容较之第二期并无明显变化，皆是以祭祀、陪嫁、征行等为主。

第三期青铜匜的分布范围进一步扩大，除了陕西、山西、河南、山东、湖北、安徽等地外，在西北地区的甘肃等地也有出土。说明伴随着西周王朝的覆灭，周平王东

① 山西省考古研究所：《三晋考古（1）》，山西人民出版社，1994年，第143页，图6·5。

② 吴镇烽：《商周青铜器铭文暨图像集成三编》，上海古籍出版社，2020年，1252。

③ 吴镇烽：《商周青铜器铭文暨图像集成》，上海古籍出版社，2012年，14933。

④ 吴镇烽：《商周青铜器铭文暨图像集成续编》，上海古籍出版社，2016年，0994。

⑤ 信阳地区文管会、信阳县文化馆：《信阳县明港发现两批春秋早期青铜器》，《中原文物》1981年4期，第17页。

⑥ 陕西省考古研究院、渭南市博物馆、澄城县文化和旅游局：《陕西澄城刘家洼芮国遗址东Ⅰ区墓地M6发掘简报》，《考古与文物》2019年2期，第9页。

⑦ 曹发展：《陕西户县南关春秋秦墓清理记》，《文博》1989年2期，第7页。

⑧ 陕西省考古研究院、渭南市博物馆、澄城县文化和旅游局：《陕西澄城刘家洼芮国遗址东Ⅰ区墓地M49发掘简报》，《文物》2019年7期，第10、11页。

迁洛邑以后，王道衰微，对诸侯国的控制力减弱，诸侯国之间的交流进一步扩大，从而导致了青铜匜文化辐射到了更为广阔的地域。

相较于第二期而言，第三期的铜匜无论是数量、类别还是纹饰装饰都有长足发展，青铜匜在这一时期呈现出繁荣的局面，因此第三期可以看作是青铜匜的繁荣期。

四、第　四　期

属于第四期的有Aa型Ⅳ式、Ab型Ⅱ式、Ba型、Cb型Ⅰ式、Da型Ⅰ式、Db型Ⅱ式匜及地方类型匜，共计102件，占总数的12.2%。

Aa型Ⅳ式标本一陕西凤翔孙家南头M191出土的蟠螭纹匜（图3-6），相较于春秋早期Aa型Ⅲ式匜而言，制作更为粗糙，且器体装饰更为细密的蟠螭纹，具有春秋中期铜器纹饰的特点。M191发掘简报引用相关研究成果，也称该墓葬出土的青铜容器具有春秋中期的风格①，因此这件匜的年代也应当在春秋中期；宝鸡阳平镇秦家沟出土的蟠螭纹匜（图3-7），无论从形制还是纹饰上看，都与M191匜十分接近，所以这件匜的年代也应当在春秋中期。所以Aa型Ⅳ式匜的年代在春秋中期。

Ab型Ⅱ式标本一滕州薛国故城M1出土的蟠螭纹匜（图3-14），发掘报告将M1列入甲组墓，甲组墓的年代报告认为在春秋早中期②。出土的蟠螭纹匜流较弯曲，蟠螭纹较细密，故年代应该较晚，定在春秋中期为宜。标本二山西隰县瓦窑坡墓地M29出土的兽首流匜（图3-15），流的弯曲程度接近薛国故城匜，简报认为M29整组铜器的年代在春秋中期，所以这件匜的年代也应当在春秋中期③。故Ab型Ⅱ式匜的流行年代在春秋中期。

Ba型标本一1981年河南洛阳东周墓C1M124出土的素面环足匜（图3-20），体腹形制与Ab型Ⅱ式隰县瓦窑坡M29匜接近，不同之处仅在于这件匜是环形足，而瓦窑坡匜是蹄足。发掘报告认为C1M124整座墓葬的年代在春秋中期④，所以该匜的年代也应当在春秋中期。

Cb型Ⅰ式标本一素面圈足匜（图3-25），2005年河南洛阳西工区M8832出土。形

① 陕西省考古研究院、宝鸡市考古工作队、凤翔县博物馆：《陕西凤翔孙家南头春秋秦墓发掘简报》，《考古与文物》2013年4期，第34页。

② 山东省济宁市文物管理局：《薛国故城勘察和墓葬发掘报告》，《考古学报》1991年4期，492页。

③ 山西省考古研究所、山西大学历史文化学院、临汾市文物局等：《山西隰县瓦窑坡墓地的两座春秋时期墓葬》，《考古》2017年5期，第45页。

④ 洛阳市文物工作队：《洛阳两座东周铜器墓》，《中原文物》1983年4期，第18页。

制与礼县圆顶山秦墓出土的瓢形匜[①]十分接近，不同之处仅在于该匜多了一个低矮的圈足，圆顶山瓢形匜的年代在春秋中期，发掘简报也认为M8832的年代在春秋中期[②]，所以这件匜的年代也应该在春秋中期。Cb型匜在春秋中期开始出现，但在春秋晚期没有发现，战国早期又开始出现，鉴于青铜器物演变应该具有连续性的特点，我们推测Cb型Ⅰ式匜的年代下限应该可以延伸至春秋晚期。

Da型Ⅰ式标本一唐子仲濒儿匜（图3-29），出土于湖北郧县五峰乡肖家河春秋墓。发掘简报认为肖家河春秋墓出土整组铜器的年代在春秋中期[③]，所以唐子仲濒儿匜的年代也应该在春秋中期；标本二湖北南漳川庙山东周墓地M18出土的垂鳞纹匜（图3-30），形制与唐子仲濒儿匜接近，简报也认为M18的年代在春秋中期后段[④]，所以这件匜也应该在春秋中期。所以Da型Ⅰ式匜的年代在春秋中期。

Db型Ⅱ式标本一湖北枣阳郭家庙M8出土的蟠螭纹匜（图3-35），腹部装饰的蟠螭纹在春秋中期比较流行，所以这件匜的年代也在春秋中期。标本二甘肃礼县圆顶山98LDM2出土的素面瓢形匜（图3-36），发掘简报认为98LDM2年代在春秋中晚期[⑤]，但综合与匜共出鼎、簋、盨、壶器物来看，还是显示出较早的时代特征，所以我们认为将M2铜器的年代置于春秋中期比较合理，所以圆顶山98LDM2匜的年代也应该在春秋中期。故Db型Ⅱ式匜的年代在春秋中期。

综上所述，第四期青铜匜的年代约相当于春秋中期。

第四期青铜匜在体量大小上较之第三期并无明显变化，但是器型种类进一步增多，具体表现为新出现的Ba型环足匜、Cb型圈足匜，以及以后在楚地广泛流行的Da型会匜，这都是以往不曾有过的新器型。

第四期处于诸侯国纷争时期，列国政治上的相对独立催生了文化上的相对独立，从而导致各个地区出土的青铜匜情况不尽相同，在器物形制上也无规整性可言。Aa型Ⅳ式匜当中既有山东滕州市薛国故城[⑥]以及郯城县大埠二村M1[⑦]出土颈部上扬明显、装

① 甘肃省文物考古研究所、礼县博物馆：《甘肃礼县圆顶山98LDM2、2000LDM4春秋秦墓》，《文物》2005年2期，第13页。

② 洛阳市文物工作队：《河南洛阳市西工区M8832号东周墓》，《考古》2011年9期，第43页。

③ 郧县博物馆：《湖北郧县肖家河出土春秋唐国铜器》，《江汉考古》2003年1期，第7页。

④ 湖北省文物考古研究所、南漳县博物馆：《湖北南漳川庙山东周墓地2014年发掘报告》，《江汉考古》2015年4期，第53页。

⑤ 甘肃省文物考古研究所、礼县博物馆：《甘肃礼县圆顶山98LDM2、2000LDM4春秋秦墓》，《文物》2005年2期，第26页。

⑥ 李伯谦：《中国出土青铜器全集（6）》，科学出版社，2018年，307。

⑦ 山东省文物考古研究所等：《郯城县大埠二村遗址发掘报告》，《海岱考古（4）》，科学出版社，2011年，第121页，图20，彩版2·3。

饰十分华美的重器出现，也有像1959年陕西宝鸡福临堡东周墓葬M1[①]、2003年陕西凤翔孙家南头春秋秦墓M126[②]出土造型简陋、颈部平直、装饰简单的铜匜存在，体现出明显的地域性差异。

Ab型Ⅱ式管流匜多分布在山东、湖北一带，体型普遍较大，装饰精美，典型者如1977年山东沂水刘家店子1号墓出土长达49厘米的超大型铜匜[③]，成为这一时期青铜匜中的出类拔萃者。湖北等地的Ab型Ⅱ式管流匜造型精美，装饰华丽，其为当地贵族所珍爱之程度由此可见一斑。然而相比之下，分布在河南洛阳、山西、山东一带的素面管流匜（见附表1第168～202号器）则显得十分寒微了，造型简陋，几无美感可言。Ab型Ⅱ式管流匜的体表装饰在一定程度上反映了南北贵族对匜不同的审美观念和重视程度。

第四期的Da型Ⅰ式会匜最先发现于湖北郧县肖家河、南漳川庙山以及河南淅川下寺等地的楚墓[④]当中，开会匜先河，对后世楚地匜文化的影响十分深远。Db型Ⅱ式的瓢形匜在这一时期也有所发展，由第一期信阳明港仅有的1件发展到这一时期的12件，虽然造型简约，多以素面为主，但是作为一种新兴的事物，其发展势头相当强劲。

第四期青铜匜的纹饰装饰主要以蟠螭纹、蟠虺纹为主，间或有垂鳞纹、三角几何纹等，素面器也占据相当比重。第二、三期以来流行的重环纹、窃曲纹、瓦棱纹在第四期的铜匜上几乎绝迹，这跟这一时期其他青铜礼器的装饰手法是同步的。

第四期的青铜匜铭文全部出现在具有楚文化色彩的Da型Ⅰ式匜上，具有铭文的A型蹄足匜仅见1969年湖北枝江市王家岗出土的塞公孙𦙶父匜（《铭图》14989）以及传世的陈伯元匜（《铭图》14967）。在北方及河南洛阳周边出土的铜匜上，没有发现一件带有铭文的青铜匜，说明这一时期青铜匜在北方地区逐渐走向衰落。而在南方楚地，青铜匜的重要性却才开始大放光彩。

第四期的青铜匜主要分布在湖北、湖南、河南、陕西、山西、山东、甘肃等地，分布范围广泛，且南方铜器制作精良，有铭器数量多，北方铜匜制作简单，有铭器数量少，呈现出明显的地域分布特点。

---

① 中国科学院考古研究所宝鸡发掘队：《陕西宝鸡福临堡东周墓葬发掘记》，《考古》1963年10期，第541页。

② 陕西省考古研究院、宝鸡市考古工作队、凤翔县博物馆：《陕西凤翔孙家南头春秋秦墓发掘简报》，《考古与文物》2013年4期，第11页。

③ 李伯谦：《中国出土青铜器全集（6）》，科学出版社，2018年，312。

④ 郧县博物馆：《湖北郧县肖家河出土春秋唐国铜器》，《江汉考古》2003年1期，第7页；湖北省文物考古研究所、南漳县博物馆：《湖北南漳川庙山东周墓地2014年发掘报告》，《江汉考古》2015年4期，第48页；河南省文物研究所、河南省丹江库区考古发掘队、淅川县博物馆：《淅川下寺春秋楚墓（上）》，文物出版社，1991年，第35页。

由于第四期处于春秋早期与春秋晚期的过渡时期，因此这一时期某些形制纹饰特征不是特别明显的铜匜在断代上就存在诸多问题，比如一些中期偏早的铜匜很容易归入春秋早期，而对于一些中期偏晚的器物又很容易将其归入春秋晚期。加之春秋时期青铜匜形制的多样性，所有因素综合起来就为春秋中期青铜匜的断代带来了困难，因此能够明确确定为春秋中期的青铜匜数量相对较少。但这一时期诸多新器型的出现、地域间匜文化的多样性以及个别超大体量、装饰华美铜匜的出现，依然为第四期的青铜匜文化平添无穷魅力。因此第四期仍然可以看作是第三期的延伸，是青铜匜的繁荣期。

五、第　五　期

属于第五期的有Aa型Ⅴ式、Ab型Ⅲ式、Ba型、Ca型、Da型Ⅱ式、Db型Ⅲ式匜及特殊类型匜，共计182件，占总数的21.8%。

Aa型Ⅴ式标本一蟠虺纹匜（图3-8），1980年河北怀来甘子堡春秋墓M1出土。甘子堡M1的年代，发掘简报称“上限在春秋晚期或春秋战国之际，下限不会晚到战国早期”，据与匜同出的鼎、盘、豆形制来看，我们认为将其置于春秋晚期比较合适，因此甘子堡M1匜的年代应当在春秋晚期；标本二三角云纹匜（图3-9），北京延庆军都山M2出土。军都山M2的年代，发掘报告称在春秋早期①，但是据与匜同出的盘、罍等器物形制来看，其具有明显的春秋晚期的特征。发掘报告之所以将这座墓葬的年代定在春秋早期，可能是受了墓葬中出土有1件重环纹鼎的影响②，这件鼎的年代相对于匜、盘、罍来说确实是更早一些，应该在春秋早期前后，但是按照出土单位的年代应该按照年代最晚的器物来判断这个原则，应该是春秋早期的鼎随葬进了春秋晚期的墓葬当中，所以军都山M2的年代应当是在春秋晚期，匜的年代也应当是春秋晚期。所以Aa型Ⅴ式匜的流行年代在春秋晚期。

Ab型Ⅲ式标本一蟠螭纹匜（图3-16），1974年湖北省天门市李场黄家店出土。这件匜虽然与之共出器物情况不明，但是其腹部装饰的蟠螭纹较为细密，在春秋晚期铜器上多见，因此其应当是春秋晚期的器物；标本二兽首流匜（图3-17），山东海阳县嘴子前M4出土，海阳嘴子前M4的年代，据发掘简报分析，认为在春秋晚期③，所以这件匜的年代也应当在春秋晚期。所以Ab型Ⅲ式匜的流行年代应当在春秋晚期。

Ba型匜在第五期继续存在，标本河南淇县宋庄墓地M4出土的素面环足匜（图3-21），虽然形制接近第四期的Ba型匜，但是与之同出的鼎、敦等形制及纹饰都具有

① 北京市文物研究所：《军都山墓地：玉皇庙（一）》，文物出版社，2007年，第259、282页。

② 北京市文物研究所：《军都山墓地：玉皇庙（二）》，文物出版社，2007年，第901、902页。

③ 烟台市文物管理委员会、海阳县博物馆：《山东海阳县嘴子前春秋墓的发掘》，《考古》1996年9期，第10页。

较为典型的春秋晚期特征，简报也认为M4的年代应该在春秋晚期偏早阶段[①]，所以我们认为这件环足匜的年代也应当置于春秋晚期为宜。Ba型匜素面环足匜数量较少，且春秋中期的匜与春秋晚期的匜在形制上并无明显的差别，因此我们将Ba型匜只举例说明，并不进行式的划分。

Ca型标本圈足燕公匜（图3-23），与之同铭的有Aa型Ⅴ式兽蹄足燕公匜（《铭图》14918），这件兽蹄足燕公匜的时代明确，为春秋晚期器，那么这件同人所作的圈足燕公匜的年代也应当在春秋晚期。

Da型Ⅱ式标本一倗匜（图3-31）、标本二蟠虺纹匜（图3-32），分别出土于河南淅川下寺楚墓M2、M1。倗匜的器主“倗”，据发掘报告研究，认为即“王子午”，年代约当在公元前552年或稍晚[②]，所以倗匜的年代在春秋晚期。M1出土的蟠虺纹匜，形制纹饰都与倗匜接近，年代也与之相当；标本三蟠虺纹匜（图3-33），2008年河南南阳市卧龙区八一路春秋楚墓M1出土。M1出土的铜器，发掘简报研究后，认为年代在春秋晚期[③]，所以这件匜的年代也应该在春秋晚期。所以Da型Ⅱ式匜的流行年代在春秋晚期。

Db型Ⅲ式标本一蟠虺纹匜（图3-37），2004年河南南阳李八庙春秋墓出土。南阳李八庙M1，简报称年代在春秋中期偏晚或晚期偏早[④]，但从共存的鼎、盏、浴缶等装饰的蟠虺纹十分细密等特征来看，我们认为这组铜器的年代置于春秋晚期为宜，所以匜的年代应该在春秋晚期；标本二蟠虺纹匜（图3-38），湖北十堰市郧阳区乔家院M6出土。乔家院M6，发掘简报认为年代在春秋中期晚段至春秋晚期[⑤]，出土的匜腹部变浅，与Db型Ⅱ式匜有较大差别，所以我们认为这件匜年代应该在春秋晚期。所以Db型Ⅲ式匜的年代在春秋晚期。

第五期的年代约相当于春秋晚期。

第五期Aa型Ⅴ式匜的代表作品中，既有北京延庆军都山[⑥]、河北怀来甘子堡出土

① 河南省文物考古研究院：《河南淇县宋庄东周墓地M4发掘简报》，《华夏考古》2015年4期，第10页。

② 河南省文物研究所、河南省丹江库区考古发掘队、淅川县博物馆：《淅川下寺春秋楚墓（上）》，文物出版社，1991年，第320页。

③ 河南省文物考古研究院、南阳市文物考古研究所：《河南南阳春秋楚彭氏家族墓地M1、M2及陪葬坑发掘简报》，《文物》2020年10期，第44页。

④ 南阳市文物考古研究所：《河南南阳李八庙春秋楚墓清理简报》，《文物》2012年4期，第32页。

⑤ 湖北省文物考古研究所、湖北省文物局南水北调办公室：《湖北郧县乔家院春秋殉人墓》，《考古》2008年4期，第49页。

⑥ 北京市文物研究所：《军都山墓地：玉皇庙（二）》，文物出版社，2007年，第905页。

的铜匜[①]那样造型优雅、装饰华丽的翘楚之作，也有像齐侯匜（《铭图》14997）、夆叔匜（《铭图》15001）的简约器出现。说明第五期仍然是Aa型匜华丽与简约并存的时期。

Ab型Ⅲ式匜造型简约，大多为素面，装饰华丽者仅有9件左右，表明Ab型管流匜在这一时期逐渐开始走向了衰落。

但第五期却是Da型Ⅱ式会匜发展的黄金时期，相较于第四期只有7件Da型Ⅰ式会匜而言，第五期的会匜达到了44件之多，呈现出爆发式增长的势头，可见其时贵族对其的珍爱程度。

Db型Ⅲ式瓢形匜数量也很多，但装饰简陋，大多为素面，说明这一时期的瓢形匜主要是以实用功能为主，使用者并不看重它的纹饰装饰。最为典型的例子是2011年湖北随州义地岗M6曾公子去疾墓出土的铜匜，这座墓出土的鼎2、簠2、甗1、壶2[②]都器体高大，均装饰纹饰，唯独匜造型简陋，通体素面，相比之下显得甚为寒酸，这是瓢形匜在这一时期作器者只看重其实用性的表现。

第五期的铜匜仍然是以传统的蟠螭纹、蟠虺纹为主要纹饰，但新出现了线刻纹饰。线刻主题有人物饮宴、采桑、水陆攻战图等，这类纹饰多刻划于匜的内壁及底部，在有些匜的流口部位多有水草、鱼纹，更加突出了匜作为水器的功能。线刻纹铜器最早起源于春秋晚期的吴越地区，战国早期以后开始向外传播，而且随葬刻纹铜器墓葬的墓主人“大多具有一定的军事背景”[③]，这为我们探讨刻纹铜匜的文化归属及墓主人的身份提供了重要的信息。

另外这一时期部分Ab型Ⅲ式蹄足匜、Da型Ⅱ式会匜，作器者对管状流上的兽首进行了刻意的塑造，采用高浮雕等装饰方法，刻意突出兽首的造型，使其活灵活现，平添无限美感，是这一时期铜匜装饰上的一个亮点。典型的例子有河南新郑西亚斯东周墓M247出土的兽首流匜[④]、淅川下寺M1出土的蟠虺纹匜[⑤]等。

第五期的有铭铜匜有34件，铭文内容显示匜的功能多样化，有陪嫁媵器、祭祀用器、盥洗用器等多种功能。功能的多样化显示出青铜匜的自身价值在这一时期得到了最大限度的发挥。

第五期青铜匜主要分布在山西、河北、河南、山东、湖北、江苏、安徽一带，北方地区出土的匜多以具足的Aa型Ⅴ式、Ab型Ⅲ式为主，南方出土的匜多以无足的Da型

---

① 中国青铜器全集编辑委员会：《中国青铜器全集（15）》，文物出版社，1995年，191。

② 湖北省文物考古研究所、随州市博物馆：《湖北随州义地岗曾公子去疾墓发掘简报》，《江汉考古》2012年3期，第5～18页。

③ 滕铭予：《东周时期刻纹铜器再检讨》，《考古》2020年9期，第106页。

④ 河南省文物考古研究所：《新郑西亚斯东周墓地》，大象出版社，2012年，第50页，图43、44，彩版19。

⑤ 中国青铜器全集编辑委员会：《中国青铜器全集（10）》，文物出版社，1998年，71。

Ⅱ式会匜为主，呈现出明显的地域特点，Db型Ⅲ式瓢形匜在地域分布上具有普遍性。

综合来看，第五期的青铜匜无论是从种类、数量、功用还是纹饰装饰等方面，在整个青铜匜的发展历程当中都处于巅峰时期，因此第五期是青铜匜发展的鼎盛期。

六、第　六　期

属于这一时期的有Aa型Ⅵ式、Ab型Ⅳ式、Bb型、Ca型、Cb型Ⅱ式、Db型Ⅳ式匜及地方类型匜，共计96件，占总数的11.5%。

Aa型Ⅵ式标本一、二两件素面三足匜（图3-10、图3-11），分别出土于凤翔八旗屯西沟道秦墓M3与洛阳高速公路伊川段LJM74，这两座墓葬的年代都在战国早期①，因此这两件匜的年代也应当在战国早期。所以Aa型Ⅵ式匜的年代在战国早期。

Ab型Ⅳ式标本一、二两件素面匜（图3-18、图3-19），分别出土于山西长治分水岭战国墓M232与河南新郑新禹公路战国墓M1。分水岭M232出土的铜匜发掘报告分析后认为年代在战国早期②，新郑新禹公路战国墓M1出土匜与分水岭铜匜形制相同，年代也应与之相当，所以Ab型Ⅳ式匜的年代在战国早期。

Bb型标本桃形环足匜（图3-22），仅1件，山西长治分水岭战国墓M26出土。发掘报告将M26归属于分水岭墓地第二组铜器墓，经分析后认为该组墓葬的年代在战国早期③，因无形制相同的标准器可资对比，所以这件桃形环足匜的年代应当与墓葬年代相当，在战国早期。

Ca型标本错嵌红铜云雷纹匜（图3-24），1957年河南陕县M2040出土。这件匜形制接近春秋晚期的圈足燕公匜，但腹部错嵌抽象的红铜云雷纹，这种错嵌工艺及抽象的云雷纹在战国时期比较流行，综合形制考虑，我们认为将这件匜的年代放在战国早期是比较合适的选择。Ca型铜匜因数量较少，春秋晚期器与战国早期器并无明显形制上的变化，因此也是只举例说明，不做式的分析。

Cb型Ⅱ式标本二素面匜（图3-26），河南洛阳中州路东周墓M2717出土（M2717：194）。发掘报告将M2717列入该报告东周墓葬的第四期，年代相当于战国早期，所以M2717：194匜的年代也应当在战国早期。故Cb型Ⅱ式匜的年代在战国早期。

---

① 陕西省雍城考古队：《陕西凤翔八旗屯西沟道秦墓发掘简报》，《文博》1986年3期，第28页；洛阳市第二文物工作队：《洛阳（洛界）高速公路伊川段LJYM74发掘简报》，《文物》2001年6期，第50页。

② 山西省考古研究所、山西博物院、长治市博物馆：《长治分水岭东周墓地》，文物出版社，2010年，第375页。

③ 山西省考古研究所、山西博物院、长治市博物馆：《长治分水岭东周墓地》，文物出版社，2010年，第375页。

Db型Ⅳ式标本一河南陕县M2048：8素面匜（图3-39）、标本二1977年陕西凤翔高王寺窖藏出土刻纹匜（图3-40），两件匜形制相同。高王寺铜匜的年代，韩伟、曹明檀先生通过与辉县出土铜鉴纹饰比较后认为在战国早期[①]，陕县M2048：8素面匜的年代应与之相当。故Db型Ⅳ式匜的年代在战国早期。

所以第六期的青铜匜年代在战国早期。

第六期的所有Aa型Ⅵ式、Ab型Ⅳ式匜中，除曾侯乙匜（C·190）体表装饰勾连云纹、勾连龙凤纹、龙首纹[②]等华丽纹饰外，其余均制作粗糙，素面无纹饰，迅速走向了衰败，这表明A型蹄足匜在这一时期接近了尾声，即将消逝于历史的长河之中。

Ca型圈足匜数量较少，除极个别如曾侯乙匜（C·147）[③]、陕县M2040匜[④]、河北唐县北城子兽首匜[⑤]等精品外，其余大部分做工简单，装饰朴素，并无值得称道之处。

Cb型圈足匜在经历了春秋晚期的断层之后这一时期略有增多，共有6件（附表1第274～279号器），这一时期的Cb型Ⅱ式匜均制作粗糙，素面，从形制来看仅仅是给同时期的瓢形匜加上了矮圈足，其余别无变化。

Db型Ⅳ式瓢形匜在这一时期虽然制作简单粗疏，但是数量众多（附表1第347～379号器，附表2第161～164号器），有37件左右，发展势头迅猛，可能跟战国时期铜匜生活化有较大关系。

第六期铜匜的纹饰以线刻纹为主，多见于Db型Ⅳ式瓢形匜，个别铜匜有错嵌红铜等纹饰装饰。春秋晚期流行的蟠螭纹、蟠虺纹这一时期虽然还有存在，但是数量很少，逐渐退出历史舞台。

第六期有铭文的铜匜仅见湖北随州擂鼓墩出土的2件曾侯乙匜，铭曰“曾侯乙作持用终”，其余铜匜皆不见有铭文存在，这跟铜匜生活化不无关系。

第六期的铜匜广泛分布在河北、河南、陕西、山西、湖北、重庆、江苏、辽宁、山东等各个区域，说明铜匜的生活化倾向进一步增强，使用范围进一步宽广。

综合分析第六期的铜匜概况，我们不难发现，这一时期凡是制作工艺繁复或纹饰装饰精美的铜匜，占比很小，且仅仅存在于高等级的贵族墓葬当中。而装饰素朴、工艺简单、实用性强的铜匜却在这一时期得到了长足的发展。这表明，在春战之交，伴随周礼制度的进一步崩坏、变革，以及铜器的替代品铁器、漆木器的普及，传统的礼仪用器进一步演变为生活实用器。

所以从第六期开始，青铜匜进入衰落期。

---

① 韩伟、曹明檀：《陕西凤翔高王寺战国铜器窖藏》，《文物》1981年1期，第16、17页。

② 湖北省博物馆：《曾侯乙墓（上）》，文物出版社，1989年，第243页。

③ 湖北省博物馆：《曾侯乙墓（上）》，文物出版社，1989年，第243页。

④ 中国社会科学院考古研究所：《陕县东周秦汉墓》，科学出版社，1994年，第64页，图版40·1。

⑤ 中国青铜器全集编辑委员会：《中国青铜器全集（9）》，文物出版社，1997年，133。

七、第　七　期

属于这一时期的有Cb型Ⅲ式、Db型Ⅴ式匜及地方类型匜，共计102件，占总数的12.2%。

Cb型Ⅲ式标本素面圈足匜（图3-27），出土于湖北随州擂鼓墩2号墓。擂鼓墩2号墓发掘简报认为年代在战国中期[①]，因这种圈足匜数量较少，演变特征也不是很明显，所以我们只能以墓葬的年代作为铜匜的年代，将其定为战国中期。因此Cb型Ⅲ式匜的年代在战国中期。

Db型Ⅴ式标本一、二两件素面匜（图3-41、图3-42），分别出土于包山2号楚墓与湖北安岗1号楚墓当中。包山楚墓2号墓的下葬年代，发掘报告认为在公元前316年[②]，约相当于战国中期后段，老河口安岗1号楚墓年代发掘简报认为在战国中期[③]。所以Db型Ⅴ式匜的年代在战国中期。

所以第七期的年代相当于战国中期。

第七期Cb型Ⅲ式匜只在湖北随州擂鼓墩2号墓中出土，做工简单，造型朴素。

这一时期的青铜匜主要以Db型Ⅴ式瓢形匜为主，共有64件，多器形简约，器腹较第六期变浅，流上翘程度更甚，多以素面为主，有纹饰者装饰也不甚华丽，主要体现的是其实用价值。

自西周中期以来的A型铜匜在这一时期近乎绝迹了，走向了历史的尽头。只有2000年湖北省荆州市天星观二号墓出土一件蹄足的龙纹匜[④]，从形制上来看应当归入Ab型匜，但制作十分粗疏，简报认为是仿古的器物，因此这件匜只是一个特例，并不能作为本期流行的器物来看待。

这一时期的铜匜多以素面为主，只在淮阴高庄[⑤]、长沙近郊楚墓M186[⑥]出土的少数几件铜匜上有线刻的纹饰，纹饰题材主要有树木山林、禽鸟瑞兽、人物宴饮等，这些题材为我们研究战国时期的社会生活提供了直观的图像资料。

有铭文者仅见1977年河北平山县中山王嚳墓出土的冶勻匜（《铭图》14945），铭

---

① 湖北省博物馆、随州市博物馆：《湖北随州擂鼓墩二号墓发掘简报》，《文物》1985年1期，第28页。

② 湖北省荆沙铁路考古队：《包山楚墓》（上册），文物出版社，1991年，第333页。

③ 襄阳市博物馆、老河口市博物馆：《湖北老河口安岗一号楚墓发掘简报》，《文物》2017年7期，第35页。

④ 湖北省荆州博物馆：《荆州天星观二号楚墓》，文物出版社，2003年，第60页，图版15·3。

⑤ 李伯谦：《中国出土青铜器全集（7）》，科学出版社，2018年，203。

⑥ 湖南省博物馆：《长沙楚墓（上）》，文物出版社，2000年，第159、162页，彩版9·4。

文内容以“物勒工名”为主。

分布范围主要在河北、河南、陕西、湖北、湖南、安徽等地，具有广泛性。

第七期青铜匜虽然数量较多，但类型单一，制作简约，因此第七期也是青铜匜的衰落期。

八、第　八　期

第八期有Cb型Ⅳ式、Db型Ⅵ式匜及地方类型匜，共计53件，占总数的6.3%。

Cb型Ⅳ式标本私官匜（图3-28），2007年出土于陕西西安神禾原大墓，有学者认为墓主是秦始皇的祖母夏太后[①]，生活年代约当战国晚期，所以私官匜的年代当在战国晚期。Cb型Ⅳ式匜的年代也应该在战国晚期。

Db型Ⅵ式标本一铸客匜（图3-43），1933年安徽寿县朱家集李三孤堆楚王墓出土。寿县朱家集出土的铸客诸器，有学者认为年代在战国晚期楚幽王时期[②]；标本二山东临淄炼油厂出土的瓢形素面匜（图3-44），形制接近铸客匜，也应当在战国晚期。所以Db型Ⅵ式匜的年代在战国晚期。

第八期由于各个地区的地域性差异，导致Db型Ⅵ式匜虽然处于同一式别之下，但具体到每件器物的个体，其局部形制又各不相同，体现出十分不规整的特点。大体而言，Db型Ⅵ式匜较之Db型Ⅴ式匜腹部更深，流上翘程度更甚，是第八期青铜匜的整体特点。

Cb型Ⅳ式匜只有1件私官匜，器体似Db型Ⅵ式匜，只是多了一个圈足，通体光洁，出土于高等级墓葬，这在普遍衰落的战国晚期铜匜里面也算是精品了。

这一时期的青铜匜全部是素面，铭文匜也非常少见，仅见苛誁匜（《铭图》14858）、铸客匜（《铭图》14884）、私官匜（《铭图三编》1253），所有这些，都是铜匜衰落的表现。

第八期的铜匜出土在陕西、四川、重庆、安徽、江苏、湖北、湖南、河南、山东、甘肃等地，分布范围更为广泛。

综合来看，第八期的青铜匜更进一步走向了衰落。

进入秦汉时期，周代以来的礼乐制度在这一时期彻底崩坏，但新的时代需要新的礼仪制度来维持社会秩序，所以才有了西汉初年汉高祖刘邦命令叔孙通重新制定礼仪的事情出现。虽然秦汉时期依然有青铜匜存在，但是在新的历史背景下，其扮演的是新的时代角色，更多的是充当生活实用器来使用，跟两周时期的青铜匜所体现的社会功能已有很大差距，所以本书不再收录秦汉以后的青铜匜。

---

① 丁岩：《神禾原战国秦陵园主人试探》，《考古与文物》2009年4期，第65页。

② 邹芙都：《楚系铭文综合研究》，四川大学博士学位论文，2004年，第137页。

小　结

本章按照青铜匜的发展演变脉络，将其分为八期，对每期的数量、占总数的比例、流行器类、形制、纹饰、铭文、分布地域等进行了探讨。大体上，我们可以看出，春秋晚期是青铜匜发展的一个分水岭，春秋晚期以前，是A型蹄足匜为主流的时期，春秋晚期是Da型会匜的黄金时期，春秋晚期以后，则是Db型瓢形匜为主流的时期。

不同的青铜匜形制，代表着当时人们不同的文化、礼仪观念。当匜在礼仪生活中发挥重要作用的时候，其做工就十分精良，纹饰装饰就十分华美，有铭文的器物也就相应增多，作器者要将最好的一面在匜上体现出来。当匜进入日常生活充当生活实用器的时候，作器者也就草草了事，并不注重其细节的刻划与装饰，仅仅是将其制作成能够盛水或者注水的器具，就算大功告成了。

因此，从表象上看，青铜匜形制的演变体现的是其纹饰的变化，而实际上反映的则是其背后社会中的礼仪制度，以及人们文化心态的变迁。

第四章　青铜匜的组合研究

第一节　分析的对象与方法

西周中期以后，伴随着礼仪制度的变迁，水器组合在青铜礼器中的地位逐渐上升，若干酒器如盉、罍、壶等也由原来单纯的充当酒器转而兼具水器的功能。在这样的历史背景下，适应沃盥之礼的需要，水器匜应运而生，并与盘等配套使用。那么盘匜组合是如何出现的？发展演变如何？水器组合墓葬墓主人的身份等级如何？这些都是需要考察的问题。解决这些问题一个有效的方法就是器物组合分析法。本章主要采用附表4中的窖藏、墓葬资料，按照时代的先后顺序，逐段考察青铜匜与其他器类的组合关系，通过组合关系进而了解青铜匜在礼器中的角色、地位等问题。

对于墓葬等级的划分，我们在一定程度上参考发掘报告的结论，但是由于发掘报告的出版年代跨度太长，不同时期发掘者看待问题的角度不一，从而导致墓葬规模、随葬品数量差不多的墓葬，有时候会出现墓主人身份等级并不相同的结论。鉴于此，为了从宏观上把握墓葬的等级状况，我们制定出如下标准：①将墓葬面积作为主要参考依据，将面积在20平方米（含）以上的墓葬定为大型墓，10～20平方米的定为中型墓，10平方米（含）以下的定为小型墓；②同时将墓葬中随葬青铜鼎的数量多少也作为衡量墓葬等级的重要依据；③对于有铭文的器物，铭文内容也是判定墓主身份等级最为直观的方法。但对于战国时期出现的一些超大面积的墓葬，而墓主人身份并不一定非常高的情况，我们将具体问题具体分析，而不拘泥于既定的标准。

第二节　青铜匜组合研究

一、第一期：西周中期

第一期是青铜匜的初创期。青铜匜的初次亮相，是在陕西岐山董家村的窖藏之中。董家村窖藏是一座非常重要的西周青铜器窖藏，发现于1975年，出土了西周中期至晚期共计37件青铜器，器类有鼎、簋、壶、鬲、豆、盘、盉、鋬等[①]。其中鼎就出土

① 岐山县文化馆、陕西省文管会：《陕西省岐山县董家村西周铜器窖穴发掘简报》，《文物》1976年5期，第26页。

了13件，占出土礼器总数的1/3强，著名的“裘卫四器”也在其中，窖藏主人地位之高自不待言。最早的青铜匜——儹匜，便出自这里，与之同出的水器有盘、鎣、盉等，所以这座窖藏中的水器究竟是盘匜，还是盘鎣、盘盉，我们一时还难以确定。

但在传世器中，却有盘匜组合的例证，如夷曰匜，与之同铭有夷曰盘（《铭图》14381），二者体表均装饰相同的蛇纹，表明这可能是一组盘匜组合的礼器。

第一期由于出土青铜匜数量太少，我们难以看出有规律的组合关系，只是看到匜可能与盘形成了水器组合的雏形（夷曰匜），但是并不稳固（儹匜），这表明初创期的匜作为一种新兴的事物，在礼器中的地位还不稳定。

二、第二期：西周晚期

第二期共有34个铜匜出土单位，其中窖藏9座、墓葬24座、不明性质的出土单位1座。这一时期的一个独特的现象是，关中周王畿地区的青铜匜无一例外皆出土于窖藏当中，而周王畿以外地区的铜匜则几乎全部出土于墓葬当中，地域分界十分明显。

这一时期，关中地区出土青铜匜的窖藏有8座：

1960年扶风庄白大队召陈村窖藏：鼎5、簋8、壶2、盘1、匜1、勺2，《文物》1972年6期；

1960年陕西扶风县法门镇齐家村窖藏：鼎2、甗2、簋8、鬲1、簠1、罍2、壶4、盂1、盘1、匜1、钟16，《周原（1）》第21页；

1974年陕西蓝田县辋川公社指甲湾村铜器窖藏：簠2、盘1、匜1，《考古》1979年2期；

1973年陕西西安市长安区马王村西周铜器窖藏：鼎3、簋6、甗1、壶1、盘1、匜1等，《考古》1974年1期；

1963年扶风齐家村窖藏：方尊1、方彝1、觥1、盘1、匜1、盉1，《文物》1963年9期；

2003年陕西眉县杨家村青铜器窖藏：鼎12、鬲9、壶2、盘1、匜1、盉1、盂1，《文物》2003年6期；

1967年陕西长安沣西公社新旺村窖藏：盂1、匜1，《考古》1977年1期；

1976年陕西扶风县庄白2号窖藏：甗1、盨1、簠1、簋1、匜1等，《文物》1978年11期。

这8座窖藏当中，匜与其他器物的组合有四种情况：第一种是匜盘共出且配套使用：1960年陕西扶风县法门镇齐家村窖藏出土有中友父盘、中友父匜[①]，说明盘匜配

① 陕西省博物馆、陕西省文物管理委员会：《扶风齐家村青铜器群》，文物出版社，1963年，第8页。

套，为一组礼器；1974年蓝田指甲湾窖藏出土宗仲盘、宗仲匜[①]，说明盘匜为一组礼器；1960年扶风召陈村窖藏出土的匜口沿饰窃曲纹，与之伴出的盘圈足饰窃曲纹[②]，盘匜应为一组礼器。1973年长安区马王村西周铜器窖藏出土的盘匜，盘饰夔纹，匜饰重环纹、瓦棱纹[③]，二者虽然纹饰不同，但从随葬器物中没有其他水器来看，盘匜似乎也应该是一套水器组合。

第二种情况是匜盘盉共出：1963年陕西扶风齐家村窖藏出土的它盘，与之对应有它盉[④]，同出的重环纹匜没有铭文，但匜与盘口沿下均装饰相同的重环纹，说明匜盘盉应为同一组水器；2003年陕西眉县杨家村铜器窖藏出土的逨盘，对应有逨盉，出土铜匜器主为“叔五父”[⑤]，“叔五父”是“逨”的字[⑥]，说明盘匜盉构成一套水器组合。匜盘盉构成的水器组合当中，可能盉是充当了盛水器的角色，使用时，将盉中的水注入匜中，再由匜将水浇注在下有承盘的人手上，这样就避免了直接由盉向盘注水，显得笨重而又费力。从这个意义上讲，匜盘盉的组合可能比单纯的匜盘或者盘盉组合更为讲究一些。1986年湖南省岳阳县凤形嘴山一号春秋墓中盘匜盉共出，出土时匜、盉置于盘中[⑦]，是为盉可充当水器之明证。

第三种情况是匜与盂配套出现：1967年陕西长安沣西公社新旺村窖藏出土的匜，出土时放置在盂中[⑧]。盂可作为水器，匜盂配套，可能是盂临时充当了瓢的角色。

第四种情况是窖藏中只有匜没有盘，见于1976年陕西扶风县庄白二号窖藏[⑨]，这可能跟窖藏主要是作为储存财富的单位，并不像墓葬那样具有较强的礼仪性，或许有盘，只是没有埋藏进窖藏而已。

以上8座窖藏当中，盘匜共存的窖藏有6座，占总数的75%，表明在西周晚期的关中王畿地区，盘匜已开始紧密组合，间或还有盘匜盉的组合。

从使用者的身份等级来讲，董家村窖藏、杨家村窖藏都出土铜鼎12件以上，1960

---

① 吴镇烽、朱捷元、尚志儒：《陕西永寿、蓝田出土西周青铜器》，《考古》1979年2期，第121页。

② 史言：《扶风庄白大队出土的一批西周铜器》，《文物》1972年6期，第32页。

③ 西安市文物管理处：《陕西长安新旺村、马王村出土的西周铜器》，《考古》1974年1期，第2、3页。

④ 梁星彭、冯孝堂：《陕西长安、扶风出土西周铜器》，《考古》1963年8期，第415页。

⑤ 陕西省考古研究所、宝鸡市考古工作队、眉县文化馆杨家村联合考古队：《陕西眉县杨家村西周青铜器窖藏发掘简报》，《文物》2003年6期，第25、27页。

⑥ 李学勤：《眉县杨家村新出青铜器研究》，《文物》2003年6期，第70页。

⑦ 岳阳市文物工作队：《湖南省岳阳县凤形嘴山一号墓发掘简报》，《文物》1993年1期，第6、7页。

⑧ 陕西省博物馆：《陕西长安沣西出土的逋盂》，《考古》1977年1期，第71页。

⑨ 陕西周原考古队：《陕西扶风县云塘、庄白二号西周铜器窖藏》，《文物》1978年11期，第7页。

年扶风齐家窖藏出土了器主为柞、中义等共计16件编钟[①]；1963年扶风齐家窖藏出土了目前所见最大的方觥——日己方觥[②]；1960年扶风召陈窖藏与匜伴出有散伯车父鼎、散伯车父簋、散车父壶，散车父是周初辅佐文王的散宜生后裔[③]；蓝田出土的宗仲匜，器主宗仲为“周大夫宗伯之后”[④]，长安新旺村窖藏与铜匜伴出的逋盂，器主“逋”经学者考证，身份为受命于“天君（周王后）”的“内小臣”[⑤]。这些器主无一不是西周时期的高级大贵族，说明王畿之地的青铜匜使用者均为周王朝的高级贵族。

周王畿以外的青铜匜主要出土在山西、山东、河南、湖北等地的晋、鲁、应、曾等诸侯国墓葬当中，这些地区的26个铜匜出土单位当中，墓葬就占据了24座，只有1座窖藏及1座性质不明的出土单位：

1993年山西天马—曲村晋侯墓地M62：鼎3、簋4、壶1、爵1、尊1、方彝1、盘1、匜1、鼎形方盒1等（约36.03平方米），《文物》1994年8期；

1993年山西天马—曲村晋侯墓地M64：鼎5、簋4、尊4、方壶2以及盘、匜、簠、爵、甗等（约41.43平方米），《文物》1994年8期；

1994年山西天马—曲村晋侯墓地M91：鼎7、鬲2、簋5、甗1、豆1、爵2、尊1、卣1、方壶1、圆壶1、盘1、匜1、盂1等（约34.44平方米），《文物》1995年7期；

山西天马—曲村晋侯墓地M5189：鼎2、簋2、盘1、匜1（约12.93平方米），《天马—曲村》第386页；

山西洪洞永凝堡M7：鼎3、簋4、壶2、盘1、匜1（约13.5平方米），《三晋考古（1）》第74、94页；

1986年河南平顶山应国墓地M95：鼎5、鬲4、簋6、甗1、盨3、方壶2、尊1、盘2、匜2等（约20.28平方米），《华夏考古》1992年3期；

1953年洛阳白马寺西周墓M1：鼎1、甗1、簋1、爵1、觯1、盘1、匜1（约6.46平方米），《文物》1998年10期；

1993年洛阳东郊C5M906号西周墓：鼎1、盨2、壶1、盘1、匜1等（约12平方米），《考古》1995年9期；

1974年山东莱阳县己国墓葬：鼎2、甗1、壶2、盘1、匜1等（约1.6平方米），《文物》1983年12期；

1976年山东平邑蔡庄墓葬：鼎2、鬲1、簠4、盘1、匜1（墓葬面积不明），《考古》1986年4期；

---

① 曹玮：《周原出土青铜器（1）》，巴蜀书社，2005年，第21页。

② 曹玮：《周原出土青铜器（1）》，巴蜀书社，2005年，第229页。

③ 史言：《扶风庄白大队出土的一批西周铜器》，《文物》1972年6期，第32页。

④ 吴镇烽、朱捷元、尚志儒：《陕西永寿、蓝田出土西周青铜器》，《考古》1979年2期，第121页。

⑤ 陕西省博物馆：《陕西长安沣西出土的逋盂》，《考古》1977年1期，第72页。

1976年山东日照崮河崖1号墓：鼎4、鬲4、壶2、盆2、盘1、匜1等（约9.57平方米），《考古》1984年7期；

山东曲阜鲁国故城乙组墓M30：鼎1、盨1、壶1、盘1、匜1等（约4.66平方米），《鲁故城》第224页续表2；

山东曲阜鲁国故城乙组墓M48：鼎3、簋2、甗1、盨2、簠1、盘2、匜2、壶1等（约9.79平方米），《鲁故城》第225页续表3；

山东曲阜鲁国故城乙组墓M49：鼎1、簋2、盘1、匜1等（约6.14平方米），《鲁故城》第225页续表3；

1996年山东莒县西大庄西周墓葬96M1：鼎3、鬲1、簋4、甗1、壶2、盘1、匜1、舟1等（约13.8平方米），《考古》1999年7期；

1977年湖北枣阳资山墓葬：鼎2、簋2、盘1、匜1（墓葬面积不明），《考古》1987年5期；

1972年湖北随县熊家老湾墓葬：鼎3、簋2、甗1、罍1、盘1、匜1（墓葬面积不明），《文物》1973年5期；

1987年湖北应山吴店墓葬M1：鼎2、鬲2、簋2、甗1、壶2、盘1、匜1（约18平方米），《文物》1989年3期；

1994年山西天马—曲村晋侯墓地M102：礼器组：鼎3、簋4、壶1、盘1、匜1；明器组：鼎1、簋1、盉1、爵1、觯1、方彝1（约14.66平方米），《文物》1995年7期；

1989年河南平顶山应国墓地M8：鼎5、簋5、甗1、方壶2、方彝2、尊2、爵1、盘2、匜1、盉1（约38.22平方米），《华夏考古》2007年1期；

山西洪洞永凝堡M9：鼎1、簋1、匜1（约12.4平方米），《三晋考古（1）》第76、94页；

1997年洛阳东郊邙山南坡C5M1135：鼎2、簋2、匜1等（约10平方米），《文物》1999年9期；

1969年山东烟台上夼村㠱国墓：鼎2、壶2、匜1等（约11.48平方米），《考古》1983年4期；

2013年安徽省繁昌县平铺镇新牌村墓葬：鼎1、匜1（面积不明），《江汉考古》2015年6期；

1965年唐县南伏城西周窖藏：鬲1、簋1、壶1、盘1、匜1，《文物春秋》1991年1期；

南京江宁陶吴人民公社：鼎1、鬲1、匜1（出土单位性质不明），《考古》1960年6期。

以上26个出土单位中有20座墓葬、1座窖藏中有盘，盘匜共存的出土单位占总数的

80.8%。其中18座墓葬中有盘匜组合，2座墓葬天马—曲村M102[①]、河南平顶山M8[②]有盘匜盉组合。1987年湖北应山吴店西周墓的匜出土时就放在盘中[③]，更加可以证明盘匜结合的紧密程度。以上诸种现象表明西周晚期的青铜匜墓葬当中，已经实现了大面积的盘匜组合，个别的高等级墓葬还有盘匜盉的组合。在河南平顶山应国墓地M95[④]、曲阜鲁国故城乙组墓M48[⑤]中，甚至出土两套盘匜的组合，可见这一时期贵族对盘匜组合的重视。

但也有个别墓葬如山西洪洞永凝堡M9[⑥]、洛阳邙坡C5M1135[⑦]、烟台上夼村曩国墓[⑧]等，匜并没有与盘伴出，这当作个例对待。另外在安徽繁昌新牌村[⑨]、江苏南京陶吴公社[⑩]等地，青铜匜与鼎、鬲、壶等酒食器伴出，不见有盘，说明盘匜组合这种新兴的礼器组合方式在西周晚期还没有流传至长江中下游等边远地区。

这一时期的青铜匜墓葬当中，仅墓室面积在20平方米以上的大墓就有5座，占墓葬总数的21%。其中的曲村M62，墓主为晋侯邦父正夫人[⑪]；曲村M64，墓主为晋侯邦父[⑫]；曲村M91，墓主为晋侯喜父[⑬]；平顶山应国墓地M8，墓主为一代应侯[⑭]；平顶

① 北京大学考古系、山西省考古研究所：《天马—曲村遗址北赵晋侯墓地第五次发掘》，《文物》1995年7期，第35页。

② 河南省文物考古研究所、平顶山市文物管理局：《河南平顶山应国墓地八号墓发掘简报》，《华夏考古》2007年1期，第22页。

③ 应山县文化馆文物组：《湖北应山吴店古墓葬清理简报》，《文物》1989年3期，第52页，图三。

④ 河南省文物研究所、平顶山市文物管理委员会：《平顶山应国墓地九十五号墓的发掘》，《华夏考古》1992年3期，第95页。

⑤ 山东省文物考古研究所、山东省博物馆、济宁地区文物组等：《曲阜鲁国故城》，齐鲁书社，1982年，第151页。

⑥ 山西省考古研究所：《三晋考古（1）》，山西人民出版社，1994年，第76页。

⑦ 洛阳市文物工作队：《洛阳东郊西周墓》，《文物》1999年9期，第21页，表一。

⑧ 山东省烟台地区文物管理委员会：《烟台市上夼村出土曩国铜器》，《考古》1983年4期，第289页。

⑨ 谢军：《安徽繁昌新出土的三件铜器》，《江汉考古》2015年6期，第34页。

⑩ 李蔚然：《南京发现周代铜器》，《考古》1960年6期，第41页。

⑪ 山西省考古研究所、北京大学考古学系：《天马—曲村遗址北赵晋侯墓地第四次发掘》，《文物》1994年8期，第19页。

⑫ 山西省考古研究所、北京大学考古学系：《天马—曲村遗址北赵晋侯墓地第四次发掘》，《文物》1994年8期，第19页。

⑬ 北京大学考古学系、山西省考古研究所：《天马—曲村遗址北赵晋侯墓地第五次发掘》，《文物》1995年7期，第37页。

⑭ 河南省文物考古研究所、平顶山市文物管理局：《河南平顶山应国墓地八号墓发掘简报》，《华夏考古》2007年1期，第47页。

山应国墓地M95，墓主为一代应伯[①]。这表明西周晚期的青铜匜受到姬姓诸侯国君的特别青睐。

墓葬面积在10～20平方米的墓葬有9座，多随葬3鼎、2鼎不等，墓主地位当为中等贵族；1972年湖北随县熊家老湾墓葬面积不明，但随葬3鼎[②]，也应划入中等贵族墓葬行列，故中型墓葬共有10座，占墓葬总数的41.7%。

墓葬面积在10平方米以下的有6座，占总数的25%，多随葬1鼎、2鼎。面积不明的墓葬3座，出土器物数量较少，墓主应地位较低，为小贵族。

从墓葬大小比例来看，西周晚期诸侯国当中，中等贵族使用青铜匜的数量最多，高级贵族以及小贵族使用青铜匜的数量较少，且比例基本持平，基本呈一个两头小中间大的橄榄形的数据结构。从考古材料来看，西周时期墓葬中鼎的数量多寡与《公羊传·桓公二年》何休注“礼，祭，天子九鼎，诸侯七，大夫五，元士三”[③]的记载并不完全相符，如晋侯邦父墓只随葬5鼎，却贵为一代国君，因此墓葬面积的大小是划分西周时期贵族等级高低的重要依据。

三、第三期：春秋早期

春秋早期的青铜匜出土单位有87个，其中墓葬78座、窖藏3座、性质不明的出土单位6座：

2004年河南三门峡李家窑M34：鼎1、盘1、匜1（约4.35平方米），《文物》2014年3期；

2004年河南三门峡李家窑M37：鼎3、盘1、匜1（约4.14平方米），《文物》2014年3期；

1990年河南三门峡市上村岭虢国墓地M2010：鼎5、簋4、甗1、方壶2、盘1、匜1等（约21.31平方米），《文物》2000年12期；

1989年河南三门峡市上村岭虢国墓地M2008：鬲1、簋2、簠1、方壶1、方壶盖1、盘1、匜1、方彝2、爵1（约14.88平方米），《文物》2009年2期；

1991～1992年河南三门峡市上村岭虢国墓地M2011：鼎9、鬲8、簋8、甗1、铺1、壶4、盘1、匜1、盆1等（约24.37平方米），《三门峡》第339页；

1992年河南三门峡市上村岭虢国墓地M2013：鼎3、簠2、盘1、匜1（约12.32平方

---

① 河南省文物研究所、平顶山市文物管理委员会：《平顶山应国墓地九十五号墓的发掘》，《华夏考古》1992年3期，第103页。

② 鄂兵：《湖北随县发现曾国铜器》，《文物》1973年5期，第21页。

③ （汉）公羊寿传，（汉）何休解诂，（唐）徐彦疏：《春秋公羊传注疏》（十三经注疏），北京大学出版社，1999年，第74页。

米），《文物》2000年12期；

1957年河南三门峡市上村岭虢国墓地M1689：鼎4、簋5、盉1、盘1、匜1（约17.47平方米），《上村岭》第64页表一；

1957年河南三门峡市上村岭虢国墓地M1601：盘1、匜1（约13.64平方米），《上村岭》第55页表一；

1957年河南三门峡市上村岭虢国墓地M1602：鼎3、鬲2、簋4、盘1、匜1（约14.72平方米），《上村岭》第55页表一；

1957年河南三门峡市上村岭虢国墓地M1701：鼎1、盘1、匜1（约13.11平方米），《上村岭》第65页表一；

1957年河南三门峡市上村岭虢国墓地M1702：鼎1、盘1、匜1（约12.24平方米），《上村岭》第65页表一；

1957年河南三门峡市上村岭虢国墓地M1705：鼎3、簋4、壶2、小罐1、盘1、匜1（约9.35平方米），《上村岭》第65页表一；

1957年河南三门峡市上村岭虢国墓地M1711：鼎2、盘1、匜1（约10.25平方米），《上村岭》第66页表一；

1957年河南三门峡市上村岭虢国墓地M1721：鼎3、盘1、匜1（12.83平方米），《上村岭》第67页表一；

1957年河南三门峡市上村岭虢国墓地M1761：鼎1、盘1、匜1（约11.96平方米），《上村岭》第71页表一；

1957年河南三门峡市上村岭虢国墓地M1767：盘1、匜1（约17.75平方米），《上村岭》第71页表一；

1957年河南三门峡市上村岭虢国墓地M1820：鼎3、鬲2、簋4、甗1、豆1、簠2、壶2、罐2、盘1、匜1（约15.98平方米），《上村岭》第76页表一；

1957年河南三门峡市上村岭虢国墓地M1714：鼎1、盘1、匜1（约7.34平方米），《上村岭》第67页表一；

1979年河南罗山县高店公社高店村春秋墓：鼎2、壶1、盆1、盘1、匜1、舟1等（墓葬面积不明），《中原文物》1981年4期；

1974年河南信阳长台关乡彭岗村春秋墓：盘1、匜2（墓葬面积不明），《文物》1980年1期；

1979年河南信阳吴家店乡坟扒村土坑墓：鼎2、盘1、匜1等（约7.5平方米），《文物》1980年1期；

1978年河南信阳市五星公社平西大队春秋墓M2：鼎2、簠4、壶2、盘1、匜1等（约16.24平方米），《文物》1981年1期；

1978年河南信阳市五星公社平桥南山嘴春秋墓M1：鼎1、鬲2、壶1、盆1、盘1、匜1（约14.96平方米），《文物》1981年1期；

1981年河南信阳明港春秋墓：鼎4、鬲2、壶3、盘1、匜1（墓葬面积不明），《中原文物》1981年4期；

洛阳中州路东周墓M2415：鼎1、簋1、盘1、匜1、舟1等（约15.21平方米），《洛阳中州路（西工段）》第151页表四；

1980年河南省泌阳县郭岗村春秋墓：盘1、匜1（墓葬面积不明），《文物资料丛刊（6）》；

2003年南阳市物资城春秋墓M1：鼎6、簠4、敦1、盘1、匜1、缶2等（墓葬面积不明），《中原文物》2004年2期；

1975年河南桐柏县城郊公社新庄生产队春秋墓：鼎3、鬲2、豆4、壶2、盘1、匜1等（墓葬面积不明），《考古》1983年8期；

1964年河南桐柏县月河公社东周墓：鼎1、罍1、盘1、匜1等（墓葬面积不明），《考古》1965年7期；

2001～2002年河南桐柏月河M4：鼎2、鬲2、罍2、盘1、匜1等（约10.85平方米），《文物》2005年8期；

2001～2002年河南桐柏月河M22：鼎2、壶2、盘1、匜1等（约12.9平方米），《文物》2005年8期；

1983年河南光山县宝相寺黄君孟墓G1：鼎2、豆2、壶2、罍2、盘1、匜1等；G2：鼎2、鬲2、豆2、壶2、罍2、盉2、盘1、匜1等（夫妇合葬墓，墓葬面积约97.6平方米），《考古》1984年4期；

1971年河南新野县城关镇小西关村古墓：圆鼎1、敦形鼎1、甗1、簠2、盆1、盘1、匜1等（约9.5平方米），《文物》1973年5期；

2012年河南南阳夏饷铺鄂国墓地M1：鼎7、鬲3、簠2、簋盖2、盘1、匜1、方壶盖2（约34.98平方米），《江汉考古》2019年4期；

2012年河南南阳夏饷铺鄂国墓地M16：鼎3、鬲4、簋4、壶2、盘1、匜1（约16.8平方米），《江汉考古》2019年4期；

2012年河南南阳夏饷铺鄂国墓地M19：鼎2、簋4、圆壶2、盘1、匜1（约16.17平方米），《江汉考古》2019年4期；

1994年山西天马—曲村晋侯墓地M93：礼器组：鼎5、簋6、壶2、甗1、盘1、匜1；明器组：鼎1、簋1、尊1、卣1、爵1、觯1、盘1、方彝1（约34.56平方米，“中”字形墓），《文物》1995年7期；

1976年山西闻喜上郭村M4：鼎1、簋1、盘1、匜1、舟1（约6.93平方米），《三晋考古（1）》第127、128页；

1976年山西闻喜上郭村M6：鼎1、盘1、匜1（约6.46平方米），《三晋考古（1）》第125页；

1989年山西闻喜上郭村M12：鼎1、盘1、匜1（约17.3平方米），《三晋考古

（1）》第153页；

1963～1987年山西侯马上马墓地M1287：鼎3、盘1、匜1等（约9.8平方米），《上马墓地》第321页续附表；

1986年山西侯马上马墓地M1284：鼎2、盘1、匜1等（约9.95平方米），《文物》1988年3期；

1963～1986年山西侯马上马墓地M4078：鼎3、簠2、盘1、匜1等（约12.98平方米），《文物》1989年6期；

2006年山西黎城西关春秋墓地M7：鼎1、簋2、壶2、盘1、匜1（约23.4平方米），《江汉考古》2020年4期；

2006年山西黎城西关春秋墓地M8：鼎1、簋2、甗1、壶2、盘1、匜1（约3.2平方米），《江汉考古》2020年4期；

1975～1976年湖北随县万店公社周家岗春秋墓：鼎2、鬲2、簋2、壶2、盘1、匜1等（墓葬面积不明），《考古》1984年6期；

1979年湖北随县安居公社桃花坡M1：鼎2、鬲4、簋4、壶1、盘1、匜1等（约6.15平方米），《文物》1982年12期；

1979年随县安居公社桃花坡M2：鼎4、鬲2、簋1，据传曾出土盘1、匜1，已散失（约6.3平方米），《文物》1982年12期；

1993年湖北随州义地岗M83：鬲1、盘1、匜1（墓葬面积不明），《江汉考古》1994年2期；

2002年湖北枣阳郭家庙曾国墓地M1：鼎1、簠2、盘1、残匜1（墓葬被破坏，约8平方米），《枣阳郭家庙》第90～95页；

1983年湖北枣阳郭家庙曾国墓地M2：鼎1、簋1、罍1、盘1、匜1（墓葬面积不明），《枣阳郭家庙》第189页；

2014～2015年湖北枣阳郭家庙曹门湾墓地M22：鼎1、簠2、盘1、匜1（约11.5平方米），《江汉考古》2016年5期；

2014～2015年湖北枣阳郭家庙曹门湾墓地M43：鼎1、簠2、盘1、匜1（约13.7平方米），《江汉考古》2016年5期；

1980年山东滕县后荆沟残墓：鼎2、鬲2、簋2、簠2、盘1、匜1、罐2等（约14.4平方米），《文物》1981年9期；

山东曲阜鲁国故城甲组墓M202：盆1、盘1、匜1、舟1（约4.2平方米），《鲁故城》第219页续表2；

1984年山东临淄齐国故城墓葬：鼎3、簋2、壶1、盘1、匜1、舟1等（约3.92平方米），《考古》1988年1期；

1977年山东临朐县嵩山公社泉头村甲墓：鼎2、鬲5、盘1、匜1、舟1（约12平方米），《文物》1983年12期；

1981年山东临朐县嵩山公社泉头村乙墓：鼎3、鬲2、簠2、壶1、盘1、匜1（约12平方米），《文物》1983年12期；

1978年泉头村甲、乙墓东约400米春秋墓：鼎1、匜1（墓葬面积不明），《文物》1983年12期；

2002年山东枣庄春秋小邾国墓地M2：鼎4、鬲4、簠4、罍1、壶2、盘1、匜1（约33.35平方米，一条墓道），《小邾国》第6、7页；

2002年山东枣庄春秋小邾国墓地M3：鼎3、匜形鼎1、鬲2、簠4、罍2、壶2、盘1、匜1、方奁1（约30.8平方米），《小邾国》第6、7页；

1965年山东邹县七家峪春秋墓：鼎6、簠8、鬲5、罍2、壶1、盘1、匜1等（墓葬被破坏，面积不明），《考古》1965年11期；

1998年陕西宝鸡南阳村春秋秦墓M1：鼎3、簋2、壶2、盘1、匜1。墓葬被盗、组合不完整（8.8平方米），《考古》2001年7期；

1974年陕西户县南关春秋秦墓：鼎5、簋4、壶2、盘1、匜1（墓葬面积不明），《文博》1989年2期；

1982年陕西户县南关春秋秦墓：鼎7、簋6、壶2、盘1、匜1（10.95平方米），《文博》1989年2期；

1974年陕西户县宋村秦墓M3：鼎5、簋4、壶2、甗1、盘1、匜1（约23.4平方米），《文物》1975年10期；

2017年陕西澄城刘家洼春秋芮国墓地M49：鼎3、甗1、簋4、壶2、盘1、匜1（约15.64平方米），《文物》2019年7期；

2017年陕西澄城刘家洼春秋芮国墓地M6：鼎3、甗1、壶2、盘1、匜1（约14.8平方米），《考古与文物》2019年2期；

1993年甘肃天水市古墓：鼎4、盘1、匜1（墓葬被破坏，面积不明），《考古与文物》1998年3期；

2015年甘肃礼县大堡子山春秋秦墓M32：鼎3、簋2、壶2、盘1、匜1（约8.4平方米），《文物》2018年1期；

1990～1999年河南三门峡市上村岭虢国墓地M2012：鼎11、鬲8、簋10、甗1、簠2、铺2、壶2、小罐2、盉6、方彝5、爵4、觚1、觯1、盘7、匜1、方盒1（约19.8平方米），《三门峡》第235～264页；

1966年湖北京山苏家垄（应为曾国墓葬）：鼎9、鬲9、簋7、甗1、豆2、方壶2、盉1、盘1、匜1等（墓葬面积不明），《文物》1972年2期；

1994年山东安丘柘山镇东古庙村春秋墓：鼎5、鬲2、罍4、觯2、壶1、盘1、匜1、单耳杯1（报告称盉）等（墓葬面积不明），《文物》2012年7期；

1985年宁城小黑石沟石椁墓M8501：方鼎1、鬲1、簋2、罍1、盉1、豆2、壶1、尊1、匜7、盨盖1以及六联罐、鼓腹罐等（墓葬遭到破坏，面积不明），《小黑石沟》第

264页；

1982年安徽怀宁春秋墓：云纹鼎2、牲鼎1、缶1、匜1、盉1等（墓葬遭到破坏，面积不明），《文物》1983年11期；

安徽肥西小八里春秋墓：鼎2、簋2、盘1、匜1、盉1（墓葬面积不明），《东方博物（第63辑）》；

1982年江苏丹徒磨盘墩周墓：尊1、匜1（约5.06平方米），《考古》1985年11期；

1972年河南罗山县高店村窖藏：壶1、盘1、匜1，《文物》1980年1期；

1989年铜陵市区谢垅窖藏：鼎1、甗1、匜1、曲柄盉1，《皖南商周青铜器》第1、2页宫希成文；

1982年河南确山县竹沟镇窖穴：鼎1（丢失）、鬲1、盘1、匜1（窖穴情况不明），《考古》1993年1期；

1978年湖北随县何店公社：鼎2、簋2、鬲4、甗1、壶2、盘1、匜1等（出土单位性质不明），《考古》1982年2期；

1951年山东烟台黄县归城：鼎1、鬲1、盨4、盘1、匜1（出土单位性质不明），《古文字研究（第19辑）》第68页；

1966年陕西户县宋村秦墓：鼎、簋、壶、盘、匜等，组合不完整（出土情况不明），《文物》1975年10期；

1975年安徽寿县肖严湖：鼎1、小方簋1、羊尊1、缶2、匜1（约1平方米，出土单位性质不明），《文物》1990年11期；

1987年安徽宿县谢芦村：鼎1、鬲2、簋1、匜1（出土单位性质不明），《文物》1991年11期；

1972年安徽繁昌县孙村镇窑上村：鼎3、匜1（出土单位性质不明），《皖南商周青铜器》第1页宫希成文；

1986年安徽芜湖县火龙岗镇韩墩村：鼎1、匜1（出土单位性质不明），《皖南商周青铜器》第1页宫希成文；

这一时期的87个出土单位中，除了东北地区的内蒙古宁城、长江中下游的安徽、江苏地区等6个出土单位外，其余81个出土单位，凡有匜，必有盘与之配套，形成紧密的水器组合，这种盘匜共存的出土单位占出土单位总数的93%，达到历史新高度。1972年河南罗山县高店村窖藏[①]、1974年陕西户县宋村秦墓M3[②]、1980年河南省泌阳县

① 信阳地区文管会、罗山县文化馆：《河南罗山县发现春秋早期铜器》，《文物》1980年1期，第51页。

② 陕西省文管会秦墓发掘组：《陕西户县宋村春秋秦墓发掘简报》，《文物》1975年10期，第57页。

郭岗村春秋墓[①]、1981年山东临朐县嵩山公社泉头村乙墓[②]出土的铜器组合中，匜出土时放置在盘中；2002年河南桐柏月河M4出土的盘匜单独放置在墓室边厢的西端[③]，这些考古现象都是显示盘匜组合的有力证据。

这一时期盘盉匜共出的墓葬有三门峡虢国墓地M2012梁姬墓[④]、河南光山县宝相寺黄君孟夫人墓G2[⑤]、湖北京山苏家垄曾国墓[⑥]。三门峡M2012梁姬墓出土的7件盘，其中1件装饰华美，为实用器，其余6件制作粗糙，为明器。出土6件盉，其一装饰华美，为实用器，其余5件制作粗糙，为明器。出土匜1件，制作粗糙，为明器[⑦]。从这座墓葬的器物组合来看，应该是1件实用器盘与1件实用器盉为一组实用器盘盉组合，其余5件明器盉与5件明器盘形成5套明器盘盉组合，剩余1件明器匜与1件明器盘形成明器盘匜组合，是一种实用器、明器，盘盉、盘匜混搭的现象。河南光山县宝相寺黄君孟夫人墓G2出土的盘匜均装饰窃曲纹，作器风格接近，出土的盉是具有强烈地域文化特色的鬲形盉、甗形盉[⑧]，这种形制奇特的盉是否可作为水器不得而知，所以不能确定黄君孟夫人墓的水器组合就一定是盘匜盉组合，只是作为一种盘匜盉共存的现象存在；1966年湖北京山苏家垄曾国墓葬均有盘匜盉出土，三者应为一套水器组合。

以上诸多例证表明，到了春秋早期，盘匜组合已经十分稳固，在一些高等级的墓葬当中，盘匜还往往与盉共出。

另外在这一时期的边远地区，匜也逐渐显示出与盘组合的迹象。安徽肥西小八里春秋墓葬出土一套盘匜盉组合，但仅此一例。其余如安徽怀宁、寿县、宿县、繁昌、芜湖，江苏等地区，依然是和西周晚期一样的情况，凡是出土匜的墓葬或者窖藏，皆

---

① 李芳芝、张金端：《河南泌阳发现春秋铜器》，《文物资料丛刊（6）》，文物出版社，1980年，第170页。

② 临朐县文化馆、潍坊地区文物管理委员会：《山东临朐发现齐、鄩、曾诸国铜器》，《文物》1983年12期，第1页，

③ 河南省文物考古研究所、桐柏县文物管理委员会：《河南桐柏月河墓地第二次发掘》，《文物》2005年8期，第25页。

④ 河南省文物考古研究所、三门峡市文物工作队：《三门峡虢国墓（第一卷）》，文物出版社，1999年，第235～264页

⑤ 河南信阳地区文管会、光山县文管会：《春秋早期黄君孟夫妇墓发掘报告》，《考古》1984年4期，第318、321页。

⑥ 湖北省博物馆：《湖北京山发现曾国铜器》，《文物》1972年2期，第47页。

⑦ 河南省文物考古研究所、三门峡市文物工作队：《三门峡虢国墓（第一卷）》，文物出版社，1999年，第253～259页。

⑧ 河南信阳地区文管会、光山县文管会：《春秋早期黄君孟夫妇墓发掘报告》，《考古》1984年4期，第318页。

不见有盘，类似现象还存在于内蒙古宁城小黑石沟M8501墓葬当中[①]，该墓葬仅出土7件匜，不见有盘。这说明进入春秋早期，盘匜组合逐渐到达边远地区，但数量极少，仅仅是星星之火。

这里有一个考古现象值得注意，1972年，信阳罗山高店窖藏中的盘、匜、壶出土时，匜壶放在盘中[②]，显示出这座窖藏中的壶与盘匜形成了组合关系。但如果仅凭此一例就认为东周时期所有壶都可以与盘匜形成稳定的水器组合关系，则未免有些牵强。因为目前学界普遍认为壶主要是作为酒器来使用，在某些特定的场合下也可以用作水器。在东周时期的墓葬当中，壶往往成对出现，我们无法将其割裂开来认为其中一件参与了与盘匜的水器组合，而剩余的一件却是参与了酒器组合。再者，即使是壶可以临时作为水器来使用，但是它在作为水器的时候是否就一定要与盘匜相配套使用，则有待于进一步研究。因此在没有更多实证的情况下，我们只能暂时把高店窖藏中的盘匜壶组合作为水器组合的一个特例来对待，如果将来出土了更多的盘匜壶组合的考古材料，我们则可以做进一步的探讨。

春秋早期墓葬超过20平方米的大型铜匜墓葬有6座，墓主分别为虢国太子[③]、黄君孟夫妇[④]、晋文侯[⑤]、鄂侯夫人[⑥]、郳君庆、秦妊[⑦]等高级贵族。2012年河南南阳夏饷铺鄂国墓地M19、M16墓葬面积分别为16.17平方米、16.8平方米，虽未超过20平方米，但是墓主身份明确，为鄂侯、鄂侯夫人（此处的鄂侯、鄂侯夫人不是同一代人，非夫妻）[⑧]，地位之高自不待言。1982年户县南关秦墓，面积为10.95平方米，但随葬7鼎，

① 内蒙古自治区文物考古研究所、宁城县辽中京博物馆：《小黑石沟——夏家店上层文化遗址发掘报告》，科学出版社，2009年，第264页。

② 信阳地区文管会、罗山县文化馆：《河南罗山县发现春秋早期铜器》，《文物》1980年1期，第51页。

③ 河南省文物考古研究所、三门峡市文物工作队：《三门峡虢国墓（第一卷）》，文物出版社，1999年，第339页。

④ 河南信阳地区文管会、光山县文管会：《春秋早期黄君孟夫妇墓发掘报告》，《考古》1984年4期，第330页。

⑤ 北京大学考古学系、山西省考古研究所：《天马—曲村遗址北赵晋侯墓地第五次发掘》，《文物》1995年7期，第37页。

⑥ 河南省文物局南水北调办公室、南阳市文物考古研究所：《河南南阳夏饷铺鄂国墓地M1发掘简报》，《江汉考古》2019年4期，第45页。

⑦ 枣庄市政协台港澳侨民族宗教委员会、枣庄市博物馆：《小邾国遗珍》，中国文史出版社，2006年，第7页。

⑧ 河南省文物局南水北调办公室、南阳市文物考古研究所：《河南南阳夏饷铺鄂国墓地M7、M16发掘简报》，《江汉考古》2019年4期，第34页；河南省文物局南水北调办公室、南阳市文物考古研究所：《河南南阳夏饷铺鄂国墓地M19、M20发掘简报》，《江汉考古》2019年4期，第23页。

简报认为墓主为诸侯级别[①]。1977年山东临朐县嵩山公社泉头村甲墓虽然面积只有12平方米，但有学者认为出土铜匜铭文中的“齐侯子行”即是齐庄公“购”，甲墓墓主是与齐公室关系密切的齐国贵族[②]。这样算来，高等级贵族墓葬和窖藏共有10座，约占出土单位总数的12.5%。

墓葬面积在10～20平方米的墓葬有26座，应为中等贵族的墓葬。1981年河南信阳明港春秋墓葬、甘肃天水春秋墓面积不明，但随葬4鼎，墓主也当为中等贵族；1974年户县南关秦墓[③]、山东柘山镇春秋墓[④]面积不明，三门峡虢国墓地M2010[⑤]、户县宋村秦墓M3[⑥]墓葬面积虽超过20平方米，但这四座墓葬却只随葬5鼎，墓主为卿、大夫级别；2003年南阳市物资城春秋墓M1、1965年山东邹县七家峪春秋墓面积不明，但随葬6鼎，墓主身份也应当在卿大夫级别。中等贵族墓葬有34座，占总数的39%。

墓葬面积在10平方米以下的有19座，多随葬1～3鼎，墓主当为小贵族。剩余22座出土单位由于形制被破坏，无法通过墓葬面积考察墓主人身份，某些墓葬被盗，器物组合也不完整，从仅存的器物组合来看，随葬铜鼎数量多在1～2件，鲜有3件者，墓主也当为小贵族。这里需要注意的是，山西黎城西关M7、M8两座墓葬虽然面积都在10平方米以上，但是这两座墓葬保存完整，器物铭文丰富，均随葬1鼎，简报通过分析后认为这两座墓葬主人为楷侯家臣夫妇，为士阶层[⑦]，所以也应当为小型墓。所以小型墓有43座，占总数的49.4%。

从出土单位所占比例来看，春秋早期小贵族使用青铜匜的比例大大增多，这说明青铜匜使用者层面进一步下移，也正因为小贵族有了更多染指青铜匜的权利，所以才导致春秋早期青铜匜数量的空前增多。需要指出的是，我们是按照出土单位面积、鼎的数量及器物铭文对出土单位的等级进行划分的，但由于墓葬形制被破坏、器物组合不完整等一些客观因素的干扰，我们难以追求过细的等级研判，这种划法也注定只能是一个粗线条的，但它仍然能够较为客观地反映青铜匜使用层面的演变轨迹。

---

① 曹发展：《陕西户县南关春秋秦墓清理记》，《文博》1989年2期，第12页。

② 孙敬明、何琳仪、黄锡全：《山东临朐新出铜器铭文考释及有关问题》，《文物》1983年12期，第15、16页。

③ 曹发展：《陕西户县南关春秋秦墓清理记》，《文博》1989年2期，第12页。

④ 安丘市博物馆：《山东安丘柘山镇东古庙村春秋墓》，《文物》2012年7期。

⑤ 河南省文物考古研究所、三门峡市文物工作队：《三门峡虢国墓地M2010的清理》，《文物》2000年12期，第22页。

⑥ 陕西省文管会秦墓发掘组：《陕西户县宋村春秋秦墓发掘简报》，《文物》1975年10期，第61页。

⑦ 山西省考古研究院：《山西黎城西关墓地M7、M8发掘简报》，《江汉考古》2020年4期，第17、19页。

四、第四期：春秋中期

春秋中期共有64个青铜匜出土单位，除塞公孙𥎦父匜出土性质不明以外①，其余63个出土单位皆是墓葬。

山东郯城县大埠二村M1：鼎2、鬲1、罐2、舟1、壶1、盆1、盘1、匜1、连体罐1等（约32.2平方米），《海岱考古（4）》第115～123页；

1995年山东长青仙人台周代墓地M4：鼎5、簋4、甗1、敦1、壶2、觚形杯1、舟1、罐1、盘1、匜1等（约9.6平方米），《文物》2019年4期；

2012年湖北随州文峰塔东周墓地M18：鼎、鬲、簋、簠、鉴、方壶、方缶、匜等70余件（约258.96平方米，“亚”字形墓），《考古》2014年7期；

2003年陕西凤翔孙家南头春秋秦墓M191：鼎6、簋4、甗1、敦1、壶2、盘1、匜1（约27.7平方米），《考古与文物》2013年4期；

2003年陕西凤翔孙家南头春秋秦墓M126：鼎5、簋4、甗1、敦1、壶2、盘1、匜1（约14.5平方米），《考古与文物》2013年4期；

1963年陕西宝鸡阳平镇秦家沟村秦墓M1：鼎3、簋4、壶2、盘1、匜1等（约9.02平方米），《考古》1965年7期；

1963年陕西宝鸡阳平镇秦家沟村秦墓M2：鼎3、簋4、壶2、盘1、匜1等（墓葬面积不明），《考古》1965年7期；

1959年陕西宝鸡福临堡东周墓葬M1：鼎3、簋2、甗1、敦1、方壶2、盘1、匜1等（约7.88平方米），《考古》1963年10期；

洛阳中州路东周墓M4：鼎3、簋1、簠2、罍2、盘1、匜1、舟1等（约8.64平方米），《洛阳中州路（西工段）》第152页表五；

2004年安阳市王古道村村南东周墓M1：鼎1、壶2、盘1、匜1、双耳罐2（约8.05平方米），《华夏考古》2008年1期；

2004年安阳市王古道村村南东周墓M2：鼎2、甗1、簠1、壶2、双耳罐2、匜1（约10.2平方米），《华夏考古》2008年1期；

1961年山西侯马上马墓地M5：鼎3、簋（数目不详）、盘1、匜1等（约11.6平方米），《考古》1963年5期；

1977年山东沂水刘家店子2号墓：鼎9、罍2、壶、罐、盘、匜1等（约33.15平方米），《文物》1984年9期；

2011年山东淄博市临淄区刘家新村春秋墓M19：盘1、匜1（约4.86平方米），《考古》2013年5期；

① 湖北省博物馆：《湖北枝江百里洲发现春秋铜器》，《文物》1972年3期。

2011年山东淄博市临淄区刘家新村春秋墓M28：鼎3、簋4、甗1、壶2、舟2、盘1、匜1（约10.92平方米），《考古》2013年5期；

1973年湖北江陵纪南公社岳山大队楚墓：鼎1、盏1、簠1、浴缶1、盘1、匜1等（墓葬被破坏，面积不明），《文物》1982年10期；

2016年湖北京山苏家垄M85：鼎1、甗1、簠1、盘1、匜1（约9.29平方米），《江汉考古》2018年1期；

1978年山东滕州市薛国故城M1：鼎8、鬲6、簋6、簠2、壶3、盘1、匜1、舟1等（约36.38平方米），《考古学报》1991年4期；

1978年山东滕州市薛国故城M2：鼎8、鬲6、簋6、簠2、壶3、盘1、匜1、舟1等（约30.4平方米），《考古学报》1991年4期；

1998年洛阳613研究所C1M6112：鼎3、簠2、敦1、壶2、盘1、匜1、舟1等（约10.14平方米），《文物》1999年8期；

1992年洛阳市木材公司M3529：鼎1、敦1、罍2、盘1、匜1、舟1（约6.3平方米），《中国国家博物馆馆刊》2011年8期；

1963～1987年山西侯马上马墓地M1010：鼎、簋、甗、盘、匜、舟等，数目不详（约10.08平方米），《上马墓地》第308页续附表；

1963～1987年山西侯马上马墓地M1015：鼎2、敦2、盘1、匜1、舟1等（约10.01平方米），《上马墓地》第309页续附表；

1976年山西闻喜上郭村M7：鼎1、簋1、扁壶1、盘1、匜1（约7.84平方米），《三晋考古（1）》第131、138页；

1961年山西侯马上马墓地M13：鼎7、鬲2、簋4、甗1、簠2、鉴2、方壶2、盘1、匜1、舟2等（约20.02平方米），《考古》1963年5期；

1959年山西侯马上马村春秋墓：鼎3、簋1、豆2、盘1、匜1等（墓葬面积不明），《考古》1959年7期；

1963～1987年山西侯马上马墓地M1027：鼎3、敦2、罐1、盘1、匜1、舟1（约11.2平方米），《上马墓地》第310页续附表；

2005年山西隰县瓦窑坡春秋墓地M29：鼎6、甗1、敦1、盆1、盘1、匜1、鉴1、舟1（约15.7平方米），《考古》2017年5期；

2005年山西隰县瓦窑坡春秋墓地M30：鼎5、鬲3、簋2、簠2、豆1、壶2、盘1、匜1、盆2、舟1等（约18.36平方米），《考古》2017年5期；

2005年河南洛阳体育场东周墓M8830：鼎5、簋1、簠2、壶2、罍2、匜1、舟1（约7.77平方米），《文物》2011年8期；

1981年河南洛阳东周铜器墓C1M4：鼎1、簋1、盘1、匜1、舟1等（约7.27平方米），《中原文物》1983年4期；

1981年河南洛阳东周铜器墓C1M124：鼎1、簋1、盘1、匜1、舟1等（约8.51平方米），《中原文物》1983年4期；

1983年河南洛阳西工区LBM4：鼎1、罍2、簋1、盘1、匜1、舟1等（约9.96平方米），《考古》1985年6期；

河南洛阳中州路东周墓M6：鼎1、簋1、盘1、匜1、舟1等（约7.68平方米），《洛阳中州路（西工段）》第152页表五；

2005年河南洛阳西工区M8832：鼎8、簋1、簠4、壶3、罍2、盘1、匜3、舟1等（约12.6平方米），《考古》2011年9期；

1992年河南洛阳市西工区M3422：鼎5、豆2、罍2、盘1、匜1、舟1等（约14.4平方米），《考古》2016年4期；

1992年河南洛阳市西工区M3494：鼎5、簋1、壶2、盘1、匜1等（约15平方米），《考古》2016年4期；

1992年河南洛阳市西工区M3490：鼎5、簋1、簠2、罍2、盘1、匜1、舟1等（约10.53平方米），《考古》2016年4期；

1966年河北唐县钓鱼台积石墓：鼎1、敦1、罍1、镀1、舟1、匜1、器盖1（约4.55平方米），《中原文物》2007年6期；

1971年河南尉氏河东周村春秋墓：鼎2、簋4、簠2、壶1、盘2、匜4、舟3等（墓葬面积不明），《中原文物》1982年4期；

1978～1979年河南淅川下寺春秋楚墓M7：鼎2、簠2、盏1、盘1、匜1、浴缶2（35平方米），《下寺》第26～38页；

1978～1979年河南淅川县下寺春秋楚墓M36：鼎2、簠2、盘1、匜1、浴缶2（约13.2平方米左右），《下寺》第39、40页

1923年河南新郑李家楼郑公大墓：鼎16、鬲9、簋11、甗1、簠3、罍2、壶6、鉴2、盘3、匜4、舟5（墓葬面积不明），《新郑郑公大墓青铜器》第36页；

1996年河南罗山县高店乡高庙砖瓦厂春秋墓：鼎1、簠2、壶2、盘1、匜1（5.85平方米），《曾国青铜器》第391页；

2004年河南南阳李八庙春秋墓：鼎2、甗1、浴缶1、盘1、匜1、盏1（约3.04平方米），《文物》2012年4期；

1978年山西浑源李峪春秋墓M3：簋形器1、鬲1、壶1、盘1、匜1等（墓葬面积不明），《考古》1983年8期；

1988年湖北当阳赵巷M4：盘1、匜1（约45.1平方米），《文物》1990年10期；

2001年湖北郧县肖家河春秋墓：鼎1、盏1、鈚1、盘1、匜1（约3.8平方米），《江汉考古》2003年1期；

1985年湖北枝江姚家港高山庙楚墓M14：鼎2、簠2、缶1、盘1、匜1、斗1（约8平方米），《文物》1989年3期；

1972年湖北襄阳山湾15号墓：鼎1、盏1、缶1、盘1、残匜1（约10.11平方米），

《江汉考古》1983年2期；

2002年湖北枣阳郭家庙曾国墓地M8：仅1件匜（约10.4平方米），《枣阳郭家庙》第127页；

2009年湖北襄阳沈岗M1022：鼎2、簠2、浴缶1、盘1、匜1等（约14.24平方米），《文物》2013年7期；

2013年湖北南漳川庙山东周墓地M18：鼎2、盏2、浴缶2、盘1、匜1等（约9.3平方米），《江汉考古》2015年4期；

2018年湖北随州枣树林春秋曾国墓地M190：鼎5、簠1、壶4、盘1、匜1、舟1等（"甲"字形墓，墓室面积约50.4平方米），《考古》2020年7期；

2018年湖北随州枣树林春秋曾国墓地M191：鼎5、鬲5、簋4、簠4、壶2、盘1、匜1、舟1、铜罐1等（"甲"字形墓，约39.1平方米），《考古》2020年7期；

1977年山东沂水刘家店子1号墓：鼎16、鬲9、簋7、甗1、壶7、罍4、瓿2、盆2、盘1、匜1、舟2、盂1、盉1、罐1（约102.4平方米），《文物》1984年9期；

1978年山东滕州市薛国故城M4器物箱：鼎11、鬲6、簋6、簠2、壶3、盉1、盘2、匜1、鸟形杯3、鉴1、舟1等（墓葬面积不明），《考古学报》1991年4期；

1978～1979年河南淅川下寺春秋楚墓M8：鼎1、簠4、匜1、盉1、浴缶握手盖1（41.18平方米），《下寺》第6～16页；

1998年甘肃礼县圆顶山秦墓98LDM1：鼎6、簋2、方壶2、圆壶1、盉1、盘1、匜1、舟1等（约13.7平方米），《文物》2002年2期；

1998年甘肃礼县圆顶山秦墓98LDM2：鼎5、簋6、簠1、方壶2、圆壶1、盉1、盘1、匜1等（约20.31平方米），《文物》2002年2期；

1989年山西省闻喜上郭村M33：匜鼎1、盆1、匜1（约13.8平方米），《三晋考古（1）》第153页；

1987年山西临猗程村东周墓M1：鼎4、簋1、甑1、鉴2、匜1等（约12平方米），《考古》1991年11期；

1987年山西临猗程村东周墓M2：鼎7、鬲2、甗1、镀2、簠2、敦2、方壶2、鉴2、盘1、匜1等（约17.74平方米），《考古》1991年11期；

1969年湖北枝江县百里洲八亩公社王家岗：鼎3、簠2、方壶1、盘1、匜1（塞公孙瘖父匜）（出土单位性质不明），《文物》1972年3期；

以上64个出土单位当中，有56个出土单位有盘，盘匜共存的墓葬占总数的87.5%，其中51个出土单位（50座墓葬，1座单位性质不明）中有盘匜组合，5座墓葬中有盘匜盉组合，所以盘匜组合依然是最为稳固的水器组合方式，2016年湖北京山苏家垄M85出土的匜，出土时就放在盘中[①]；1971年尉氏河东周村春秋墓葬还出现了4匜2盘共出的

① 湖北省文物考古研究所：《湖北京山苏家垄墓群M85发掘简报》，《江汉考古》2018年1期，第31页。

现象，可见其时人对这种水器组合的重视程度。

这时期，在1987年山西闻喜上郭村M33出土了匜与匜鼎、盆的组合，不见有盘。匜鼎是匜与鼎形制相互影响的产物，作为盥洗器的匜鼎，可能会被用来温水[①]。匜与温水之鼎配套出土，就从考古材料上印证了箄匜铭文中的“沫鼎其匜”（《铭图》14936），指的就是与鼎配套的匜。

除鼎外，春秋中期还出现了匜与鉴的组合。1987年山西临猗程村东周墓M1出土有鼎4、簋1、甗1、鉴2，这座墓葬组合当是匜与鉴配套，形成水器组合，用以洗浴。匜鉴配套，说明从春秋中期开始，匜的行用范围进一步扩大，不仅仅用于沃盥之礼，还用于日常的清洁沐浴，生活化倾向明显。

第四期面积超过20平方米的有14座墓葬，墓主均应是高级贵族。新郑李家楼郑公大墓、1978年山东滕州市薛国故城M4，1987年山西临猗程村东周墓M2、2005年洛阳西工区M8832，这4座墓葬虽面积不明或不到20平方米，但分别随葬16、11、7、8件鼎，墓主也应当为高级贵族。所以高级墓葬共有18座，占春秋中期出土单位总数的28.1%。

墓葬面积在10～20平方米的有20座，1995年山东长青仙人台周代墓地M4、2005年河南洛阳体育场东周墓M8830墓葬面积达不到10平方米以上，但均随葬5鼎，当为中等贵族。所以中等贵族墓葬有22座，占总数的34.4%。

其余墓葬在10平方米以下或面积、出土单位性质不明的，均随葬1～3鼎不等，有24座，占总数的37.5%。从墓葬比例来看，第四期高级贵族拥有青铜匜数量较少，中等贵族次之，小贵族较多，但三者之间所占比例差距不大，整个青铜匜的分布层面整体比较均匀。

五、第五期：春秋晚期

第五期的青铜匜全部出土于墓葬，共有92座。

1985年北京延庆军都山玉皇庙墓地M2：鼎1、敦1、罍1、盘1、匜1、舟1等（约3.7平方米），《军都山（1）》第284页；

1980年河北怀来甘子堡春秋墓M1：鼎1、豆1、甗1、罍1、盘1、匜1、舟1等（墓葬面积不明），《文物春秋》1993年2期；

2004年山西夏县崔家河墓地M2：鼎5、鬲3、甗1、簠2、豆4、壶2、舟2、盘1、匜1等（约21.73平方米），《中国文物报》2005年3月4日第1版；

1963～1986年山西侯马上马墓地M4006：鼎3、盘1、匜1、舟1（约15.3平方米），《文物》1989年6期；

① 田伟：《匜鼎研究》，《古代文明（第12卷）》，上海古籍出版社，2018年，第156页。

1961年山西侯马上马墓地M11：鼎2、鬲2、簋2、豆1、盘1、匜1等（约10.64平方米），《考古》1963年5期；

1963～1987年山西侯马上马墓地M1004：鼎5、豆4、罍2、盘1、匜1、舟1等（约34.69平方米），《上马墓地》第307页附表；

1963～1987年山西侯马上马墓地M1006：鼎2、簋1、盘1、匜1、舟1等（约14.1平方米），《上马墓地》第307页附表；

1963～1987年山西侯马上马墓地M1026：鼎1、敦1、盘1、匜1、舟1等（约11.97平方米），《上马墓地》第309页续附表；

1963～1987年山西侯马上马墓地M2008：鼎3、甗1、敦2、镀1、盘1、匜1、舟1等（约13.76平方米），《上马墓地》第324页续附表；

1988年山西临猗程村M1001：鼎5、甗1、簠1、豆2、方壶2、盘1、匜1、鉴2、舟2等（约23.5平方米），《临猗程村墓地》附表1；

1988年山西临猗程村M1002：鼎5、簠2、敦2、方壶2、盘1、匜1、鉴2、舟2等（约18.03平方米），《临猗程村墓地》附表1；

1988年山西临猗程村M1023：鼎1、敦1、盘1、匜1、舟1等（约7.93平方米），《临猗程村墓地》附表1；

1988年山西临猗程村M1024：鼎1、敦1、盘1、匜1、舟1等（约9.2平方米），《临猗程村墓地》附表1；

1988年山西临猗程村M1056：鼎3、豆1、盘1、匜1、舟1等（约13.98平方米），《临猗程村墓地》附表1；

1988年山西临猗程村M1057：鼎1、甗1、敦1、盘1、匜1等（约10.24平方米），《临猗程村墓地》附表1；

1988年山西临猗程村M1064：鼎1、敦1、盘1、匜1等（约9.84平方米），《临猗程村墓地》附表1；

1988年山西临猗程村M1082：鼎1、敦1、盘1、匜1、舟1等（约11.48平方米），《临猗程村墓地》附表1；

1988年山西临猗程村M0003：鼎3、甗1、敦1、盘1、匜1、舟1等（约12.63平方米），《临猗程村墓地》附表1；

1988年山西临猗程村M0004：鼎1、簋1、盘1、匜1等（10.64平方米），《临猗程村墓地》附表1；

20世纪70年代山西长子县羊圈沟东周墓M2：鼎2、豆3、盘1、匜1、舟1等（约10.92平方米），《考古学报》1984年4期；

2005年山西隰县瓦窑坡春秋墓地M23：鼎4、敦2、盘1、匜1（约18.8平方米），《中原文物》2019年1期；

1975年河南洛阳春秋墓：鼎5、簋4、豆1、壶1、盘1、匜1、舟2等（约8.8平方米），《考古》1981年1期；

1994年河南桐柏县月河镇1号墓：鼎2、方壶2、盂1、缶2、盘1、匜1等（约92.4平方米），《中原文物》1997年4期；

1998年洛阳市西关中州路98LM535：鼎1、豆1、盘1、匜1、双耳杯1（约3.9平方米），《考古》2002年1期；

2003年河南洛阳王城广场M37：鼎2、豆2、壶1、盘1、匜1、舟1（约13.4平方米），《文物》2009年11期；

2001年河南洛阳市纱厂路东周墓JM32：鼎3、簠2、敦1、罍2、盘1、匜1、舟1等（约12.9平方米），《文物》2002年11期；

1991年河南洛阳西工区M3498：鼎5、簠2、豆3、壶2、罍2、盘1、匜1、舟1（约16.56平方米），《文物》2010年8期；

1991年河南洛阳西工区M3427：鼎5、簠2、簋1、壶2、罍2、盘1、匜1、舟1（约10.08平方米），《文物》2010年8期；

河南洛阳中州路东周墓M2729：鼎2、豆2、罍2、盘1、匜1、舟1等（约10.95平方米），《洛阳中州路（西工段）》第156页表六；

2004年新郑市郑韩路6号春秋墓：鼎1、敦1、盘1、匜1、舟1（约10.92平方米），《文物》2005年8期；

2003～2008年河南新郑西亚斯东周墓地M247：鼎1、盘1、匜1、铜簠残片等（约24.6平方米），《新郑西亚斯》第12、13页；

2009年河南新郑铁岭墓地M429：鼎1、盏1、盘1、匜1、舟1（约12.7平方米），《中原文物》2010年1期；

2009年河南新郑铁岭墓地M550：鼎1、盏1、盘1、匜1、舟1（约18.6平方米），《中原文物》2010年5期；

2011年河南新郑铁岭墓地M1404：鼎1、盏1、盘1、匜1、舟1（约14平方米），《中原文物》2012年2期；

2011年河南新郑铁岭墓地M1405：鼎1、甗1、盏1、壶1、盘1、匜1、舟1（约20.1平方米），《中原文物》2012年2期；

1979年河南新郑李家村春秋墓：鼎1、敦1、盘1、匜1、舟1（墓葬被盗，情况不明），《考古》1983年8期；

2010年河南淇县宋庄东周墓地M4：鼎3、敦4、壶1、盘1、匜1、盒1、舟1（约20.7平方米），《华夏考古》2015年4期；

1957年河南陕县M2056：鼎3、簋1、盘1、匜1、舟1（约11.76平方米），《陕县东周秦汉墓》第205页续附表一；

1957年河南陕县M2061：鼎1、簋1、盘1、匜1、舟1（约7.6平方米），《陕县东周秦汉墓》第205页续附表一；

1983年河南固始万营山陪葬坑：鼎2、簠1、敦1、缶1、盘1、匜1、舟1等（约1.6平方米），《考古》1992年3期；

1990年河南省淅川县和尚岭楚墓M2：鼎7、簠2、敦1、壶2、浴缶1、盘1、匜1、斗1等（约55.05平方米），《淅川和尚岭与徐家岭楚墓》第24、45、118页；

1990年河南省淅川县徐家岭楚墓M9：鼎4、鬲3、簠1、尊缶2、浴缶2、盘1、匜1、鉴1、盆1等（约169.2平方米），《淅川和尚岭与徐家岭楚墓》第174～187、217页；

2008年河南南阳八一路住宅小区春秋楚彭射墓M38：圆鼎5、汤鼎1、簠4、盏1、尊缶2、浴缶2、盘1、匜1（约35平方米），《文物》2011年3期；

2008年河南南阳八一路住宅小区春秋楚墓M1：鼎5、簠4、尊缶2、浴缶2、盘1、匜1、斗1等（约26.1平方米），《文物》2020年10期；

2008年河南南阳八一路住宅小区春秋楚墓M2：鼎3、簠2、敦1、尊缶2、浴缶1、盘1、匜1、斗2等（约16.6平方米），《文物》2020年10期；

1966年河南省潢川县隆古公社高稻场蔡公子义墓：鼎1、簠1、敦1、盘1、匜1、浴缶1、舟1（墓葬面积不明），《文物》1980年1期；

1978～1979年河南淅川下寺楚墓M4：鼎1、簠1、浴缶1、盘1、匜1（约18.8平方米），《下寺》第240页；

1978～1979年河南淅川下寺楚墓M10：鼎3、簠2、敦1、浴缶2、尊缶2、盘1、匜1、斗1（约23平方米），《下寺》第247～257页；

1978～1979年河南淅川下寺楚墓M11：鼎2、簠2、敦1、浴缶1、尊缶2、盘1、匜1、斗1（约21平方米），《下寺》第293～302页；

1994年河南平顶山应国墓地M10：鼎5、敦2、尊缶2、浴缶1、舟3、盘1、匜1、斗1（约27.5平方米），《中原文物》2007年4期；

1992年河南平顶山应国墓地M301：鼎3、簠2、敦1、盘1、匜1、浴缶2（约20.5平方米），《文物》2012年4期；

2005年河南南阳万家园M181：鼎3、簠2、盏1、兽尊1、洗1、浴缶1、盘1、匜1（约12.9平方米），《中原文物》2009年1期；

2009年山东枣庄徐楼东周墓M1：鼎3、簋2、簠4、铺2、罍1、盘1、匜1、舟1、提链罐1、盒2（约36.5平方米），《文物》2014年1期；

2009年山东枣庄徐楼东周墓M2：鼎3、盘1、匜1、舟1（约30.27平方米），《文物》2014年1期；

1956年山东泰安市黄花岭村东周墓：鼎1、盨1、爵1、舟2、盘1、匜1等（墓葬面积不明），《考古与文物》2000年4期；

2003年山东新泰周家庄东周墓葬M2：鼎2、甗1、豆4、壶1、舟2、盘1、匜1（约11.64平方米），《文物》2013年4期；

山东曲阜鲁国故城甲组墓M116：鼎1、盨2、盖豆2、盘1、匜1（约6.93平方米），

《鲁故城》第217页表五；

1978年山东滕州薛国故城M9：鼎1、豆2、盘1、匜1（约5.4平方米），《考古学报》1991年4期；

2006年湖北十堰郧阳区乔家院春秋殉人墓M4：鼎2、簠2、盏1、盘1、匜1、浴缶2（约28.62平方米），《考古》2008年4期；

2006年湖北十堰郧阳区乔家院春秋殉人墓M5：鼎2、簠2、尊缶2、浴缶1、盘1、匜1（约30.7平方米），《考古》2008年4期；

2006年湖北十堰郧阳区乔家院春秋殉人墓M6：鼎2、簠2、尊缶2、浴缶1、盘1、匜1（约26.7平方米），《考古》2008年4期；

1972年湖北襄阳山湾6号墓：鼎2、簠2、缶2、盘1、匜1、瓢1等（约8.69平方米），《江汉考古》1983年2期；

1972年湖北襄阳山湾33号墓：鼎2、簠1、敦1、缶1、盘1、匜1、瓢1等（约7.01平方米），《江汉考古》1983年2期；

1972年湖北襄阳山湾14号墓：鼎1、簠1、缶1、盘1、匜1、瓢1等（约8.28平方米），《江汉考古》1983年2期；

1988年湖北襄阳团山东周墓M1：鼎2、簠2、缶2、盘1、匜1等（约14.7平方米），《考古》1991年9期；

1989年湖北宜城市蒋湾母牛山M1：鼎2、簠2、浴缶1、盘1、匜1（约8.05平方米），《考古》2008年9期；

1996年湖北钟祥黄土坡东周墓M31：鼎1、盏1、盘1、匜1（约9.36平方米），《考古学报》2009年2期；

1996年湖北钟祥黄土坡东周墓M3：鼎2、簠1、尊缶1、浴缶1、鉴1、盘1、匜1（约10.62平方米），《考古学报》2009年2期；

1974年湖北当阳赵家湖：鼎2、簠1、缶1、盘1、匜1（墓葬面积不明），《江汉考古》1983年1期；

1994年湖北随州东风油库M1：鼎1、甗1、簠1、方壶1、盘1、匜1（约8.51平方米），《文物》2008年2期；

1994年湖北随州东风油库M2：鼎1、簠1、方壶1、盘1、匜1（约9平方米），《文物》2008年2期；

1994年湖北随州东风油库M3：鼎1、豆1、壶1、盘1、匜1（约12.87平方米），《文物》2008年2期；

1988年江苏六合程桥东周3号墓：鼎2、甗1、簠1、盘1、匜1、舟1等（墓葬面积不明），《东南文化》1991年1期；

1988年太原市南郊金胜村赵卿墓M251：鼎27、鬲5、甗2、豆14、簠2、壶8、鸟尊1、鉴6、罍2、盘2、匜2、舟4等（约101.2平方米），《太原晋国赵卿墓》第17～75页；

1986年湖南岳阳凤形嘴山一号墓：鼎2、簠1、盏1、盉1、盘1、匜1等（约22平方米），《文物》1993年1期；

1978年河南固始侯古堆一号墓陪葬坑：鼎9、盉1、簠4、罍1、方豆2、壶2、匜1、舟2、盒1以及三足带盖壶等（约126平方米，有一条斜坡墓道），《文物》1981年1期；

1978～1979年河南淅川下寺楚墓M1：鼎13、盏1、鬲2、簠2、簋1、壶2、盉1、尊缶2、浴缶2、盘1、匜1、斗1、勺2等（约70.3平方米），《下寺》第50～75、325页；

1978～1979年河南淅川下寺楚墓M2：鼎19、鬲2、簠1、禁1、俎1、簋2、浴缶2、尊缶2、盘1、盆1、盦1、鉴1、舟1、壶冠1、豆1、盏耳1、斗1等（约58.9平方米），《下寺》第103～137、324页；

1978～1979年河南淅川下寺楚墓M3：鼎6、簠4、盏1、浴缶2、尊缶2、盘1、匜1、壶1、盉1、鉴1、盒形器1、斗1、勺2（约22.47平方米），《下寺》第212～235、326页；

2012年湖北随州文峰塔东周墓地M33：鼎6、鬲4、簋4、尊缶2、浴缶1、壶3、盂1、盉1、盘1、匜1（约20.02平方米），《考古》2014年7期；

1980年江苏吴县何山东周墓：鼎5、簠2、缶1、盉1、盘1、匜1等（墓葬面积不明），《文物》1984年5期；

1985年江苏镇江谏壁王家山东周墓：盉1、盘1、匜1、鉴1、虎子1等（约18平方米），《文物》1987年12期；

1955年安徽寿县西门内春秋蔡侯墓：鼎18、汤鼎1、鬲8、簋8、簠4、敦2、豆4、方壶2、尊3、盉1、鉴5、尊缶4、浴缶2、盘4、匜1、盆3、瓢4（约60平方米），《寿县蔡侯墓出土遗物》第4、6～10页；

2008年安徽双墩1号春秋楚墓：鼎5、甗1、簠4、豆2、罍2、盉1、盘1、匜2、双连盒1（约320.3平方米，圆形土坑墓，一条斜坡墓道），《考古学报》2013年2期；

1979年山东邹平县大省村东周墓M1：鼎1、盘1、匜1、鉴1、舟2（墓葬面积不明），《考古》1986年7期；

1994年山东海阳县嘴子前春秋墓M4：鼎7、甗1、豆（数目不明）、壶2、舟1、盆2、盂1、匜1等（约45.68平方米），《考古》1996年9期；

1980年河北怀来甘子堡春秋墓M2：鼎2、敦1、罍2、壶1、匜1、舟1等（墓葬面积不明），《文物春秋》1993年2期；

20世纪70年代山西长子县羊圈沟东周墓M1：鼎2、敦1、豆1、壶2、舟1、匜1（约12.75平方米），《考古学报》1984年4期；

河南洛阳中州路东周墓M115：鼎1、豆2、罍2、舟1、匜1等（约12平方米），《洛阳中州路（西工段）》第154页表六；

1980年河南固始白狮子地1号墓：鼎2、壶2、匜2、熏炉1等（约132平方米），

《中原文物》1981年4期；

2011年湖北随州义地岗M6：鼎2、甗1、簠2、壶2、缶1、匜1、斗1等（约11.13平方米），《江汉考古》2012年3期；

1972年江苏六合程桥东周2号墓：鼎3、匜1等（约22.9平方米），《考古》1974年2期。

这92座墓葬当中，85座墓葬有盘，盘匜共存的墓葬占总数的92.4%，达到历史的第二次新高峰。在一些较高等级墓葬当中，还存在盘匜盉、盘匜鉴、盘匜鉴盉的组合。淅川下寺楚墓M1中，盘匜盉鉴盆等水器均置于墓室东部的升鼎之东，在摆放位置上与升鼎之西的乐器组合、椁室北部的食器酒器组合迥然有别[①]。这一时期的大中型墓中鉴的使用频率进一步增强，安徽寿县蔡侯墓、山西太原金胜村赵卿墓出土鉴的数量甚至达到了5～6件。淅川徐家岭M9、太原金胜村M251、镇江谏壁王家山等墓葬盘匜鉴共出，其中匜的作用可能并不是固定单一的，同一件匜在与盘搭配的时候就可以用于沃盥之礼，在与鉴搭配的时候就可以用于洁身洗浴，起到一器两用的作用。春秋晚期是蹄足匜的衰落期，却是平底匜的大发展时期，这当跟鉴、盆等洗浴用器进一步行用，平底匜比蹄足匜更方便握持舀水有很大关系。

这一时期墓葬面积在20平方米以上的墓葬较多，有32座，北京延庆军都山M2虽然墓葬面积只有3.72平方米左右，但是由于墓葬出土成组礼器，这对僻处冀北山地的山戎部落来说已经是非常难能可贵了，发掘报告也认为M2墓主“地位显赫”[②]，所以第五期高等级墓葬占有33座，占墓葬总数的35.9%，超过1/3。

10～20平方米的中等级墓葬有34座，1975年河南洛阳春秋墓虽然面积只有8.8平方米，1980年江苏吴县何山东周墓面积不明，但都随葬5鼎，也应视为中等级墓葬。所以中等贵族墓应该有36座，占墓葬总数的39.1%。

10平方米以下的小型墓有15座，其余面积不明的墓葬8座，多随葬1鼎，鲜见有3鼎者，故小型墓有23座，占总数的25%。

通过这个数据比例，我们可以看出，高、中等级的贵族在春秋晚期拥有的青铜匜数量最多，小贵族最少。造成这种现象的原因我们认为是春秋晚期随着鉴、盆等洗浴用器在中高级贵族中的流行，需要有与之配套的匜进行挹水、注水，所以在与常人同时拥有用于沃盥之礼的匜之外，中高等级的贵族还额外拥有了用于洗浴的匜（当为平底匜），这是造成中高级贵族用匜数量多的一个重要原因。

---

① 河南省文物研究所、河南省丹江库区考古发掘队、淅川县博物馆：《淅川下寺春秋楚墓》，文物出版社，1991年，第50页。

② 北京市文物研究所：《军都山墓地：玉皇庙（一）》，文物出版社，2007年，第282页。

六、第六期：战国早期

战国早期共有75个青铜匜出土单位，全部是墓葬。

1987年河南新郑新禹公路战国墓M1：鼎1、敦1、舟1、盘2、匜1等（墓葬面积不明），《考古》1994年5期；

1988年河南新郑新禹公路战国墓M2：鼎1、敦1、盘1、匜1、舟1（约7.84平方米），《考古》1994年5期；

1988年河南新郑新禹公路战国墓M13：鼎1、敦1、盘1、匜1、舟1（约10.14平方米），《考古》1994年5期；

2000年洛阳高速公路伊川段LJM74：鼎4、盘1、匜1、杯1等（约17.55平方米），《考古》1994年5期；

1984～1988年洛阳战国墓C1M2547：鼎2、豆2、壶1、匜1、匕2等（约10.11平方米），《考古》1991年6期；

洛阳中州路东周墓M2717：鼎5、甗1、豆4、壶7、盘1、匜1、舟1等（约15.75平方米），《洛阳中州路（西工段）》第157页表七；

1957年河南陕县M2060：鼎1、壶2、盘1、匜1等（约10.4平方米），《陕县东周秦汉墓》第205页续附表一；

1957年河南陕县M2144：鼎3、豆2、壶2、盘1、匜1（约14.96平方米），《陕县东周秦汉墓》第209页续附表一；

1957年河南陕县M2041：鼎5、鬲2、甗1、豆6、簠2、壶2、盘1、匜1、鉴2、舟1（约17.76平方米），《陕县东周秦汉墓》第204页附表一；

1957年河南陕县M2042：鼎3、壶2、盘2、匜1、舟1（约14.58平方米），《陕县东周秦汉墓》第204页附表一；

1957年河南陕县M2044：鼎1、豆2、盘1、匜1（约13.52平方米），《陕县东周秦汉墓》第205页续附表一；

1957年河南陕县M2048：鼎2、鬲1、豆2、壶1、鉴1、盘1、匜1（约12.6平方米），《陕县东周秦汉墓》第205页续附表一；

1957年河南陕县M2121：鼎3、壶2、盘1、匜1（约18.1平方米），《陕县东周秦汉墓》第208页续附表一；

1957年河南陕县M2040：鼎17、鬲3、甗1、簠2、豆10、敦2、壶5、勺、盘4、匜2、鉴4、舟2（约39.9平方米），《陕县东周秦汉墓》第204页附表一；

2003年河南三门峡经开区西苑小区M1：鼎3、壶2、豆2、盘1、匜1（约15.7平方米），《文物》2008年2期；

1993年河南三门峡市郊原陕县老城东8号战国墓：鼎1、壶2、豆2（约17.64平方米），《考古》2004年第2期；

1935年河南汲县山彪镇墓地M1：鼎14、豆4、簋1、簠1、壶7、瓿1、牺尊1、鉴2、盘2、匜1、瓢2（报告称匜）等（约56.16平方米），《山彪镇与琉璃阁》第4、11～24页；

1993年三门峡市盆景园8号墓：鼎1、豆2、壶2、匜1等（约17.64平方米），《中原文物》2002年1期；

1990年河南省淅川县徐家岭楚墓M10：鼎11、鬲5、簠2、簋4、敦2、豆4、壶4、浴缶2、尊缶2、鉴2、盘1、匜1等（约179.4平方米，有一条斜坡墓道），《中原文物》2002年1期；

1990年河南省淅川县徐家岭楚墓M1：鼎5、簠2、敦2、尊缶2、浴缶1、盘1、匜1等（约85.56平方米，有一条墓道），《淅川和尚岭与徐家岭楚墓》第218～232页；

1956年河南信阳长台关1号楚墓：鼎5、敦3、壶5、盘4、匜1、盉1、箕1、炉1、斗2等（约178.3平方米，一条斜坡墓道），《信阳楚墓》第3、48～51、121页；

1936年河南辉县琉璃阁甲墓：鼎15、鬲4、簠4、簋14、豆8、罍2、壶7、尊1、洗3、方盘1、匜1、舟1等（约113.3平方米），《山彪镇与琉璃阁》第70页；

1936年河南辉县琉璃阁乙墓：鼎10、鬲4、簠4、簋4、豆1、壶1、洗2、盘1、匜1、舟2等（约69.16平方米），《山彪镇与琉璃阁》第71页；

1981～1982年河南淇县赵沟土坑墓M1：鼎1、敦1、盘1、匜1、舟1（墓葬面积不明），《中原文物》1984年2期；

1981～1982年河南淇县赵沟土坑墓M2：鼎1、敦1、盘1、匜1（墓葬面积不明），《中原文物》1984年2期；

1977年陕西凤翔高王寺村窖藏：鼎3、甗1、敦2、豆1、壶2、盘1、匜1、盉1，《文物》1981年1期；

1983年陕西凤翔八旗屯西沟道秦墓M3：匜1（约37.67平方米），《文物》1981年1期；

1983年陕西凤翔八旗屯西沟道秦墓M26：鼎3、甗1、壶3、豆2、盘3、匜1、盆1、鍪1等（约10.36平方米），《文物》1981年1期；

1977年陕西凤翔高庄秦墓M18：釜1、敦1、匜1、舟1等（约9.35平方米），《考古与文物》1981年1期墓葬登记表；

1977年陕西凤翔高庄秦墓M48：鼎1、甗1、敦1、盘1、匜1等（约10.08平方米），《考古与文物》1981年1期墓葬登记表；

1977年陕西凤翔高庄秦墓M49：鼎2、甗1、壶2、盘1、匜1、盂1等（约8平方米），《考古与文物》1981年1期墓葬登记表；

1982年陕西洛南冀塬县1号战国墓：鼎1、豆2、匜1等（约14.76平方米），《文物》2001年9期；

1955～1957年陕西长安客省庄202号墓：鼎2、簋2、甗1、壶2、鉴2、盘1、匜1（约7平方米），《沣西发掘报告》第177、134页；

1995年山西省定襄县官庄乡中霍村古墓葬M1：鼎4、甗1、豆2、壶2、盘1、匜1等（约20.64平方米），《文物》1997年5期；

1962年山西万荣庙前村M 1：鼎2、敦1、盘1、匜1、舟1（约17.3平方米），《三晋考古（1）》第231、233～235页；

1963～1987年山西侯马上马墓地M15：鼎3、甗1、豆2、壶2、盘1、匜1、舟2等（约11.04平方米），《上马墓地》第188页；

1963～1986年山西侯马上马墓地M4090：鼎2、豆2、盘1、匜1、舟1（约8.68平方米），《文物》1989年6期；

1955年山西长治分水岭战国墓M11：鼎2、敦2、壶2、匜1、舟1（约16.97平方米），《长治分水岭》第234、235页；

1954年山西长治分水岭M12：鼎5、簋3、簠3、敦2、盘1、匜1、鉴3、甑1、钫2、壶2、舟2（约71.73平方米），《长治分水岭》第237～239页；

1959～1961年山西长治分水岭战国墓M25：鼎9、鬲2、簋2、豆2、敦2、鉴2、壶2、盘2、匜1、舟1（约37.52平方米），《长治分水岭》第264页；

1959～1961年底山西长治分水岭战国墓M26：鼎7、簋4、豆2、簠2、敦2、壶2、钫2、盘1、匜1、鉴3（约46.67平方米），《长治分水岭》第272页；

1966年底山西长治分水岭战国墓M232：鼎2、豆2、盘1、匜1、舟1（约11.2平方米），《长治分水岭》第324页；

1983年山西省潞城县潞河战国墓M7：鼎13、甗1、簠2、豆8、壶2、罍2、罐2、盉1、盘3、匜1、鉴4、舟1等（约36.48平方米），《文物》1986年6期；

1983年山西省潞城县潞河战国墓M8：鼎1、壶2、盘1、匜1、盒1（约12平方米），《文物》1986年6期；

山东临淄相家庄6号墓：鼎1、鬲2、豆5、敦2、舟3、壶1、盘2、匜1、鸭尊1等（约505.7平方米，一条墓道），《临淄齐墓（1）》第277页、429页；

山东临淄东夏庄6号墓13号陪葬坑：舟1、匜1（约5.39平方米），《临淄齐墓（1）》第462页；

山东临淄单家庄1号墓3号陪葬坑：盘1、匜1、盒1（约3.36平方米），《临淄齐墓（1）》第465页；

山东临淄相家庄2号墓9号陪葬坑：匜1（约2.6平方米），《临淄齐墓（1）》第201～203、429页；

2010年山东临淄辛店2号战国墓：鼎9、甗1、敦6、豆5、壶4、盉1、提梁壶2、卮1、舟1、盘2、匜1等（约268.6平方米），《考古》2013年1期；

1988年山东阳信城关镇西北村陪葬坑：鼎2、豆2、敦4、壶2、罍1、盘1、匜1、舟

1、罐1等（约4平方米），《考古》1990年3期；

1990年山东滕州庄里西战国墓M8：鼎1、盘1、匜1、豆2、舟2等（约9.07平方米），《文物》2002年6期；

1979年山东烟台市金沟寨墓葬M1：敦2、匜1、舟1等（约5平方米），《考古》2003年3期；

1973～1975年山东烟台市长岛县王沟村东周墓群M2：鼎1、豆2、敦1、壶1、匜1、鉴1、舟1等，其中鼎、壶、舟散失（约9.74平方米），《考古学报》1993年1期；

1978年山东威海区墓葬M3：敦1、匜1等（约9.74平方米），《考古》1995年1期；

1970年唐县北城子战国墓M1：鼎1、甗1、豆1、壶1、盘1、匜1等（约6平方米），《文物春秋》1991年1期；

1970年唐县北城子战国墓M2：鼎2、甗1、簋1、豆1、壶1、瓿1、匜1、双耳小铜釜1等（约8.96平方米），《文物春秋》1991年1期；

河北唐山贾各庄M18：鼎1、敦1、豆1、壶1、盘1、匜1（墓葬面积不明），《中国考古学报》第6册；

2017年河北涿鹿故城遗址M1：鼎3、敦1、豆1、壶2、盘1、匜1（约9.32平方米），《文物》2019年11期；

2016年河北涿鹿故城遗址M2：鼎4、豆2、敦2、壶2、盘1、匜1（约9.8平方米），《文物》2019年10期；

1970年河北平山县访驾庄战国墓：鼎1、豆（残）1、壶1、盘1、匜1等（墓葬面积不明），《文物》1978年2期；

1984年河北灵寿县西岔头村战国墓：鼎2、豆1、瓿1、盘1、匜1、舟1等（约3.15平方米），《文物》1986年6期；

2008年北京房山前朱各庄M1：鼎1、豆1、甑1、壶1、洗1、盘1、匜1（约3.6平方米），《文物》2017年4期；

1989年邯郸北大门战国墓：鼎2、甗1、敦2、盘1、匜1（墓葬面积不明），《文物春秋》2003年4期；

1966年河北行唐县疙瘩头乡庙上村战国墓M1：鼎1、簋1、甗1、壶1、匜1、洗1（墓葬面积不明），《河北省考古文集》第199～201页；

1973年江苏六合县和仁东周墓：鼎1、匜1等（约15.05平方米），《考古》1977年5期；

1975年苏州虎丘东周墓：鼎2、豆1、壶1、匜1、盉1、鉴1（墓葬面积不明），《文物》1981年11期；

1978年湖北随县曾侯乙墓：鼎20、鼎形器10、汤鼎1、匜鼎1、鬲10、簋8、甗1、簠4、壶4、鼎形器10、圆尊缶2、方尊缶2、方鉴2（方鉴、方尊缶组成2套鉴缶）、尊1、盘1（尊盘组成一套器物）、罐1、浴缶4、圆鉴2、禁1、豆3、盘1、匜2、盒2以及炭炉等（220平方米），《曾侯乙墓（上）》第189～245页；

1984年湖北麻城楚墓M4：盘1、匜1等（约27.09平方米），《江汉考古》1986年2期；

1972年湖北襄阳山湾23号墓：鼎1、簠1、缶1、盘1、匜1等（约7.3平方米），《江汉考古》1983年2期；

1990年湖北郧县肖家河春秋楚墓：鼎2、缶2、簠2、盘1、匜1等（约11.25平方米），《考古》1998年4期；

1991年安徽省六安县城西窑厂2号楚墓：鼎2、敦2、盘1、匜1等（约55.44平方米，一条墓道），《考古》1995年2期；

1980年四川新都晒坝战国木椁墓：鼎5、甗2、甑2、釜5、敦2、豆2、壶10、缶2、盘2、匜2、鉴2、罍5等（约96.14平方米，一条墓道），《文物》1981年6期；

2016～2018年四川成都双元村东周墓M154：鼎1、甗1、尊缶1、盆1、匜1等（约17.2平方米），《考古学报》2020年3期；

2004年重庆巫山土城坡墓地M65：鼎1、壶1、匜1（约15.12平方米），《江汉考古》2009年2期；

2000年辽宁葫芦岛市建昌县东大杖子墓地M11：鼎2、豆1、壶2、匜1、洗1、勺2（约12.02平方米），《文物》2015年11期。

以上75座墓葬当中，盘匜共存的就有58座，占总数的77.3%，表明盘匜组合仍然是主流的水器组合方式，1957年陕西长安客省庄M202的匜出土时就放在盘里面[①]，是为这时期盘匜组合的明证。匜鉴搭配依然稳定发展，苏州虎丘东周墓出土的匜，出土时就放在鉴内，底部还有一块白色麻织物[②]，应该是洗浴后用于擦拭的巾。盘匜鉴、盘匜盉组合依然在一些较高等级墓葬中存在。

但需要注意的是，相比于西周至春秋时期盘匜组合比例步步攀升的趋势而言，战国早期开始，盘匜组合的比率开始下降，表明盘匜组合的礼仪色彩开始出现淡化的迹象。

第六期墓葬面积在20平方米以上的有19座，墓主有曾国国君[③]、古蜀国王[④]等，湖北郧县肖家河春秋墓面积不足20平方米，但墓主人身份为楚“高层的王族”[⑤]，成都双元村M154面积不足20平方米，但墓主为“古蜀高级贵族或开明王族某一系的上层人

① 中国科学院考古研究所：《沣西发掘报告》，文物出版社，1962年，第134页。

② 苏州博物馆考古组：《苏州虎丘东周墓》，《文物》1981年11期，第51、52页。

③ 湖北省博物馆：《曾侯乙墓（上）》，文物出版社，1989年，第459页。

④ 四川省博物馆、新都县文物管理所：《四川新都战国木椁墓》，《文物》1981年6期，第11页。

⑤ 郧阳地区博物馆：《湖北郧县肖家河春秋楚墓》，《考古》1998年4期，第46页。

物”[①]；长岛王沟M2虽然墓葬面积不到20平方米，但据发掘报告称，墓葬规模巨大，被破坏，墓主具有“较高的阶级地位”[②]。所以高级墓葬共有22座，占总数的29.3%。

10～20平方米的中型墓有25座，2016年河北涿鹿故城M2面积虽然在10平方米以下，但随葬4鼎，也算中型墓，故中型墓有26座，占总数的34.7%。

10平方米以下的小型墓及墓葬面积不明确的墓葬共计27座，大多以出土1鼎、2鼎为主，占总数的36%。

战国早期中小贵族使用青铜匜比例较高，高等级贵族使用青铜匜数量略少，但比例差距不大。

七、第七期：战国中期

战国中期共有61个青铜匜出土单位，全部是墓葬。

2000年湖北省荆州市天星观二号楚墓：鼎15、鬲5、簠5、豆5、敦2、盘2、匜1、提梁盉1、罍1等（约72.8平方米，一条墓道），《荆州天星观二号楚墓》第6、34页；

1981年湖北随州擂鼓墩二号墓：鼎17、鬲10、簋8、甗1、簠4、釜1、豆3、壶4、尊缶4、浴缶2、盘1、匜1等（约50.37平方米），《文物》1985年1期；

1978年江苏淮阴市高庄村HGM1：鼎11、甗1、鉴4、盘18、匜7、盆1、罍2、盉2、觥（？）1等（约94.5平方米），《考古学报》1988年2期；

1980年江苏武进孟河战国墓：鼎2、敦1、壶2、盘1、匜1等（墓葬面积不明），《考古》1984年2期；

1990～1998年湖北荆州市施家地楚墓M949：盘1、匜1等（约33.28平方米），《考古》2000年8期；

1990～1998年湖北荆州市施家地楚墓M973：鼎2、壶2、盘1、匜1（约10.97平方米），《考古》2000年8期；

1978年湖北省江陵天星观一号楚墓：鼎（残碎，数量无法统计）、壶盖2、小口鼎1、浴缶1、盉1、盘1、匜1等（约1532.6平方米，一条墓道，被盗），《考古学报》1982年1期；

2012年湖北襄阳鏖战岗战国楚墓M178：鼎2、盘1、匜1（约170平方米，一条斜坡墓道），《考古》2016年11期；

2007年湖北襄阳市团山墓地M107：鼎2、敦2、壶2、盘1、匜1等（约110.8平方米，一条斜坡墓道），《考古》2017年1期；

① 成都文物考古研究院、青白江区文物保护中心、四川大学考古学教学示范中心：《四川成都双元村东周墓地一五四号墓发掘》，《考古与文物》2020年3期，第427页。

② 烟台市文物管理委员会：《山东长岛王沟东周墓群》，《考古学报》1993年1期，第84页。

1973年湖北江陵藤店一号墓：鼎2、豆2、壶2、盘1、匜1等（约105.6平方米，一条斜坡墓道），《文物》1973年9期；

1986年湖北荆门包山2号楚墓：鼎19、汤鼎1、簠2、敦2、壶6、缶6、鉴2、盉1、盒3、盘4、瓢形匜1、鹰首匜2（报告称带流杯）等（约1097.3平方米，一条斜坡墓道），《包山楚墓（上）》第47页、96～110页；

2002～2003年湖北枣阳九连墩楚墓M1：铜祭器：鼎29、鬲19、簋8、甗1、簠4、敦2、盒2、方壶8、尊缶3、尊1、盘1、盖豆2、盖方豆2、豆8、高柄壶形杯2、圆鉴3、方鉴2；铜燕器：汤鼎1、盉1、盒2、壶2、长颈壶1、卣1、浴缶2、盆1、盘6、匜3、套杯5、洗2等（约1325.9平方米，一条墓道），《江汉考古》2019年3期；

2002～2003年湖北枣阳九连墩楚墓M2：铜祭器：鼎25、簋4、敦2、盒2、壶4、方壶2、尊缶1、盖豆2、豆10、鉴2；铜燕器：匜鼎1、盉1、浴缶2、盆1、盘2、匜3、熏杯1、耳杯2、炭炉1等（约1110.4平方米，一条墓道），《江汉考古》2018年6期；

2000年湖北荆门左冢1号楚墓：鼎5、壶1、缶1、盘2、匜1、盉1、盒1、缶纽2（约283.5平方米，一条墓道），《荆门左冢楚墓》第11、45～48页；

2000年湖北荆州曹家山一号楚墓：鼎2、敦2、壶2、盘1、匜1（约21.32平方米），《江汉考古》2015年5期；

1984～1985年湖北江陵马山楚墓M2：鼎2、敦2、壶2、盘1、匜1、勺2等（墓葬面积不明），《江汉考古》1988年3期；

1965～1966年湖北江陵马山区望山一号楚墓：鼎9、敦2、壶4、缶2、盉1、浴缶1、盘2、匜2等（约217.35平方米，一条墓道），《江陵望山沙冢楚墓》第5、20页；

1965～1966年湖北江陵马山区望山二号楚墓：鼎5、敦4、壶4、缶1、樽1、盘2、匜2等（约111.65平方米，一条墓道），《江陵望山沙冢楚墓》第111、122页；

2007年湖北天门彭家山楚墓M1：鼎3、盉1、盘1、匜1（约35.2平方米），《天门彭家山楚墓》第104、105页；

1975年湖北江陵雨台山M482：盘1、匜1等（约6.3平方米），《江陵雨台山楚墓》第189页；

1975年湖北江陵雨台山M354：鼎2、盘1、匜1等（约29.25平方米），《江陵雨台山楚墓》第171页；

1992年湖北老河口安岗1号墓：鼎6、敦2、壶4、鐎壶1、盘1、匜1（约28.5平方米，一条墓道），《文物》2017年7期；

1992年湖北老河口安岗2号墓：鼎2、敦2、壶2、盘1、匜1（约12.42平方米，一条墓道），《文物》2017年7期；

1998年湖北丹江口市吉家院墓地M2：鼎2、壶2、盘1、匜1等（墓约25.2平方米，一条墓道），《考古》2000年8期；

1990～1998年湖北荆州市施家地楚墓M832：鼎2、敦2、壶2、盘1、匜1（约9.04平方米），《考古》2000年8期；

1996年长沙市茅亭子楚墓M1：鼎2、壶2、敦1、盘1、匜1（约14.12平方米，一条墓道），《考古》2003年4期；

1974年长沙识字岭战国墓M2：鼎2、壶2、盘1、匜1（约7.35平方米，一条墓道），《考古》1977年1期；

1952～1994年长沙近郊楚墓M186：鼎2、盘1、匜1、勺2等（约13.21平方米），《长沙楚墓（上）》第609页；

1952～1994年长沙近郊楚墓M266：鼎2、敦1、壶2、盘1、匜1、豆1等（约5.52平方米），《长沙楚墓（上）》第615页；

1991年长沙市马益顺巷一号楚墓：鼎2、敦1、壶1、盘1、匜1等（约18.8平方米，一条墓道），《考古》2003年4期；

1991年安徽省六安县城北楚墓M16：鼎1、敦1、盘1、匜1等（约32平方米），《文物》1993年1期；

1992年洛阳市中州路C1M3750：鼎2、敦2、壶2、罐1、盘1、匜1等（约16.53平方米），《文物》1995年8期；

1983年南阳市彭营砖瓦厂战国楚墓：铜鼎4、壶2、盘2、匜2、熏杯1等（约28.05平方米），《中原文物》1994年1期；

河南辉县琉璃阁M59：鼎1、壶1、鬲1、甑1、盘1、匜1、舟1等（约14平方米），《山彪镇与琉璃阁》第66页；

河南辉县琉璃阁M75：鼎12、豆12、壶6、鉴4、盘2、匜2、甑1组等（约44.1平方米），《山彪镇与琉璃阁》第66页；

1981年陕西凤翔八旗屯M14：鼎1、甗1、盘1、匜1、盆1等（约4.864平方米），《考古与文物》1986年5期，附表一；

1976年陕西凤翔八旗屯CM2：鼎3、簋1、盘1、匜1等（约15.64平方米），《考古与文物》1986年5期，附表三；

1976年陕西凤翔八旗屯BM31：甗1、盘1、匜1（约4.31平方米），《考古与文物》1986年5期，附表四；

2011年陕西凤翔雷家台M2：鼎1、甗1、盘1、匜1（约8.3平方米），《文博》2013年4期；

1974～1978年河北平山县战国墓葬M6西库：升鼎9、陪鼎5、鬲4、簋1、甗2、簠2、方座豆2、平盘豆2、圆壶4、扁壶2、小方壶2、盉4、盘1、匜1等，以及银首人俑灯等其他宝器（“中”字形墓，两墓道，墓室面积650.25平方米，西库上口面积9.88平方米，墓主人为中山成公），《中山灵寿城》第128页；

1974～1978年河北平山县中山王
譽墓：鼎5、甗1、扁壶4、方壶2、圆壶4、盉3、盘1、匜1、鸟柱盆1等，还有错金银铜牛、错金银铜虎噬鹿、错金铜犀等宝器（王陵，亚字形墓室，一条斜坡墓道，椁室底部面积172.6平方米，东库坑面积37.4平方米），《中山王》第57～60页；

1957～1959年河北邯郸百家村赵国墓M57：鼎、甗、豆、壶、盘、匜1、舟等，具体数字不明（约16.66平方米），《考古》1962年12期；

2013年山东省淄博市淄川区尧王战国墓M1：鼎6、豆6、盖豆4、方豆2、鬲1、敦4、笾2、壶2、提梁壶1、提梁罐2、盘2、匜1、舟2、卮1（约80.84平方米），《考古》2017年4期；

曲阜鲁国故城乙组墓M58：鼎1、壶2、盘1、匜1、罐1、尊1、鐎壶1等（约124.12平方米），《鲁故城》第227页续表5；

1955年四川成都羊子山M172：鼎3、甗1、甑1、釜5、盘5、匜3、罍1、钫2、盉1等（约16.2平方米），《考古学报》1956年4期；

2016～2018年湖北沙洋罗家湾M1：鼎2、壶2、洗1、匜1等（约252平方米，一条斜坡墓道），《江汉考古》2018年4期；

1993年湖北荆门市郭店1号墓：残存盘1、匜1、耳杯1等（约27.6平方米，一条墓道），《文物》1997年7期；

2010年河南省淅川熊家岭M24：鼎1、豆1、壶1、盆1、匜1（约22.7平方米），《华夏考古》2016年2期；

1992年江陵车垱战国1号墓：鼎2、敦1、壶2、洗2、匜1等（约6.66平方米），《江汉考古》1996年1期；

2007年湖北天门彭家山楚墓M18：匜2、铜镇、铜匕等（约120.8平方米，一条斜坡墓道），《天门彭家山楚墓》第93页；

1975年湖北江陵雨台山M554：匜1、剑、戈、矛等兵器（约13.5平方米），《江陵雨台山楚墓》第174页；

2015年湖北荆州望山桥1号楚墓：簠1、鬲6、匜1、簋盖6、壶盖2、缶盖1、熏杯1（约1088平方米，一条墓道），《文物》2017年2期；

1999年湖南常德跑马岗战国墓M21：洗1、匜1、匕1等（约9.6平方米），《江汉考古》2003年3期；

2011年安徽六安白鹭洲战国墓M566：鼎4、甗2、壶2、盉1、洗3、匜2等（约29.4平方米，一条斜坡墓道），《考古》2012年5期；

2011年安徽六安白鹭洲战国墓M585：鼎4、盒2、罍1、洗1、匜1（约36.8平方米，一条斜坡墓道），《考古》2012年11期；

1990年河南省淅川县徐家岭楚墓M8：盆1、匜1（约35.85平方米，墓葬严重被盗），《淅川和尚岭与徐家岭楚墓》第345～347页；

1996～1997年洛阳市针织厂C1M5269：鼎5、提梁盉2、匜1、方壶2、提梁壶1等（约42平方米），《文物》2001年12期；

1958年山西万荣县庙前村战国墓：鼎7、鬲3、簋2、尊1、罍2、匜1、鉴2等（约17.5平方米），《文物参考资料》1958年12期；

1981年北京通县中赵甫战国墓：鼎3、豆1、敦1、匜1、匕3等（墓被破坏，面积不明），《考古》1985年8期；

1988年陕西凤翔邓家崖M4：匜1，组合情况未发表，墓葬面积情况不明，《考古与文物》1991年2期；

1988年陕西凤翔邓家崖M7：匜1，组合情况未发表，墓葬面积情况不明，《考古与文物》1991年2期。

这一时期盘匜组合依然是墓葬中主流的水器组合方式，61座墓葬当中，有盘的墓葬有45座，盘匜共存的墓葬占墓葬总数的73.8%，与战国早期相比变化幅度不大。高等级墓葬当中，依然有盉、鉴等随葬。这期间在湖北沙洋罗家湾M1，六安白鹭洲战国墓M566、M585中新出现了匜与洗的组合，洗在春秋晚期至战国早期的铜匜墓葬当中就有出现，不过这些墓葬当中都有盘，所以匜可能与洗还没有形成固定的组合关系。但是到了战国中期就不一样了，上举的这3座墓葬当中，都是有匜有洗，不见有盘，可以判定匜洗形成稳定的组合关系，洗作为洗浴用器，充当着与鉴、盆相同或者相近的角色，因此匜洗组合，也当是用于洗浴，说明匜进一步生活化，且行用范围更进一步扩大。

这一时期墓葬面积超过20平方米的有35座。战国中期由于列国纷争，诸侯、陪臣僭越礼制，上百平方米的大型墓葬随处可见，在湖北楚地动辄出现诸如江陵天星观一号楚墓，荆门包山二号楚墓，枣阳九连墩楚墓M1、M2面积达上千平方米的超大型墓葬，这是以往不曾有过的现象。按照发掘简报的说法，这些墓葬的主人多为大夫级别的贵族[①]。大夫级别的贵族能够拥有如此大规模的墓葬，表明了战国中期的楚国国势强盛，大夫级别即能等同于战国以前方国国君的地位。这一时期，我们如果再按照20平方米以上、10～20平方米、10平方米以下这个标准划分墓葬的等级高低，似乎不能客观地反映事实情况。通过对墓葬统计表的分析，我们认为以50平方米为界，似乎能够比较客观地区分战国中期青铜匜墓葬的等级状况。大于50平方米的墓葬有20座，当划分为高级贵族，最多随葬有29鼎之多（枣阳九连墩楚墓M1），1958年山西万荣庙前村战国墓面积虽不足50平方米，但随葬7鼎，也应划入大贵族行列。故高级贵族墓葬共有21座，占总数的32.8%。面积在50平方米以下的有40座，随葬1～5鼎不等，当为中小贵族。

楚地一个大夫级别的墓葬能够拥有成百上千平方米的墓葬，动辄随葬十几二十几

① 湖北省文物考古研究所等：《湖北枣阳九连墩M1发掘简报》，《江汉考古》2019年3期，第21页；湖北省文物考古研究所等：《湖北枣阳九连墩M2发掘简报》，《江汉考古》2018年6期，第4页。

件铜鼎，造成这种现象的原因可能是随着兼并战争的日益残酷，社会财富越来越集中在诸如楚国这样的大国以及大贵族的手中，雄厚的财力使得他们本就不愿屈从于周礼约束的野心更加膨胀，从而导致了随葬礼器上的僭越情形出现。

八、第八期：战国晚期

第八期共有32个青铜匜出土单位，其中31座墓葬、1座窖藏。

1996年湖北襄阳法龙付岗墓地M3：鼎1、盘1、匜1（墓葬面积不明），《江汉考古》2002年4期；

1976年江陵张家山201号楚墓：鼎2、盒2、壶2、盘1、匜1（墓葬面积不明），《江汉考古》1984年2期；

1986年湖北广水彭家湾1号墓：鼎2、壶2、盘1、匜1（约5.86平方米），《江汉考古》1990年2期；

1990～1996年湖北襄樊郑家山M17：鼎2、盉1、盘1、匜1、壶1、缶1（约18.13平方米），《考古学报》1999年3期；

1990～1996年湖北襄樊郑家山M62：钫2、鍪1、盘1、匜1（约5.33平方米），《考古学报》1999年3期；

1952～1994年湖南长沙近郊楚墓M1649：鼎2、壶2、盘1、匜1、勺2（约7.35平方米，一条墓道），《长沙楚墓（上）》第734页；

1952～1994年湖南长沙近郊楚墓M1274：鼎（铁足）2、盒1、壶1、盘1、匜1、勺2等（约5.46平方米），《长沙楚墓（上）》第704页；

1985年湖南桃源三元村1号墓：鼎2、壶2、盘1、匜1等（约9.17平方米），《湖南考古辑刊（第四集）》；

2002年河南信阳长台关七号楚墓：鼎4，两套组合器：铜扁壶及器皿组合（铜扁壶1、折沿盘8、平口盘10、圆盒4套）；铜圆盒及酒具组合（圆盒1、匜9、盘6、耳杯23）（约163.96平方米，一条斜坡墓道），《文物》2004年3期；

1982年河南洛阳解放路陪葬坑C1M395：鼎12、簋18、簠4、壶12、豆2、盒4、罐1、碗1、舟2、罍1、盘7、匜2、盆3等（墓葬面积不明），《考古学报》2002年3期；

2004～2005年山东临淄国家村M4：鼎2、罍2、敦2、盘1、匜1（约120.6平方米），《考古》2007年8期；

1965年山东诸城县葛布口村古墓：壶1、罍1、罐1、盘1、匜1、炉1（墓葬面积不明），《文物》1987年12期；

2001年山东淄博市临淄区战国墓M1：鼎2、豆2、壶2、盒2、盘1、匜1、敦1、舟1等（约111.72平方米，一条墓道），《考古》2005年1期；

1992年山东临淄商王村一号战国墓：鼎5、釜4、壶4、罍4、蒜头壶1、盘1、匜2、盒9等（约14.62平方米），《文物》1997年6期；

1978年春安徽舒城县秦家桥战国楚墓M1：鼎2、盂1、壶2、盘1、匜1（墓葬面积不明），《文物研究（第六辑）》第138页；

1978年春安徽舒城县秦家桥战国楚墓M2：鼎2、壶2、盘1、匜1（墓葬面积不明），《文物研究（第六辑）》第138页；

2003年安徽天长苏桥村铜器窖藏：鼎7、敦2、壶2、盘1、匜1、盆1、箕1、盒3等，《文物》2009年6期；

2017年陕西西咸新区秦汉新城坡刘村战国秦墓M3：鼎、钫、壶、盘、匜1、鉴1、提梁盉1、鍪1等（约32.7平方米），《考古与文物》2020年4期；

1964年湖南浏阳县北岭发现青铜器：鼎3、匜1（出土单位性质不详），《考古》1965年7期；

1975年湖北江陵雨台山M204：匜1、勺、匕等（约3.77平方米），《江陵雨台山楚墓》第179页；

1975年湖北江陵雨台山M419：匜1，剑、戈、矛等兵器（约15.75平方米），《江陵雨台山楚墓》第173页；

1982年湖北江陵马山1号楚墓：鼎2、壶1、匜1、耳杯2、匕1、舟1等（约9.92平方米，一条墓道），《江陵马山一号楚墓》第71～74、95页；

2016年湖北荆州张家屋台M56：鼎2、敦2、壶2、洗1、匜1（约14.93平方米），《文博》2017年4期；

1952～1994年湖南长沙近郊楚墓M1854：鼎2、匜1（约7.11平方米，一条墓道），《长沙楚墓（上）》第749页；

1952～1994年湖南长沙近郊楚墓M1750：匜1、剑1、镜1（约25.42平方米），《长沙楚墓（上）》第741页；

1952～1994年湖南长沙近郊楚墓M1040：匜1、镜、带钩等（墓葬面积不明），《长沙楚墓（上）》第682页；

2007年湖北天门彭家山楚墓M7：鼎2、壶2、匜1（约33.8平方米），《天门彭家山楚墓》第145页；

2007年湖北天门彭家山楚墓M8：壶2、匜1（约26.1平方米，一条斜坡墓道），《天门彭家山楚墓》第136页；

2008年山东省临淄孙家徐姚战国墓M20：匜1（约2.66平方米），《考古》2011年10期；

1974年甘肃平凉庙庄战国墓M6：鼎1、壶2、铜洗1、匜1（约29平方米），《考古与文物》1982年5期；

2010～2011年甘肃天水张家川马家塬战国墓M18：鼎1、壶2、铜洗1、匜2（约61

平方米，一条墓道），《文物》2012年8期；

1973年成都西郊战国墓：鼎1、敦1、壶3、匜1、鍪4、盒2等（约12.47平方米），《考古》1983年7期。

战国晚期，由于中国进入铁器时代，列国争雄导致周代以来的礼乐制度更加崩坏，青铜匜更多的是作为一种生活实用器来使用。相比于战国中期以前而言，这一时期铜匜墓葬大大减少，而且盘匜组合更加松动，31座墓葬当中，拥有盘匜组合的墓葬有18座，只占总数的58%，这是盘匜组合进一步瓦解的表现。在没有盘的墓葬当中，匜与其他器类的组合变得十分随意，没有规律可言，除了传统的鼎、敦、壶、洗等礼容器外，匜还和戈、矛、剑等兵器，铜镜、带钩等生活实用器形成组合，说明匜已走下神坛，变为生活实用器了。匜由于生活化了，所以它的用途也更加宽泛，除了传统的挹水、注水以外，这时期的匜或许还有充当酒具的功能，信阳长台关七号楚墓出土的酒具组合即是例证。

战国晚期罕见中期那种成百上千平方米的超大型墓。按照附表4统计的数据，战国晚期青铜匜的使用者绝大多数是中小贵族，这当是战国晚期，随着青铜匜的生活化，使用阶层进一步下移，从而导致中小贵族用匜数量增多。

小　　结

本章从青铜匜的墓葬组合关系、各个层次墓葬所占比例等方面对青铜匜在墓葬中和其他器物的组合关系进行了分析，发现青铜匜从西周中期开始与盘形成组合一直延续到战国晚期的历史演变轨迹。在充当水器的过程当中，盘匜组合始终是主流，其间还经历了盘匜盉、匜与匜鼎、匜鉴、匜盆、匜洗、匜与兵器、生活实用器组合的这样一个过程。这个过程当中，匜从崇高的礼器一步步地走下神坛，进入生活，最后演变为生活实用器，直至西汉中期后走向消亡，这是社会礼仪不断演变的要求，也是人们生活方式演变的结果。

另外需要注意的是，以往的学术界往往认为在西周晚期以后，匜取代了盉成为主流的水器，器物的组合也由西周晚期以前的盘盉组合演变为盘匜组合。但是通过本章的分析，以及湖南岳阳凤形嘴山墓葬中的水器组合[①]、江苏武进淹城鱼塘器物组合[②]等情形来看，我们认为盉在东周时期依然可以充当水器的作用，只不过不再是主流的水器角色。在东周时期的墓葬当中，除了本书所讨论的盘匜组合，我们依然可以看到盘

① 岳阳市文物工作队：《湖南省岳阳县凤形嘴山一号墓发掘简报》，《文物》1993年1期，第6、7页。

② 倪振逵：《淹城出土的铜器》，《文物》1959年4期，第5页。

盉作为水器的组合[①]，只是在数量上要少于盘与匜的组合而已。

因此，我们得出的结论是：东周时期，匜成为主要的水器，并与盘形成主流的水器组合方式，但匜并没有彻底取代盉作为水器的地位和功能。张临生先生早有论述“盉并未因匜的兴起而终止兼代水器的差事”[②]，这是正确的见解。

① 李云朋：《商周青铜盉整理与研究》，陕西师范大学硕士学位论文，2011年，第59～67页。

② 张临生：《说盉与匜——青铜彝器中的水器》，《故宫学术季刊》17卷1期，1982年，第37页。

第五章　青铜匜地域文化分析

青铜匜自产生以来，就显示出较强的地域性特点，这种特点既表现在一定时空范围内数量上的多寡，也表现在器形构造方面的地域性与独特性。因此，对青铜匜进行地域文化分析是必要的。

因两周时期封国众多，青铜匜的文化面貌各不相同，为便于把握，我们拟参考朱凤瀚先生对春秋时期青铜器的分域方法①，并稍作变动，将青铜匜的分布地域分为关中及以西地区、中原地区、汉淮及长江中游地区、长江下游地区、海岱地区、北方地区及巴蜀地区等7个大的区域，并探讨各个区域出土青铜匜的文化面貌。

本章主要采用附表1图像清楚的524件出土青铜匜作为研究对象，附表2为传世器，暂不采用。附表3只采用其中2件资料以填补湖南地区西周及春秋早中期铜匜的空白，不计入出土总数，是为权宜之计。所以本章所称的出土总数，还是指附表1中的524件。

第一节　关中及以西地区

关中及以西地区即指传统意义上的周秦文化区。本书的关中地区指现今陕西关中宝鸡、西安、渭南、韩城等地区。关中以西地区指现今甘肃省的陇南、天水地区以及平凉地区。这一地区共出土青铜匜45件，占出土总数的8.6%。

一、关中地区

陕西关中地区共出土青铜匜39件。

西周中期：仅见陕西周原岐山董家村窖藏出土的Aa型Ⅰ式髋匜②（图3-1），髋匜是目前所见最早的出土铜匜，当可作为青铜匜的始祖来看待。

西周晚期：16件，都为Aa型Ⅱ式匜，集中出土于周原、西安及邻近地区。主要出

---

① 朱凤瀚：《中国青铜器综论》，上海古籍出版社，2009年，第1534～1540页。

② 岐山县文化馆、陕西省文管会：《陕西省岐山县董家村西周铜器窖穴发掘简报》，《文物》1976年5期，第31、32页。

土点有周原地区的扶风法门庄白[①]、上康[②]、齐家村[③]，眉县的杨家村[④]，长安沣西的马王村[⑤]，蓝田指甲湾[⑥]等窖藏，以及一些传说出土于这些地域的传世器[⑦]。西周晚期这些地域出土的青铜匜表现出的共同特点就是器型规整、装饰统一，口沿均饰窃曲纹或者重环纹，腹部均饰瓦棱纹，当时或者后世诸侯国A型铜匜虽然造型装饰各有异同，局部构造也有变化，但匜的本体无不是以陕西周原、长安铜匜为蓝本制作而来。

鉴于以上特点，我们认为关中地区可以看作青铜匜的发源区。

春秋早期：7件，都为Aa型Ⅲ式匜。春秋早期关中地区的青铜匜主要归秦、芮两国所有。秦的铜匜主要出土在户县南关秦墓[⑧]、户县宋村秦墓[⑨]、宝鸡南阳村秦墓[⑩]等秦人墓地当中。这些铜匜在形制上明显继承了西周晚期关中铜匜的作器风格，但在纹饰装饰上却与西周晚关中铜匜存在较大差异。西周晚期的关中铜匜主要以瓦棱纹作为腹部主体纹饰，窃曲纹、重环纹则多装饰在口沿位置，而这一时期的秦人则一反周人做法，将以往铜匜颈部的窃曲纹、重环纹面积加大，使其占据器腹的主要位置，而瓦棱纹则退缩于器中下腹位置，处于陪衬地位，这是关中春秋早期秦匜的主要特征。另外秦匜造型粗疏，装饰简约，与春秋早期秦人铜器的装饰风格是一脉相承的，典型如1998年陕西宝鸡南阳村春秋秦墓M1出土的铜匜[⑪]，器体硕大，但三足短小，且制作粗糙，毫无美感可言，与西周晚期关中地区出土的铜匜完全不可同日而语，这是秦人作

① 陕西周原考古队：《陕西扶风县云塘、庄白二号西周铜器窖藏》，《文物》1978年11期，第8页；史言：《扶风庄白大队出土的一批西周铜器》，《文物》1972年6期，第32页。

② 吴镇烽：《商周青铜器铭文暨图像集成》，上海古籍出版社，2012年，14921。

③ 梁星彭、冯孝堂：《陕西长安、扶风出土西周铜器》，《考古》1963年8期，第415页；吴镇烽：《商周青铜器铭文暨图像集成》，上海古籍出版社，2012年，14928。

④ 陕西省考古研究所、宝鸡市考古工作队、眉县文化馆、杨家村联合考古队：《陕西眉县杨家村西周青铜器窖藏发掘简报》，《文物》2003年6期，第27页。

⑤ 西安市文物管理处：《陕西长安新旺村、马王村出土的西周铜器》，《考古》1974年1期，第2、3页。

⑥ 吴镇烽、朱捷元、尚志儒：《陕西永寿、蓝田出土西周青铜器》，《考古》1979年2期，第121页。

⑦ （宋）吕大临：《考古图》，清乾隆四十六年四库全书文渊阁书录钱曾影钞宋刻本，6·4、6·6、6·8等。

⑧ 曹发展：《陕西户县南关春秋秦墓清理记》，《文博》1989年2期，第7页。

⑨ 陕西省文管会秦墓发掘组：《陕西户县宋村春秋秦墓发掘简报》，《文物》1975年10期，第57页。

⑩ 宝鸡市考古工作队、宝鸡县博物馆：《陕西宝鸡县南阳村春秋秦墓的清理》，《考古》2001年7期，第24页。

⑪ 宝鸡市考古工作队、宝鸡县博物馆：《陕西宝鸡县南阳村春秋秦墓的清理》，《考古》2001年7期，第24页。

器水平低下的体现。

芮是与周王室同姓的姬姓诸侯国，其墓葬近年来在陕西韩城梁带村、澄城刘家洼等地均有发现。相较于同时期的秦国铜匜而言，芮国铜匜[①]在制作上要相对精美一些，但还是不能与西周晚期周原、长安等地的铜匜相提并论。造型上也是延续了西周晚期陕西地区铜匜的基本特征，但在装饰风格上与秦国铜匜一样，也是以往多装饰于口沿的窃曲纹、交龙纹在这一时期则占据了腹部的主要位置，而以往的主体纹饰瓦棱纹则处于陪衬地位，这与秦匜的装饰手法较为相似。

春秋中期：5件，都为Aa型Ⅳ式匜，只见于凤翔孙家南头[②]、宝鸡阳平秦家沟[③]、宝鸡福临堡[④]等几座秦墓，继续延续春秋早期秦匜的风格，作器简陋，以蟠螭纹作为主要纹饰。

春秋晚期关中地区不见有青铜匜出土。

战国时期：10件，其中早期5件、中期3件、晚期2件。主要出土在陕西宝鸡凤翔地区[⑤]，在西安[⑥]以及洛南[⑦]等地也偶有发现。主要流行Db型的瓢形匜，作器简陋，多以素面为主，偶有线刻纹，当与秦人只看重它们的实用性，而忽视了外表装饰的理念有关。瓢形匜多流行于南方楚地，它并不是秦文化固有的产物，因此秦地出现瓢形匜当是秦楚文化交流的产物。另外线刻纹铜器也是最早起源于春秋晚期的吴越地区[⑧]，秦匜上出现线刻纹，也当是受到南方文化的影响。

当然也有极个别制作精良的器物，陕西西安长安区神禾原大墓出土的私官匜，器体硕大，虽素面但光洁可人，墓主据学者考证为秦始皇的祖母夏太后[⑨]，私官匜为秦王室用器，比一般的中小贵族用匜高贵、华丽，自然也在情理之中了。

① 吴镇烽：《商周青铜器铭文暨图像集成》，上海古籍出版社，2012年，14954；陕西省考古研究院、渭南市博物馆、澄城县文化和旅游局：《陕西澄城刘家洼芮国遗址东Ⅰ区墓地M6发掘简报》，《考古与文物》2019年2期，第9页；陕西省考古研究院、渭南市博物馆、澄城县文化和旅游局：《陕西澄城刘家洼春秋芮国遗址东Ⅰ区墓地M49发掘简报》，《文物》2019年7期，第10、11页。

② 陕西省考古研究院、宝鸡市考古工作队、凤翔县博物馆：《陕西凤翔孙家南头春秋秦墓发掘简报》，《考古与文物》2013年4期，第7页。

③ 陕西省文物管理委员会：《陕西宝鸡阳平镇秦家沟村秦墓发掘记》，《考古》1965年7期，第342页。

④ 中国科学院考古研究所宝鸡发掘队：《陕西宝鸡福临堡东周墓葬发掘记》，《考古》1963年10期，第541页。

⑤ 陕西省雍城考古队：《陕西凤翔八旗屯西沟道秦墓发掘简报》，《文博》1986年3期，第21页；韩伟、曹明檀：《陕西凤翔高王寺战国铜器窖藏》，《文物》1981年1期，第16、17页。

⑥ 中国科学院考古研究所：《沣西发掘报告》，文物出版社，1962年，第134页。

⑦ 张懋镕、张小兵：《陕西洛南冀塬一号战国墓》，《文物》2001年9期，第33页。

⑧ 滕铭予：《东周时期刻纹铜器再检讨》，《考古》2020年9期，第93页。

⑨ 丁岩：《神禾原战国秦陵园主人试探》，《考古与文物》2009年4期，第65页。

东周时期关中地区秦人使用青铜匜较少，总共只有5件，这跟秦人保守的礼仪观念有关。按理来说，春秋早期开始，秦人已逐渐拥有了周人故地，在器型器类上应该更多继承周人才对，然而实际情况却不尽然。通过考古材料我们发现，秦人对周人礼仪制度的继承与模仿，并不是全盘照搬，而是遵循了严格的取舍原则，在器类的选择上，春秋时期的秦人只是继承了西周早期以来的传统器类，如炊食器中的鼎、簋、甗，酒器中的壶、盉等。对于西周中期的一些新兴器类，比如盨、匜等，秦人只是有限地继承，甚者如簠、罍等，秦人几乎就没有采用，这反映了秦人用器思想中保守的一面①。

二、关中以西地区

关中以西的甘肃地区共出土青铜匜6件。

这一地域没有发现西周时期的青铜匜。

春秋早期：2件，发现于甘肃礼县大堡子山春秋秦墓②及天水秦墓③当中，为Aa型Ⅲ式匜，在形制上模仿了西周晚期周原铜匜的风格，但制作十分粗糙，体现了秦人作器水平低劣的一面。

春秋中期：2件，出土于礼县圆顶山秦墓M1、M2当中④，这两件匜属于年代较早的Db型瓢形匜，与新郑李家楼郑公大墓出土的瓢形匜⑤形制近似。我们知道，瓢形匜最早发现于河南信阳明港春秋早期墓葬⑥当中，而且甘肃地区在春秋早期也从未发现过瓢形匜出土，加之圆顶山M1这件匜体表装饰的三角云雷纹也不是早期秦人铜器上常见的纹饰，所以我们怀疑圆顶山的这两件铜匜应该不是秦文化的产物，而是中原地区的铜匜通过某种方式流散进了秦地。

春秋晚期至战国中期甘肃地区没有出土青铜匜。

---

① 王宏：《凤翔小沙凹窖藏青铜器研究》，《文博》2017年2期，第26页。

② 秦文化与西戎文化联合考古队：《甘肃礼县大堡子山秦墓及附葬车马坑发掘简报》，《文物》2018年1期，第15页。

③ 汪保全：《甘肃天水市出土西周青铜器》，《考古与文物》1998年3期，第82页。

④ 甘肃省文物考古研究所、礼县博物馆：《礼县圆顶山春秋秦墓》，《文物》2002年2期，第12页；甘肃省文物考古研究所、礼县博物馆：《甘肃礼县圆顶山98LDM2、2000LDM4春秋秦墓》，《文物》2005年2期，第13页。

⑤ 河南博物院、台北历史博物馆：《新郑郑公大墓青铜器》，大象出版社，2001年，第136页。

⑥ 信阳地区文管会、信阳县文化馆：《信阳县明港发现两批春秋早期青铜器》，《中原文物》1981年4期，第17页。

战国晚期：2件，出土于甘肃平凉庙庄M6①、天水马家塬战国戎人墓地②当中，都为Db型Ⅵ式瓢形匜，制作粗疏，与洗组合，当为洗浴所用的生活实用器。

甘肃地区发现青铜匜数量同样很少，这一方面跟甘肃地处偏远，发现铜匜墓葬较少有关，另一方面也说明甘肃地区跟东周时期的关中地区一样，秦人对匜的排斥造成了这一地区青铜匜稀少的局面。

第二节　中原地区

本书的中原地区指现今的河南豫西、豫北、豫中，山西晋南，河北冀南地区，共有156件，占出土总数的29.8%。

如果说关中是青铜匜的发源区，那么中原地区就是青铜匜的繁盛区。早在西周晚期，中原地区就已经有青铜匜出土。西周灭亡以后，周平王迁都洛邑，统治重心的转移，极大地推动了青铜匜在中原地区的发展。

一、豫西、豫北、豫中、豫东地区

豫西、豫北、豫中、豫东地区的青铜匜，主要出土在河南省平顶山、洛阳、三门峡、新郑、永城等地，共计97件。

西周晚期：11件。都为Aa型Ⅱ式匜，主要集中在洛阳及平顶山等地区。洛邑是西周王朝的东都所在地，平顶山是姬姓诸侯应国的封地，所以当青铜匜在关中地区开始流行的时候，河南地区这些跟周王室关系密切的地区就率先响应中央王朝的号召，积极使用青铜匜。和关中王畿地区的铜匜相比，这些地区出土的青铜匜略微逊色一些，但和周边其他地区的铜匜相比，这些地区的青铜匜却又遥遥领先。1988年河南平顶山应国墓地出土的应侯匜③、1986年河南平顶山应国墓地M95出土的瓦棱纹匜（M95：32）④、1985年河南永城市陈集乡丁集轮窑厂出土的郑伯匜⑤，器体高大通长皆30厘米以上，且装饰精美，器主为诸侯国君或高级贵族，显得格外醒目，是这一时期青铜匜中的佼佼者。

① 甘肃省博物馆：《甘肃平凉庙庄的两座战国墓》，《考古与文物》1982年5期，第28页。

② 早期秦文化联合考古队、张家川回族自治县博物馆：《张家川马家塬战国墓地2010～2011年发掘简报》，《文物》2012年8期，第8页。

③ 平顶山市文物管理局：《河南平顶山市出土的应国青铜器》，《考古》2003年3期，第93页。

④ 河南省文物研究所、平顶山市文物管理委员会：《平顶山应国墓地九十五号墓的发掘》，《华夏考古》1992年3期，第95页。

⑤ 李俊山：《永城出土西周宋国铜匜》，《中原文物》1990年1期，第104页。

春秋早期：共16件。都为Aa型Ⅲ式匜，绝大多数出土在三门峡虢国墓地当中，共有14件，器主以虢国贵族为主。器物多铸造精美、整齐划一。在纹饰装饰上，均是在器物口沿部位装饰窃曲纹、腹部装饰瓦棱纹作为主体纹饰，严格继承了西周晚期周原地区青铜匜的装饰规范，与同时期的秦人铜匜制作简陋、装饰粗疏的风格截然不同，这是虢国作为两周之际与周王室关系最为密切的嫡亲诸侯国，在文化向心力上与周王朝中央保持一致的体现。

其余2件为传出河南的曹伯匜（《铭图》14876）与洛阳中州路M2415的涡纹匜[①]，造型都是周原式的，唯独M2415涡纹匜腹部装饰涡纹，与周原铜匜一贯的重环纹、瓦棱纹有所不同，具有一定的地方特色。

春秋中期：29件，春秋中期豫地铜匜的成分比较复杂，既有Aa型Ⅳ式、Ab型Ⅱ式的蹄足匜，Ba型环足匜，Cb型Ⅰ式圈足匜，也有Db型Ⅱ式的瓢形匜。Aa型Ⅳ式、Ab型Ⅱ式的蹄足匜主要分布在洛阳及周围地区，充分显示出洛邑作为东周王朝的国都所在，王城贵族仍然保留着西周晚期以来周人贵族的用匜传统。但这两类匜几乎全部都是素面，装饰纹饰者极少见到，且器物制作粗糙，器形也不是特别的整齐划一，表明了A型青铜匜在经历了西周晚期、春秋早期的兴盛期之后，这时期在东周王畿地区出现了衰落的迹象。

洛阳东周墓C1M124出土的Ba型环足匜[②]（图3-20），形制类似A型匜，只是底部不是蹄足，而是环足，形制比较奇特，这种环足匜目前只在河南、山东、江苏等地零星出现，具有一定的地方特点。

洛阳西工区M8832出土Cb型Ⅰ式圈足匜[③]（图3-25），实际上是给Db型Ⅱ式瓢形匜加上了圈足，可能是为了增强瓢形匜在放置时的稳定性而设。

春秋晚期：21件，有Aa型Ⅴ式、Ab型Ⅲ式、Ba型匜，春秋晚期豫地Aa型铜匜仅见河南陕县M2056[④]出土的1件Aa型Ⅴ式素面匜，器形简陋，是这一类型铜匜几近衰亡的表现。Ab型Ⅲ式虽然数量较多，有18件[⑤]，但做工粗疏，且全部为素面，表现出更加衰败的特点。

这时期，河南淇县宋庄东周墓地M4还出土有1件Ba型环足匜[⑥]（图3-21），形制类似春秋中期洛阳西工区M8832：39匜，造型较为独特。

---

① 中国科学院考古研究所：《洛阳中州路（西工段）》，科学出版社，1959年，第95页。

② 洛阳市文物工作队：《洛阳两座东周铜器墓》，《中原文物》1983年4期，第18页。

③ 洛阳市文物工作队：《河南洛阳市西工区M8832号东周墓》，《考古》2011年9期，第37页。

④ 中国社会科学院考古研究所：《陕县东周秦汉墓》，科学出版社，1994年，第64页。

⑤ 见附表1第228～245号器。

⑥ 河南省文物考古研究院：《河南淇县宋庄东周墓地M4发掘简报》，《华夏考古》2015年4期，第6页。

Da型Ⅱ式会匜见于1992年河南平顶山应国墓地M301[①]。我们知道会匜是楚文化的产物，平顶山M301墓主据简报分析为应王室贵族后裔，其墓葬随葬礼器组合却全部是楚文化风格[②]。姬姓周人贵族后裔的墓葬当中随葬了楚文化风格的礼器，反映出春秋晚期楚国势力在这一地区的强大程度。

战国早期：17件，有Aa型Ⅵ式、Ab型Ⅳ式、Ca型、Cb型Ⅱ式、Db型Ⅳ式匜。Aa型Ⅵ式匜只有1件，洛阳高速公路伊川段LJYM74出土的素面匜[③]（图3-11），做工低劣，器体素面，衰败迹象显露无遗。

Ab型Ⅳ式匜依然在河南洛阳、陕县、新郑[④]等墓葬当中存在着，但已不成气候，器体轻薄且装饰简陋，处于奄奄一息的状态，此后就消失在了历史的长河当中。

陕县M2040出土的Ca型错嵌红铜匜[⑤]（图3-24），器体修长，还带有圈足，形制较为独特，运用了错嵌红铜工艺，这种工艺在青铜匜上是比较少见的，这件铜匜是这一时期中原地区铜匜中少见的精品。

洛阳中州路M2717出土的Cb型Ⅱ式瓢形圈足匜[⑥]（图3-26），是给D型瓢形匜加上了圈足，也是比较少见的器型。

Db型Ⅳ式瓢形匜在河南陕县、三门峡、汲县山彪镇[⑦]等地的墓葬当中也有相当数量的存在，但都装饰简单，沿袭春秋晚期同类铜匜的风格特征。

战国中晚期：3件，中期1件，见于洛阳针织厂M5269[⑧]。晚期2件，见于洛阳解放路陪葬坑M395[⑨]。都为Db型瓢形匜，没有什么特别值得称道之处，装饰简单，充当实用器。A、B、C、Da型铜匜在这一时期这一地域全部消亡了。

① 河南省文物考古研究所等：《河南平顶山春秋晚期M301发掘简报》，《文物》2012年4期，第9页。

② 河南省文物考古研究所等：《河南平顶山春秋晚期M301发掘简报》，《文物》2012年4期，第27页。

③ 洛阳市第二文物工作队：《洛阳（洛界）高速公路伊川段LJYM74发掘简报》，《文物》2001年6期，第47页。

④ 见附表1第252～256号器。

⑤ 中国社会科学院考古研究所：《陕县东周秦汉墓》，科学出版社，1994年，第64页。

⑥ 中国科学院考古研究所：《洛阳中州路（西工段）》，科学出版社，1959年，第95、96页。

⑦ 见附表1第354～359号器。

⑧ 洛阳市文物工作队：《洛阳市针织厂东周墓C1M5269的清理》，《文物》2001年12期，第45页。

⑨ 洛阳市文物工作队：《洛阳解放路战国陪葬坑发掘报告》，《考古学报》2002年3期，第365页。

二、晋南地区

晋南地区共有58件青铜匜，主要分布在临汾翼城、曲沃、洪洞、隰县、侯马，长治黎城、长子，运城临猗、闻喜、万荣等地的墓葬当中。

西周晚期：都为Aa型Ⅱ式匜，主要出土在曲沃、洪洞、翼城的晋、杨、霸等诸侯国墓葬当中，共9件。其中属于晋国的青铜匜有5件（总共应为7件，另有晋侯墓地M64、M91出土2件铜匜[①]，因器形资料未发表，此处未计算在内），从而也可以看出西周时期晋国接受青铜匜的广泛程度。从青铜匜本体来看，不管是姬姓的晋、杨，还是非姬姓的霸，他们在青铜匜的制作上都严格遵循了周原青铜匜的制作规范，器形端庄严整，口沿装饰重环纹或窃曲纹，腹部装饰瓦棱纹作为主体纹饰，显示出和关中周王朝中央保持高度一致的作器风格。从体量来看，晋、霸铜匜器体大且精，相较而言，洪洞永凝堡出土的杨国铜匜[②]则要矮小很多，且做工粗糙，这也许跟杨国的国力弱小有一定关系。

春秋早期：共11件，有Aa型Ⅲ式、Ab型Ⅰ式匜。其中Aa型Ⅲ式匜集中出土在闻喜上郭村[③]、黎城西关[④]、侯马上马村[⑤]等地的墓葬当中。闻喜即晋之曲沃，《汉书 · 地理志》河东郡条："闻喜，故曲沃。晋武公自晋阳徙此，武帝元鼎元年行过，更名。"[⑥]闻喜虽为晋曲沃之地，但上郭村出土的贾子己父匜、荀侯稽匜却不是晋国的器物。《世本 · 氏姓篇》："荀、贾皆姬姓。"[⑦]所以贾子己父匜、荀侯稽匜很可能是晋武公灭荀、贾之后的战利品[⑧]。但是不管怎么说，作为姬姓的荀、贾，在制匜工艺上还是与周王朝保持了很大的一致性，都是在口沿装饰重环纹或窃曲纹，腹部以瓦棱纹为主体纹饰。

---

① 山西省考古研究所、北京大学考古学系：《天马—曲村遗址北赵晋侯墓地第四次发掘》，《文物》1994年8期，第5页；北京大学考古学系、山西省考古研究所：《天马—曲村遗址北赵晋侯墓地第五次发掘》，《文物》1995年7期，第10页。

② 山西省考古研究所：《三晋考古（1）》，山西人民出版社，1994年，第83页。

③ 山西省考古研究所：《三晋考古（1）》，山西人民出版社，1994年，第105、126、128、143页等。

④ 山西省考古研究院：《山西黎城西关墓地M7、M8发掘简报》，《江汉考古》2020年4期，第5、13页。

⑤ 山西省考古研究所：《上马墓地》，文物出版社，1994年，第66、67页；山西省考古研究所侯马工作站：《山西侯马上马墓地3号车马坑发掘简报》，《文物》1988年3期，第37页；吴振禄、滕铭予：《山西侯马上马墓地发掘简报》，《文物》1989年6期，第7、8页；等等。

⑥ （汉）班固撰，（唐）颜师古注：《汉书》，中华书局，1962年，第1550页。

⑦ 佚名撰，周渭卿点校：《世本》，齐鲁书社，2010年，第31页。

⑧ 王宏、权敏：《贾国青铜器及其重要价值探研》，《中原文物》2015年1期，第70页。

黎城西关墓地是两周时期的黎国墓地，黎即楷，为姬姓诸侯国[①]，墓地所出的青铜匜[②]在作器风格上也是沿袭了关中地区西周晚期的周人作匜模式。

上马墓地在春秋时期属晋国[③]，墓地的性质当属于春秋时期晋国贵族的族墓地[④]，所以在铜匜[⑤]的作器风格上还是模仿了晋侯对匜等铜器的造型范式，唯制作较为粗疏，这当跟上马墓地墓主人的地位较低有关（出土铜匜的M1287、M4078、M1284均出土3鼎[⑥]）。

Ab型Ⅰ式匜见于闻喜上郭村M33[⑦]，属于管流匜，造型活像一只老虎，这是中原地区所见唯一一件春秋早期的管流匜。我们知道，最早的管流匜多见于汉水流域的南阳、随州，海岱地区的邹县、临沂一带[⑧]，这种管流的匜在中原的晋南地区出现，是否与汉水、海岱匜有关联，还需进一步研究。

春秋中期：共11件，绝大多数都是Ab型Ⅱ式管流匜，主要分布在上马墓地[⑨]、临猗程村墓地[⑩]、隰县瓦窑坡墓地[⑪]，以及闻喜上郭村个别墓葬[⑫]当中。Aa型Ⅳ式匜仅见1961年山西侯马上马村墓M5中的1件[⑬]。这些铜匜全部素面，造型简约，这跟洛阳地区春秋中期同类铜匜是同步的。

春秋晚期：共17件，为Ab型Ⅲ式匜，出土于上马墓地[⑭]、临猗程村墓地[⑮]、隰县瓦

---

① 山西省考古研究院：《山西黎城西关墓地M7、M8发掘简报》，《江汉考古》2020年4期，第21页。

② 山西省考古研究院：《山西黎城西关墓地M7、M8发掘简报》，《江汉考古》2020年4期，第5、13页。

③ 山西省考古研究所：《上马墓地》，文物出版社，1994年，第5页。

④ 山西省考古研究所：《上马墓地》，文物出版社，1994年，第304、305页。

⑤ 见附表1第125～127号器。

⑥ 山西省考古研究所：《上马墓地》，文物出版社，1994年，第321页续附表；山西省考古研究所：《山西侯马上马墓地发掘简报（1963～1986年）》，《文物》1989年6期，第3页；山西省考古研究所侯马工作站：《山西侯马上马墓地3号车马坑发掘简报》，《文物》1988年3期，第36页。

⑦ 山西省考古研究所：《三晋考古（1）》，山西人民出版社，1994年，第143页，图6·5。

⑧ 见附表1第156～161号器。

⑨ 山西省考古研究所：《上马墓地》，文物出版社，1994年，第66～68页，等。

⑩ 赵慧民、李百勤、李春喜：《山西临猗县程村两座东周墓》，《考古》1991年11期，第989页。

⑪ 山西省考古研究所、山西大学历史文化学院、临汾市文物局等：《山西隰县瓦窑坡墓地的两座春秋时期墓葬》，《考古》2017年5期，第29、40页。

⑫ 山西省考古研究所：《三晋考古（1）》，山西人民出版社，1994年，第132页。

⑬ 山西省文物管理委员会侯马工作站：《山西侯马上马村东周墓葬》，《考古》1963年5期，第230页。

⑭ 山西省考古研究所：《上马墓地》，文物出版社，1994年，第67～70页，等。

⑮ 中国社会科学院考古研究所、山西省考古研究所、运城市文物局等：《临猗程村墓地》，中国大百科全书出版社，2003年，第96、97、99页等。

窑坡墓地[①]、长子县东周墓地[②]等墓葬当中，造型风格同于春秋中期，以简约为主。

战国早期：共10件，有Ab型Ⅳ式、Cb型Ⅱ式匜。Ab型Ⅳ式匜出土于上马墓地[③]、长治分水岭[④]、万荣庙前村[⑤]等战国早期墓葬当中，但数量很少，且作器风格简单，呈现出衰落的迹象。

Cb型Ⅱ式圈足匜出土在长治潞河[⑥]、长治分水岭[⑦]等战国墓葬当中，与洛阳中州路M2717出土铜匜（图3-26）属于同一类型，并没有呈现出独特的文化风貌。

战国中晚期晋南地区没有青铜匜出土。

三、冀南地区

仅1件。只见于战国早期河北邯郸北大门出土的Ca型圈足匜[⑧]，器体修长，装饰素面，同类型器有山西长治分水岭战国墓M25出土的圈足匜[⑨]，带有圈足的铜匜数量较少，所以这件铜匜具有一定的地方特点。

第三节　汉淮及长江中游地区

本书的汉淮地区是指现今的豫南、鄂北之间汉、淮二水流经的地区，长江中游地区指现今的湖北省全部及湖南省部分地区。其中汉淮地区从西周到春秋，始终是中原与楚双方势力交锋的重要场所……又是古代各民族错居杂厕的地方[⑩]。按照张正明先

① 山西省考古研究所、山西大学历史文化学院、临汾市文物局等：《山西隰县瓦窑坡墓地春秋墓葬M23发掘简报》，《中原文物》2019年1期，第6、7页。

② 山西省考古研究所：《山西长子县东周墓》，《考古学报》1984年4期，第519、522页。

③ 山西省考古研究所：《上马墓地》，文物出版社，1994年，第68、70页，等。

④ 山西省考古研究所、山西博物院、长治市博物馆：《长治分水岭东周墓地》，文物出版社，2010年，第275、325页。

⑤ 山西省考古研究所：《三晋考古（1）》，山西人民出版社，1994年，第235页。

⑥ 山西省考古研究所、山西省晋东南地区文化局：《山西省潞城县潞河战国墓》，《文物》1986年6期，第8、9、11页。

⑦ 山西省考古研究所、山西博物院、长治市博物馆：《长治分水岭东周墓地》，文物出版社，2010年，第234、235、266页。

⑧ 郝良真、赵建朝：《邯钢出土青铜器及赵国贵族墓葬区域》，《文物春秋》2003年4期，第14页。

⑨ 山西省考古研究所、山西博物院、长治市博物馆：《长治分水岭东周墓地》，文物出版社，2010年，第266页，图版120·6。

⑩ 李学勤：《论汉淮间的春秋青铜器》，《文物》1980年1期，第54页。

生的说法，该地区是“周代文化的一个交错地段”，文化面貌呈现出5个特点：族类纷繁，文化混杂，个性鲜明，新旧杂陈，容易在融合中发生变异[①]。春秋以后，随着楚国势力的扩张北上，这些地区逐渐归入楚文化的范畴之中。因此本节将之与属于传统楚文化势力范围的长江中游地区合并讨论。汉淮及长江中游地区共出土青铜匜175件，占出土总数的33.4%。为方便论述起见，此处分豫南南阳、信阳地区，湖北地区、湖南地区，分别予以讨论。

一、豫南南阳、信阳地区

汉淮流域的豫南南阳、信阳地区共有青铜匜56件。

西周晚期这一地区未见青铜匜出土。

春秋早期，共21件，有Aa型Ⅲ式、Ab型Ⅰ式、Db型Ⅰ式匜。主要出土在今南阳市及周边地带，以及信阳罗山、光山，驻马店确山、泌阳一带的墓葬当中。其中Aa型Ⅲ式匜有2012年河南南阳夏饷铺鄂国墓地M16出土的[illegible]人犀石匜[②]、M19出土的窃曲纹匜[③]。桐柏月河出土的昶仲无龙匜（《铭图》14960）、伯[illegible]匜（《铭图》14957）、窃曲纹匜[④]、重环纹匜[⑤]，新野小西关出土的重环纹匜[⑥]；信阳罗山出土的奚季宿车匜（《铭图》14925）、奚君单匜（《铭图》14940），信阳长台关出土的番伯酓匜（《铭图》14952）、窃曲纹匜[⑦]，信阳吴家店出土的番昶伯者君匜（《铭图》14971），信阳平桥南山嘴出土的樊夫人龙嬴匜（《铭图》14900）及窃曲纹匜[⑧]；驻马店确山出土的嚣伯歇夷匜（《铭图》14976）、泌阳出土的昶仲匜（《铭图》14953）等。这些铜匜在器物造型上，保持了周原铜匜的基本造型。不同之处在于，南阳、信阳、驻马店地区的铜匜这一时期普遍表现出长流高昂，流、尾向器体中间收缩，呈现出十分紧凑的作器风格，犹如一只昂首的雄鸡，显得颇为精神，且作器较为粗糙，这

---

① 张正明：《淮汉之间——周代的一个文化交错地段》，《中原文物》1992年2期，第2页。

② 河南省文物局南水北调办公室、南阳市文物考古研究所：《河南南阳夏饷铺鄂国墓地M7、M16发掘简报》，《江汉考古》2019年4期，第31页。

③ 河南省文物局南水北调办公室、南阳市文物考古研究所：《河南南阳夏饷铺鄂国墓地M19、M20发掘简报》，《江汉考古》2019年4期，第17页。

④ 南阳市文物研究所、桐柏县文管办：《桐柏月河一号春秋墓发掘简报》，《中原文物》1997年4期，第12页。

⑤ 河南省文物考古研究所、桐柏县文物管理委员会：《河南桐柏月河墓地第二次发掘》，《文物》2005年8期，第31页。

⑥ 郑杰祥：《河南新野发现的曾国铜器》，《文物》1973年5期，第16页。

⑦ 信阳地区文管会：《河南信阳发现两批春秋铜器》，《文物》1980年1期，第42页。

⑧ 河南省博物馆等：《河南信阳市平桥春秋墓发掘简报》，《文物》1981年1期，第11页。

与周原铜匜器体较长，流较平直、做工精良，迥然有别，这是春秋早期南阳、信阳等地铜匜的一个显著特点，值得学界关注。

这里例外的是信阳光山宝相寺出土的黄君孟匜（《铭图》14917）及黄夫人匜（《铭图》14942），造型与同时期南阳、信阳等地区的铜匜有较大差别。主要表现在其周身装饰蟠螭纹，与这一地区同时期其他铜匜装饰窃曲纹、重环纹、瓦棱纹的做法截然不同。这当是黄国作为嬴姓国家族，在作器风格上要保持自己独立的个性风格所致。

Ab型Ⅰ式匜有上鄀太子平侯匜[①]，系公安机关追缴而来，形制上与湖北安居桃花坡出土的管流重环纹匜（图3-12）相似，应属于周原系铜匜经过加工改造后的产物。研究者认为上鄀太子平侯匜应是“西周晚期北迁南阳盆地后的鄀国（上鄀国）所作之器”，该匜出土于鄂国墓地之中，是“其被作为赗赙之物赠送鄂国之故”[②]。

Db型Ⅰ式瓢形匜出土于信阳明港[③]（图3-34），这是目前所见最早的瓢形匜，所以汉淮地区可以看作是瓢形匜的发源地。

李学勤先生在分析了汉淮流域青铜器后认为，“汉淮间的青铜器，凡属春秋早期的，不管是黄人、曾人还是楚人所制，形制多沿西周之旧，铭文草率简短，说明这一地区的文化主要在中原影响之下，而且较不发达”[④]，这样的论断同样适合于这一地区出土的青铜匜。

春秋中期：4件，有Da型Ⅰ式、Db型Ⅱ式匜。Da型Ⅰ式匜出土于河南淅川下寺楚墓M7、M36[⑤]以及信阳罗山高店春秋墓[⑥]当中，其中下寺M7出土的东姬匜、M36出土的蟠虺纹匜、罗山高店春秋墓出土的曾夨臣匜［张昌平先生认为“曾夨臣可能是客死他乡（罗山高店）的曾国贵族”[⑦]］，这些都是目前所见最早的会匜，结合湖北郧县肖家河（图3-29）、南漳川庙山（图3-30）也出土最早的会匜来看，汉水流域应当是会匜的起源地。

---

① 张志鹏、尹俊敏：《南阳市博物馆藏上鄀太子平侯匜及相关问题研究》，《文物》2020年4期，第62页。

② 张志鹏、尹俊敏：《南阳市博物馆藏上鄀太子平侯匜及相关问题研究》，《文物》2020年4期，第66页。

③ 信阳地区文管会、信阳县文化馆：《信阳县明港发现两批春秋早期青铜器》，《中原文物》1981年4期，第17页。

④ 李学勤：《论汉淮间的春秋青铜器》，《文物》1980年1期，第58页。

⑤ 河南省文物研究所、河南省丹江库区考古发掘队、淅川县博物馆：《淅川下寺春秋楚墓（上）》，文物出版社，1991年，第13、15、16、35、36、40页。

⑥ 湖北省文物考古研究所：《曾国青铜器》，文物出版社，2007年，第398页。

⑦ 湖北省文物考古研究所：《曾国青铜器》，文物出版社，2007年，第400页。

Db型Ⅱ式匜有下寺M8出土的瓢形匜[①]，造型精美，纹饰简约大方，是同时期比较少见的精品。淅川下寺同一片墓地中既有Da型Ⅰ式的会匜，也有Db型Ⅱ式的瓢形匜，可见楚地匜文化的多彩斑斓。

春秋晚期：18件，出土于河南南阳周围[②]、淅川下寺[③]、茅坪、上乡集[④]、和尚岭[⑤]楚墓以及信阳潢川[⑥]、固始[⑦]等地区，有Ab型Ⅲ式、Da型Ⅱ式、Db型Ⅲ式匜。

其中除淅川上乡集出土的Ab型Ⅲ式蹄足匜，南阳李八庙楚墓、固始白狮子地1号墓出土的3件Db型Ⅲ式瓢形匜[⑧]外，其余皆为Da型Ⅱ式会匜。这些铜匜造型特征同于同时期其他地区同类器，没有个性特别明显的器物。

战国时期：13件，其中早期2件[⑨]、中期2件[⑩]、晚期9件[⑪]。出土于南阳淅川、信阳长台关一带的楚墓当中，都为瓢形匜，造型简陋，无特别明显的地域特征。

---

① 河南省文物研究所、河南省丹江库区考古发掘队、淅川县博物馆：《淅川下寺春秋楚墓（上）》，文物出版社，1991年，第13、15、16页。

② 河南省文物考古研究院、南阳市文物考古研究所：《河南南阳春秋楚彭氏家族墓地M1、M2及陪葬坑发掘简报》，《文物》2020年10期，第8、42页等。详见附表1第291～293号器。

③ 河南省文物研究所、河南省丹江库区考古发掘队、淅川县博物馆：《淅川下寺春秋楚墓（上）》，文物出版社，1991年，第70、72页等。详见附表1第296～300号器。

④ 淅川县博物馆：《淅川楚国青铜器精粹》，中州古籍出版社，2013年，第95、96页。

⑤ 河南省文物考古研究所、南阳市文物考古研究所、淅川县博物馆：《淅川和尚岭与徐家岭楚墓》，大象出版社，2004年，第45页。

⑥ 信阳地区文管会、潢川县文化馆：《河南潢川县发现黄国和蔡国铜器》，《文物》1980年1期，第48页。

⑦ 河南省文物考古研究所：《固始侯古堆一号墓》，大象出版社，2004年，第46页；信阳地区文管会、固始县文管会：《河南固始万营山春秋墓清理简报》，《考古》1992年3期，第279页；信阳地区文管会、固始县文化局：《固始白狮子地一号和二号墓清理简报》，《中原文物》1981年4期，第23页。

⑧ 南阳市文物考古研究所：《河南南阳李八庙春秋楚墓清理简报》，《文物》2012年4期，第32页。

⑨ 河南省文物考古研究所、南阳市文物考古研究所、淅川县博物馆：《淅川和尚岭与徐家岭楚墓》，大象出版社，2004年，第267页；河南省文物研究所：《信阳楚墓》，文物出版社，1986年，第50页。

⑩ 河南省文物考古研究所、南阳市文物考古研究所、淅川县博物馆：《淅川和尚岭与徐家岭楚墓》，大象出版社，2004年，第347页；河南省文物考古研究院等：《河南淅川熊家岭墓地M24发掘简报》，《华夏考古》2016年2期，第16页。

⑪ 河南省文物考古研究所、信阳市文物工作队：《河南信阳长台关七号楚墓发掘简报》，《文物》2004年3期，第38、39页。

二、湖北地区

湖北地区出土的青铜匜有110件。

西周晚期：3件，都是Aa型Ⅱ式匜。西周晚期的湖北地区青铜匜全部出土在鄂北近汉淮之地的随州、枣阳一带的墓葬当中，这一地区是西周王朝"汉阳诸姬"的所在地，受周文化影响较大，所以这3件铜匜都表现出了与周原铜匜高度一致的特点，口沿饰重环纹，腹饰瓦棱纹，器型端庄整齐，这是江汉诸侯国对周文化高度认同的体现。

春秋早期：共10件，有Aa型Ⅲ式、Ab型Ⅰ式匜。依旧出土于随州、枣阳、京山一带的曾国墓地当中①。Aa型Ⅲ式匜继续保持了周原铜匜的风格。但这时期在随州安居桃花坡M1出土了最早的Ab型Ⅰ式管流匜②（图3-12），它是在周原式铜匜的基础上将槽形流首端环封改装而成，是受到周原铜匜文化影响的产物。同类铜匜在山东邹县七家峪、临沂册山五寺庄、山西闻喜上郭村、河南南阳夏饷铺③等春秋早期墓葬中均有出土，所以Ab型管流匜最早的起源地究竟在哪里还有待进一步研究。

春秋中期：11件，有Aa型Ⅳ式、Ab型Ⅱ式、Da型Ⅰ式、Db型Ⅱ式匜。

Aa型Ⅳ式、Ab型Ⅱ式匜出土于随州、京山的曾国墓葬④，以及江陵郢城岳山大队⑤、枝江王家岗⑥等地，从造型看与春秋早期相差不大，差别在于纹饰装饰了春秋中期的蟠螭纹、蟠虺纹等新兴纹饰。

Da型Ⅰ式会匜出土于襄阳南漳川庙山M18⑦、郧县肖家河⑧、当阳赵巷M4⑨、枝江姚家港⑩等地，这是最早的会匜。尤其是郧县肖家河出土的春秋唐子仲濒儿匜铸有20字

① 湖北省文物考古研究所：《曾国青铜器》，文物出版社，2007年，第336、337页等。可参看附表1第52～60、156号器。

② 随州市博物馆：《湖北随县安居出土青铜器》，《文物》1982年12期，第52页。

③ 参看附表1第156～161号器。

④ 湖北省文物考古研究所、随州市博物馆：《湖北随州市文峰塔东周墓地》，《考古》2014年7期，第29页；湖北省文物考古研究所等：《湖北随州市枣树林春秋曾国贵族墓地》，《考古》2020年7期，第79页；湖北省文物考古研究所：《湖北京山苏家垄墓群M85发掘简报》，《江汉考古》2018年1期，第32页。

⑤ 荆州地区博物馆：《江陵岳山大队出土一批春秋铜器》，《文物》1982年10期，第17页。

⑥ 湖北省博物馆：《湖北枝江百里洲发现春秋铜器》，《文物》1972年3期，第65页。

⑦ 湖北省文物考古研究所、南漳县博物馆：《湖北南漳川庙山东周墓地2014年发掘报告》，《江汉考古》2015年4期，第48页。

⑧ 郧县博物馆：《湖北郧县肖家河出土春秋唐国铜器》，《江汉考古》2003年1期，第7页。

⑨ 宜昌地区博物馆：《湖北当阳赵巷4号春秋墓发掘简报》，《文物》1990年10期，第27页。

⑩ 湖北省宜昌地区博物馆：《湖北枝江姚家港高庙山两座春秋楚墓》，《文物》1989年3期，第58页。

铭文，铭文内容对揭示楚唐、楚麋等国之间的关系有着重要的学术价值[①]。

枣阳郭家庙M8[②]、襄阳沈岗墓地M1022[③]出土的Db型Ⅱ式瓢形匜，其中M8匜装饰十分精美的蟠螭纹，M1022匜素面，但两件匜作器风格都十分大气，是瓢形匜在发展早期势头旺盛的体现。

春秋晚期：22件，有Aa型Ⅴ式、Ab型Ⅲ式、Da型Ⅱ式、Db型Ⅲ匜。主要分布在湖北随州文峰塔M33[④]、义地岗[⑤]、东风油库[⑥]等曾国墓地以及襄阳[⑦]、十堰[⑧]、天门[⑨]、宜城[⑩]、钟祥[⑪]等地的墓葬当中。春秋晚期随着楚国势力的增强，Da型Ⅱ式会匜在湖北地区数量大为增加，在春秋晚期的22件铜匜当中，仅会匜就占据了14件，其余Aa型Ⅴ式、Ab型Ⅲ式蹄足匜、Db型Ⅲ式瓢形匜总共才8件，纷纷为会匜腾出空间，此现象也足可证明会匜正是具有楚文化特色的铜匜。

战国早期：4件，有Ab型Ⅳ式、Ca型、Db型Ⅳ式匜。曾侯乙墓出土的两件曾侯乙匜（分别为Ab型Ⅳ式、Ca型匜）[⑫]，同一座墓葬中既有周原风格的A型匜，又有带有楚文化特征的Ca型圈足匜，表明了曾国既有对周仪坚守的一面，同时又不可避免地受到楚文化的影响。Db型Ⅳ式瓢形匜出土在郧县肖家河[⑬]及襄阳山湾23号楚墓当中[⑭]，造型粗糙，毫无美感可言，主要体现的是实用价值。

---

① 黄旭初、黄凤春：《湖北郧县新出唐国铜器铭文考释》，《江汉考古》2003年1期，第14页。

② 李伯谦：《中国出土青铜器全集（12）》，科学出版社，2018年，362。

③ 襄阳市文物考古研究所：《湖北襄阳沈岗墓地M1022发掘简报》，《文物》2013年7期，第6页。

④ 湖北省文物考古研究所、随州市博物馆：《湖北随州市文峰塔东周墓地》，《考古》2014年7期，第29页。

⑤ 湖北省文物考古研究所、随州市博物馆：《湖北随州义地岗曾公子去疾墓发掘简报》，《江汉考古》2012年3期，第15、17页。

⑥ 湖北省文物考古研究所：《曾国青铜器》，文物出版社，2007年，第350、351、361页。

⑦ 湖北省博物馆：《襄阳山湾出土的东周青铜器》，《江汉考古》1988年1期，第21页；襄阳市文物考古研究所：《湖北襄阳市余岗墓地春秋墓葬》，《考古》2018年1期，第66页，等。

⑧ 湖北省文物考古研究所、湖北省文物局南水北调办公室：《湖北郧县乔家院春秋殉人墓》，《考古》2008年4期，第41页。

⑨ 随州市博物馆：《随州出土文物精粹》，文物出版社，2009年，第94页。

⑩ 宜城市博物馆：《湖北宜城市母牛山出土一批春秋青铜器》，《考古》2008年9期，第94页。

⑪ 荆州博物馆、钟祥市博物馆：《湖北钟祥黄土坡东周秦代墓发掘报告》，《考古学报》2009年2期，第277、278页。

⑫ 湖北省博物馆：《曾侯乙墓》（上册），文物出版社，1989年，第243页。

⑬ 郧阳地区博物馆：《湖北郧县肖家河春秋楚墓》，《考古》1998年4期，第44页。

⑭ 湖北省博物馆：《襄阳山湾东周墓葬发掘报告》，《江汉考古》1983年2期，第9页。

战国中期：47件，有Ab型Ⅳ式、Cb型Ⅲ式、Db型Ⅴ式匜及地方类型匜。

Ab型Ⅳ式蹄足匜仅见2000年湖北省荆州市天星观二号楚墓出土的龙纹匜[①]，造型粗劣不堪，是1件仿古器。

Cb型Ⅲ式匜出土于随州擂鼓墩2号墓当中[②]，是给瓢形匜装了一个矮圈足（图3-27），这在瓢形匜中是比较少见的形制。

Db型Ⅴ式匜出土在江陵[③]、荆州[④]、襄阳[⑤]以及枣阳九连墩楚墓M1、M2当中[⑥]，共有43件，是这时期湖北地区青铜匜中的大宗产品。

随州擂鼓墩M2时代属战国中期，这一时期曾国已沦为楚国的附庸[⑦]。春秋早期与曾国密切相关的枣阳九连墩地区这时期也早已为楚国所征服，这些地区的墓葬中与匜伴出的其他器物都完全是楚系的铜器，所以擂鼓墩、九连墩出土具有楚文化色彩的瓢形匜也就在情理之中了。

图5-1　包山2号楚墓鹰首匜
（《全集》10 · 61）

这一时期还有一种地方类型的铜匜，出土在湖北荆门包山2号楚墓当中，共2件，流首部似鹰首，可称之为鹰首匜[⑧]（图5-1），其与山东临淄郎家庄（图5-15）、商王村[⑨]等地出土的鹰首匜形制相同，唯包山楚墓鹰首匜年代早于山东鹰首匜，二者之间应该有着相互影响的关系。这种鹰首匜目前仅见于湖北、山东地区，共5件，具有十分鲜明的地方特色。湖北枣阳九连墩M1出土有同类形制的漆木质匜[⑩]，有盖，制作十分华丽当是仿制包山楚

① 湖北省荆州博物馆：《荆州天星观二号楚墓》，文物出版社，2003年，第60页，图版15 · 3。

② 湖北省博物馆、随州市博物馆：《湖北随州擂鼓墩二号墓发掘简报》，《文物》1985年1期，第24、25页。

③ 荆州地区博物馆：《湖北江陵藤店一号墓发掘简报》，《文物》1973年9期，第10页。

④ 湖北省荆州博物馆：《荆州天星观二号楚墓》，文物出版社，2003年，第60页，等。

⑤ 襄阳市文物考古研究所：《湖北襄阳市麇战岗战国楚墓的发掘》，《考古》2016年11期，第38页。

⑥ 湖北省文物考古研究所、襄阳市文物考古研究所、枣阳市文物考古队：《湖北枣阳九连墩M1发掘简报》，《江汉考古》2019年3期，第37、38页；湖北省文物考古研究所、襄阳市文物考古研究所、枣阳市文物考古队：《湖北枣阳九连墩M2发掘简报》，《江汉考古》2018年6期，第22、24页。

⑦ 随州市博物馆：《随州擂鼓墩二号墓》，文物出版社，2008年，第143页。

⑧ 湖北省荆沙铁路考古队：《包山楚墓》，文物出版社，1991年，（上册）第189页，（下册）图版56 · 4。

⑨ 淄博市博物馆：《山东临淄商王村一号战国墓发掘简报》，《文物》1997年6期，第17页。

⑩ 湖北省文物考古研究所、襄阳市文物考古研究所、枣阳市文物考古队：《湖北枣阳九连墩M1发掘简报》，《江汉考古》2019年3期，第30页，图16，图版18。

墓鹰首匜的产物。

Da型会匜在这一时期走向了绝迹。

战国中期湖北地区青铜匜数量暴增，可能跟这一时期瓢形匜深受楚贵族喜爱，行用范围扩大有关。

战国晚期：13件，分布在荆州[①]、江陵[②]、天门[③]一带，全部是Db型Ⅵ式的瓢形匜，数量锐减，说明青铜匜在这一时期走向了衰落。

三、湖南地区

湖南地区共出土9件青铜匜。

西周至春秋时期：湖南地区出土的西周铜匜仅见清同治十二年湖南岳阳花桥出土的孟叔匜，铭曰“孟叔作宝匜，其万年子孙永宝用”[④]，因无器形图片资料，我们难以判断它的文化属性。此后湖南地区再未见到西周的铜匜出土。

湖南地区春秋铜匜有传1949年长沙市郊杨家山“长沙王后冢”（西汉刘骄墓）出土的樊君夔匜[⑤]，因无器形照片，从铭文资料推测应当是春秋中期前后的器物，这件匜出土于汉代墓葬，当是汉代贵族的收藏物。湖南西周至春秋中期的铜匜因无科学发掘品，此处权采用了附表3中匜的资料做以补充。

湖南科学发掘出土的春秋晚期铜匜仅见1986年湖南岳阳凤形嘴山1号墓出土的Ab型Ⅲ式兽首流匜[⑥]，深腹，兽足，龙形鋬，腹饰蟠螭纹，制作十分精致。凤形嘴山M1从出土其他鼎、盏等器物风格来看，应当是一座楚墓，楚墓当中出土一件带有北方风格的Ab型蹄足匜，还是比较难能可贵的。

战国时期：8件，其中战国中期6件、晚期2件。全部是Db型的瓢形匜，造型简约，简单实用是其主要特色。

湖南、湖北在春秋战国时期均属于楚地，但在发现青铜匜数目上，湖南少而湖北多，当与楚国的政治重心在湖北有关。另外从全国范围来看，春秋时期湖北地区铜匜在出土时放在盘里的考古现象最多，表明楚贵族对盘匜组合的重视。

---

① 荆州博物馆：《湖北省荆州市张家屋台墓地发掘简报》，《文博》2017年4期，第9页。

② 湖北省文物考古研究所：《江陵九店东周墓》，科学出版社，1995年，第212页，等。

③ 湖北省文物考古研究所、天门市博物馆：《天门彭家山楚墓》，科学出版社，2012年，第67页，等。

④ 周世荣：《湖南楚墓出土古文字丛考》，《湖南考古辑刊（第一集）》，岳麓书社，1982年，第92页。

⑤ 吴镇烽：《商周青铜器铭文暨图像集成》，上海古籍出版社，2012年，14962。

⑥ 岳阳市文物工作队：《湖南省岳阳县凤形嘴山一号墓发掘简报》，《文物》1993年1期，第7页。

第四节　长江下游地区

本书的长江下游地区指现今的安徽、江苏地区，是东周时期的楚吴越文化区，共出土青铜匜39件，占出土总数的7.4%。

一、安徽地区

安徽地区共计出土青铜匜25件。

安徽地区没有出土西周中期的青铜匜。

西周晚期至春秋早期，共14件，其中西周晚期4件、春秋早期10件。

这一时段安徽地区流行两种类型的铜匜，一种是周原类型匜，属Aa型，安徽凤阳李二庄出土的窃曲纹匜[①]，年代在西周晚期；1971年安徽肥西柿树岗小八里出土的交龙纹匜[②]，年代在春秋早期。这两件匜流较短宽，上扬幅度不大，与西周晚期周原地区出土的铜匜造型风格接近，当是受到周原青铜匜文化影响的产物。

另一种是地方类型匜，有两类：一类是龙形鋬匜，这种匜颈部上扬幅度不大，口沿多饰窃曲纹或重环纹，腹部多饰直线纹，三蹄足，尾部有龙形鋬，具有明显的地方特征，多见于安徽江淮地区[③]，具体为怀宁[④]（图5-2）、寿县[⑤]（图5-3）、庐江[⑥]（图5-4）等地。海岱地区的龙形鋬匜当受其影响。另一类是燕尾鋬匜，造型基本同于

图5-2　安徽怀宁杨家牌铜匜

（《全集》11 · 178）

图5-3　安徽寿县肖严湖铜匜

（《全集》11 · 177）

① 朱华东：《也论肥西小八里出土青铜器》，《东方博物（第63辑）》，浙江大学出版社，2017年，第44、45页。

② 中国青铜器编辑委员会：《中国青铜器全集（11）》，文物出版社，1997年，176。

③ 张爱冰：《皖南沿长江地区周代铜器研究》，《考古学报》2013年4期，第497页。

④ 怀宁县文物管理所：《安徽怀宁县出土春秋青铜器》，《文物》1983年11期，第68页。

⑤ 陆勤毅、宫希成：《安徽江淮地区商周青铜器》，文物出版社，2014年，第149页，115。

⑥ 陆勤毅、宫希成：《安徽江淮地区商周青铜器》，文物出版社，2014年，第149页，116。

上文的龙形鋬匜，区别在于这种匜多为燕尾鋬，颈部多装饰窃曲纹或变形夔纹，颈部下方有一三角形凸起，腹部多素面，主要出土于安徽皖南繁昌[①]（图5-5）、天长[②]（图5-6）、当涂[③]、芜湖[④]（图5-7）等沿长江地带[⑤]。这种类型的铜匜影响较广，向东流传到了江苏地区，向北到了山东地区，下文提到的海岱地区的燕尾鋬匜当是受其影响的产物。

图5-4　安徽庐江三塘村铜匜
（《江淮》116）

图5-5　安徽繁昌孙村铜匜
（《全集》11·160）

图5-6　安徽天长谭井村铜匜
（《全集》11·161）

图5-7　安徽芜湖韩墩村铜匜
（《皖南商周青铜器》第64页）

安徽地区出土的地方类型铜匜普遍形体很大，长度多在35厘米以上，尤其是1982年安徽怀宁杨家牌出土的弦纹匜（图5-2），高达31.4、通长达56厘米[⑥]，体量之大在两周时期的青铜匜当中绝无仅有，堪称两周“铜匜之王”。安徽地区没有发现春秋中期的青铜匜。

春秋晚期：3件。可分为两种文化特色：一种是Da型会匜，主要出土于淮河流域的

① 安徽大学、安徽省文物考古研究所：《皖南商周青铜器》，文物出版社，2006年，第62页，等。
② 陈建国：《安徽天长县出土西周青铜匜》，《考古》1986年6期，第576页。
③ 安徽大学、安徽省文物考古研究所：《皖南商周青铜器》，文物出版社，2006年，第68页。
④ 安徽大学、安徽省文物考古研究所：《皖南商周青铜器》，文物出版社，2006年，第64页。
⑤ 张爱冰：《皖南沿长江地区周代铜器研究》，《考古学报》2013年4期，第497页。
⑥ 中国青铜器编辑委员会：《中国青铜器全集（11）》，文物出版社，1997年，178。

蚌埠双墩钟离国君墓[①]、寿县蔡侯墓[②]，以及蒙城[③]等地的墓葬当中，这些地区跟楚关系十分密切，出土楚文化风格的Ba型铜匜当然就在情理当中了。

还有一种是Db型瓢形匜，只见于蚌埠双墩钟离国君墓[④]中，形制同于河南新郑李家楼郑公大墓出土的瓢形匜[⑤]，只是这件匜尾部有一兽形的鋬，这种鋬不见于同时期其他地区的铜匜，较具地方特色。

战国时期：8件，其中早期1件、中期4件、晚期3件。出土于六安[⑥]、舒城[⑦]、寿县[⑧]、天长[⑨]一带，全部为Db型瓢形匜，具有实用价值，没有明显的地方特色，较为著名者有战国晚期的铸客匜、苛詌匜等[⑩]。

需要说明的是，安徽蚌埠、寿县、蒙城等地本属淮河流域，但因出土的青铜匜数量太少，且这些铜匜与安徽其他地区出土的匜有关联性，无法割裂为一个单独的区域进行论述，因而一并归于长江下游这一节论述，是为权宜之计。

安徽地区在两周时期小国众多，各国在器用制度上不尽相同，有的国族用匜，有的国族不用匜，从而导致的结果是在安徽境内有的地域出土铜匜，而有的地域不出土铜匜，在出土匜的区域内青铜匜却又各具特色，形成安徽境内独特的青铜匜文化。

二、江苏地区

江苏地区共出土青铜匜14件。

西周晚期至春秋早期：5件。其中西周晚期2件，出土于江苏南京陶吴镇[⑪]、南京雨

---

① 安徽省文物考古研究所、蚌埠市博物馆：《春秋钟离君柏墓发掘报告》，《考古学报》2013年2期，第250页。

② 安徽省文物管理委员会、安徽省博物馆：《寿县蔡侯墓出土遗物》，科学出版社，1956年，第9、10页，图版17·5、35·2。

③ 李伯谦：《中国出土青铜器全集（8）》，科学出版社，2018年，169。

④ 李伯谦：《中国出土青铜器全集（8）》，科学出版社，2018年，165。

⑤ 孙海波：《新郑彝器》，1937年考古学社专刊第十九种影印本，118。

⑥ 安徽省六安县文物管理所：《安徽六安县城西窑厂2号楚墓》，《考古》1995年2期，第131页，等。

⑦ 陆勤毅、宫希成：《安徽江淮地区商周青铜器》，文物出版社，2014年，185。

⑧ 吴镇烽：《商周青铜器铭文暨图像集成》，上海古籍出版社，2012年，14884。

⑨ 天长市博物馆、天长市文物管理所：《安徽天长出土一批战国青铜器》，《文物》2009年6期，第82页。

⑩ 吴镇烽：《商周青铜器铭文暨图像集成》，上海古籍出版社，2012年，14884、14858。

⑪ 李蔚然：《南京发现周代铜器》，《考古》1960年6期，第41页。

花台区[①]；春秋早期3件，出土于江苏丹徒磨盘墩[②]、江苏溧水宽广墩[③]。磨盘墩出土的龙形鋬匜（图5-8），与上文安徽的同类匜风格相同，应为江苏当地受安徽龙形鋬匜影响的产物；南京陶吴镇、雨花台区（图5-9）、溧水宽广墩出土的燕尾鋬匜，也当是安徽皖南匜文化沿江北进的产物。

图5-8　江苏丹徒磨盘墩铜匜

（《出土铜》7·141）

春秋中期江苏地区没有发现青铜匜。

春秋晚期：5件。分为三种类型：第一种是Ba型的环足椭方体匜，见于邳州刘林遗址出土的素面匜[④]（图5-10），呈椭方形，侧边有环耳，环形足，这种形制的匜在河南淇县（图3-21）、山东滕州及枣庄徐楼[⑤]等地的东周墓葬当中都有出土，而且数量也以山东地区为多。邳州地处苏鲁交界，所以刘林遗址出土的这件环足匜当是受到邻近山东地区同类匜影响的产物。

图5-9　南京雨花台区铜匜

（《故都神韵》第37页）

图5-10　江苏邳州刘林遗址铜匜

（《出土铜》7·204）

第二种是Da型Ⅱ式会匜，江苏地区的会匜多出现在春秋时期吴国范围之内，出土地有吴县[⑥]、盱眙[⑦]、六合[⑧]等地，其中盱眙王庄出土的攻吴季生匜器主“攻吴季生”[⑨]，六合区出土的罗儿匜铭“余吴王之甥……”[⑩]，皆明确道出了匜的主人就是

---

① 南京市博物馆：《故都神韵——南京市博物馆文物精华》，文物出版社，2013年，第37页。

② 李伯谦：《中国出土青铜器全集（7）》，科学出版社，2018年，141。

③ 李伯谦：《中国出土青铜器全集（7）》，科学出版社，2018年，79。

④ 李伯谦：《中国出土青铜器全集（7）》，科学出版社，2018年，204。

⑤ 中国青铜器编辑委员会：《中国青铜器全集（9）》，文物出版社，1997年，88；枣庄市博物馆等：《山东枣庄徐楼东周墓发掘简报》，《文物》2014年1期，第23页。

⑥ 吴县文物管理委员会：《江苏吴县何山东周墓》，《文物》1984年5期，第18页。

⑦ 盱眙县文化馆：《盱眙县王庄出土春秋吴国铜匜》，《文物》1988年9期，第96页。

⑧ 南京市博物馆、六合县文教局：《江苏六合程桥东周三号墓》，《东南文化》1991年1期，第210页。

⑨ 中国青铜器编辑委员会：《中国青铜器全集（11）》，文物出版社，1997年，63。

⑩ 吴镇烽：《商周青铜器铭文暨图像集成》，上海古籍出版社，2012年，14985。

与吴有密切关系的贵族。六合在春秋时期称“棠邑”，是吴楚交兵的必争之地，“六合，春秋楚棠邑，后属吴”，“楚败越，尽取吴故地，复属楚”[①]。吴楚的反复交往，楚文化的会匜也同时为吴文化所拥有，也就是可以理解的事情了。

第三种是Db型Ⅲ式的瓢形匜，出土于江苏镇江谏壁王家山东周墓[②]，仅1件，器体朴实无华，但内壁刻划禽鸟树木、水波鱼纹、人物宴饮等图案，对我们了解当时的社会生活具有重要的史料作用。

战国时期：共4件。早期2件、中期1件、晚期1件。早期匜出土于六合程桥[③]、苏州虎丘[④]；中期匜出土于淮阴高庄（M1：97）[⑤]，晚期匜出土于无锡前洲[⑥]，都是Db型的瓢形匜，其中六合程桥、淮阴高庄出土的铜匜上面有线刻纹饰，是这时期瓢形匜比较常见的装饰。

第五节　海岱地区

海岱地区指现今的山东地区，属传统意义上的齐鲁文化区。共计出土青铜匜74件，占出土总数的14.1%。

西周晚期：共计9件。都为Aa型Ⅱ式匜，集中出土于山东曲阜[⑦]、青州[⑧]、烟台[⑨]、莒县[⑩]等地区，这些地区出土的铜匜器形规整，纹饰布局规范，皆是口沿饰重环纹或窃曲纹，腹饰瓦棱纹作为主要纹饰，完全模仿了周原铜匜的作器风格，这当是齐鲁作为与周王室关系亲近的诸侯国，在作器上受周王朝中央影响的缘故。

春秋早期：23件，有Aa型Ⅲ式、Ab型Ⅱ式匜。青铜匜在春秋早期的山东地区得到了很大发展，分别为齐、鲁、莒、鄀、小邾国等诸侯国所有，这一时期山东地区出土的23件铜匜当中，仅通长超过30厘米的大型铜匜就有17件，通长超过40厘米的超大型

① （明）董邦政、黄绍文：《六合县志》，清光绪癸未刻本。

② 镇江博物馆：《江苏镇江谏壁王家山东周墓》，《文物》1987年12期，第25页。

③ 吴山菁：《江苏六合县和仁东周墓》，《考古》1977年5期，第301页。

④ 苏州博物馆考古组：《苏州虎丘东周墓》，《文物》1981年11期，第52页。

⑤ 淮阴市博物馆：《淮阴高庄战国墓》，《考古学报》1988年2期，第204页。

⑥ 李零、刘雨：《楚郷陵君三器》，《文物》1980年8期，第33页。

⑦ 山东省文物考古研究所、山东省博物馆、济宁地区文物组等：《曲阜鲁国故城》，齐鲁书社，1982年，第151页，等。

⑧ 青州市博物馆：《青州杨姑桥遗址调查报告》，《海岱考古（5）》，科学出版社，2012年，第247页。

⑨ 李步青：《山东莱阳县出土己国铜器》，《文物》1983年12期，第8页；山东省烟台地区文物管理委员会：《烟台市上夼村出土曩国铜器》，《考古》1983年4期，第289页。

⑩ 莒县博物馆：《山东莒县西大庄西周墓葬》，《考古》1999年7期，第39页。

图5-11　郳庆匜
（《商周》14905）

铜匜就有5件[①]，且普遍装饰华美，青铜匜在这一地区的繁盛状况由此可见一斑。齐鲁莒文化圈出土的铜匜普遍沿袭了西周晚期铜匜的装饰风格，保留着浓郁的周原铜匜文化色彩。

这时期山东小邾国的铜匜表现出了两种情况：一种是模仿了西周晚期周原铜匜的作器风格，如安徽博物院藏的郳庆匜[②]，口沿饰窃曲纹，腹饰瓦棱纹作为主体纹饰，完全是周原铜匜的作器范式，但在另一方面却又显现出了自身的风格，如2002年山东枣庄市山亭区东江小邾国墓地出土郳庆匜[③]（图5-11），通体装饰交龙纹，与关中及齐鲁地域出土青铜匜的装饰手法截然不同，表现出十分个性的一面。这当是小邾国本为曹姓诸侯国，在作器风格上受到齐鲁影响的同时又想竭力保持自身文化独特性的缘故所致。

另外在山东平邑[④]、枣庄小邾国M2[⑤]（图5-12）的墓葬当中还出土一种颈部较平直三足龙形鋬匜，这种类型的铜匜多见于安徽江淮地区[⑥]。在临沂[⑦]、平邑[⑧]、安丘[⑨]（图5-13）、日照[⑩]等地还出土一种三足燕尾鋬匜，这类匜也多流行在皖南沿长江地带。龙形鋬和燕尾鋬，可能代表了某种文化的变迁[⑪]。因此，山东地区出土的这两种匜应当是受到安徽地区这种铜匜文化影响的结果，具有明显的地域特色，属于比较典型的地方类型铜匜。

最后，在山东枣庄小邾国墓地M3还出土一件平底窄体匜[⑫]（图5-14），这件匜形制奇特，形似春秋时期的舟（铏）却有槽形流，似瓢形匜却体形瘦长，因与盘伴出，因而我们判定其为匜，只此一件，没有形成特定的文化属性，只能当作一件特殊类型的匜来看待。

---

① 参看附表1第70～82、160、162～164、466、467、480～483等器。

② 吴镇烽：《商周青铜器铭文暨图像集成》，上海古籍出版社，2012年，14955。

③ 吴镇烽：《商周青铜器铭文暨图像集成》，上海古籍出版社，2012年，14905。

④ 李常松：《平邑蔡庄出土一批青铜器》，《考古》1986年4期，第366页。

⑤ 枣庄市博物馆、枣庄市文物管理办公室：《枣庄市东江周代墓葬发掘报告》，《海岱考古（4）》，科学出版社，2011年，第163页，图16，图版46。

⑥ 张爱冰：《皖南沿长江地区周代铜器研究》，《考古学报》2013年4期，第497页。

⑦ 郑西溪：《临沂市博物馆馆藏集萃》，山东美术出版社，2011年，第74页。

⑧ 李常松：《平邑蔡庄出土一批青铜器》，《考古》1986年4期，第366页。

⑨ 安丘市博物馆：《山东安丘柘山镇东古庙村春秋墓》，《文物》2012年7期，第20页。

⑩ 董书涛：《日照博物馆馆藏文物集》，齐鲁书社，2010年，第79页。

⑪ 张爱冰：《皖南沿长江地区周代铜器研究》，《考古学报》2013年4期，第497页。

⑫ 枣庄市博物馆、枣庄市文物管理办公室：《枣庄市东江周代墓葬发掘报告》，《海岱考古（4）》，科学出版社，2011年，第176页。

图5-12　小邾国M2龙形鋬匜
（《小邾国》第56页）

图5-13　山东安丘柘山镇燕尾鋬匜
（《出土铜》6 · 304）

图5-14　小邾国M3平底窄体匜
（《小邾国》第74页）

图5-15　山东临淄郎家庄鹰首匜
（《全集》9 · 36）

春秋中期：共9件，有Aa型Ⅳ式、Ab型Ⅱ式匜、地方类型匜。出土于济南[①]、滕州[②]、沂水[③]、淄博[④]等地区。春秋中期山东地区青铜匜数量急剧减少，且器型不再规整，纹饰装饰也是因铜匜所属国别不同而变化无常，没有一个有规律性的特征可以总结，唯独体量很大是这一时期海岱地区铜匜的普遍特点。这一时期需要注意的是山东临沂郯城县大埠二村M1出土的1件燕尾鋬蟠虺鳞纹匜[⑤]（图5-16），这件匜的流较之于春秋早期的Aa型Ⅲ式匜弯曲更甚，也为三足，形制接近春秋早期山东一带出土的燕尾鋬匜，当是春秋早期山东地区燕尾鋬匜的孑遗，属于地方类型匜，与之相似的铜匜还见于台北故宫博物院藏的两件铜匜（附表2第168、169号器）。从形制相似等方面综合判断，我们认为台北故宫的这两件铜匜也有可能出土于山东地区。

春秋晚期：共计13件，有Aa型Ⅴ式、Ab型Ⅲ式、Ba型、Db型Ⅲ式匜。分布在临

---

① 山东大学历史文化学院考古与博物馆学系：《山东济南长清仙人台周代墓地M4发掘简报》，《文物》2019年4期，第19页。

② 山东省济宁市文物管理局：《薛国故城勘查和墓葬发掘报告》，《考古学报》1991年4期，第460、468、480、490页等。

③ 山东省文物考古研究所、沂水县文物管理站：《山东沂水刘家店子春秋墓发掘简报》，《文物》1984年9期，第5页。

④ 临淄区文物局：《山东淄博市临淄区刘家新村春秋墓》，《考古》2013年5期，第22页。

⑤ 山东省文物考古研究所等：《郯城县大埠二村遗址发掘报告》，《海岱考古（4）》，科学出版社，2011年，第121页，图20，彩版2 · 3。

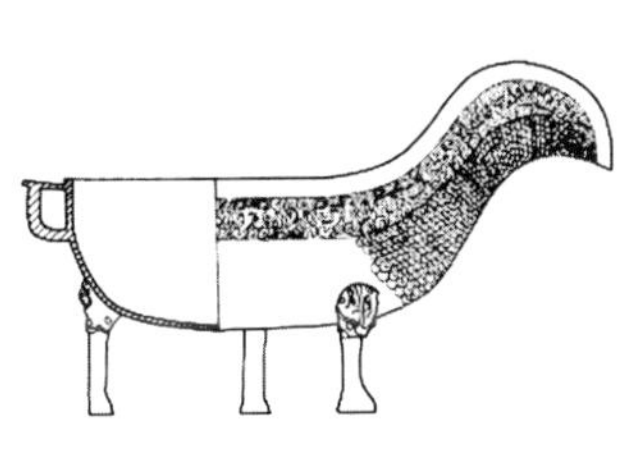

图5-16 山东临沂大埠二村M1燕尾鋬蟠虺鳞纹匜线图及实物
（《海岱考古（4）》图20、彩版2·3）

沂[①]、滕州[②]、淄博[③]、枣庄[④]、烟台[⑤]、新泰[⑥]等地区。Aa型Ⅴ式槽形流铜匜只见于沂水纪王崮[⑦]、费县大田庄[⑧]出土的两件，但纹饰装饰华美，是这一时期比较少见的精品。

Ab型Ⅲ式管状流匜较多见，造型朴素，全部为素面。但2009年山东枣庄徐楼东周墓M1、M2铜匜体表出现镶嵌红铜工艺[⑨]，是铜匜装饰的一种新工艺，值得注意。

Ba型枣庄徐楼东周墓M2出土的环足匜，为短流椭方体，这种造型的匜还见于河北易县出土的齐侯匜[⑩]，在其他地区少见或不见，具有明显的地方文化特色。

另外这一时期在新泰周家庄出现Db型Ⅲ式瓢形匜[⑪]，是山东地区首次发现的瓢形匜。

战国时期：总共20件，其中早期10件、中期2件、晚期8件，遍及山东大部分地区。其中17件为Db型瓢形匜，以实用器为主，这与全国其他地区这一时期青铜匜的演变规律是一样的，没有明显的地域特色。

需要注意的是战国晚期临淄郎家庄[⑫]（图5-15）、商王村[⑬]出土3件匜，为鹰首，桃

① 山东省文物考古研究所等：《沂水纪王崮春秋墓出土文物集萃》，文物出版社，2016年，23。

② 吴镇烽：《商周青铜器铭文暨图像集成三编》，上海古籍出版社，2020年，1260。

③ 秦始皇帝陵博物院：《泱泱大国——齐国历史文化展》，三秦出版社，2015年，第71页。

④ 枣庄市博物馆等：《山东枣庄徐楼东周墓发掘简报》，《文物》2014年1期，第9页。

⑤ 烟台市文物管理委员会、海阳县博物馆：《山东海阳县嘴子前春秋墓的发掘》，《考古》1996年9期，第6页。

⑥ 林宏：《山东泰安市黄花岭村出土青铜器》，《考古与文物》2000年4期，第14页。

⑦ 山东省文物考古研究所等：《沂水纪王崮春秋墓出土文物集萃》，文物出版社，2016年，23。

⑧ 李伯谦：《中国出土青铜器全集（6）》，科学出版社，2018年，310。

⑨ 枣庄市博物馆等：《山东枣庄徐楼东周墓发掘简报》，《文物》2014年1期，第26页。

⑩ 吴镇烽：《商周青铜器铭文暨图像集成》，上海古籍出版社，2012年，14997。

⑪ 山东省文物考古研究所、新泰市博物馆：《山东新泰周家庄东周墓发掘简报》，《文物》2013年4期，第9页。

⑫ 中国青铜器全集编辑委员会：《中国青铜器全集（9）》，文物出版社，1997年，36。

⑬ 淄博市博物馆：《山东临淄商王村一号战国墓发掘简报》，《文物》1997年6期，第17页。

形腹，喇叭状圈足，极具地方特色。这种形制的铜匜在湖北荆门包山2号楚墓[①]中出土过同类型器，时代在战国中期。所以临淄鹰首匜当是受到包山鹰首匜影响的产物，也或许就是湖北的鹰首匜因为某种原因流落到了山东地区，随葬进了山东的墓葬当中。

第六节　北方地区

北方地区指今晋中、晋北地区，冀中、冀北、北京地区，以及内蒙古、辽宁等北方边远地区，共出土青铜匜29件。

一、晋中、晋北地区

晋中、晋北地区总共出土青铜匜5件，主要分布在山西太原、忻州定襄、大同浑源等地，年代都在春秋晚期，没有发现西周至春秋中期的铜匜。

太原金胜村晋国赵卿墓[②]、定襄中霍村[③]出土的Db型Ⅲ式瓢形匜，内部有刻划纹饰，制作相当精工。我们知道瓢形匜主要流行于楚地，刻纹铜器本发源于吴越地区[④]，在晋中、北部地区出土这种铜匜，当是受到楚、吴越文化影响的结果。

山西浑源李峪村出土的Ab型Ⅲ式鸟首盖蟠螭纹匜[⑤]，腹部较圆，颈部下方有一圆环，这种造型与新郑李家楼等地出土的瓢形匜[⑥]相似，只是这件匜安装了三足，鸟首盖，应当是这件匜在制作过程当中参考了Db型瓢形匜的体腹造型，同时又加入A型蹄足匜的柱足因素，二者融合的产物（图5-17）。浑源李峪村还出土有一件Ca型圈足匜[⑦]，是在Da型会匜的底部加上了矮圈足，造型比较独特。

这里最值得注意的是太原金胜村赵卿墓出土的1件虎头提梁匜[⑧]（图5-18），器形十分特殊，匜流首是一只虎头的造型，前两足有蹼，背用拱起的提梁代替传统的鋬，

① 湖北省荆沙铁路考古队：《包山楚墓》，文物出版社，1991年，（上册）第189页，（下册）图版56 · 4。

② 山西省考古研究所、太原市文物管理委员会：《太原晋国赵卿墓》，文物出版社，1996年，第67、69页。

③ 李有成：《定襄县中霍村东周墓发掘报告》，《文物》1997年5期，第10、12页。

④ 滕铭予：《东周时期刻纹铜器再检讨》，《考古》2020年9期，第93页。

⑤ 容庚：《商周彝器通考》（上册），台湾大通书局印行，1973年，第468、469页，附图868。

⑥ 河南博物院、台北历史博物馆：《新郑郑公大墓青铜器》，大象出版社，2001年，第136页。

⑦ 李夏廷：《浑源彝器研究》，《文物》1992年10期，第64页。

⑧ 太原市文物考古研究所：《晋国赵卿墓》，文物出版社，2004年，第26页。

图5-17　浑源李峪村鸟首盖蟠螭纹匜
（《通考》附图868）

图5-18　太原金胜村虎头提梁匜
（《晋国赵卿墓》第26页）

制作异常精美。这种造型的匜目前仅发现这1件，应当是受到了春秋晚期鐎盉造型的启发制作而成，是一件特殊类型的铜匜。

二、冀中、冀北、北京地区

冀中、冀北、北京出土的青铜匜主要集中在河北保定的唐县、易县，石家庄的行唐县、平山县，张家口的涿鹿县、怀来县，北京的房山区、延庆县等地，共出土青铜匜16件。

西周晚期：仅见1965年河北唐县南伏城出土西周窖藏出土的1件Aa型Ⅱ式铜匜[①]，模仿周原铜匜风格，但制作较为粗疏。

春秋早期该地区未见青铜匜出土，春秋中期出土1件，见于河北唐县钓鱼台积石墓[②]，为素面兽首管流匜，形制风格同于同时期中原地区的铜匜。

春秋晚期：6件，出土于河北怀来甘子堡、易县，北京延庆县等地。甘子堡出土的Aa型蟠虺纹匜、瞏匜以及Ab型素面匜[③]，风格是中原式的，甘子堡墓葬为春秋时期北方地区山戎墓葬，出土带有中原风格的铜匜，说明了这一时期山戎与中原文化往来的密切。尤其是瞏匜铭文大意表明这件匜是中原蔡国贵族瞏为嫁女而作，更是两地往来密切的证据[④]。易县出土的齐侯匜[⑤]，系清光绪十八（1892年）年出土，这件匜体形硕

① 郑绍宗：《唐县南伏城及北城子出土周代青铜器》，《文物春秋》1991年1期，第14页。

② 胡金华、冀艳坤：《河北唐县钓鱼台积石墓出土文物整理简报》，《中原文物》2007年6期，第5页。

③ 贺勇、刘建中：《河北怀来甘子堡发现的春秋墓群》，《文物春秋》1993年2期，第27页。

④ 贺勇、刘建中：《河北怀来甘子堡发现的春秋墓群》，《文物春秋》1993年2期，第40页。

⑤ 吴镇烽：《商周青铜器铭文暨图像集成》，上海古籍出版社，2012年，14997。

大，与山东出土的逢叔匜[①]、山东枣庄徐楼M2出土的素面匜[②]形制相似，铭文内容显示齐侯嫁女于燕地的史实，是春秋时期齐燕两国往来的实物例证。北京延庆军都山戎人墓地出土的三角云纹匜[③]，形制与怀来甘子堡匜相同，也当是戎人与中原交往的产物。

战国早期：6件。唐县北城子[④]、行唐庙上村[⑤]出土的Cb型Ⅱ式、Db型Ⅳ式铜匜，从形制上看与同时期其他地区的同类匜并无太大区别，只是在局部又加了一些兽首之类的装饰，体现出一定的地方特色。

图5-19　贾各庄匜
（《全集》9 · 134）

唐县贾各庄[⑥]（图5-19）、北城子[⑦]（图5-20）、涿鹿故城[⑧]、北京房山前朱各庄[⑨]（图5-21）出土的鸮首三足匜，形体高大，长流，鸮首，深腹，三足，造型十分独特，这种形制的铜匜在全国其他地区未曾发现，只发现于河北、北京地区的燕文化圈内，是典型燕文化的器物，具有明显的地方文化特征，属于地方类型的铜匜。

战国中期：2件，一件出土于涿鹿故城M2[⑩]，另一件出土于河北平山县中山王陵[⑪]，都是瓢形匜，器形简单，没有特别的地方文化特征。

战国晚期青铜匜在河北地区已经消失了。

---

① 中国青铜器编辑委员会：《中国青铜器全集（9）》，文物出版社，1997年，88。

② 枣庄市博物馆等：《山东枣庄徐楼东周墓发掘简报》，《文物》2014年1期，第23页。

③ 北京市文物研究所：《军都山墓地：玉皇庙（二）》，文物出版社，2007年，第905页，图568。

④ 郑绍宗：《唐县南伏城及北城子出土周代青铜器》，《文物春秋》1991年1期，第16页。

⑤ 河北省文物研究所：《河北省考古文集》，东方出版社，1998年，第201页，图版18 · 4。

⑥ 中国青铜器编辑委员会：《中国青铜器全集（9）》，文物出版社，1997年，134。

⑦ 郑绍宗：《唐县南伏城及北城子出土周代青铜器》，《文物春秋》1991年1期，第15页。

⑧ 吉林大学考古学院、涿鹿县文化广电和旅游局：《河北涿鹿故城遗址M1清理简报》，《文物》2019年11期，第23页。

⑨ 北京市文物研究所、北京市房山区文物管理所：《北京房山前朱各庄战国墓发掘简报》，《文物》2017年4期，第5页。

⑩ 吉林大学考古学院、涿鹿县文物局：《河北涿鹿故城遗址2号战国墓发掘简报》，《考古》2019年10期，第38页。

⑪ 河北省文物研究所：《譽墓——战国中山国国王之墓（上）》，文物出版社，1996年，第128、129页。

图5-20　唐县北城子匜
（《全集》9·135）

图5-21　房山前朱各庄匜
（《出土铜》1·98）

三、内蒙古、辽宁地区

内蒙古地区出土的青铜匜仅见1985年内蒙古宁城小黑石沟石椁墓①，1大6小，共7件。时代在春秋早期，这7件匜从外形轮廓上来看跟周原型铜匜较为接近，口沿饰重环纹，腹饰瓦棱纹。但是仔细看来，这7件匜却是三足，且小匜颈下部有圆环，这在周原型铜匜上是看不到的。6小匜尺寸大小一样，颇有中原地区列器的特征，可称为“列匜”（图5-22、图5-23）。同墓没有盘出土，所以这7件匜当是内蒙古当地在学习了周原铜匜的基础上，仿造出的本地铜匜，并且在用匜制度上仿效了中原的列器制度，具有比较明显的地方特色。

辽宁地区出土的青铜匜仅见2000年辽宁建昌东大杖子墓地M11出土的1件刻纹匜②，年代在战国早期。这件匜无论是形制还是线刻纹饰，都与河南陕县M2042③、江苏镇江王家山④出土的铜匜十分接近，所以这件铜匜应该是辽宁本地与中原及南方地区文化交流的产物。

图5-22　小黑石沟匜（大）
（《出土铜》1·147）

图5-23　小黑石沟匜（小）
（《全集》15·190）

① 内蒙古自治区文物考古研究所、宁城县辽中京博物馆：《小黑石沟——夏家店上层文化遗址发掘报告》，科学出版社，2009年，第268～270页。

② 辽宁省文物考古研究所等：《辽宁建昌东大杖子墓地2000年发掘简报》，《文物》2015年12期，第20～22页。

③ 中国社会科学院考古研究所：《陕县东周秦汉墓》，科学出版社，1994年，第66页。

④ 镇江博物馆：《江苏镇江谏壁王家山东周墓》，《文物》1987年12期，第25页。

第七节　巴蜀地区

巴蜀地区指现今的四川、重庆地区，共出土青铜匜6件，占总数的1.1%。

四川地区出土4件，1980年四川新都晒坝战国木椁墓出土2件①、成都双元村东周墓出土1件②，年代在战国早期。1973年四川成都西郊战国墓③出土1件，年代在战国晚期。

重庆地区出土2件，2004年重庆巫山土城坡墓地M65出土1件④，年代在战国早期。重庆云阳李家坝遗址出土1件⑤，年代在战国晚期。

四川、重庆地区出土铜匜全部都是Db型瓢形匜，造型装饰与其他地区一样，没有明显的地方特色。

巴蜀地区没有发现西周至春秋时期的铜匜，说明这一地区在该时段与中原往来有限，没有吸收中原地区的用匜传统，只是在战国时期青铜器逐步生活化以后，鉴于瓢形匜的实用性，才在有限的范围内使用了青铜匜，且没有纹饰装饰，表明了巴蜀地区青铜匜文化并不发达。

小　　结

对青铜匜进行分域研究有助于了解各个时期、各个区段青铜匜的文化面貌及发展演变情况。总的来看，全国地域内出土青铜匜具有以下特点：

（1）从出土数量来看，关中、中原地区出土青铜匜数量最多（共195件，其中关中39件、中原地区156件。甘肃地区的6件不计算在内），汉淮及长江中游地区次之（175件），其余依次为海岱地区（74件）、长江下游地区（39件）、北方地区（29件）、巴蜀地区（6件）。

关中、中原地区出土青铜匜最多，是因为青铜匜本来就是周文化的产物，它在西周中期的关中地区产生，伴随着西周灭亡，周平王东迁洛邑，其也就随着周王朝统治重心的转移来到了中原地区，并随着时代的推移逐渐向周边辐射，在春秋晚期达到高

① 四川省博物馆、新都县文物管理所：《四川新都战国木椁墓》，《文物》1981年6期，第6页。

② 成都文物考古研究院、青白江区文物保护中心、四川大学考古学教学示范中心：《四川成都双元村东周墓地一五四号墓发掘》，《考古与文物》2020年3期，第407页。

③ 四川省博物馆：《成都西郊战国墓》，《考古》1983年7期，第598页。

④ 武汉市文物考古研究所、巫山县文物管理所：《重庆巫山土城坡墓地2004年发掘简报》，《江汉考古》2009年2期，第26页。

⑤ 秦始皇帝陵博物院：《寻巴——消失的古代巴国》，西北大学出版社，2016年，第79页。

峰，最终形成遍地开花的局面。

汉淮及长江中游地区次之，这一方面是因为西周晚期至春秋早期，汉淮地区小国众多，与周王朝关系密切，大量接受了周王朝的青铜匜文化。之后随着楚国势力的北上，汉淮地区逐步纳入楚的版图之内，东周时期楚国国力强盛，不但接受了具有周原色彩的A型蹄足匜，还大量生产了具有楚文化色彩的Da型会匜，还有具有实用价值的Db型瓢形匜，从而形成丰富多彩的楚地匜文化。另一方面是湖北、湖南地处南国水乡，匜作为一种水器，更加符合楚地贵族喜欢洗浴的生活方式，所以楚地贵族乐意接受这种为他们生活带来便捷的器物，从而导致了青铜匜在楚地的极大兴盛。

其余各地青铜匜的数量也都与中原周文化、南方楚文化核心的远近关系成正比。一个总体的态势就是，离周文化核心区越近的地区，蹄足匜的数量就越多；离楚文化核心区越近的地区，平底匜的数量就越多。离周、楚文化核心区越远的地区，出土青铜匜的数量则越少。

（2）从文化面貌上来看。虽然青铜匜在产生不久西周王朝就灭亡了，但是政权的灭亡并不等同于文化的灭亡。西周时期建立起来的一整套礼仪规范依然在东周时期的诸侯国当中，起到了维护秩序的作用，只是依据国族属性的不同在采纳程度上有所隆杀而已。具体到青铜匜上来，我们发现，凡是与周王室关系密切的诸侯国，无不在青铜匜的作器风格上仿效了关中周原铜匜的作器范式，如湖北的曾，河南的应、虢，山东的齐鲁，山西的晋等，这些国族都是西周时期分封的头等诸侯大国，在所作的匜上，不但数量最多，且器型规整，纹饰大多都是口沿饰窃曲纹或重环纹，腹饰瓦棱纹作为主要纹饰，成为这一时期姬姓诸侯国作匜的典型特征。尤其是海岱地区，目前出土的大型铜匜大多都出土在山东的齐鲁文化圈内，可见山东对周礼的认同程度。

而与周王室关系较为疏远的国族在作器风格上则在模仿周原铜匜的基础上印上了自己国族的一些文化特色，如汉淮间的黄，为嬴姓国族，出土的黄君孟匜、黄孟姬匜，器形轮廓模仿周原铜匜，在装饰上却不是重环纹、窃曲纹，而是蟠螭纹。又如陕西的秦，按理来说秦人继承周人故地，在青铜匜的制作上更应该完全继承周原铜匜的风格才对，然而事实恰好相反，在春秋早期的其他姬姓诸侯国还在铜匜上装饰瓦棱纹的同时，秦人已经早早地在自己的铜匜上装饰了具有秦人风格的转折平直的蟠螭纹，相似的情况还见于芮。再如小邾国，目前所见小邾国的铜匜有4件，其中3件具有地方文化特征、2件腹部装饰交龙纹、1件颈部下有三角形凸起，兽蹄足，是受到皖南青铜匜影响的结果，只有1件模仿了周原腹饰瓦棱纹的造型。

所有这些现象表明，青铜匜的装饰仅仅是一个表面的现象，而背后所反映的，则是青铜匜所在的国族对周礼的吸收、认同，以及对周文化向心力的深浅程度。

（3）从器物类型上看。总共524件出土器当中，出土的A型高蹄足铜匜有267件，占出土青铜匜总数的一半以上，且分布范围广、延续时间长，从战国中期开始出现一直到战国中期才开始走向消亡，体现了强大的生命力，这是周文化力量强大、影响深远的反映。

出土的Da型会匜42件，主要分布在楚文化圈之内，是楚系青铜器的标志性器物，虽然只繁盛于春秋晚期，昙花一现，但是其优美的造型、独特的风格堪称匜中翘楚，成为青铜匜文化史上一朵耀眼的奇葩。

平底的Db型瓢形匜162件左右，分布范围广泛，在全国各个地区均有出土，尤以南方楚、吴地为大宗，这是其本身小巧、便捷的实用价值发挥了重要作用，因而受到各个阶层贵族的喜爱。

因此可以说，A型匜是周文化的物质表征，D型匜是南方楚文化的物质表征。有意思的是在地处中原的河南尉氏河东周村[①]、新郑李家楼[②]、洛阳西工区路M8832[③]既出土A型蹄足匜，还出土D型平底匜，体现了周、楚两种匜文化在中原大地的交融与共存。

其余的B型环足、C型圈足、地方类型以及特殊类型匜虽然器形特别，数量不多，但都是两周时期青铜匜的重要组成部分。

总之，陕西周原地区是A型青铜匜的源头所在，南方楚地是D型青铜匜的发源之地。A型铜匜为先驱，D型铜匜踵其后，继之两种铜匜又交相辉映，遍布华夏大地，再加B型环足、C型圈足、地方类型以及特殊类型匜的适时点缀，诸种类型共同构成了两周时期熠熠生辉的青铜匜文化。

---

① 郑州市博物馆：《尉氏出土一批春秋时期青铜器》，《中原文物》1982年4期，第32页。

② 河南博物院、台北历史博物馆：《新郑郑公大墓青铜器》，大象出版社，2001年，第135、136页。

③ 洛阳市文物工作队：《河南洛阳市西工区M8832号东周墓》，《考古》2011年9期，第37页。

第六章　青铜匜与其他器类的关系

作为一种礼器，青铜匜不可避免地要与其他器类发生一些关系，这些关系既有器型上的，也有组合上的，还有文化内涵上的。本章着重对青铜匜与觥、盉的关系做一探讨。

第一节　青铜匜与觥的关系

匜与觥的关系可以说是由来已久的一个问题。匜我们在本书第二章已经说得很清楚，它有自名，形制演变有规律可循，流行时间明确。而现在学界称之为“觥”的器物则没有自名，自宋代以来，金石学家将一种槽形短宽流、深鼓腹、高圈足或柱足的器物称之为“觥”，后世便约定俗成，将这种称谓沿用下来。因而从定名理论上来说，似乎觥与匜是很容易区分的两类器物。

然而具体到器物实际上来，情况则不尽然。觥的形制与本书所研究的Aa型匜确实有某些相似之处，如二者都为槽形流，都为扁长体的腹，有些觥具有与匜一样的柱足等。典型的例子如1976年河南安阳殷墟妇好墓出土的司母辛觥[①]（图6-1）、传世的妇觥[②]（图6-2），就是具备与匜形制相似的特点。正因为如此，自北宋以来，就屡有金石学家将匜、觥混淆的情况。

图6-1　司母辛觥

（《全集》3·149）

图6-2　妇觥

（《美集录》A656）

---

① 中国青铜器全集编辑委员会：《中国青铜器全集（3）》，文物出版社，1997年，149。

② 陈梦家：《美帝国主义劫掠的我国殷周铜器集录》，科学出版社，1962年，R27，A656。

北宋王黼著《博古图》，就将7件觥误定名为“匜”，举其中1例周文姬“匜”[①]（图6-3）。南宋赵九成编《续考古图》，又将一件兽首匜误定名为“觥”[②]（图6-4）。

清代的“乾隆四鉴”以及端方等的著作中也都有将匜觥混淆的现象[③]，其中尤以误觥为匜的现象较为多见，举例1周司寇“匜”[④]（图6-5）、例2賷引“匜”[⑤]（图6-6），其实都是觥。

及至近代，始有学者对这两种器物进行辨析。

王国维先生认为匜、觥非同类器物，“案自宋以来所谓匜者有两种，其一器浅而钜，有足而无盖，其流狭而长。其一器稍小而深，或有足或无足，而皆有盖（其无

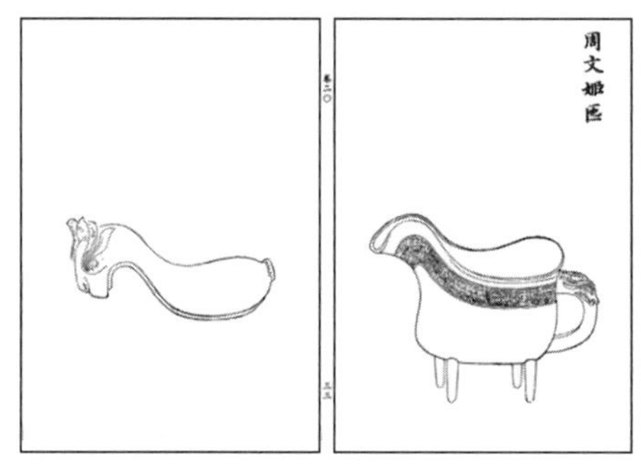

图6-3　周文姬“匜”

（《博古图》20 · 33）

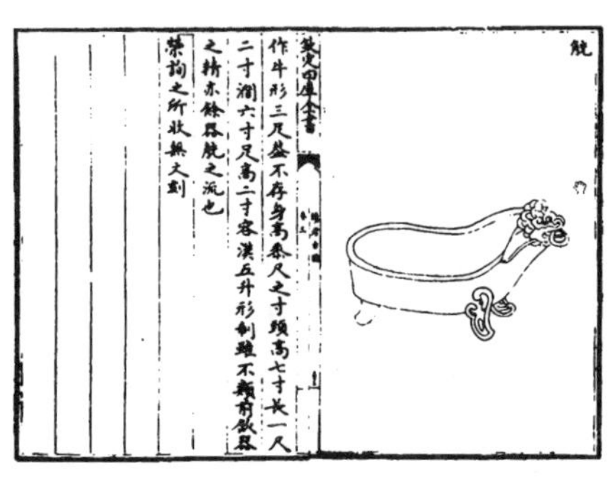
欽定四庫全書

觥

作牛形三足蓋不存身高叅尺之寸頸高七寸長一尺二寸濶六寸足高二寸容漢五升形制雖不類前敘器之精亦餘器觥之流也

榮詢之所收無文刻

图6-4　兽首“觥”

（《续考古图》3 · 33）

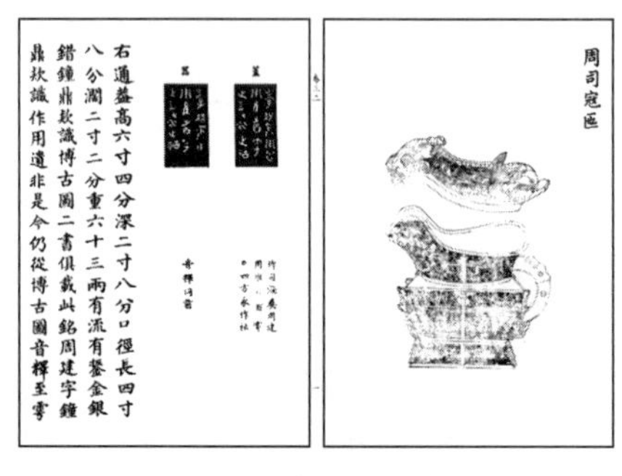
右通蓋高六寸四分深二寸八分口徑長四寸八分濶二寸二分重六十三兩有流有鋈金銀錯鐘鼎款識博古圖二書俱載此銘周建字鐘鼎款識作用遺非是今仍從博古圖音釋至霁

周司寇匜

图6-5　周司寇“匜”

（《西清古鉴》32 · 1）

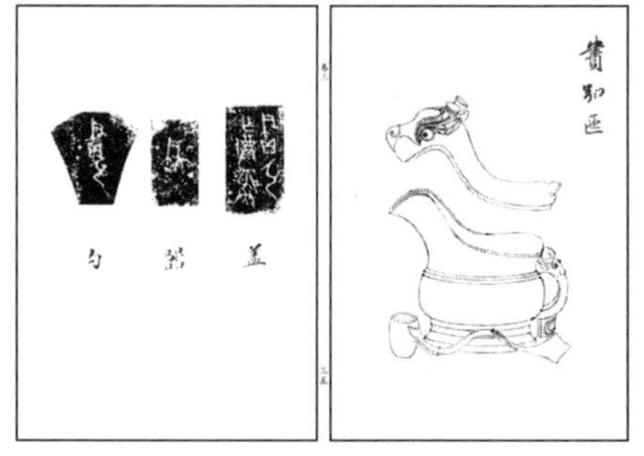

图6-6　賷引“匜”

（《陶斋》3 · 35）

---

① （宋）王黼：《博古图》，清乾隆十八年天都黄晟亦政堂修补明万历二十八年吴万化宝古堂刻本，匜的具体情况见第一章第一节图录类《博古图》部分。

② （宋）吕大临、赵九成：《考古国、续考古图、考古图释文》，中华书局，1987年，第239页。

③ 见本书第一章第二节的论述。

④ （清）梁诗正：《西清古鉴》，清乾隆二十年内府刻本，卷32 · 1。

⑤ （清）端方：《陶斋吉金录》，清光绪三十四年石印本，卷3 · 35。

盖者乃出土时失之），其流侈而短，盖皆作牛首形”[①]。并举《博古图》、《西清古鉴》、端方著录中定名为“匜”而实为觥的器物做以说明，认为这些所谓的“匜”并不是匜。王国维进一步分析，认为匜与觥的区别有三个特征：①匜有自名，而觥无自名。②匜是燕器，不用于祭祀鬼神。而觥系孝享之器，而非沃盥之器。③匜用于沃盥之礼，无须有盖。而觥皆有盖，盖端皆作牛首形[②]。王国维先生可以说首次从器形、铭文方面对匜、觥做了区分，其开创之功不容忽视。

容庚先生也对匜、觥做了研究，他在其著录中按照形制不同，将匜、觥分开，分为两类器进行论述[③]，并举例说明，此后容庚与张维持合著的《殷周青铜器通论》一书也仍然坚持了将匜、觥分开的观点[④]。

孙华先生通过将文献与出土材料相结合，进行多方位的分析后，认为我们通常所说的带盖圈足觥应当称之为“卣”，而将类似安阳殷墟妇好墓出土的司母辛觥（孙文称为“司母辛羊形匜）之类的动物形四足觥称为西周中期以前的匜；将类似儹匜这类主体为葫芦造型的匜称为西周中期以后的匜[⑤]。

刘莹莹也对匜与觥的关系做了探讨，她认为匜与觥：①属性不同：觥为酒器而匜为水器。②器物形制不同：觥的体态、容积、重量都比匜大得多。匜多无盖，觥皆有盖。③觥最早出于安阳殷墟妇好墓，到了西周中期已经逐渐衰落。西周中后期出现的匜多为三足或四足匜，而这一阶段觥皆为圈足，未见有三足或四足的觥[⑥]。

但日本学者林巳奈夫先生在《殷周青铜器综览》中，则依然是将觥归入匜属，全部称匜[⑦]。

鉴于以上学者对何者为匜、何者为觥这一问题的不同认识，我们认为有必要重新辨析。笔者在梳理了匜、觥相关资料的基础上，在此提出几点区分匜与觥的证据，以供参考。

（1）器形不同。通过整理材料我们发现，不管匜的时代及形态如何变化，但它们都有一个共同的特征都是腹部为瓢形体，窄长流，腹下以柱足、扁足者居多，圈足者少。而觥则是短宽流，圆形、方形或椭方形深鼓腹，以圈足器居多，柱足器少见，有柱足者绝大多数为粗壮的圆柱足，未见有扁足者。另外正如王国维先生所言“觥多有

---

① 王国维：《观堂集林》，中华书局，1959年，第149页。

② 王国维：《观堂集林》，中华书局，1959年，第149、150页。

③ 容庚：《商周彝器通考》（上册），台湾大通书局印行，1973年，第426、466页。

④ 容庚、张维持：《殷周青铜器通论》，文物出版社，1984年，第68页。

⑤ 孙华：《商周铜卣新论——兼论提梁铜壶及铜匜的相关问题》，《洛阳博物馆建馆四十周年纪念文集（1958～1998）》，科学出版社，1999年，第28、32页。

⑥ 刘莹莹：《商周青铜觥的整理与研究》，陕西师范大学硕士学位论文，2011年，第11、12页。

⑦ 〔日〕林巳奈夫：《〈殷周时代青铜器之研究〉——殷周青铜器综览一》，吉川弘文馆，1984年，匜1～匜10，匜15～匜47。

盖而匜无须有盖”，有盖的匜目前确实发现甚少，仅见夷曰匜（《铭图》14859）、儹匜（《铭图》15004）、 曶叔匜（《铭图》14856）、浑源李峪村凤鸟盖匜[①]、蟠螭纹带盖匜[②]等寥寥几件，完全无法与觥普遍有盖的情况相提并论。

（2）纹饰装饰不同。青铜觥以三层满花器居多，通体以云雷纹为地，纹饰多分颈、腹、圈足三段装饰，颈部多装饰商代以来流行的云纹、鸟纹、夔龙纹、兽面纹等，腹部多装饰鸟纹、夔纹、兽面纹等，圈足以夔纹、凤鸟纹、弦纹居多，装饰繁缛华美。而匜在装饰上往往显得比较简约，西周晚期至春秋早期的匜，大多数都是口沿装饰窃曲纹或者重环纹，腹部装饰瓦棱纹作为主体纹饰。在春秋以后多装饰蟠螭纹、蟠虺纹或者交龙纹。所以觥的纹饰题材不见于匜，匜的纹饰题材也不见于觥。

（3）流行时间不同。最早的觥发现于河南安阳殷墟妇好墓当中，共8件，著名者有司母辛四足觥、妇好圈足觥[③]等，最晚的觥见于陕西周原扶风齐家村窖藏的日己方觥[④]（图6-7），年代在西周中期偏早，之后不再发现有觥。最早器形明确的匜有2件，一是现藏台北故宫博物院的夷曰匜（图6-8），年代在西周中期偏早；二是1975年岐山董家村窖藏出土的儹匜[⑤]，年代在西周中期偏晚，匜在西汉中期以后走向消亡。也就是说，觥与匜在流行时间上只在西周中期偏早有所重合，但重合期的觥、匜总共只有3件。觥仅有日己方觥[⑥]与鸝尔觥[⑦]2件，匜仅1件夷曰匜。两件觥形制纹饰接近，但其与

图6-7　日己方觥

（《陕西金文集成》（3）316）

图6-8　夷曰匜

（《陕西金文集成》（16）1900）

① 容庚：《商周彝器通考》（下册），台湾大通书局印行，1973年，附图868。

② 容庚：《商周彝器通考》（上册），台湾大通书局印行，1973年，第468页，附图867。

③ 中国社会科学院考古研究所：《殷墟妇好墓》，文物出版社，1980年，第59～64页。

④ 梁星彭、冯孝堂：《陕西长安、扶风出土西周铜器》，《考古》1963年8期，第414、415页。

⑤ 岐山县文化馆、陕西省文管会：《陕西省岐山县董家村西周铜器窖穴发掘简报》，《文物》1976年5期，第31、32页。

⑥ 中国青铜器编辑委员会：《中国青铜器全集（5）》，文物出版社，1996年，107。

⑦ 大连现代博物馆、山西博物馆、山西省考古研究所：《晋国雄风——山西出土两周文物精华》，万卷出版公司，2009年，第59页。

夷曰匜在形制纹饰上差别较大，二者并不可视为同一类器物。之后匜兴起，觥消亡，觥与匜并不流行在同一个时空范围之内。关于觥流行时间的问题，刘莹莹已经做了详细论述[①]，可参看。

（4）体量大小不同。我们基本同意刘莹莹的观点，即觥大而匜小。一般来讲，圈足觥和柱足觥的体量要大于动物形觥，根据刘莹莹的统计，在器形完整的商周青铜觥当中，大部分高度都在20厘米以上，超过30厘米的也并不罕见，最低者如陕西延川县岔口村出土的兽面纹觥高度也达到了17.1厘米，最高者司母辛觥高达36.5厘米[②]。而在青铜匜当中，大部分匜通高在20厘米以下，超过30厘米的只有安徽怀宁出土的弦纹匜（高31.4厘米）[③]、史颂匜（高约30.03厘米）（《铭图》14920），因此仅从高度上讲，谁是匜、谁是觥也就很明显了。

（5）功能不同。觥是高等级的酒器，用于孝享之礼；匜是水器，用于沃盥之礼，王国维先生早有论证，这是正确的。但王国维认为“匜乃燕器，非以施之鬼神”[④]，则不甚全面。匜作为注水用器，用于日常生活，这是没有问题的，但是夷曰匜铭文“夷曰作宝尊彝”（《铭图》14859），西周中期；冉匜“作父乙宝尊彝，冉”（《铭图》14872），西周中期；太保医仲匜“太保医仲作荐匜，用享用孝于其皇祖考，用祈万年无疆，子子孙孙永宝用享”（《铭图三编》1259），春秋早期。这三件匜铭文明确说明该匜就是为祭祀先祖或鬼神而作的祭器，说明匜是完全可以作为祭祀用器使用的。

（6）在墓葬中的组合关系不同。觥是酒器，往往出土在商代晚期至西周中期以前的高等级墓葬或窖藏当中，与觚爵尊卣觯等酒器配套出现，形成酒器组合。而匜的主要功能充当水器，在两周的墓葬或窖藏当中往往与盘、盉、鉴、洗等配套出现，充当水器。

综合以上证据，我们认为匜与觥是分属不同时段、不同形制、不同功能的两类器物。在研究中，只要我们合理运用这几条证据，我们就不难将二者区分开来。

除了匜与觥的区别，我们也应当承认，匜在初创期确实吸收了觥的某些形制因素。如髗匜、夷曰匜兽首形的盖以及夷曰匜方形的体腹，无疑是受到了觥的影响，但在后续的发展过程当中，匜却又很快摆脱了觥的影响，形成了自身独立的器型体系。所以匜、觥分属两类器物。

---

① 刘莹莹：《商周青铜觥的整理与研究》，陕西师范大学硕士学位论文，2011年，第57页。

② 刘莹莹：《商周青铜觥的整理与研究》，陕西师范大学硕士学位论文，2011年，附表1。

③ 中国青铜器编辑委员会：《中国青铜器全集（11）》，文物出版社，1997年，178。

④ 王国维：《观堂集林》，中华书局，1959年，第149页。

第二节 青铜匜与盉的关系

盉也是商周时期重要的礼器，它流行时间非常长，从二里头文化晚期出现一直到战国晚期以后消亡。朱凤瀚先生在《中国青铜器综论》一书中，按照腹身形制的不同将盉分为：圜底盉、鬲形盉、鬲鼎盉、壶形盉、深袋足形盉、深腹封顶盉、流位置接近腹身盉、长筒形盉凡8种[①]，可见盉种类之丰富。而匜从大体形状来说，只有具足匜与无足匜两类，与盉形制区别十分明显。但是这里之所以要将匜与盉进行区分，是因为在青铜器当中，有些器形明显是匜，却自名为盉，如儯匜（《铭图》15004）、毳匜（《铭图》14934）；而有些器形分明为盉，却自名为匜，如嘉仲盉（《铭图》14776）等，因此有讨论的必要。

盉在文献中没有记载，其功能学界也是说法不一，有“调味器”说、“温酒器”说、“调酒器”说等[②]，其中尤以酒器说最为普遍。但是盉在作为酒器的同时，还可以作为水器来使用，早在商代中期湖北黄陂盘龙城李家嘴2号墓中，就有盘盉共出的现象[③]。北京平谷县刘家河商墓中的提梁壶形盉在出土时置于盘中[④]，可以更进一步明确盉可以充当注水用器。进入西周，盘盉共出的墓葬比比皆是，在铜盉铭文中，也有盘盉连称的例证，如王中皇父盉铭：“王中皇父作尾妘盘盉。”（《三代》14.11.2），王盉铭：“王作丰妊单宝般（盘）盉。”（《集成》9438），可进一步证明盉可充当水器的作用。

但是需要注意的是，匜、盉互称是有时间上的局限的，它仅仅存在于匜刚刚兴起的西周中期至西周晚期偏早阶段，在西周晚期及以后时期，就再也不存在这种情况了。这是因为，西周中期开始，匜作为一种新兴的事物开始出现，它还没有一个专门的可以体现其功能属性的名称来命名它，所以在刚开始，匜采用了青铜器的共名“宝尊彝（夷曰匜、冉匜）”的称谓。但是随着时间的演进，周人礼仪更加完善规范，匜逐渐开始承担了注水用器的工作，但是在没有更好的名字命名的前提下，它只好暂时借用了与之有相同功能的盉的名字来暂时代替一下，如儯匜。到了西周晚期后段，匜已经发展成熟，在周原以及诸侯国墓葬当中大量出现，这一时期就急需一个专门的名字来指代这种新兴的礼器，于是人们就发明了“匜”这个新的名词来专门指代这种注水用器。“匜”之本字，实际上就是表示人用双手持匜往盘中注水的形象。所以说，先有匜的器物及注水的功能，然后才有“匜”字这个定名就是顺理成章的事情了。

---

① 朱凤瀚：《中国青铜器综论》，上海古籍出版社，2009年，第297～302页。

② 诸家观点，可参看朱凤瀚：《中国青铜器综论》，上海古籍出版社，2009年，第296、297页。

③ 湖北省博物馆、北京大学考古专业盘龙城发掘队：《盘龙城一九七四年度田野考古纪要》，《文物》1976年2期，第13页。

④ 北京市文物管理处：《北京市平谷县发现商代墓葬》，《文物》1977年11期，第3页。

作为一种新兴的水器，匜的出现，在西周至春秋时期，在水器组合中发挥了重大的作用，但是这并不是说，匜就取代了盉的水器功能。我们在本书第四章就已经说过，两周时期，盘匜组合是最为稳固的水器组合方式，但是盉在水器中的地位并没有因匜的出现动摇，其依然发挥着盥洗用器的作用。如春秋早期河南三门峡虢国墓地M2012，出土盘7盉6匜1[①]，这里盘1匜1形成一组水器组合，但同时，也应该有另外6件盘与等同数量的盉形成一一对应的水器组合关系。同样的情况在滕州薛国故城春秋墓M4[②]、山东临淄辛店2号战国墓[③]、湖北天星观2号楚墓[④]中都有发现。即使是盘匜盉都为1件的墓葬当中，盉也不一定就是酒器，1986年湖南省岳阳县凤形嘴山的盘匜盉出土时放置在一起[⑤]。1958年江苏武进淹城出土的盘匜盉叠放在一起[⑥]，都是盉充当水器的实证。

另外在同一时期的同一国族墓地当中，匜盘组合与盉盘组合的墓葬也往往共存。山西天马—曲村遗址晋国墓地当中，M62、M64、M91、M102等出土盘匜组合，而M31、M63、M92则出土盘盉组合[⑦]；河南平顶山应国墓地中，M95、M10、M8及M301[⑧]的礼器中有盘匜组合，其中M8及周墓地的M1中的明器组有盘盉组合[⑨]；2007

① 河南省文物考古研究所、三门峡市文物工作队：《三门峡虢国墓》（第一卷），文物出版社，1999年，第235～264页。

② 山东省济宁市文物管理局：《薛国故城勘察和墓葬发掘报告》，《考古学报》1991年4期，第480页。

③ 临淄区文物局：《山东淄博市临淄区辛店二号战国墓》，《考古》2013年1期，第46、48、51、52页。

④ 湖北省荆州博物馆：《荆州天星观二号楚墓》，文物出版社，2003年，第34页。

⑤ 岳阳市文物工作队：《湖南省岳阳县凤形嘴山一号墓发掘简报》，《文物》1993年1期，第6～7页。

⑥ 倪振逵：《淹城出土的铜器》，《文物》1959年4期，第5页，图3。这组铜器中的盉，简报称之为"牺匜"，燕尾匜，简报称为"三足盘"。关于"牺匜"应为盉的问题，可参看王宏：《再论江苏武进淹城出土"牺匜"的定名问题》，《东方博物（第18辑）》，浙江大学出版社，2006年，第42～46页。

⑦ 山西省考古研究所、北京大学考古学系：《天马—曲村遗址北赵晋侯墓地第三次发掘》，《文物》1994年8期，第27、28页；《天马—曲村遗址北赵晋侯墓地第四次发掘》，《文物》1994年8期，第5、13、15页；《天马—曲村遗址北赵晋侯墓地第五次发掘》，《文物》1995年7期，第10、16、35页。

⑧ 河南省文物考古研究所、平顶山市文物管理委员会：《平顶山应国墓地九十五号墓的发掘》，《华夏考古》1992年3期，第95页；河南省文物考古研究所、平顶山市文物局：《平顶山应国墓地十号墓发掘简报》，《中原文物》2007年4期，第7页；河南省文物考古研究所、平顶山市文物管理局：《河南平顶山应国墓地八号墓发掘简报》，《华夏考古》2007年1期，第31页；河南省文物考古研究所、平顶山市文物管理局、河南大学历史文化学院：《河南平顶山春秋晚期M301发掘简报》，《文物》2012年4期，第5页。

⑨ 河南省文物考古研究所、平顶山市文物管理局：《河南平顶山应国墓地八号墓发掘简报》，《华夏考古》2007年1期，第31页；河南省文物研究所、平顶山市文物管理委员会：《平顶山市北滍村两周墓地一号墓发掘简报》，《华夏考古》1988年1期，第32页。

年陕西韩城梁带村芮国墓地M502出土盘盉组合[①]，同墓地M300出土有晋姞盘匜的组合[②]；河南三门峡虢国墓地M2010[③]、M2008[④]、M2011[⑤]、M2013[⑥]等出土盘匜组合，而M2001[⑦]、M1052[⑧]、M1810[⑨]出土盘盉组合。

以上诸多墓葬中的水器组合方式，是匜、盉在同一时期共同承担水器作用的典型证据。所以说，西周中期以后，匜参与了两周水器的组合，但并没有取代盉作为水器的地位。

最后要说的是，盉的形制无论如何变化，但它们总有一个共性的特点就是：举凡所有的盉，都是长管流，流与器身是独立的两个单元，而且都是竖直深腹。而匜都是槽状流，即使是Ab型的管流匜也只是在流口顶端有一小段环形封口，躯体也都是以横宽为主，流与器身是连为一体的，与盉独立的流、腹结构截然不同，这是从形制上区分匜与盉需要把握的几个关键特征。

小　结

对于青铜匜与觥、盉之间的关系进行探讨，不仅仅在于器形区分上的意义，更重要的目的在于通过分析探讨，可以搞清楚它们各自不同的文化属性，在礼器中的作用，以及在不同时段在礼仪活动中的角色和地位变迁等问题。因此，这样的区分是有意义的，也是必要的。

---

① 陕西省考古研究院、渭南市文物保护考古研究所、韩城市文物旅游局：《陕西韩城梁带村墓地北区2007年发掘简报》，《文物》2010年6期，第7页。

② 张天恩：《陕西金文集成（15）》，三秦出版社，2016年，1685、1686。

③ 河南省文物考古研究所、三门峡市文物工作队：《三门峡虢国墓地M2010的清理》，《文物》2000年12期，第10页。

④ 河南省文物考古研究所、三门峡市文物工作队：《河南三门峡虢国墓地M2008发掘简报》，《文物》2009年2期，第20页。

⑤ 河南省文物考古研究所、三门峡市文物工作队：《三门峡虢国墓》（第一卷），文物出版社，1999年，第336、338～340页。

⑥ 河南省文物考古研究所、三门峡市文物工作队：《三门峡虢国墓地M2013的发掘清理》，《文物》2000年12期，第25页。

⑦ 河南省文物考古研究所、三门峡市文物工作队：《三门峡虢国墓》（第一卷），文物出版社，1999年，第63～68页

⑧ 中国科学院考古研究所：《上村岭虢国墓地》，科学出版社，1959年，第28页。

⑨ 中国科学院考古研究所：《上村岭虢国墓地》，科学出版社，1959年，第37页。

第七章　青铜匜的起源与消亡

关于青铜匜的起源，学界主要有两种说法：

一种观点认为匜来源于觥。陈昭容先生认为“匜的来源，现在多数倾向于是从酒器的‘觥’来的，因为两者有相近的造型，前部都有流，便于倾注”[①]；张临生先生在论述匜的来源时，认为“周人将觥加以改造，形成极佳的注水器……鐈匜可以说是早期的觥的改制品”[②]；业师张懋镕先生在论述夷曰匜的时候，也认为匜是从酒器觥转化而来的盥洗器[③]。

另一种观点认为匜来源于瓢。郭宝钧先生引《说文》对匜的解释：“（匜）似羹魁，柄中有道，可以注水”，认为“‘柄中有道’之训，正剖瓠为瓢之倒用，亦说明匜制的来源。”[④]容庚、张维持先生认为“匜形似瓢，大概也是由半瓠演化而来的，只是加鋬或加足、加盖而成”[⑤]。陈梦家先生在论述安徽寿县蔡侯墓出土铜器时，也认为，“西周晚期以来的匜，和此器（指同出的斗形器）同源于半瓠（即匏），但匜至春秋发展为有柄有足（甚至有盖的形式），作为盥器中的承器（盘）的相伴物”[⑥]，朱凤瀚先生也持此论[⑦]。孙华先生也认为匜的造型与葫芦有关，“铜匜的造型同样也与瓠匏类植物果实有关，瓠匏果实中短颈大腹者也就是通常所说的葫芦……如果将葫芦横相对剖，然后横向放置或加上支撑的器足，其形态就与铜匜的基本造型类似”[⑧]。

我们也认为A型匜当是来源于瓢的。诚然，这种匜的造型确实跟《博古图》收录的文姬觥（图6-3）、安阳殷墟妇好墓出土的司母辛觥（图6-1），等柱足觥有相似之

---

① 陈昭容：《从古文字材料谈古代的盥洗用具及其相关问题——自淅川下寺春秋楚墓的青铜水器自名说起》，《“中央研究院”历史语言研究所集刊》第71本第4分，2000年，第872页。

② 张临生：《说盉与匜——青铜彝器中的水器》，《故宫学术季刊》第17卷第1期，1982年，第37页。

③ 张懋镕：《夷曰匜研究——兼论商周青铜器功能的转化问题》，《古文字与青铜器论集（3）》，科学出版社，2010年，第159页。

④ 郭宝钧：《商周青铜器群综合研究》，文物出版社，1981年，第152页。

⑤ 容庚、张维持：《殷周青铜器通论》，文物出版社，1984年，第67页。

⑥ 陈梦家：《寿县蔡侯墓铜器》，《考古学报》1956年2期，第103页。

⑦ 朱凤瀚：《中国青铜器综论》，上海古籍出版社，2009年，第288页。

⑧ 孙华：《商周铜卣新论——兼论提梁铜壶及铜匜的相关问题》，《洛阳博物馆建馆四十周年纪念文集（1958～1998）》，科学出版社，1999年，第29页。

处。但是问题在于，这种柱足的觥只盛行于商代晚期，西周早期以后就绝迹了，而匜却最早出现在西周中期，这样就存在西周早期这个时代断层，所以如果说匜是来源于觥，这从时间衔接点上是说不过去的。尽管西周中期还存在日己方觥（图6-7）这样的觥类器，但它是方形圈足觥，与后世的A型柱足匜的形态差别甚大，并不能看作是匜类铜器的渊源。

再者，从体腹轮廓来看，除去盖、圈足、鋬，觥的体腹是一种椭方深腹的造型（图7-1），而匜去除足、鋬后，腹部则完全就是一个瓢的造型（图7-2），二者是存在非常大的区别的，无从说明匜就是由觥演变而来。

葫芦在先秦文献中称之为"瓠""匏"。作为一种天然的植物，早在先秦时期人们就已认识到了它的用途，《诗 · 小雅 · 南有嘉鱼》："南有樛木，甘瓠累之。"《诗 · 邶风 · 匏有苦叶》："匏有苦叶，济有深涉。"《诗 · 大雅 · 幺刘》："执豕于牢，酌之用匏。"[①]《周礼 · 春官宗伯第三 · 鬯人》："凡祭祀，社壝用大罍，禜门用瓢赍。"[②]《论语 · 雍也》："一箪食，一瓢饮，在陋巷，人不堪其忧，回也不改其乐。"[③]从这些文献中可以看出，将葫芦剖开作为瓢用于挹水的方式有着悠久的历史。另有早在距今六七千年前的浙江河姆渡文化田螺山遗址中，就有葫芦遗存出土[④]。

正如陈梦家先生所言："民间所用的大匏（剖瓠之半）是最原始的，木、角、铜制的乃仿匏而作。"[⑤]由此我们认为到了西周中期以后，周人要着意摆脱商人礼仪的束缚，进而建立自己的一套礼仪体系，就必然要在礼器的形制上进行创新。周人要抬高水器在礼仪活动中的地位，可能最开始用瓢，但是由于瓢为圜底，盛水之后若不用手

图7-1　日己方觥腹部

（据《陕西金文集成》（3）316修改）

图7-2　叔五父匜腹部

（据《陕西金文集成》（6）669修改）

① （汉）毛亨传，（汉）郑玄笺，（唐）孔颖达疏：《毛诗正义》（十三经注疏），北京大学出版社，1999年，第613、138、116页。

② （清）孙诒让：《周礼正义》，中华书局，1987年，第1498、1499页。

③ （清）刘宝楠撰，高流水点校：《论语正义》，中华书局，1990年，第226页。

④ 浙江省文物考古研究所等：《浙江余姚田螺山新石器时代遗址2004年发掘简报》，《文物》2007年11期，第13页。

⑤ 陈梦家：《寿县蔡侯墓铜器》，《考古学报》1956年2期，第103页。

把持，就难以稳定放置，很容易倾斜致使水洒出器外。但是如果给瓢加上四足，就变得非常稳当，这样一方面能够使瓢作为盛器的功能得以实现，另一方面还抬高了瓢在礼器中的地位。𣪕匜从一开始就能够有如此成熟、精美的造型装饰，可能正是装上四足的瓢做了它的先导。当瓢装上四足实现了稳定盛装祭祀物品之后，人们就开始对其提出了更高的艺术追求，逐渐给四足瓢的口沿涂画上当时流行的窃曲纹、重环纹，再后来再加上一个利于把持的鋬，当这种匜的造型完善后，四足瓢就又开始实现了由植物材质的四足瓢向铜质四足瓢的转变，于是𣪕匜就产生了。𣪕匜甫一产生，作为一种新奇的事物，贵族自然格外珍爱它，就在它的体腔与盖上铸满了最长的铜匜铭文，再受到商代以来觥的启发，给它配上一个可以遮挡尘土杂质的盖子。但是随着时光的流逝，匜作为注水用器的功能逐渐加强，配上盖子不但没有实际的作用，反而会在礼仪活动中变得碍手碍脚，于是后世的匜便逐渐不再有盖。

正是由于匜是由普通的生活实用器瓢演变而来的器物，不像鼎、簋、甗、壶等礼器在新石器时代就有陶器出现，定名十分成熟，刚一出现同类铜器便有相应的名称为其命名。所以青铜匜刚出现的时候，贵族们也不知道该给这种器物以什么命名以突显它的尊贵性，最初便采用了青铜器的共名“宝尊彝”，后又用了与之功能相近的盉的名字作为代称。直到西周晚期，人们从用匜倾倒水的这个过程中得到启发，才发明了它的专名——匜。

对于Ab型管流匜，我们认为是西周晚期的Aa型Ⅱ式槽形流匜发展到春秋早期阶段，一部分继续向Aa型Ⅲ式匜进化，另一部分出于当时人们审美的需要或者是使用上的方便，在Aa型Ⅲ式匜的流口部位加上了一个兽面形状的顶盖，变成了湖北安居桃花坡M1出土的那种Ab型Ⅰ式管状流匜[①]的造型（图3-12）。所以Ab型管流匜我们认为是由Aa型匜加工改造而来。

至于皃叔匜（图7-3），则是管流匜中的一个特例，这件匜虽为管流，但管体甚长，形似动物，盖并没有覆盖器体全身，与后世的Ab型管流匜差别甚大，因此不可以作为Ab型匜的祖型来看待。孙华先生认为：“主体为动物造型的铜匜主要行用于西周中期以前，其形态在商代后期及西周早期都与所模仿的动物非常相像，四足粗巨直立，如安阳殷墟妇好墓司母辛羊形匜。西周晚期到春秋早期前后，匜的造型已经更多的是满足于实用的要求，动物的形态更加程式化，不大容易分辨动物的种类，动物的四足或三足也变

图7-3　皃叔匜
（《铭图》14856）

① 湖北省文物考古研究所：《曾国青铜器》，文物出版社，2007年，第250页。

得弯曲细小，如台北故宫博物院的皂叔匜。”[①]孙华先生这段话的大意是说类似皂叔匜这样的动物形匜是来源于类似司母辛觥、洋县羊形觥的造型的，但是这种觥是槽形流，盖整个覆盖在器身之上，二者有较大差别。我们通过仔细对比，认为皂叔匜的造型更多的是跟西周中期宝鸡茹家庄2号墓出土的井姬盂鑵[②]（图7-4）、山西绛县横水墓地出土的貘尊[③]（图7-5）背顶有盖、腹腔中空且与器口相通的做法类似，所以我们认为皂叔匜当是模仿了这一类动物形尊的造型制作而来。

Da、Db型的会匜、瓢形匜，来源于生活用器——瓢，当是没有问题。故宫博物院藏的蔡子佗匜（图7-6），形制为会匜，自名为“[illegible]”，对于这个字，李家浩先生认为从井、[illegible]声，可读为“瓹”，《广雅 · 释器》：“瓹，瓢也。”蔡子佗匜器形似匜而无足，正与瓹形相合[④]。若李先生释读无误，那么这件器就从自名上说明了其来源于瓢。山东肥城王庄镇商周遗址出土的Db型瓢形匜（图7-7），就是活脱脱一件瓢的造型，作

图7-4　井姬盂鑵

（《全集》6 · 172）

图7-5　横水墓地貘尊

（《晋国雄风》第63页）

图7-6　蔡子佗匜

（《故宫图典》135）

图7-7　山东肥城王庄出土的瓢形匜

（《考古》2003年6期，图版8 · 3）

① 孙华：《商周铜卣新论——兼论提梁铜壶及铜匜的相关问题》，《洛阳博物馆建馆四十周年纪念文集（1958～1998）》，科学出版社，1999年，第32页。

② 中国青铜器编辑委员会：《中国青铜器全集（6）》，文物出版社，1997年，172。

③ 大连现代博物馆、山西博物馆、山西省考古研究所：《晋国雄风——山西出土两周文物精华》，万卷出版公司，2009年，第63页。

④ 李家浩：《信阳楚简“浍”字和从“类”之字》，《著名中年语言学家自选集 · 李家浩卷》，安徽教育出版社，2002年，第201、202页。

器者不但设计出了瓢的轮廓，就连葫芦成熟后首部向内收缩的细节都刻划出来了，可见作器者独到的匠心。所以说，Da、Db型匜来源于葫芦瓢。

那么，在青铜匜产生过程当中，它与觥到底有没有关系呢？答案也是肯定的，夷曰匜的出现就说明了这个问题。正如业师所言：“夷曰匜正处于传统意义上的觥与匜的衔接点上。一方面它像觥，是一件十分周正的孝享之器，一方面又像匜，器物组合关系已经表明；一方面它又不像觥，西周中期未见有四足觥，一方面它又不像匜，西周中晚期匜腹均做长流瓢形状。以前人们在论证所谓觥就是匜时，为二者界限分明而苦恼，如今有了夷曰匜这件过渡时期的中介物，就可以将所谓的觥和匜放在同一层面上，通贯论之。”[①]业师的这个论述是符合客观事实的，我们表示信从。但存在的一个问题是，夷曰匜这种方体的造型在西周中期至春秋早期的铜匜里面是从未见过的，春秋中晚期虽然在Ab型匜里面多见诸如海阳嘴子前那种长椭方体的匜（图3-17），但是这种椭方体与夷曰匜的方体形制截然不同，而且二者之间年代相差几百年，很难说它们之间有器型上的继承关系，Ab型匜的椭方体我们认为应该是瓢形体的一种抽象变体。而目前所见另一件最早的铜匜是1975年岐山董家村窖藏出土的儹匜，这件匜腹部为瓢形，与夷曰匜的方形体腹差距甚大。更为重要的是，儹匜这种瓢形蹄足匜成为后世A型匜制作的范本，后世的铜匜无论纹饰或细节如何变化，都离不开儹匜这样的大致造型。简而言之，就是说儹匜成为Aa型匜的祖型，而夷曰匜虽然由觥转化而来，但却并没有在后世流传开来，所以它并不能看作两周青铜匜的祖型。究其原因，当是穆王革典以后，周王朝急需一种新型的水器来取代传统水器的作用，他们首先就想到了将觥进行改造，做成像夷曰匜的样子，用以注水，这体现出周人的创新精神。但是夷曰匜之后再无方形匜出现这个事实证明，后来的周人贵族并没有接受夷曰匜这种方形的注水用器，表明周人将觥改造为匜的这种创新是一种失败的创新。经过长时间的探索，周人最终将瓢改造，创造出了儹匜这样形制的匜，得到了周人贵族的广泛认同，进而风靡于漫长的两周时期。

青铜匜作为西周礼仪制度的产物，在讲究周礼的西周春秋时期自然是大行其道，这时期A、B、C、D型以及各种地方类型、特殊造型的匜纷纷登上历史舞台，尽显礼仪风范。但是进入战国时期以后，随着周代礼乐制度的进一步崩坏，社会生活中漆匜的广泛流行，青铜匜自然不可避免地伴随其他青铜礼器一起走向了衰落。只是鉴于Db型匜具备简便实用的舀水功能，进入西汉时期，它还以简约的造型、很少的数量在社会中存在过一段时间，但是到了西汉中期以后，随着汉代人们生活方式的变化，这种在中国青铜文化中行用了800余年的器物终于完成了历史使命，走向了消亡。

---

① 张懋镕：《夷曰匜研究——兼论商周青铜器功能的转化问题》，《古文字与青铜器论集（3）》，科学出版社，2010年，第159页。

第八章　结　　语

通过本书的整理与研究，我们基本上搞清楚了两周青铜匜的相关情况；共有836件，其中有铭文的185件。大致可分为蹄足匜、环足匜、圈足匜、平底匜、地方特征匜、特殊类型匜6个大的类型。其初现于西周中期，发展于西周晚期，繁荣于春秋早中期，在春秋晚期达到鼎盛，在战国时期趋于衰落，西汉中期以后走向了消亡，期间经历了由礼器到生活实用器的转变过程。其在社会生活中主要充当水器的角色，间或还作为酒器、盛食器或温热器来使用，多用于祭祀、盥洗、洗浴、出行携带、媵嫁等场合。在墓葬当中多与盘、盉、洗、鉴等形成水器组合。遍布中国境内7个文化区，在每个地区都有各自的文化特点。它在兴起过程中受到了觥一定程度的影响，继而又很快摆脱了这种影响。它与盉既有着形态上的差别，但又有着功能上的联系。它在周人贵族重视水器的礼仪制度下，受瓢的启发而产生，又随着战国以后周礼的崩坏、漆木器的挤兑以及铁器时代的到来而消亡。它虽然体量小巧，但实用性强，行用范围广，上至诸侯国君，下至元士贵族，无不对其青睐有加，因而它是两周时期十分重要的礼器。

参考书目

一、历史文献

[1] （汉）班固撰，（唐）颜师古注. 汉书［M］. 北京：中华书局，1962.
[2] （汉）许慎. 说文解字［M］. 北京：中华书局. 1963.
[3] （西汉）司马迁. 史记［M］. 北京：中华书局. 1959.
[4] （清）王念孙. 广雅疏证［M］. 上海：上海古籍出版社，1983.
[5] （清）孙星衍. 尚书今古文注疏［M］. 北京：中华书局. 1986.
[6] （清）孙诒让. 周礼正义［M］. 北京：中华书局，1987.
[7] （清）孙希旦. 礼记集解［M］. 北京：中华书局，1989.
[8] （清）刘宝楠. 论语正义［M］. 北京：中华书局，1990.
[9] （汉）毛亨传，（汉）郑玄笺，（唐）孔颖达疏. 毛诗正义（十三经注疏）［M］. 北京：北京大学出版社，1999.
[10] （汉）公羊寿传，（汉）何休解诂，（唐）徐彦疏. 春秋公羊传注疏（十三经注疏）［M］. 北京：北京大学出版社，1999.
[11] （春秋）左丘明传，（晋）杜预注，（唐）孔颖达正义. 春秋左传正义（十三经注疏）［M］. 北京：北京大学出版社，1999.
[12] 崔富章，李大明. 楚辞集校集释［M］. 武汉：湖北教育出版社，2002.
[13] 黄怀信等. 大戴礼记汇校集注［M］. 西安：三秦出版社，2004.
[14] （魏）王弼. 周易注疏［M］. 北京：中央编译出版社，2013.
[15] （汉）郑玄注，（清）张尔岐句读. 仪礼［M］. 上海：上海古籍出版社，2016.

二、铜器著录

[1] （宋）吕大临. 考古图［M］. 乾隆四十六年四库全书文渊阁书录钱曾影钞宋刻本.
[2] （宋）吕大临，赵九成. 考古图、续考古图、考古图释文［M］. 北京：中华书局，1987.

［3］（宋）王黼. 博古图［M］. 乾隆十八年天都黄晟亦政堂修补明万历二十八年吴万化宝古堂刻本影印.
［4］（宋）薛尚功. 历代钟鼎彝器款识法帖［M］. 1935年海城于省吾影印明崇祯六年朱谋垔刻本.
［5］（宋）王俅. 啸堂集古录［M］. 1922年涵芬楼本.
［6］（明）胡文焕. 古器具名［M］. 明万历自刻本.
［7］（清）梁诗正. 西清古鉴［M］. 乾隆二十年内府刻本.
［8］（清）王杰. 西清续鉴（甲编）［M］. 宣统三年涵芬楼石印宁寿宫写本.
［9］（清）王杰. 西清续鉴（乙编）［M］. 1931年北平古物陈列所依宝蕴楼钞本石印本.
［10］（清）梁诗正，王杰. 宁寿鉴古［M］. 1913年涵芬楼依宁寿宫写本石印本.
［11］（清）刘喜海. 长安获古编［M］. 光绪三十一年刘鹗补刻标题本.
［12］（清）吴云. 两罍轩彝器图释［M］. 同治十一年自刻木本.
［13］（清）曹载奎. 怀米山房吉金图［M］. 日本明治十五年（1883年）文石堂翻刻木本.
［14］（清）端方. 陶斋吉金录［M］. 光绪三十四年石印本.
［15］（清）端方. 陶斋吉金续录［M］. 宣统元年石印本.
［16］（清）丁麟年. 移林馆吉金图识［M］. 1941年北平东雅堂翻印清宣统二年石印本.
［17］（清）倪涛. 六艺之一录［M］. 乾隆四十六年四库全书文渊阁本.
［18］（清）阮元. 积古斋钟鼎彝器款识［M］. 嘉庆九年自刻本.
［19］（清）吴荣光. 筠清馆金文［M］. 清宜都杨守敬重刻本.
［20］（清）吴式芬. 捃古录金文［M］. 1913年西泠印社翻刻光绪二十一年吴氏家刻本.
［21］（清）方濬益. 缀遗斋彝器考释［M］. 1935年商务印书馆石印本.
［22］（清）吴大澂. 愙斋集古录［M］. 1930年涵芬楼影印本.
［23］（清）吴大澂. 恒轩所见所藏吉金录［M］. 光绪十一年自刻木本.
［24］（清）冯云鹏，冯云鹓. 金石索［M］. 光绪三十二年文新局石印本.
［25］（清）陈介祺. 簠斋吉金录［M］. 1918年风雨楼影印本.
［26］（清）盛昱. 郁华阁金文［M］. 北京大学图书馆藏拓本.
［27］（清）刘心源. 奇觚室吉金文述［M］. 光绪二十八年自写刻本.
［28］（清）刘心源. 古文审［M］. 光绪十七年自写刻本.
［29］（清）朱善旂. 敬吾心室彝器款识［M］. 光绪三十四年朱之榛石印本.
［30］靳云鹗. 新郑出土古器图志初编［M］. 1923年影印本.
［31］周庆云，邹寿祺. 梦坡室获古丛编［M］. 1927年石印本.

［32］ 王国维. 国朝金文著录表［M］. 1927年海宁王忠悫公遗书二集重定本.
［33］ 关百益. 郑冢古器图考［M］. 1928年中华书局影印本.
［34］ 容庚. 宝蕴楼彝器图录［M］. 1929年北平京华印书局影印本.
［35］ 罗振玉. 贞松堂集古遗文［M］. 1930年石印本.
［36］ 孙壮. 澂秋馆吉金图［M］. 1931年北平商务印书分馆石印本.
［37］ 刘节. 楚器图释［M］. 1935年影印本.
［38］ 容庚. 海外吉金图录［M］. 1935年考古学社专集第三种影印本.
［39］ 容庚. 善斋彝器图录［M］. 1936年燕京大学哈佛燕京学社影印本.
［40］ 徐乃昌. 安徽通志金石古物考稿［M］. 1936年安徽通志馆石印本.
［41］ 孙海波. 新郑彝器［M］. 1937年考古学社专刊第十九种影印本.
［42］ 容庚. 颂斋吉金续录［M］. 1938年考古学社专集第十四种影印本.
［43］ 台北故宫、“中央”博物院联合管理处. 故宫青铜器图录［M］. 台北：台北中华丛书委员会出版，1958.
［44］ 陈梦家. 美帝国主义劫掠的我国殷周铜器集录［M］. 北京：科学出版社，1962.
［45］ 罗振玉. 三代吉金文存［M］. 北京：中华书局，1983.
［46］ 容庚编，张振林、马国权摹补. 金文编［M］. 北京：中华书局，1985.
［47］ 四川省博物馆. 巴蜀青铜器［M］. 成都：成都出版社，1993.
［48］ 国家文物局. 中国文物精华大辞典·青铜卷［M］. 上海：上海辞书出版社，1995.
［49］ 中国青铜器编辑委员会. 中国青铜器全集［M］. 北京：文物出版社，1995～2009.
［50］ 故宫博物院. 故宫青铜器［M］. 北京：紫禁城出版社，1999.
［51］ 陈佩芬. 夏商周青铜器研究［M］. 上海：上海古籍出版社，2004.
［52］ 谭维四. 湖北出土文物精华［M］. 武汉：湖北教育出版社，2001.
［53］ 高至喜. 楚文物图典［M］. 武汉：湖北教育出版社，2000.
［54］ 河南博物院，台北历史博物馆. 新郑郑公大墓青铜器［M］. 郑州：大象出版社，2001.
［55］ 陕西历史博物馆. 三秦瑰宝［M］. 西安：陕西人民出版社，2001.
［56］ 北京文物精粹大系编委会等. 北京文物精粹大系（青铜器卷）［M］. 北京：北京出版社，2002.
［57］ 山东省博物馆. 山东省博物馆藏珍·青铜器卷［M］. 济南：山东文化音像出版社，2004.
［58］ 旅顺博物馆. 旅顺博物馆［M］. 北京：文物出版社，2004.
［59］ 曹玮. 周原出土青铜器［M］. 成都：巴蜀书社，2005.
［60］ 西安市文物保护考古所. 西安文物精华·青铜器［M］. 西安：世界图书出版公司，2005.

［61］ 湖北省博物馆. 湖北出土文物精粹［M］. 北京：文物出版社，2006.

［62］ 安徽大学等. 皖南商周青铜器［M］. 北京：文物出版社，2006.

［63］ 枣庄市政协台港澳侨民族宗教委员会，枣庄市博物馆. 小邾国遗珍［M］. 北京：中国文史出版社，2006.

［64］ 湖北省文物考古研究所. 曾国青铜器［M］. 北京：文物出版社，2007.

［65］ 洛阳师范学院，洛阳市文物局. 洛阳出土青铜器［M］. 北京：紫禁城出版社，2006.

［66］ 杨正宏，肖梦龙. 镇江出土吴国青铜器［M］. 北京：文物出版社，2008.

［67］ 旅顺博物馆. 旅顺博物馆馆藏文物选粹 · 青铜器卷［M］. 北京：文物出版社，2008.

［68］ 荆州博物馆. 荆州博物馆馆藏精品［M］. 武汉：湖北美术出版社，2008.

［69］ 首阳斋，上海博物馆，香港中文大学文物馆. 首阳吉金——胡盈莹、范季融藏中国古代青铜器［M］. 上海：上海古籍出版社，2008.

［70］ 随州市博物馆：随州出土文物精粹［M］. 北京：文物出版社，2009.

［71］ 大连现代博物馆、山西博物院、山西省考古研究所. 晋国雄风——山西出土两周文物精华［M］. 沈阳：万卷出版公司，2009.

［72］ 河南省文物局. 河南省南水北调工程考古发掘出土文物集萃（一）［M］. 北京：文物出版社，2009.

［73］ 于省吾. 双剑誃吉金图录［M］. 北京：中华书局，2009.

［74］ 金维诺. 中国美术全集 · 青铜器［M］. 合肥：黄山书社，2010.

［75］ 董书涛. 日照博物馆馆藏文物集［M］. 济南：齐鲁书社，2010.

［76］ 故宫博物院. 故宫青铜器图典［M］. 北京：紫禁城出版社，2010.

［77］ 台北故宫博物院. 精彩一百——国宝总动员［M］. 台北：台北故宫博物院，2011.

［78］ 郑西溪. 临沂市博物馆馆藏集萃［M］. 济南：山东美术出版社，2011.

［79］ 凤翔县博物馆. 凤翔遗珍——凤翔县博物馆藏品精粹［M］. 西安：三秦出版社，2012.

［80］ 安徽博物院. 安徽文明史陈列（上、下）［M］. 北京：文物出版社，2012.

［81］ 上海博物馆，陕西省考古研究院. 金玉华年——陕西韩城出土周代芮国文物珍品［M］. 上海：上海书画出版社，2012.

［82］ 故宫博物院. 故宫青铜器馆［M］. 北京：故宫出版社，2012.

［83］ 陈佩芬. 中国青铜器辞典［M］. 上海：上海辞书出版社，2013.

［84］ 南京市博物馆. 故都神韵——南京市博物馆文物精华［M］. 北京：文物出版社，2013.

［85］ 秦始皇帝陵博物院. 南国楚宝 精采绝艳——楚文物珍品展［M］. 西安：三秦出版社，2013.
［86］ 安徽博物院. 江淮群舒青铜器［M］. 合肥：安徽美术出版社，2013.
［87］ 北京东方艺术品博览会组委会. 历代风华［M］. 北京：文物出版社，2013.
［88］ 淅川县博物馆. 淅川楚国青铜器精粹［M］. 郑州：中州古籍出版社，2013.
［89］ 陆勤毅，宫希成. 安徽江淮地区商周青铜器［M］. 北京：文物出版社，2014.
［90］ 秦始皇帝陵博物院. 传承与谋变——三晋历史文化展［M］. 西安：三秦出版社，2014.
［91］ 山西省考古研究所、山西博物馆、首都博物馆. 呦呦鹿鸣——燕国公主眼里的霸国［M］. 北京：科学出版社，2014.
［92］ 河北博物院. 战国雄风·古中山国［M］. 北京：文物出版社，2014.
［93］ 中国国家博物馆，湖北省博物馆. 江汉汤汤——湖北出土商周文物［M］. 北京：北京时代华文书局，2015.
［94］ 秦始皇帝陵博物院. 泱泱大国——齐国历史文化展［M］. 西安：三秦出版社，2015.
［95］ 秦始皇帝陵博物院. 寻巴——消失的古代巴国［M］. 西安：西北大学出版社，2016.
［96］ 张天恩. 陕西金文集成［M］. 西安：三秦出版社，2016.
［97］ 沂源县文物管理所. 沂源东安古城［M］. 北京：文物出版社，2016.
［98］ 山东省文物考古研究所等. 沂水纪王崮春秋墓出土文物集萃［M］. 北京：文物出版社，2016.
［99］ 台北故宫博物院. 秦业流风——秦文化特展［M］. 台北：台北故宫博物院，2016.
［100］ 苏州博物馆. 大邦之梦——吴越楚青铜器［M］. 上海：上海古籍出版社，2017.
［101］ 陈梦家. 海外中国铜器图录［M］. 北京：中华书局，2017.
［102］ 李伯谦. 中国出土青铜器全集［M］. 北京：科学出版社，2018.
［103］ 天津博物馆. 天津博物馆藏青铜器［M］. 北京：文物出版社，2018.
［104］ 郑州博物馆. 长渠缀珍——南水北调中线工程河南段出土文物保护成果展［M］. 北京：文物出版社，2020.
［105］ 于省吾. 商周金文录遗［M］. 北京：科学出版社，1957.
［106］ 严一萍. 金文总集［M］. 台北：艺文印书馆，1983.
［107］ 中国社科院考古研究所. 殷周金文集成［M］. 北京：中华书局，1984.
［108］ 上海博物馆商周青铜器铭文选编写组. 商周青铜器铭文选（一）［M］. 北京：文物出版社，1986.

［109］　马承源. 商周青铜器铭文选（三）［M］. 北京：文物出版社，1988.
［110］　吴镇烽. 陕西金文汇编［M］. 西安：三秦出版社，1989.
［111］　台北故宫博物院. 故宫西周金文录［M］. 台北：台北故宫博物院，1990.
［112］　刘雨，卢岩. 近出殷周金文集录［M］. 北京：中华书局，2002.
［113］　锺柏生，陈昭容，黄铭崇等. 新收殷周青铜器铭文暨器影汇编［M］. 台北：台北艺文印书馆，2006.
［114］　山东省博物馆. 山东金文集成［M］. 济南：齐鲁书社，2007.
［115］　刘雨，汪涛. 流散欧美殷周有铭青铜器集录［M］. 上海：上海辞书出版社，2007.
［116］　董莲池. 新金文编［M］. 北京：作家出版社，2011.
［117］　中国社会科学院考古研究所. 金文文献集成［M］. 北京：线装书局，2005.
［118］　〔日〕梅原末治. 日本蒐储支那古铜精华（五册）［M］. 1959 ~ 1962.
［119］　〔日〕林巳奈夫. 殷周时代青铜器之研究——殷周青铜器综览一［M］. 东京：吉川弘文馆，1984.
［120］　〔日〕高滨秀，冈村秀典. 世界美术大全集 · 东洋编 · 第1卷 · 先史、殷、周［M］. 东京：小学馆，2000.
［121］　〔日〕樋口隆康，林巳奈夫. 不言堂——坂本五郎：中国青铜器清赏［M］. 日本经济新闻社，2002.

三、考古报告

［1］　安徽省文物管理委员会，安徽省博物馆. 寿县蔡侯墓出土遗物［M］. 北京：科学出版社，1956.
［2］　中国科学院考古研究所. 长沙发掘报告［M］. 北京：科学出版社，1957.
［3］　中国科学院考古研究所. 山彪镇与琉璃阁［M］. 北京：科学出版社，1959.
［4］　中国科学院考古研究所. 上村岭虢国墓地［M］. 北京：科学出版社，1959.
［5］　中国科学院考古研究所. 洛阳中州路［M］. 北京：科学出版社，1959.
［6］　山东省文物管理处，山东省博物馆. 山东文物选集（普查部分）［M］. 北京：文物出版社，1959.
［7］　中国科学院考古研究所. 沣西发掘报告［M］. 北京：文物出版社，1963.
［8］　陕西省博物馆，陕西省文物管理委员会. 扶风齐家村青铜器群［M］. 北京：文物出版社，1963.
［9］　湖南省博物馆，中国科学院考古研究所. 长沙马王堆一号汉墓［M］. 北京：文物出版社，1973.

［10］ 山东省文物考古研究所，山东省博物馆，济宁地区文物组等. 曲阜鲁国故城［M］. 济南：齐鲁书社，1982.

［11］ 湖北省荆州地区博物馆. 江陵雨台山楚墓［M］. 北京：文物出版社，1984.

［12］ 河南省文物研究所. 信阳楚墓［M］. 北京：文物出版社，1986.

［13］ 卢连成，胡智生. 宝鸡強国墓地［M］. 北京：文物出版社，1988.

［14］ 湖北省博物馆. 曾侯乙墓（上、下）［M］. 北京：文物出版社，1989.

［15］ 河南省文物研究所，河南省丹江库区考古发掘队，淅川县博物馆. 淅川下寺春秋楚墓［M］. 北京：文物出版社，1991.

［16］ 湖北省荆沙铁路考古队. 包山楚墓（上、下）［M］. 北京：文物出版社，1991.

［17］ 中国社会科学院考古研究所. 陕县东周秦汉墓［M］. 北京：科学出版社，1994.

［18］ 山西省考古研究所. 上马墓地［M］. 北京：文物出版社，1994.

［19］ 山西省考古研究所. 三晋考古（1）［M］. 太原：山西人民出版社，1994.

［20］ 湖北省文物考古研究所. 江陵九店东周墓［M］. 北京：科学出版社，1995.

［21］ 河北省文物研究所. 礐墓——战国中山国国王之墓（上、下）［M］. 北京：文物出版社，1996.

［22］ 湖北省文物考古研究所. 江陵望山沙冢楚墓［M］. 北京：文物出版社，1996.

［23］ 山西省考古研究所，太原市文物管理委员会. 太原晋国赵卿墓［M］. 北京：文物出版社，1996.

［24］ 河北省文物研究所. 河北省考古文集［M］. 北京：东方出版社，1998.

［25］ 河南省文物考古研究所，三门峡市文物工作队. 三门峡虢国墓［M］. 北京：文物出版社，1999.

［26］ 洛阳市文物工作队. 洛阳北窑西周墓［M］. 北京：文物出版社，1999.

［27］ 北京大学考古系商周组，山西省文物考古研究所. 天马—曲村［M］. 北京：科学出版社，2000.

［28］ 湖南省博物馆. 长沙楚墓［M］. 北京：文物出版社，2000.

［29］ 湖北省荆州博物馆. 荆州天星观二号楚墓［M］. 北京：文物出版社，2003.

［30］ 中国社会科学院考古研究所，山西省考古研究所，运城市文物局等. 临猗程村墓地［M］. 北京：中国大百科全书出版社，2003.

［31］ 太原市文物考古研究所. 晋国赵卿墓［M］. 北京：文物出版社，2004.

［32］ 河南省文物考古研究所. 固始侯古堆一号墓［M］. 郑州：大象出版社，2004.

［33］ 河南省文物考古研究所，南阳市文物考古研究所，淅川县博物馆. 淅川和尚岭与徐家岭楚墓［M］. 郑州：大象出版社，2004.

［34］ 河北省文物研究所. 战国中山国灵寿城——1975～1993年考古发掘报告［M］. 北京：文物出版社，2005.

［35］ 礼县博物馆，礼县秦西垂文化研究会. 秦西垂陵区［M］. 北京：文物出版社，2004.
［36］ 陈千万. 枣阳郭家庙曾国墓地［M］. 北京：科学出版社，2005.
［37］ 湖北省文物考古研究所等. 荆门左塚楚墓［M］. 北京：文物出版社，2006.
［38］ 山东省文物考古研究所. 临淄齐墓（1）［M］. 北京：文物出版社，2007.
［39］ 北京市文物研究所. 军都山墓地——玉皇庙［M］. 北京：文物出版社，2007.
［40］ 内蒙古自治区文物考古研究所，宁城县辽中京博物馆. 小黑石沟——夏家店上层文化遗址发掘报告［M］. 北京：科学出版社，2009.
［41］ 山西省考古研究所，山西博物馆，长治市博物馆. 长治分水岭东周墓地［M］. 北京：文物出版社，2010.
［42］ 山东省文物考古研究所. 海岱考古（4）［M］. 北京：科学出版社，2011.
［43］ 山东省文物考古研究所. 海岱考古（5）［M］. 北京：科学出版社，2012.
［44］ 河南省文物考古研究所，平顶山市文物管理局. 平顶山应国墓地［M］. 郑州：大象出版社，2012.
［45］ 河南省文物考古研究所. 新郑西亚斯东周墓地［M］. 郑州：大象出版社，2012.
［46］ 湖北省文物考古研究所，天门市博物馆. 天门彭家山楚墓［M］. 北京：科学出版社，2012.

四、发掘简报

［1］ 安志敏. 河北省唐山市贾各庄发掘报告［J］. 中国考古学报，1953，（6）.
［2］ 陈梦家. 寿县蔡侯墓铜器［J］. 考古学报，1956，（2）.
［3］ 四川省文物管理委员会. 成都羊子山第172号墓发掘报告［J］. 考古学报，1956，（4）.
［4］ 杨富斗. 山西万荣县庙前村的战国墓［J］. 文物参考资料，1958，（12）.
［5］ 倪振逵. 淹城出土的铜器［J］. 文物，1959，（4）.
［6］ 杨富斗. 山西侯马上马村发现东周铜器［J］. 考古，1959，（7）.
［7］ 南京博物院. 1959年冬徐州地区考古调查［J］. 考古，1960，（3）.
［8］ 李蔚然. 南京发现周代铜器［J］. 考古，1960，（6）.
［9］ 河北省文化局文物工作队. 河北邯郸百家村战国墓［J］. 考古，1962，（12）.
［10］ 山西省文物管理委员会侯马工作站. 山西侯马上马村东周墓葬［J］. 考古，1963，（5）.
［11］ 梁星彭，冯孝堂. 陕西长安、扶风出土西周铜器［J］. 考古，1963，（8）.
［12］ 雒忠如. 扶风县又出土了周代铜器［J］. 文物，1963，（9）.

［13］ 中国科学院考古研究所宝鸡发掘队. 陕西宝鸡福临堡东周墓葬发掘记［J］. 考古，1963，（10）.
［14］ 湖南省博物馆. 介绍几件馆藏周代铜器［J］. 考古，1963，（12）.
［15］ 山西省文物管理委员会，山西省考古研究所. 山西长治分水岭战国墓第二次发掘［J］. 考古，1964，（3）.
［16］ 安徽省文化局文物工作队. 安徽舒城出土的铜器［J］. 考古，1964，（10）.
［17］ 陕西省文物管理委员会. 陕西宝鸡阳平镇秦家沟村秦墓发掘记［J］. 考古，1965，（7）.
［18］ 王儒林. 河南桐柏发现周代铜器［J］. 考古，1965，（7）.
［19］ 湖南省博物馆. 湖南浏阳县北岭发现青铜器［J］. 考古，1965，（7）.
［20］ 王轩. 山东邹县七家峪村出土的西周铜器［J］. 考古，1965，（11）.
［21］ 湖北省博物馆. 湖北京山发现曾国铜器［J］. 文物，1972，（2）.
［22］ 史言. 扶风庄白大队出土的一批西周铜器［J］. 文物，1972，（6）.
［23］ 鄂兵. 湖北随县发现曾国铜器［J］. 文物，1973，（5）.
［24］ 郑杰祥. 河南新野发现的曾国铜器［J］. 文物，1973，（5）.
［25］ 荆州地区博物馆. 湖北江陵藤店一号墓发掘简报［J］. 文物，1973，（9）.
［26］ 西安市文物管理处. 陕西长安新旺村、马王村出土的西周铜器［J］. 考古，1974，（1）.
［27］ 辉县百泉文物保管所. 河南辉县三位营发现战国铜器［J］. 文物，1975，（7）.
［28］ 陕西省文管会秦墓发掘组. 陕西户县宋村春秋秦墓发掘简报［J］. 文物，1975，（10）.
［29］ 湖北省博物馆，北京大学考古专业盘龙城发掘队. 盘龙城一九七四年度田野考古纪要［J］. 文物，1976，（2）.
［30］ 岐山县文化馆，陕西省文管会. 陕西省岐山县董家村西周铜器窖穴发掘简报［J］. 文物，1976，（5）.
［31］ 单先进，熊传新. 长沙识字岭战国墓［J］. 考古，1977，（1）.
［32］ 陕西省博物馆. 陕西长安沣西出土的𨭬盂［J］. 考古，1977，（1）.
［33］ 吴山菁. 江苏六合县和仁东周墓［J］. 考古，1977，（5）
［34］ 北京市文物管理处. 北京市平谷县发现商代墓葬［J］. 文物，1977，（11）.
［35］ 唐云明，王玉文. 河北平山县访驾庄发现战国前期青铜器［J］. 文物，1978，（2）.
［36］ 陕西周原考古队. 陕西扶风县云塘、庄白二号西周铜器窖藏［J］. 文物，1978.（11）.
［37］ 河北省文物管理处. 河北省平山县战国时期中山国墓葬发掘简报［J］. 文物，1979，（1）.

[38] 吴镇烽，朱捷元，尚志儒. 陕西永寿、蓝田出土西周青铜器 [J]. 考古，1979，（2）.
[39] 信阳地区文管会，罗山县文化馆. 河南罗山县发现春秋早期铜器 [J]. 文物，1980，（1）.
[40] 信阳地区文管会. 河南信阳发现两批春秋铜器 [J]. 文物，1980，（1）.
[41] 河南信阳地区文管会，潢川县文化馆. 河南潢川县发现黄国和蔡国铜器 [J]. 文物，1980，（1）.
[42] 李零，刘雨. 楚郏陵君三器 [J]. 文物，1980，（8）.
[43] 陕西省雍城考古队. 陕西凤翔高庄秦墓地发掘简报 [J]. 考古与文物，1981，（1）.
[44] 韩伟，曹明檀. 陕西凤翔高王寺战国铜器窖藏 [J]. 文物，1981，（1）.
[45] 河南省博物馆，信阳地区文管会，信阳市文化局. 河南信阳市平桥春秋墓发掘简报 [J]. 文物，1981，（1）.
[46] 固始侯古堆一号墓发掘组. 河南固始侯古堆一号墓发掘简报 [J]. 文物，1981，（1）.
[47] 洛阳博物馆. 河南洛阳春秋墓 [J]. 考古，1981，（1）.
[48] 信阳地区文管会，罗山县文化馆. 罗山县高店公社又发现一批春秋时期青铜器 [J]. 中原文物，1981，（4）.
[49] 信阳地区文管会，固始县文化局. 固始白狮子地一号和二号墓清理简报 [J]. 中原文物，1981，（4）.
[50] 信阳地区文管会，信阳县文化馆. 信阳县明港发现两批春秋早期青铜器 [J]. 中原文物，1981，（4）.
[51] 四川省博物馆，新都县文物管理所. 四川新都战国木椁墓 [J]. 文物，1981，（6）.
[52] 滕县博物馆. 滕县后荆沟出土不其簋等青铜器群 [J]. 文物，1981，（9）.
[53] 苏州博物馆考古组. 苏州虎丘东周墓 [J]. 文物，1981，（11）.
[54] 淅川县博物馆，南阳地区文物队. 淅川县毛坪楚墓发掘简报 [J]. 中原文物，1982，（1）.
[55] 湖北省荆州地区博物馆. 江陵天星观一号楚墓 [J]. 考古学报，1982，（1）.
[56] 随州市博物馆. 湖北随县新发现古代青铜器 [J]. 考古，1982，（2）.
[57] 郑州市博物馆. 尉氏出土一批春秋时期青铜器 [J]. 中原文物，1982，（4）.
[58] 甘肃省博物馆. 甘肃平凉庙庄的两座战国墓 [J]. 考古与文物，1982，（5）.
[59] 荆州地区博物馆. 江陵岳山大队出土一批春秋铜器 [J]. 文物，1982，（10）.
[60] 随州市博物馆. 湖北随县安居出土青铜器 [J]. 文物，1982，（12）.

[61] 李芳芝，张金端. 河南泌阳发现春秋铜器［G］// 文物编辑委员会. 文物资料丛刊（6）. 北京：文物出版社，1982.
[62] 余秀翠. 当阳发现一组春秋铜器［J］. 江汉考古，1983，（1）.
[63] 怀宁县文物管理所. 安徽怀宁县出土春秋青铜器［J］. 文物，1983，（11）.
[64] 湖北省博物馆. 襄阳山湾东周墓葬发掘报告［J］. 江汉考古，1983，（2）.
[65] 洛阳市文物工作队. 洛阳两座东周铜器墓［J］. 中原文物，1983，（4）.
[66] 山东省烟台地区文物管理委员会. 烟台市上夼村出土㠱国铜器［J］. 考古 1983，（4）.
[67] 四川省博物馆. 成都西郊战国墓［J］. 考古，1983，（7）.
[68] 南阳地区文物工作队. 河南桐柏县发现一批春秋铜器［J］. 考古，1983，（8）.
[69] 河南省文物研究所新郑工作站. 河南新郑县李家村发现春秋墓［J］. 考古，1983，（8）.
[70] 山西省考古研究所. 山西浑源县李峪村东周墓［J］. 考古，1983，（8）.
[71] 李步青. 山东莱阳县出土己国铜器［J］. 文物，1983，（12）.
[72] 临朐县文化馆，潍坊地区文物管理委员会. 山东地区发现齐、鄩、曾诸国铜器［J］. 文物，1983，（12）.
[73] 淇县文物保管所. 淇县赵沟发现两批战国铜器［J］. 中原文物，1984，（2）.
[74] 镇江市博物馆. 江苏武进孟河战国墓［J］. 考古，1984，（2）.
[75] 临汝县文化馆. 河南临汝县出土西周铜匜［J］. 考古，1984，（2）.
[76] 荆州地区博物馆. 江陵张家山201号楚墓清理简报［J］. 江汉考古，1984，（2）.
[77] 河南信阳地区文管会，光山县文管会. 春秋早期黄君孟夫妇墓发掘报告［J］. 考古，1984，（4）.
[78] 山西省考古研究所. 山西长子县东周墓［J］. 考古学报，1984，（4）.
[79] 吴县文物管理委员会. 江苏吴县何山东周墓［J］. 文物，1984，（5）.
[80] 随州市博物馆. 湖北随县发现商周青铜器［J］. 考古，1984，（6）.
[81] 杨深富. 山东日照崮河崖出土一批青铜器［J］. 考古，1984，（7）.
[82] 山东省文物考古研究所，沂水县文物管理站. 山东沂水刘家店子春秋墓发掘简报［J］. 文物，1984，（9）.
[83] 湖北省博物馆，随州市博物馆. 湖北随州擂鼓墩二号墓发掘简报［J］. 文物，1985，（1）.
[84] 中国社会科学院考古研究所洛阳唐城队. 1983年洛阳西工区墓葬发掘简报［J］. 考古，1985，（6）.
[85] 程长新. 北京市通县中赵甫出土一组战国青铜器［J］. 考古，1985，（8）.
[86] 南京博物院，丹徒县文管会. 江苏丹徒磨盘墩周墓发掘简报［J］. 考古，1985，（11）.

［87］ 刘建国，吴大林. 江苏溧水宽广墩墓出土器物［J］. 文物，1985，（12）.
［88］ 湖北省博物馆江陵工作站，麻城县革命博物馆. 麻城楚墓［J］. 江汉考古，1986，（2）.
［89］ 陕西省雍城考古队. 陕西凤翔八旗屯西沟道秦墓发掘简报［J］. 文博. 1986，（3）.
［90］ 李常松. 平邑蔡庄出土一批青铜器［J］. 考古，1986，（4）.
［91］ 襄樊市博物馆，谷城县博物馆. 襄樊市、谷城县馆藏青铜器［J］. 文物，1986，（4）.
［92］ 陕西省雍城考古队. 1981年凤翔八旗屯墓地发掘简报［J］. 考古与文物，1986，（5）.
［93］ 陈建国. 安徽天长县出土西周青铜匜［J］. 考古，1986，（6）.
［94］ 山西省考古研究所，山西省晋东南地区文化局. 山西省潞城县潞河战国墓［J］. 文物，1986，（6）.
［95］ 山东省惠民地区文物组，邹平县图书馆. 山东邹平县大省村东周墓［J］. 考古，1986，（7）.
［96］ 常德地区文物工作队，桃源县文化局. 桃源三元村一号楚墓［G］. 湖南省文物考古研究所、湖南省考古学会. 湖南考古辑刊（第四集）. 长沙：岳麓书社，1987.
［97］ 黄州古墓发掘队. 黄冈罗汉山楚墓［J］. 江汉考古，1987，（1）.
［98］ 襄樊市博物馆. 湖北谷城、枣阳出土周代青铜器［J］. 考古，1987，（5）.
［99］ 山东诸城县博物馆. 山东诸城臧家庄与葛布口村战国墓［J］. 文物，1987，（12）.
［100］ 镇江市博物馆. 江苏镇江谏壁王家山东周墓［J］. 文物，1987，（12）.
［101］ 湖北省博物馆. 襄阳山湾出土的东周青铜器［J］. 江汉考古，1988，（1）.
［102］ 齐国故城遗址博物馆，临淄区文物管理所. 山东临淄故城西周墓［J］. 考古，1988，（1）.
［103］ 湖北省博物馆江陵工作站. 江陵马山十座楚墓［J］. 江汉考古，1988，（3）.
［104］ 山西省考古研究所侯马工作站. 山西侯马上马墓地3号车马坑发掘简报［J］. 文物，1988，（3）.
［105］ 盱眙县文化馆. 盱眙县王庄出土春秋吴国铜匜［J］. 文物，1988，（9）.
［106］ 曹发展. 陕西户县南关春秋秦墓清理记［J］. 文博，1989，（2）.
［107］ 应山县文化馆文物组. 湖北应山吴店古墓葬清理简报［J］. 文物，1989，（3）.
［108］ 湖北省宜昌地区博物馆. 湖北枝江姚家港高山庙两座春秋楚墓［J］. 文物，1989，（3）.

[109] 山西省考古研究所. 山西侯马上马墓地发掘简报（1963—1986）[J]. 文物，1989，（6）.
[110] 舒城县文物管理所. 舒城县秦家桥战国楚墓清理简报[G]. 文物研究（6）. 合肥：黄山书社. 1990.
[111] 广水市博物馆. 湖北省广水市彭家塆古墓清理简报[J]. 江汉考古，1990，（2）.
[112] 惠民地区文物普查队，阳信县文化馆. 山东阳信城关镇西北村战国墓器物陪葬坑清理简报[J]. 考古，1990，（3）.
[113] 宜昌地区博物馆. 湖北当阳赵巷4号春秋墓发掘简报[J]. 文物，1990，（10）.
[114] 寿县博物馆. 寿县肖严湖出土春秋青铜器[J]. 文物，1990，（11）.
[115] 刘慧. 山东莱芜西上崮出土青铜器及双凤牙梳[J]. 文物，1990，（11）.
[116] 郑绍宗. 唐县南伏城及北城子出土周代青铜器[J]. 文物春秋，1991，（1）.
[117] 南京市博物馆，六合县文教局. 江苏六合程桥东周三号墓[J]. 东南文化，1991，（1）.
[118] 陕西省考古研究所雍城工作站. 凤翔邓家崖秦墓发掘简报[J]. 考古与文物，1991，（2）.
[119] 山东省济宁市文物管理局. 薛国故城勘察和墓葬发掘报告[J]. 考古学报，1991，（4）.
[120] 赵振华. 河南洛阳新发现随葬钱币的东周墓葬[J]. 考古，1991，（6）.
[121] 襄樊市博物馆. 湖北襄阳团山东周墓[J]. 考古，1991，（9）.
[122] 赵慧民，李百勤，李春喜. 山西临猗县程村两座东周墓[J]. 考古，1991，（11）.
[123] 李国梁. 安徽宿县谢芦村出土周代青铜器[J]. 文物，1991，（11）.
[124] 李芳芝. 河南确山发现春秋道国青铜器[J]. 中原文物，1992，（2）.
[125] 信阳地区文管会，固始县文管会. 河南固始万营山春秋墓清理简报[J]. 考古，1992，（3）.
[126] 河南省文物研究所，平顶山市文物管理委员会. 平顶山应国墓地九十五号墓的发掘[J]. 华夏考古，1992，（3）.
[127] 烟台市文物管理委员会. 山东长岛王沟东周墓群[J]. 考古学报，1993，（1）.
[128] 安徽省六安县文物管理所. 安徽省六安县城北楚墓[J]. 文物，1993，（1）.
[129] 岳阳市文物工作队. 湖南省岳阳县凤形嘴山一号墓发掘简报[J]. 文物，1993，（1）.
[130] 贺勇，刘建中. 河北怀来甘子堡发现的春秋墓群[J]. 文物春秋，1993，（2）.
[131] 潍坊市博物馆. 山东潍坊地区商周遗址调查[J]. 考古，1993，（9）.
[132] 南阳市文物工作队. 南阳市彭营砖瓦厂战国楚墓[J]. 中原文物，1994，（1）.

［133］ 赵清，王文华，刘松根. 河南新郑新禹公路战国墓发掘简报［J］. 考古，1994，（5）.
［134］ 山西省考古研究所，北京大学考古学系. 天马—曲村遗址北赵晋侯墓地第三次发掘［J］. 文物，1994，（8）.
［135］ 山西省考古研究所，北京大学考古学系. 天马—曲村遗址北赵晋侯墓地第四次发掘［J］. 文物，1994，（8）.
［136］ 郑同修，隋裕仁. 山东威海市发现周代墓葬［J］. 考古，1995，（1）.
［137］ 安徽省六安县文物管理所. 安徽六安县城西窑厂2号楚墓［J］. 考古，1995，（2）.
［138］ 赤峰市博物馆，宁城县文物管理所. 宁城小黑石沟石椁墓调查清理报告［J］. 文物，1995，（5）.
［139］ 北京大学考古学系，山西省考古研究所. 天马—曲村遗址北赵晋侯墓地第五次发掘［J］. 文物，1995，（7）.
［140］ 洛阳市文物工作队. 洛阳市中州中路东周墓［J］. 文物，1995，（8）.
［141］ 洛阳市文物工作队. 洛阳东郊C5M906号西周墓［J］. 考古，1995，（9）.
［142］ 荆沙市文物处. 江陵车垱战国墓清理简报［J］. 江汉考古，1996，（1）.
［143］ 烟台市文物管理委员会，海阳县博物馆. 山东海阳县嘴子前春秋墓的发掘［J］. 考古，1996，（9）.
［144］ 南阳市文物研究所，桐柏县文管办. 桐柏月河一号春秋墓发掘简报［J］. 中原文物，1997，（4）.
［145］ 李有成. 定襄县中霍村东周墓发掘报告［J］. 文物，1997，（5）.
［146］ 临淄市博物馆. 山东临淄商王村一号战国墓发掘简报［J］. 文物，1997，（6）.
［147］ 湖北省荆门市博物馆. 荆门郭店一号楚墓［J］. 文物，1997，（7）.
［148］ 汪保全. 甘肃天水市出土西周青铜器［J］. 考古与文物，1998，（3）.
［149］ 郧阳地区博物馆. 湖北郧县肖家河春秋楚墓［J］. 考古，1998，（4）.
［150］ 张剑，蔡运章. 洛阳白马寺三座西周晚期墓［J］. 文物，1998，（10）.
［151］ 湖北省文物考古研究所，襄樊市博物馆. 湖北襄樊郑家山战国秦汉墓［J］. 考古学报，1999，（3）.
［152］ 莒县博物馆. 山东莒县西大庄西周墓葬［J］. 考古，1999，（7）.
［153］ 洛阳市文物工作队. 洛阳市613所东周墓［J］. 文物，1999，（8）.
［154］ 洛阳市文物工作队. 洛阳东郊西周墓［J］. 文物，1999，（9）.
［155］ 林宏. 山东泰安市黄花岭村出土青铜器［J］. 考古与文物，2000，（4）.
［156］ 李夏廷. 流散美国的晋式青铜器（续）礼器篇（中）［J］. 文物世界，2000，（6）.

[157] 湖北省文物考古研究所等. 湖北丹江口市吉家院墓地的清理［J］. 考古，2000，（8）.

[158] 湖北省文物考古研究所. 湖北荆州市施家地楚墓发掘简报［J］. 考古，2000，（8）.

[159] 河南省文物考古研究所，三门峡市文物考古研究所. 三门峡虢国墓地M2010的清理［J］. 文物，2000，（12）.

[160] 河南省文物考古研究所，三门峡市文物考古研究所. 三门峡虢国墓地M2013的发掘清理［J］. 文物，2000，（12）.

[161] 刘云涛，张建平. 莒县博物馆馆藏青铜器［J］. 东南文化，2001，（4）.

[162] 洛阳市第二文物工作队. 洛阳（洛界）高速公路伊川段LJYM74发掘简报［J］. 文物，2001，（6）.

[163] 宝鸡市考古工作队，宝鸡县博物馆. 陕西宝鸡县南阳村春秋秦墓的清理［J］. 考古，2001，（7）.

[164] 张懋镕，张小兵. 陕西洛南冀塬一号战国墓［J］. 文物，2001，（9）.

[165] 洛阳市文物工作队. 洛阳市针织厂东周墓（C1M5269）的清理［J］. 文物，2001，（12）.

[166] 三门峡市文物工作队. 三门峡市盆景园8号战国墓［J］. 中原文物，2002，（1）.

[167] 中国社会科学院考古研究所洛阳唐城队. 河南洛阳市中州路北东周墓葬的清理［J］. 考古，2002，（1）.

[168] 甘肃省文物考古研究所，礼县博物馆. 礼县圆顶山春秋秦墓［J］. 文物，2002，（2）.

[169] 洛阳市文物工作队. 洛阳解放路战国陪葬坑发掘报告［J］. 考古学报，2002，（3）.

[170] 襄石复线襄樊考古队. 湖北襄阳法龙付岗墓地发掘简报［J］. 江汉考古，2002，（4）.

[171] 滕州市博物馆. 山东滕州庄里西战国墓［J］. 文物，2002，（6）.

[172] 洛阳市第二文物工作队. 洛阳市纱厂路东周墓（JM32）发掘简报［J］. 文物，2002，（11）.

[173] 郧县博物馆. 湖北郧县肖家河出土春秋唐国铜器［J］. 江汉考古，2003，（1）.

[174] 洛阳市文物工作队. 洛阳市西工区几座春秋墓的清理［J］. 考古与文物，2003，（2）.

[175] 常德市博物馆. 湖南常德跑马岗战国墓发掘简报［J］. 江汉考古，2003，（3）.

[176] 烟台市博物馆. 山东烟台市金沟寨战国墓葬［J］. 考古，2003，（3）.

[177]　长沙市文物考古研究所. 长沙市马益顺巷一号楚墓［J］. 考古，2003，（4）.
[178]　长沙市文物考古研究所. 长沙市茅亭子楚墓的发掘［J］. 考古，2003，（4）.
[179]　郝良真，赵建朝. 邯钢出土青铜器及赵国贵族墓葬区域［J］. 文物春秋，2003，（4）.
[180]　李光雨，张云. 山东枣庄春秋时期小邾国墓地的发掘［J］. 中国历史文物，2003，（5）.
[181]　陕西省考古研究所，宝鸡市考古工作队，眉县文化馆杨家村联合考古队. 陕西眉县杨家村西周青铜器窖藏发掘简报［J］. 文物，2003，（6）.
[182]　肥城市文物管理所. 山东肥城市王庄镇出土战国铜器［J］. 考古，2003，（6）.
[183]　朱新民. 侯马市发现一批珍贵青铜器［J］. 文物世界，2004，（2）.
[184]　董全生，李长周. 南阳市物资城一号墓及其相关问题［J］. 中原文物，2004，（2）.
[185]　三门峡市文物考古研究所. 河南三门峡市老城东8号战国墓［J］. 考古，2004，（2）.
[186]　河南省文物考古研究所，信阳市文物工作队. 河南信阳长台关七号楚墓发掘简报［J］. 文物，2004，（3）.
[187]　临淄市临淄区文物局. 山东淄博市临淄区赵家徐姚战国墓［J］. 考古，2005，（1）.
[188]　甘肃省文物考古研究所，礼县博物馆. 甘肃礼县圆顶山98LDM2、2000LDM4春秋秦墓［J］. 文物，2005，（2）.
[189]　河南省文物考古研究所，桐柏县文物管理委员会. 河南桐柏月河墓地第二次发掘［J］. 文物，2005，（8）.
[190]　河南省文物考古研究所新郑工作站. 新郑市郑韩路6号春秋墓［J］. 文物，2005，（8）.
[191]　吴镇烽. 近年所见所拓两周秦汉青铜器铭文［J］. 文博，2006，（3）.
[192]　河南省文物研究所，平顶山市文物管理局. 河南平顶山应国墓地八号墓发掘简报［J］. 华夏考古，2007，（1）.
[193]　胡金华，冀艳坤. 河北唐县钓鱼台积石墓出土文物整理简报［J］. 中原文物，2007，（6）.
[194]　临淄市临淄区文物局. 山东淄博市临淄区国家村战国墓［J］. 考古，2007，（8）.
[195]　安阳市文物考古研究所. 河南安阳市王古道村东周墓葬发掘报告［J］. 华夏考古，2008，（1）.
[196]　三门峡市文物考古研究所. 三门峡市西苑小区战国墓（M1）发掘简报［J］. 文物，2008，（2）.

［197］ 湖北省文物考古研究所等. 湖北随州义地岗墓地曾国墓1994年发掘简报［J］. 文物，2008，（2）.
［198］ 湖北省文物考古研究所，湖北省文物局南水北调办公室. 湖北郧县乔家院春秋殉人墓［J］. 考古，2008，（4）.
［199］ 宜城县博物馆. 湖北宜城市母牛山出土一批春秋青铜器［J］. 考古，2008，（9）.
［200］ 李清丽，杨峰涛. 三门峡市虢国博物馆馆藏“虢姜”组器［J］. 文博，2009，（1）.
［201］ 南阳市文物考古研究所. 南阳市万家园M181发掘简报［J］. 中原文物，2009，（1）.
［202］ 武汉市文物考古研究所，巫山县文物管理所. 重庆巫山土城坡墓地2004年发掘简报［J］. 江汉考古，2009，（2）.
［203］ 荆州博物馆，钟祥市博物馆. 湖北钟祥黄土坡东周秦代墓发掘报告［J］. 考古学报，2009，（2）.
［204］ 河南省文物考古研究所，三门峡市文物考古研究所. 河南三门峡虢国墓地M2008发掘简报［J］. 文物，2009，（2）.
［205］ 天长市博物馆，天长市文物管理所. 安徽天长出土一批战国青铜器［J］. 文物，2009，（6）.
［206］ 洛阳市文物工作队. 洛阳王城广场战国墓（西区M37）发掘简报［J］. 文物，2009，（11）.
［207］ 郑州市文物考古研究院，河南省文物管理局南水北调办公室. 新郑铁岭墓地M429发掘简报［J］. 中原文物，2010，（1）.
［208］ 平顶山市文物管理局. 平顶山市西高皇鱼塘捞出的一批应国铜器［J］. 中原文物，2010，（2）.
［209］ 郑州市文物考古研究院，河南省文物管理局南水北调办公室. 新郑铁岭墓地M550发掘简报［J］. 中原文物，2010，（5）.
［210］ 洛阳市文物工作队. 洛阳西工区春秋墓发掘简报［J］. 文物，2010，（8）.
［211］ 闫玉光，贾芸. 怀来甘子堡春秋墓葬出土的青铜器［J］. 文物春秋，2011，（2）.
［212］ 南阳市文物考古研究所. 河南南阳春秋楚彭射墓发掘简报［J］. 文物，2011，（3）.
［213］ 洛阳市文物工作队. 洛阳市木材公司春秋墓［J］. 中国国家博物馆馆刊，2011，（8）.
［214］ 洛阳市文物工作队. 洛阳体育场路东周墓（M8830）发掘简报［J］. 文物，2011，（8）.

［215］　洛阳市文物工作队. 河南洛阳市西工区M8832号东周墓［J］. 考古，2011，（9）.

［216］　淄博市临淄区文物局. 山东淄博市临淄区孙家徐姚战国墓地［J］. 考古，2011，（10）.

［217］　陈红玲. 陕西韩城市博物馆藏铭文青铜器［J］. 考古与文物，2012，（1）.

［218］　郑州市文物考古研究院，河南省文物管理局南水北调办公室. 新郑铁岭墓地M1404、M1405发掘简报［J］. 中原文物，2012，（2）.

［219］　湖北省文物考古研究所，随州市博物馆. 湖北随州义地岗曾公子去疾墓发掘简报［J］. 江汉考古，2012，（3）.

［220］　南阳市文物考古研究所. 河南南阳李八庙春秋楚墓清理简报［J］. 文物，2012，（4）.

［221］　河南省文物考古研究所等. 河南平顶山春秋晚期M301发掘简报［J］. 文物，2012，（4）.

［222］　安徽省文物考古研究所，六安市文物管理局. 安徽六安市白鹭洲战国墓M566的发掘［J］. 考古，2012，（5）.

［223］　安丘市博物馆. 山东安丘柘山镇东古庙村春秋墓［J］. 文物，2012，（7）.

［224］　早期秦文化联合考古队，张家川回族自治县博物馆. 张家川马家塬战国墓地2010～2011年发掘简报［J］. 文物，2012，（8）.

［225］　安徽省文物考古研究所，六安市文物管理局. 安徽六安市白鹭洲战国墓M585的发掘［J］. 考古，2012，（11）.

［226］　临淄区文物局. 山东淄博市临淄区辛店二号战国墓［J］. 考古，2013，（1）.

［227］　安徽省文物考古研究所，蚌埠市博物馆. 春秋钟离君柏墓发掘报告［J］. 考古学报，2013，（2）.

［228］　武汉大学历史学院考古系，荆门市博物馆. 湖北沙洋县程新村花果山战国楚墓的发掘［J］. 考古，2013，（2）.

［229］　陕西省考古研究院等. 陕西凤翔孙家南头春秋秦墓发掘简报［J］. 考古与文物，2013，（4）.

［230］　山东省文物考古研究所，新泰市博物馆. 山东新泰周家庄东周墓发掘简报［J］. 文物，2013，（4）.

［231］　临淄区文物局. 山东淄博市临淄区刘家新村春秋墓［J］. 考古，2013，（5）.

［232］　陕西省考古研究院等. 陕西凤翔雷家台墓地发掘简报［J］. 文博，2013，（5）.

［233］　襄阳市文物考古研究所. 湖北襄阳沈岗墓地M1022发掘简报［J］. 文物，2013，（7）.

［234］　枣庄市博物馆等. 山东枣庄徐楼东周墓发掘简报［J］. 文物，2014，（1）.

[235] 河南省文物考古研究所，三门峡市文物考古研究所. 河南三门峡李家窑西周墓发掘简报［J］. 文物，2014，（3）.
[236] 湖北省文物考古研究所，随州市博物馆. 湖北随州市文峰塔东周墓地［J］. 考古，2014，（7）.
[237] 湖北省文物考古研究所，南漳县博物馆. 湖北南漳川庙山东周墓地2014年发掘报告［J］. 江汉考古，2015，（4）.
[238] 河南省文物考古研究院. 河南淇县宋庄东周墓地M4发掘简报［J］. 华夏考古，2015，（4）.
[239] 荆州博物馆. 湖北荆州曹家山一号楚墓发掘简报［J］. 江汉考古，2015，（5）.
[240] 宣柳. 北师大文博馆收藏的两件青铜器［J］. 文物春秋，2015，（5）.
[241] 谢军. 安徽繁昌新出土的三件铜器［J］. 江汉考古，2015，（6）.
[242] 辽宁省考古研究所等. 辽宁建昌东大杖子墓地2000年发掘简报［J］. 文物，2015，（11）.
[243] 河南省文物考古研究院等. 河南淅川熊家岭墓地M24发掘简报［J］. 华夏考古，2016，（2）.
[244] 洛阳市文物考古研究院. 河南洛阳市西工区西小屯村春秋墓葬［J］. 考古，2016，（4）.
[245] 武汉大学历史学院等. 湖北枣阳郭家庙墓地曹门湾墓区（2015）M43发掘简报［J］. 江汉考古，2016，（5）.
[246] 湖北省考古研究所等. 湖北枣阳郭家庙墓地曹门湾墓区（2014）M10、M13、M22发掘简报［J］. 江汉考古，2016，（5）.
[247] 襄阳市文物考古研究所. 湖北襄阳市鏖战岗战国楚墓的发掘［J］. 考古，2016，（11）.
[248] 刘江生. 湖北襄阳市团山墓地M107［J］. 考古，2017，（1）.
[249] 荆州博物馆. 湖北荆州望山桥一号楚墓发掘简报［J］. 文物，2017，（2）.
[250] 荆州博物馆. 湖北省荆州市张家屋台墓地发掘简报［J］. 文博，2017，（4）.
[251] 临淄区文物管理局. 山东淄博市临淄区尧王战国墓的发掘［J］. 考古，2017，（4）.
[252] 北京市文物研究所，北京市房山区文物管理所. 北京房山前朱各庄战国墓发掘简报［J］. 文物，2017，（4）.
[253] 山西省考古研究所，山西大学历史文化学院，临汾市文物局等. 山西隰县瓦窑坡墓地的两座春秋时期墓葬［J］. 考古，2017，（5）.
[254] 襄阳市博物馆，老河口市博物馆. 湖北老河口安岗一号楚墓发掘简报［J］. 文物，2017，（7）.

［255］ 湖北省文物考古研究所，襄阳市博物馆，老河口市博物馆. 湖北老河口安岗二号楚墓发掘简报［J］. 文物，2017，（7）.

［256］ 秦文化与西戎文化联合考古队. 甘肃礼县大堡子山秦墓及附葬车马坑发掘简报［J］. 文物，2018，（1）.

［257］ 湖北省文物考古研究所. 湖北京山苏家垄墓群M85发掘简报［J］. 江汉考古，2018，（1）.

［258］ 襄阳市文物考古研究所. 湖北襄阳市余岗墓地春秋墓葬［J］. 考古，2018，（1）.

［259］ 北京联合大学应用文理学院，湖北省文物考古研究所，沙洋县文管所等. 湖北沙洋罗家湾墓地发掘简报［J］. 江汉考古，2018，（4）.

［260］ 湖北省文物考古研究所，襄阳市文物考古研究所，枣阳市文物考古队. 湖北枣阳九连墩M2发掘简报［J］. 江汉考古，2018，（6）.

［261］ 山西省考古研究所，山西大学历史文化学院，临汾市文物局等. 山西隰县瓦窑坡墓地春秋墓葬M23发掘简报［J］. 中原文物，2019，（1）.

［262］ 陕西省考古研究院，渭南市博物馆，澄城县文化和旅游局. 陕西澄城刘家洼芮国遗址东Ⅰ区墓地M6发掘简报［J］. 考古与文物，2019，（2）.

［263］ 湖北省文物考古研究所，襄阳市文物考古研究所，枣阳市文物考古队. 湖北枣阳九连墩M1发掘简报［J］. 江汉考古，2019，（3）.

［264］ 河南省文物局南水北调办公室，南阳市文物考古研究所. 河南南阳夏饷铺鄂国墓地M1发掘简报［J］. 江汉考古，2019，（4）.

［265］ 河南省文物局南水北调办公室，南阳市文物考古研究所. 河南南阳夏饷铺鄂国墓地M7、M16发掘简报［J］. 江汉考古，2019，（4）.

［266］ 河南省文物局南水北调办公室，南阳市文物考古研究所. 河南南阳夏饷铺鄂国墓地M19、M20发掘简报［J］. 江汉考古，2019，（4）.

［267］ 山东大学历史文化学院考古与博物馆学系. 山东济南长清仙人台周代墓地M4发掘简报［J］. 文物，2019，（4）.

［268］ 陕西省考古研究院，渭南市博物馆，澄城县文化和旅游局. 陕西澄城刘家洼春秋芮国遗址东Ⅰ区墓地M49发掘简报［J］. 文物，2019，（7）.

［269］ 吉林大学考古学院，涿鹿县文物局. 河北涿鹿故城遗址2号战国墓发掘简报［J］. 考古，2019，（10）.

［270］ 吉林大学考古学院，涿鹿县文化广电和旅游局. 河北涿鹿故城遗址M1清理简报［J］. 文物，2019，（11）.

［271］ 成都文物考古研究院，青白江区文物保护中心，四川大学考古学教学示范中心. 四川成都双元村东周墓地一五四号墓发掘［J］. 考古学报，2020，（3）.

［272］ 陕西省考古研究院. 陕西西咸新区坡刘村秦墓发掘简报［J］. 考古与文物，2020，（4）.

［273］ 张志鹏，尹俊敏. 南阳市博物馆藏上鄀太子平侯匜及相关问题研究［J］. 文物，2020，（4）.

［274］ 山西省考古研究院. 山西黎城西关墓地M7、M8发掘简报［J］. 江汉考古，2020，（4）.

［275］ 湖北省文物考古研究所等. 湖北随州市枣树林春秋曾国贵族墓地［J］. 考古，2020，（7）.

［276］ 河南省文物考古研究院，南阳市文物考古研究所. 河南南阳春秋楚彭氏家族墓地M1、M2及陪葬坑发掘简报［J］. 文物，2020，（10）.

五、专　　著

［1］ 杨树达. 积微居金文说［M］. 北京：科学出版社，1959.

［2］ 容庚. 商周彝器通考［M］. 台北：台湾大通书局，1973.

［3］ 郭宝钧. 商周铜器群综合研究［M］. 北京：文物出版社，1981.

［4］ 容庚，张维持. 殷周青铜器通论［M］. 北京：文物出版社，1984.

［5］ 郭沫若. 两周金文辞大系图录考释［M］. 上海：上海书店出版社，1999.

［6］ 王国维. 观堂集林［M］. 北京：中华书局，1959.

［7］ 陈梦家. 西周铜器断代［M］. 北京：中华书局，1959.

［8］ 陈英杰. 西周金文作器用途铭辞研究（上、下）［M］. 北京：线装书局，2008.

［9］ 朱凤瀚. 中国青铜器综论［M］. 上海：上海古籍出版社，2009.

六、研究论文

［1］ 杨树达. 蔡子匜跋［M］// 杨树达. 积微居金文说. 北京：科学出版社，1959.

［2］ 李学勤. 论汉淮间的春秋青铜器［J］. 文物，1980，（1）.

［3］ 张临生. 说盉与匜——青铜彝器中的水器［J］. 故宫学术季刊，1982，17（1）.

［4］ 周世荣. 湖南楚墓出土古文字丛考［G］// 湖南省博物馆. 湖南考古辑刊（第一集）. 长沙：岳麓书社，1982.

［5］ 孙敬明，何琳仪，黄锡全. 山东临朐新出铜器铭文考释及有关问题［J］. 文物，1983，（12）.

［6］ 张临生. 故宫博物院所藏匜形器研究［J］. 故宫学术季刊，1984，1（3）.

[7] 李俊山. 永城出土西周宋国铜匜［J］. 中原文物，1990，（1）.
[8] 于豪亮. 陕西省扶风县强家村出土虢季家族铜器铭文考释［G］// 于豪亮学术文存. 北京：中华书局，1985.
[9] 赵平安. 释易与匜——兼释史丧尊［J］. 考古与文物，1991，（3）.
[10] 刘彬徽. 湖北出土的两周金文之国别与年代补记［G］// 中国古文字研究会，中华书局编辑部. 古文字研究（19）. 北京：中华书局，1992.
[11] 李夏廷. 浑源彝器研究［J］. 文物，1992，（10）.
[12] 夏麦陵. 嚣伯匜断代与隞之地望［J］. 考古，1993，（1）.
[13] 蔡运章. 洛阳北窑西周墓青铜器铭文简论［J］. 文物，1996，（7）.
[14] 周亚. 馆藏晋侯青铜器概论［G］// 上海博物馆. 上海博物馆集刊. 上海：上海古籍出版社，1996.
[15] 王人聪. 新获滕太宰得匜考释［J］. 文物，1998，（8）.
[16] 孙华. 商周铜卣新论——兼论提梁铜壶及铜匜的相关问题［G］// 洛阳市文物局，洛阳博物馆. 洛阳博物馆建馆四十周年纪念文集（1958～1998）. 北京：科学出版社，1999.
[17] 陈昭容. 从古文字材料谈古代的盥洗用具及其相关问题——自淅川下寺春秋楚墓的青铜水器自名说起［G］//“中央研究院”历史语言研究所. “中央研究院”历史语言研究所集刊，2000，71（4）.
[18] 游国庆. 故宫西周铜器铭文巡礼［J］. 故宫文物月刊，2001，19（3）.
[19] 李家浩. 信阳楚简“浍”字和从“关”之字［M］// 李家浩. 著名中年语言学家自选集 · 李家浩卷. 合肥：安徽教育出版社，2002.
[20] 李学勤. 眉县杨家村新出青铜器研究［J］. 文物，2003，6.
[21] 张懋镕. 试论中国古代青铜器器类之间的关系［G］// 张懋镕. 古文字与青铜器论集（2）. 北京：科学出版社，2006.
[22] 吴镇烽. 競之定铜器群考［J］. 江汉考古，2008，1.
[23] 张光裕. 新见楚式青铜器器铭试释［J］. 文物，2008，1.
[24] 张利军. 释金文中[illegible]字——兼论青铜匜之得名［J］. 文博，2008，6.
[25] 丁岩. 神禾原战国秦陵园主人试探［J］. 考古与文物，2009，4.
[26] 张懋镕. 夷曰匜研究——兼论商周青铜器功能的转化问题［G］// 张懋镕. 古文字与青铜器论集（3）. 北京：科学出版社，2010.
[27] 张懋镕. 试论青铜器自名现象的另类价值［G］// 张懋镕. 古文字与青铜器论集（3）. 北京：科学出版社，2010.
[28] 张懋镕. 关于青铜器定名的几点思考——从伯湄父簋的定名谈起［G］// 张懋镕. 古文字与青铜器论集（3）. 北京：科学出版社，2010.
[29] 曹锦炎. 彭射铜器铭文补释［J］. 文物，2011，（6）.

[30] 王帅. 商周青铜器自名新解——以匜、盉为例［J］. 中原文物，2013，（4）.
[31] 王宏，权敏. 贾国青铜器及其重要价值探研［J］. 中原文物，2015，（1）.
[32] 朱华东. 也论肥西小八里出土青铜器［J］. 东方博物，2017，（2）.
[33] 张天恩. 司马南叔匜小议［C］// 北京大学震旦古代文明研究中心等. 青铜器与山东古国研究学术研讨会论文集. 上海：上海古籍出版社，2017.
[34] 田伟. 匜鼎研究［G］// 北京大学中国考古学研究中心. 古代文明. 上海：上海古籍出版社，2018（12）.
[35] 张光裕. 新见“用饮元馸乘马匜”试释［G］// 北京大学出土文献研究所.《青铜器与金文》（第二辑）. 上海：上海古籍出版社，2019.
[36] 滕铭予. 东周时期刻纹铜器再检讨［J］. 考古，2020，（9）.

七、学位论文

[1] 阴玲玲. 两周青铜匜研究［D］. 西安：陕西师范大学，2008.
[2] 李云朋. 商周青铜盉整理与研究［D］. 西安：陕西师范大学，2011.
[3] 刘莹莹. 商周青铜觥的整理与研究［D］. 西安：陕西师范大学，2011.
[4] 查飞能. 商周青铜器自名疏证［D］. 重庆：西南大学，2019.

八、电子文献

[1] 吴镇烽. 商周青铜器铭文暨图像集成［CD］. 2012.
[2] 吴镇烽. 商周青铜器铭文暨图像集成续编［CD］. 2016.
[3] 吴镇烽. 商周青铜器铭文暨图像集成三编［CD］. 2020.

九、工具书

[1] 孙稚雏. 金文著录简目［M］. 北京：中华书局，1981.
[2] 中国大百科全书总编辑委员会《考古学》编辑委员会. 中国大百科全书·考古学［M］. 北京：中国大百科全书出版社，1986.
[3] 孙稚雏. 青铜器论文索引［M］. 北京：中华书局，1986.
[4] 罗竹风. 汉语大词典［M］. 北京：汉语大词典出版社，1988.
[5] 张亚初. 殷周金文集成引得［M］. 北京：中华书局，2001.
[6] 张懋镕，张仲立. 青铜器论文索引（1983年至2001年）［M］. 香港：香港明石馆出版社，2005.

［7］　吴镇烽. 金文人名汇编［M］. 北京：中华书局，2006.
［8］　王辉. 古文字通假字典［M］. 北京：中华书局，2008.
［9］　张懋镕. 青铜器论文索引（2002年至2006年）［M］. 北京：线装书局，2008.
［10］　李学勤. 字源［M］. 天津：天津古籍出版社，2012.

十、报纸文献

［1］　杨及耘，范文谦. 山西首次发掘夏县崔家河墓地［N］. 中国文物报，2005-3-4（1）.
［2］　李长周. 从南阳申公寿墓的铭文谈起［N］. 中国文物报，2012-12-7（6）.

附　　表

附表1　出土青铜匜资料统计表*

序号	名称	时代	出土时间及地点	分期	型式	铭文	通高/厘米	通长/厘米	重量/千克	著录出处	图片	备注
1	㑇匜	西周中期	1975年2月陕西岐山县京当乡董家村1号铜器窖藏	第一期	Aa型Ⅰ式	器内底铸铭文90字，盖内67字，共157字（其中合文3）。铭文详情见第三章第一节型式分析㑇匜标本	20.3	36.5	3.775	《铭图》15004，《陕金汇编（上）》第454页，《全集（5）》194、195，《文物》1976年5期，《集成》10285，《综览》匜48，《精华·铜》562，《美术全集》铜2·520页，《周原（3）》第385页，《陕西金文集成（1）》0074，《出土铜》17·488，《铜辞典》第1209页		岐山县博物馆藏
2	重环纹匜	西周晚期	1972年山东青州杨姑桥遗址	第二期	Aa型Ⅱ式		11.8	22		《海岱考古（5）》第247页，图版36·1		

* 注：表内部分器物的长度单位为寸（均一一注明）。

续表

序号	名称	时代	出土时间及地点	分期	型式	铭文	通高/厘米	通长/厘米	重量/千克	著录出处	图片	备注
3	重环纹匜	西周晚期	山东曲阜鲁国故城乙组墓M30	第二期	Aa型Ⅱ式		尺寸未发表			《鲁故城》第151页，图版79·2		
4	瓦棱纹匜	西周晚期	1965年河北唐县南伏城西周铜器窖藏	第二期	Aa型Ⅱ式		19.1			《文物春秋》1991年1期		
5	重环纹匜	西周晚期	1976年陕西扶风县庄白二号窖藏	第二期	Aa型Ⅱ式		13.9	26	1.044	《文物》1978年11期，《周原（5）》第985页		
6	窃曲纹匜	西周晚期	1960年陕西扶风庄白大队召陈村窖藏	第二期	Aa型Ⅱ式		14	28.3	1.071	《文物》1972年6期，《周原（2）》第206页，《出土铜》17·487		
7	重环纹匜	西周晚期	1963年陕西扶风县齐家村窖藏	第二期	Aa型Ⅱ式		17.2	34.7	2.148	《考古》1963年8期，《文物》1963年9期，《周原（2）》第260页		

续表

序号	名称	时代	出土时间及地点	分期	型式	铭文	通高/厘米	通长/厘米	重量/千克	著录出处	图片	备注
8	函皇父匜	西周晚期	1933年陕西扶风县法门镇上康村西周铜器窖藏	第二期	Aa型Ⅱ式	14字（其中重文1），函皇父作周妘匜，其子孙孙永宝用	13.2	26	1.14	《铭图》14921，《集成》10225，《夏商周（西周下）》422，《三代》17·31·3，《窓斋》16·26·1，《缀遗斋》14·11·1，《捃古》2·2·10·3，《陕西金文集成（3）》0285，《铜辞典》第1210页		原藏陈介祺，现藏上海博物馆
9	中友父匜	西周晚期	1960年陕西扶风法门镇齐村窖藏	第二期	Aa型Ⅱ式	15字（其中重文2），中友父作匜，其万年子子孙孙永宝用	15.9	30.6	1.451	《铭图》14928，《齐家村》第8页图12，《陕金汇编（上）》第453页，《集成》10224，《精华·铜》566，《综览》匜49，《周原（1）》第45页，《陕西金文集成（3）》0338，《出土铜》17·486		

续表

序号	名称	时代	出土时间及地点	分期	型式	铭文	通高/厘米	通长/厘米	重量/千克	著录出处	图片	备注
10	叔五父匜	西周晚期	2003年陕西眉县杨家村窖藏	第二期	Aa型Ⅱ式	16字（其中重文2），叔五父作宝匜，其万年子子孙孙永宝用	18.1	36.6	2.4	《铭图》14938，《文物》2003年6期，《陕西金文集成（6）》0669，《出土铜》17 · 574，《铜辞典》第1210页		
11	重环纹匜	西周晚期	1993年陕西周至县哑柏镇	第二期	Aa型Ⅱ式		17			《三秦瑰宝》第28页		陕西历史博物馆藏
12	宗仲匜	西周晚期	1974年1月陕西蓝田县辋川乡指甲湾村	第二期	Aa型Ⅱ式	6字，宗仲作尹姞匜	15	30	1.65	《铭图》14861，《考古》1979年2期，《陕西金文集成（13）》1503		现藏陕西历史博物馆
13	叔男父匜	西周晚期	光绪元年（1875年）出土于陕西长安	第二期	Aa型Ⅱ式	22字（其中重文2），叔男父作为霍姬媵旅匜，其子子孙孙其万年永宝用，邢	15.3	26.2	1.92	《铭图》14983，《故铜》210，《集成》10270，《恒轩》90，《总集》6867，《综览》匜51，《郁华阁》第28册，《缀遗斋》14 · 13 · 1，《陕西金文集成（12）》1424		北京故宫博物院藏

续表

序号	名称	时代	出土时间及地点	分期	型式	铭文	通高/厘米	通长/厘米	重量/千克	著录出处	图片	备注
14	姞彭母匜	西周晚期	1973年陕西西安市长安区马王镇马王村西周铜器窖藏	第二期	Aa型Ⅱ式	6字，姞彭母作旅匜	15	27.3	1.04	《铭图》14862；《陕金汇编（上）》第453页，《考古》1974年1期，《集成》10183，《总集》6809，《西安文物精华·青铜器》93，《陕西金文集成（11）》1310		现藏西安博物院
15	波曲纹匜	西周晚期	1967年陕西长安沣西公社新旺村窖藏	第二期	Aa型Ⅱ式		17	25		《考古》1977年1期		匜出土时放在盂内
16	季姬匜（周季姬匜）	西周晚期	《考古图》云“得于京兆”（今陕西西安一带）	第二期	Aa型Ⅱ式	4字，季姬作匜	5.1寸	7.3寸		《铭图》14853，《考古图》6·6，《博古图》21·5，《金石索》55，《啸堂》73，《薛氏》114，《集成》10179，《陕西金文集成（14）》1664		原藏河南文潞公（文彦博），尺寸据《博古图》

续表

序号	名称	时代	出土时间及地点	分期	型式	铭文	通高/厘米	通长/厘米	重量/千克	著录出处	图片	备注
17	仲姞义母匜（仲姞旅匜）	西周晚期	《考古图》云“得于京兆”（今陕西西安一带）	第二期	Aa型Ⅱ式	17字（其中重文2），仲姞义母作旅匜，其万年子子孙孙永宝用	6寸	9寸7分		《铭图》14948，《薛氏》115，《考古图》6·8，《博古图》20·35，《啸堂》72，《六艺之一录》卷12下19，《集成》10238，《西周铜器断代（下）》第801页，《陕金汇编（下）》第723页，《陕西金文集成（14）》1665		原藏庐江李伯时（李公麟），尺寸据《博古图》，这件匜《考古图》与《博古图》所录图像不同，此处沿用《博古图》图像
18	弭伯匜（周弭伯匜）	西周晚期	《考古图》云“得于蓝田”（今陕西蓝田）	第二期	Aa型Ⅱ式	13字（重文2），弭伯自作旅匜，其子子孙孙永宝用	4.3寸	8寸	2斤14两	《铭图》14913，《考古图》6·4，《博古图》21·4，《薛氏》114，《集成》10215，《陕西金文集成（13）》1513		尺寸据《博古图》

续表

序号	名称	时代	出土时间及地点	分期	型式	铭文	通高/厘米	通长/厘米	重量/千克	著录出处	图片	备注
19	伯正父匜	西周晚期	《陕金汇编》云“出于长安（今陕西西安）”	第二期	Aa型Ⅱ式	16字（其中重文2），伯正父作旅匜，其万年子子孙孙永宝用	5寸3分	9寸2分		《铭图》14922，《集成》10231，《三代》17·32·3，《总集》6846，《长安获》1·28，《缀遗斋》14·12·2，《捃古》2之2·33·1，《陕金汇编（下）》第722页，《陕西金文集成（12）》1423		原藏刘喜海，尺寸据《长安获》
20	散伯匜	西周晚期	《陕西金文集成》云与散伯簋组器铭文内容相近，列入陕西铜器范畴	第二期	Aa型Ⅱ式	7字，散伯作矢姬宝匜	19.3	26.5		《铭图》14875，《全集》6·147，《集成》10193，《梦坡第》100页，《陕金汇编（下）》第720页，《陕西金文集成（7）》0725		原藏邹安，现藏上海博物馆
21	重环纹匜	西周晚期	山西临汾市翼城县大河口墓地	第二期	Aa型Ⅱ式		13.5	25.6		《呦呦鹿鸣》第188页		

续表

序号	名称	时代	出土时间及地点	分期	型式	铭文	通高/厘米	通长/厘米	重量/千克	著录出处	图片	备注
22	重环纹匜	西周晚期	山西洪洞永凝堡M7	第二期	Aa型Ⅱ式		10.5	20.2		《三晋考古（1）》第83页，图版1·6		
23	素面匜	西周晚期	山西洪洞永凝堡M9	第二期	Aa型Ⅱ式		6	16		《三晋考古（1）》第83页，图10·6		
24	重环纹匜（明器）	西周晚期	1974年山西闻喜县桐城镇上郭村M373	第二期	Aa型Ⅱ式		3.3	11		《三晋考古（1）》第104页，图9·4		
25	重环纹匜	西周晚期	1993年山西天马—曲村遗址北赵晋侯墓地M62	第二期	Aa型Ⅱ式		14.8	30.3		《文物》1994年8期		
26	重环纹匜	西周晚期	1994年山西天马—曲村遗址北赵晋侯墓地第五次发掘M102	第二期	Aa型Ⅱ式		14.2	31.8		《文物》1995年7期，《出土铜》4·258		

续表

序号	名称	时代	出土时间及地点	分期	型式	铭文	通高/厘米	通长/厘米	重量/千克	著录出处	图片	备注
27	太师氏姜匜	西周晚期	2006年山西曲沃羊舌晋侯墓地M5	第二期	Aa型Ⅱ式	35字（其中重文2），唯王三月丁丑，太师氏姜作宝盘，其万年无疆，子子孙孙永宝用，其敢有夺，则俾受其百殃	16	30		《铭图》14999，《晋国雄风》第32页		山西省考古研究所藏
28	晋侯对匜	西周晚期	1992年山西曲沃天马—曲村晋侯墓地	第二期	Aa型Ⅱ式	21字，唯九月既望戊寅，晋侯对作宝□□，其子孙万年永用	15.3	34.5	1.75	《铭图》14965，《上海博物馆集刊》1996年7期，《近出》1017，《夏商周（西周下）》421，《出土铜》4·259，《铜辞典》第1212页		现藏上海博物馆
29	重环纹匜	西周晚期	山西天马—曲村遗址北赵晋侯墓地M5189	第二期	Aa型Ⅱ式		16.4	31.8	1.575	《天马—曲村》第386页，图557·1，图版101·2，《出土铜》4·257		

续表

序号	名称	时代	出土时间及地点	分期	型式	铭文	通高/厘米	通长/厘米	重量/千克	著录出处	图片	备注
30	郑伯匜	西周晚期	1985年河南永城市陈集乡丁集轮窑厂	第二期	Aa型Ⅱ式	17字（其中重文2），郑伯作宋孟姬媵匜，其子子孙孙永宝用之	15	35	3.3	《铭图》14946，《近出》1013，《中原文物》1990年1期，《新收》87，《中国历史文物》2007年5期		现藏永城市博物馆
31	仲原父匜	西周晚期	1966年10月河南洛阳市北窑村庞家沟西周墓地采集	第二期	Aa型Ⅱ式	8字，仲原父作许姜宝匜	13.7	27.9	1.1	《铭图》14889，《文物》1996年7期，《北窑》第281页，图147·5、图版94·5，《近出》1012，《新收》326		洛阳市文物工作队藏
32	重环纹匜	西周晚期	1993年河南洛阳东郊C5M906号西周墓	第二期	Aa型Ⅱ式		13.8	22.4		《考古》1995年9期		
33	叔良父匜	西周晚期	1980年河南临汝县小屯公社朝川大队	第二期	Aa型Ⅱ式	22字（其中重文2），铸公大正叔良父作淳匜，其眉寿万年子子孙孙永宝用	15.5	20.5		《铭图》14968，《考古》1984年2期，《近出》1016，《新收》602		现藏临汝县文化馆
34	应侯匜	西周晚期	1988年河南平顶山应国墓地	第二期	Aa型Ⅱ式	12字，应侯作匜，子子孙孙其永宝用	13.3	30.5		《铭图》14909，《考古》2003年3期，《新收》60，《出土铜》10·322		

续表

序号	名称	时代	出土时间及地点	分期	型式	铭文	通高/厘米	通长/厘米	重量/千克	著录出处	图片	备注
35	重环纹残匜（XGH采11）	西周晚期	2000年河南平顶山西高皇鱼塘	第二期	Aa型Ⅱ式		14.4			《平顶山应国墓地》第735页，图338·2～4，《中原文物》2010年2期		
36	变形蝉纹匜（M95：32）	西周晚期	1986年河南平顶山应国墓地M95	第二期	Aa型Ⅱ式		17	32		《华夏考古》1992年3期		外底部有烟炱痕迹
37	瓦棱纹匜（M95：105）	西周晚期	1986年河南平顶山应国墓地M95	第二期	Aa型Ⅱ式		7.4	20		《华夏考古》1992年3期		
38	重环纹匜	西周晚期	1989年河南平顶山应国墓地M8	第二期	Aa型Ⅱ式		19.3	12.2		《华夏考古》2007年1期		
39	瓦棱纹匜	西周晚期	1953年河南洛阳白马寺西周墓M1	第二期	Aa型Ⅱ式		9	宽14		《文物》1998年10期		
40	弦纹匜	西周晚期	1997年河南洛阳东郊邙山南坡C5M1135	第二期	Aa型Ⅱ式			28.9		《文物》1999年9期		

续表

序号	名称	时代	出土时间及地点	分期	型式	铭文	通高/厘米	通长/厘米	重量/千克	著录出处	图片	备注
41	重环纹匜	西周晚期	1974年山东莱阳县前河前村己国墓葬	第二期	Aa型Ⅱ式		足高5.3	32		《文物》1983年12期		
42	窃曲纹匜	西周晚期	1969年山东烟台市上夼村曩国墓葬	第二期	Aa型Ⅱ式		16.3	29		《考古》1983年4期		
43	鲁司徒仲齐匜（M48：11）	西周晚期	山东曲阜鲁国故城乙组墓M48	第二期	Aa型Ⅱ式	27字（其中重文2），鲁司徒仲齐肇作皇考伯走父宝匜，其万年眉寿，子子孙孙，永宝用享	19	36		《铭图》14988，《全集》6·73，《鲁故城》第151页图版79·3，《集成》10275，《精华·铜》565，《山金》694，《出土铜》5·205，《铜辞典》第1210页		现藏孔子博物馆
44	窃曲纹匜（M48：4）	西周晚期	山东曲阜鲁国故城乙组墓M48	第二期	Aa型Ⅱ式		尺寸未发表			《鲁故城》第151页，图版79·4		

续表

序号	名称	时代	出土时间及地点	分期	型式	铭文	通高/厘米	通长/厘米	重量/千克	著录出处	图片	备注
45	素面匜（明器）	西周晚期	山东曲阜鲁国故城乙组墓M49	第二期	Aa型Ⅱ式		尺寸未发表			《鲁故城》第151页，图版79·1		
46	司马南叔匜	西周晚期	山东莒县峤山镇前集村	第二期	Aa型Ⅱ式	17字（其中重文2），司马南叔作㲃姬媵匜，子子孙孙永宝用享	14.8			《铭图》14950，《集成》10241，《综览·匜》55，《山金》714，《山东文物选集·普查部分》图108，《出土铜》6·311		山东省博物馆藏
47	重环纹匜	西周晚期	1996年山东莒县西大庄西周墓葬96M1	第二期	Aa型Ⅱ式		14.6	32.4		《考古》1999年7期		
48	窃曲纹匜	西周晚期	安徽凤阳李二庄	第二期	Aa型Ⅱ式		20	36	2.95	《东方博物》2017年2期，《群舒》95		
49	阳飤生匜	西周晚期	1977年11月湖北枣阳县资山公社王城（今枣阳市王城镇）杜家庄	第二期	Aa型Ⅱ式	13字，阳飤生自作宝匜，用锡眉寿，用享	15.5	27.7		《铭图》14915，《文物》1986年4期，《考古》1987年5期，《集成》10227，《古文字研究（第19辑）》第191页，图6		襄阳市博物馆藏

续表

序号	名称	时代	出土时间及地点	分期	型式	铭文	通高/厘米	通长/厘米	重量/千克	著录出处	图片	备注
50	重环纹匜	西周晚期	1972年湖北随县熊家老湾	第二期	Aa型Ⅱ式		11.5	22		《文物》1973年5期，《曾国青铜器》第178、179页，《出土铜》12 · 235		
51	重环纹匜	西周晚期	1987年湖北应山吴店古墓葬M1	第二期	Aa型Ⅱ式		17.9	34.5		《文物》1989年3期		
52	重环纹匜	春秋早期	1993年湖北随州义地岗M83	第三期	Aa型Ⅲ式		15.2	27.5	1.195	《曾国青铜器》第336、337页，《出土铜》11 · 170		
53	交龙纹残匜	春秋早期	2002年湖北枣阳郭家庙曾国墓地M1	第三期	Aa型Ⅲ式		6	残长15.5		《枣阳郭家庙》第95页		
54	窃曲纹匜	春秋早期	1983年湖北枣阳郭家庙曾国墓地M2	第三期	Aa型Ⅲ式		15.2	30		《枣阳郭家庙》第193页，彩版14 · 1		
55	窃曲纹匜	春秋早期	2014～2015年湖北枣阳郭家庙曹门湾墓地M22	第三期	Aa型Ⅲ式		17.3	31.5	1.78	《江汉考古》2016年5期，《出土铜》12 · 239		

续表

序号	名称	时代	出土时间及地点	分期	型式	铭文	通高/厘米	通长/厘米	重量/千克	著录出处	图片	备注
56	矢叔匜	春秋早期	2014～2015年湖北枣阳郭家庙曹门湾墓地M43	第三期	Aa型Ⅲ式	23字，唯九月初吉壬午，矢叔[illegible]父滕孟姬元女匜盘，其永寿用之	20.4	34.8	2.55	《江汉考古》2016年5期，《铭图三编》1257		
57	窃曲纹匜	春秋早期	1966年湖北京山苏家垄	第三期	Aa型Ⅲ式		19.5	35.4	2.546	《文物》1972年2期，《全集》10·107，《曾国青铜器》第44页，《出土铜》12·237		
58	蟠螭纹匜	春秋早期	2017年湖北京山县苏家垄M88	第三期	Aa型Ⅲ式	22字，唯正月初吉□午，曾伯桼用其吉金，自作𣪕□，其永用之	18.3	34.2		《出土铜》12·343		
59	窃曲纹匜	春秋早期	1978年湖北随县何店公社贯庄管理区	第三期	Aa型Ⅲ式		19.9	35.5	2.843	《考古》1982年2期，《曾国青铜器》第229页，《出土铜》12·238		现藏随州博物馆
60	蟠螭纹匜	春秋早期	1975～1976年湖北随县万店公社周家岗	第三期	Aa型Ⅲ式		18.6	37.6	1.65	《考古》1984年6期，《随州出土文物精粹》47，《曾国青铜器》第291、292页，《出土铜》12·355		

续表

序号	名称	时代	出土时间及地点	分期	型式	铭文	通高/厘米	通长/厘米	重量/千克	著录出处	图片	备注
61	重环纹匜	春秋早期	1998年陕西宝鸡南阳村春秋秦墓M1	第三期	Aa型Ⅲ式		5	10.2		《考古》2001年7期		
62	蟠螭纹匜	春秋早期	1974年陕西户县南关春秋秦墓M1	第三期	Aa型Ⅲ式		9.5	18	0.5	《文博》1989年2期		
63	窃曲纹匜	春秋早期	1974年陕西户县南关春秋秦墓M1	第三期	Aa型Ⅲ式		9	21.2	1.05	《文博》1989年2期		
64	重环纹匜	春秋早期	1974年陕西户县宋村秦墓M3	第三期	Aa型Ⅲ式		11.5	24		《文物》1975年10期		匜出土时放在盘内
65	晋姞匜	春秋早期	2007年陕西韩城梁带村芮国墓地	第三期	Aa型Ⅲ式	17字，唯八月丙寅，晋姞作铸旅盘匜，其万年永宝				《铭图》14954，《金玉华年》第57页，《陕西金文集成》1686		陕西省考古研究院藏
66	交龙纹匜	春秋早期	2017年陕西澄城刘家洼春秋芮国遗址M49	第三期	Aa型Ⅲ式		15.1	29.6		《文物》2019年7期		

续表

序号	名称	时代	出土时间及地点	分期	型式	铭文	通高/厘米	通长/厘米	重量/千克	著录出处	图片	备注
67	交龙纹匜	春秋早期	2017年陕西澄城刘家洼春秋芮国墓地M6	第三期	Aa型Ⅲ式		12	26		《考古与文物》2019年2期		
68	重环纹匜	春秋早期	1993年甘肃天水市春秋古墓	第三期	Aa型Ⅲ式		9.6	20.5		《考古与文物》1998年3期		
69	瓦棱纹匜	春秋早期	2015年甘肃礼县大堡子山春秋秦墓M32	第三期	Aa型Ⅲ式		6	14.3		《文物》2018年1期		
70	窃曲纹匜	春秋早期	1980年山东滕县后荆沟1号墓	第三期	Aa型Ⅲ式		16.5	35		《文物》1981年9期		
71	曩伯寍父匜	春秋早期	1951年山东黄县归城村春秋墓	第三期	Aa型Ⅲ式	9字，曩伯寍父媵姜无沬匜	19.5	40.5		《铭图》14896，《集成》10211，《古文字研究（第19辑）》第77页图1·2，《山金》711		
72	弦纹匜	春秋早期	山东潍坊市寿光县后王遗址	第三期	Aa型Ⅲ式		10.3	21.6		《考古》1993年9期		

续表

序号	名称	时代	出土时间及地点	分期	型式	铭文	通高/厘米	通长/厘米	重量/千克	著录出处	图片	备注
73	重环纹匜	春秋早期	山东潍坊市昌乐县宇家遗址	第三期	Aa型Ⅲ式		11.2	25		《考古》1993年9期，《海岱考古（1）》第299页		
74	鲁伯愈父匜	春秋早期	清道光十年（1830年）山东滕县（今滕州市）东北凤凰岭	第三期	Aa型Ⅲ式	15字，鲁伯愈父作邾姬仁媵沫匜，其永宝用	16.5	29.5	2.07	《铭图》14932，《全集》9·58，《集成》10244，《夏商周（东周上）》473，《山金》688，《金石索》56，《缀遗斋》14·15·1，《贞松》10·35，《铜辞典》第1213页		现藏上海博物馆
75	窃曲纹匜（M202：6）	春秋早期	山东曲阜鲁国故城甲组墓M202	第三期	Aa型Ⅲ式		37	宽17		《鲁故城》第108页，图版47·4，《全集》9·57		
76	郳庆匜	春秋早期	2002年山东枣庄市山亭区东江小郳国墓地	第三期	Aa型Ⅲ式	10字，郳庆作秦妊匜，其永宝用	17	30.5		《铭图》14905，《铭图续编》0985，《小郳国》第113页，《海岱考古（4）》第195页，《历代风华》第31页		

续表

序号	名称	时代	出土时间及地点	分期	型式	铭文	通高/厘米	通长/厘米	重量/千克	著录出处	图片	备注
77	郳庆匜	春秋早期	2002年山东枣庄市山亭区东江小邾国墓地	第三期	Aa型Ⅲ式	17字（其中重文2），郳庆作秦妊匜，其万年子子孙孙永宝用享	17	30.5		《铭图》14955，《小邾国》第111页，《海岱考古（4）》第195页		现藏安徽博物院
78	重环纹匜	春秋早期	1984年山东临淄齐国古城春秋墓	第三期	Aa型Ⅲ式		9.5	20		《考古》1988年1期		
79	齐侯子行匜	春秋早期	1977年10月山东临朐县蒿山公社泉头村春秋墓葬	第三期	Aa型Ⅲ式	16字（其中重文2），齐侯子行作其宝匜，子子孙孙永宝用享	21.5	42	4.7	《铭图》14939，《文物》1983年12期，《集成》10233，《精华·铜》745，《山金》6954，《铜辞典》第1213页		
80	鄩仲匜	春秋早期	1981年4月山东临朐县蒿山公社泉头村春秋墓葬	第三期	Aa型Ⅲ式	21字（其中重文3），鄩仲媵仲女子子宝匜，其万年无疆，子子孙孙永宝用	22	42		《铭图》14978，《全集》9·87，《文物》1983年12期，《集成》10266，《山金》699，《出土铜》5·206		临朐县博物馆藏
81	窃曲纹匜	春秋早期	1996年山东莒县西大庄	第三期	Aa型Ⅲ式		22.1	44.5		《东南文化》2001年4期		

续表

序号	名称	时代	出土时间及地点	分期	型式	铭文	通高/厘米	通长/厘米	重量/千克	著录出处	图片	备注
82	重环纹匜	春秋早期	1978年山东日照东港区董家滩村征集	第三期	Aa型Ⅲ式		16.7	31		《日照博物馆馆藏文物集》第77页		
83	卷体夔龙纹匜	春秋早期	1956～1957年河南三门峡上村岭虢国墓地	第三期	Aa型Ⅲ式		12.1	24		《全集》7·14		
84	重环纹匜	春秋早期	2004年河南三门峡李家窑M34	第三期	Aa型Ⅲ式		10.6	10.4		《文物》2014年3期		
85	素面匜	春秋早期	2004年河南三门峡李家窑M37	第三期	Aa型Ⅲ式		13	11.6		《文物》2014年3期		
86	窃曲纹匜	春秋早期	1990年河南三门峡上村岭虢国墓M2010	第三期	Aa型Ⅲ式		13.7	流宽12.5		《文物》2000年12期		
87	虢宫父匜	春秋早期	1989年河南三门峡上村岭虢国墓地M2008	第三期	Aa型Ⅲ式	9字，虢宫父作匜，用从永征	14.8	26.8		《铭图》14895，《文物》2009年2期		三门峡市博物馆藏

续表

序号	名称	时代	出土时间及地点	分期	型式	铭文	通高/厘米	通长/厘米	重量/千克	著录出处	图片	备注
88	季隧父匜	春秋早期	1992年12月河南三门峡上村岭虢国墓地M2013	第三期	Aa型Ⅲ式	11字，（其中重文1）季隧父作匜，子子孙永宝用	17.4	36.5		《铭图》14907，《文物》2000年12期，《新收》47		河南省考古研究所藏
89	瓦棱纹匜（明器）	春秋早期	1990～1999年河南三门峡虢国墓地M2012	第三期	Aa型Ⅲ式		10.8	22	0.75	《三门峡》第258页		
90	賭金氏孙匜	春秋早期	1957年河南三门峡上村岭虢国墓M1601	第三期	Aa型Ⅲ式	14字（其中重文2），賭金氏孙作宝匜，子子孙孙永宝用	17.8	35		《铭图》14924，《上村岭》第30页图24·1，《集成》10223，《综览》匜57		
91	虢□士城父匜	春秋早期	传出河南三门峡上村岭虢国墓地	第三期	Aa型Ⅲ式	14字，虢□士城父作媵匜，其万年永宝用	16	32		《铭图》14927，《文博》2009年1期		现藏三门峡市虢国博物馆
92	窃曲纹匜	春秋早期	1957年河南三门峡上村岭虢国墓地M1602	第三期	Aa型Ⅲ式		16.5	31.5		《上村岭》第18、19页，图版17·3		

续表

序号	名称	时代	出土时间及地点	分期	型式	铭文	通高/厘米	通长/厘米	重量/千克	著录出处	图片	备注
93	瓦棱纹匜	春秋早期	1957年河南三门峡上村岭虢国墓地M1706	第三期	Aa型Ⅲ式		14	30.8		《上村岭》第18、19页，图版51·1；《综览》匜69		
94	窃曲纹匜	春秋早期	1957年河南三门峡上村岭虢国墓M1721	第三期	Aa型Ⅲ式		12	23		《上村岭》第18、19页，图版54·2；《综览》匜66		
95	瓦棱纹匜	春秋早期	1957年河南三门峡上村岭虢国墓地M1820	第三期	Aa型Ⅲ式		15.8	29		《上村岭》第18、19页，图版60·1		
96	□伯匜	春秋早期	1991～1992年河南三门峡上村岭虢国墓地M2011虢国太子墓	第三期	Aa型Ⅲ式	16字，□伯作□宝匜，其万□□□□□宝□享	14.8	29.8	1.8	《铭图》14941，《三门峡》第339页，图237·3；《新收》43，《出土铜》10·323		
97	奚季宿车匜	春秋早期	1979年河南罗山县高店村春秋墓	第三期	Aa型Ⅲ式	14字，奚季宿车自作行匜，子孙永宝用之	4.5	38		《铭图》14925，《中原文物》1981年4期，《集成》10234，《出土铜》10·418		

续表

序号	名称	时代	出土时间及地点	分期	型式	铭文	通高/厘米	通长/厘米	重量/千克	著录出处	图片	备注
98	奚君单匜	春秋早期	1972年秋河南罗山县高店乡高店村	第三期	Aa型Ⅲ式	16字（其中重文2），奚君单自作宝匜，其万年子子孙孙用之	20.7	37	3.3	《铭图》14940，《文物》1980年1期，《全集》7·99，《集成》10235，《精华·铜》748，《出土铜》10·419，《铜辞典》第1213页		壶、匜放在盘里，河南博物院藏
99	番伯酓匜	春秋早期	1974年河南信阳长台关春秋墓葬	第三期	Aa型Ⅲ式	17字，唯番伯酓自作匜，其万年无疆子孙永宝用	20.5	36		《铭图》14952，《文物》1980年1期，《集成》10259，《全集》7·115		信阳博物馆藏
100	窃曲纹匜	春秋早期	1974年河南信阳长台关春秋墓葬	第三期	Aa型Ⅲ式		21	35.5		《文物》1980年1期		信阳博物馆藏
101	番昶伯者君匜	春秋早期	1979年河南信阳吴家店乡坟扒村	第三期	Aa型Ⅲ式	20字（其中重文1），唯番昶伯者君自作宝匜，其万年子子孙永宝用享	18.7	36.5		《铭图》14971，《文物》1980年1期，《集成》10268，《全集》7·114，《综览》匜63，《夏商周（东周上）》472		现藏信阳博物馆

续表

序号	名称	时代	出土时间及地点	分期	型式	铭文	通高/厘米	通长/厘米	重量/千克	著录出处	图片	备注
102	曹伯匜	春秋早期	传出河南	第三期	Aa型Ⅲ式	7字，曹伯媵齐叔姬匜	16	31		《铭图》14876		
103	窃曲纹匜	春秋早期	1978年河南信阳市五星公社平西大队春秋墓M2	第三期	Aa型Ⅲ式		16.7			《文物》1981年1期		
104	樊夫人龙嬴匜	春秋早期	1978年河南信阳平桥南山嘴春秋墓葬M1	第三期	Aa型Ⅲ式	9字，樊夫人龙嬴自作行匜	19.5	16.1		《铭图》14900，《文物》1981年1期，《集成》10209，《全集》7·104，《出土铜》10·420		信阳博物馆藏
105	涡纹匜	春秋早期	河南洛阳中州路东周墓M2415	第三期	Aa型Ⅲ式		12	23.7		《洛阳中州路》第95页，图版45·6		
106	昶仲匜	春秋早期	1980年河南省泌阳县郭岗村	第三期	Aa型Ⅲ式	17字（其中重文2），昶仲□作宝匜，其万年子子孙孙永宝用享	18.7	36	2	《铭图》14953，《文物资料丛刊（6）》第170页		出土时匜在盘里，泌阳县文管所藏
107	昶仲无龙匜	春秋早期	1975年河南桐柏县城郊乡新庄村	第三期	Aa型Ⅲ式	18字（其中重文2），昶仲无龙作宝匜，其万年子子孙孙永宝用享				《铭图》14960，《集成》10249，《考古》1983年8期		桐柏县文化馆藏

续表

序号	名称	时代	出土时间及地点	分期	型式	铭文	通高/厘米	通长/厘米	重量/千克	著录出处	图片	备注
108	伯朩匜	春秋早期	1964年11月河南桐柏县月河公社（今月河镇）左庄村	第三期	Aa型Ⅲ式	18字（其中重文2），唯伯朩作宝匜，其万年无疆，子子孙孙永用之	15	30		《铭图》14957，《考古》1965年7期，《集成》10250，《全集》7·116		南阳市博物馆藏
109	窃曲纹匜	春秋早期	1994年河南桐柏县月河镇M1	第三期	Aa型Ⅲ式		12.8	26.8	2.1	《中原文物》1997年4期		
110	重环纹匜	春秋早期	2001～2002年河南桐柏月河M4	第三期	Aa型Ⅲ式		21.3	39		《文物》2005年8期		
111	重环纹匜	春秋早期	2001～2002年河南桐柏月河M22	第三期	Aa型Ⅲ式		尺寸接近M4铜匜，具体资料未发表			《文物》2005年8期		

续表

序号	名称	时代	出土时间及地点	分期	型式	铭文	通高/厘米	通长/厘米	重量/千克	著录出处	图片	备注
112	黄君孟匜	春秋早期	1983年4月河南光山县宝相寺上官岗春秋墓葬	第三期	Aa型Ⅲ式	13字，黄君孟自作行器，子孙则永祜福	15.6	28.5		《铭图》14917，《考古》1984年4期，《集成》10230，《全集》7·91，《出土铜》10·421		现藏信阳博物馆
113	黄孟姬匜	春秋早期	1983年4月河南光山县宝相寺上官岗春秋墓葬	第三期	Aa型Ⅲ式	16字，黄子作黄孟姬行器，则永祜福，霝终灵复	16.8	31.3		《铭图》14942，《考古》1984年4期，《集成》10254，《精华·铜》749，《全集》7·92，《出土铜》10·422		现藏信阳博物馆
114	重环纹匜	春秋早期	1971年河南新野县城关镇小西关村古墓	第三期	Aa型Ⅲ式		尺寸资料未发表			《文物》1973年5期，《综览》匜65		
115	嚣伯歒夷匜	春秋早期	1982年6月河南确山县竹沟镇	第三期	Aa型Ⅲ式	21字（其中重文2），嚣伯歒夷自作旅匜，其万年无疆，子子孙孙永宝用享	14	30		《铭图》14976，《考古》1993年1期，《中原文物》1992年2期，近出1014，《新收》589		确山县文管所藏

续表

序号	名称	时代	出土时间及地点	分期	型式	铭文	通高/厘米	通长/厘米	重量/千克	著录出处	图片	备注
116	[illegible]人孱石匜	春秋早期	2012年河南南阳夏饷铺鄂国墓地M16	第三期	Aa型Ⅲ式	13字，[illegible]人孱石作宝匜，其万年永祜福	11.6	20.8		《江汉考古》2019年4期，《铭图三编》1246，《长渠缀珍》第49页		
117	窃曲纹匜	春秋早期	2012年河南南阳夏饷铺鄂国墓地M19	第三期	Aa型Ⅲ式		12.8	26.3		《江汉考古》2019年4期		
118	卷云纹匜	春秋早期	1976年山西省闻喜上郭村M4	第三期	Aa型Ⅲ式		14	33		《三晋考古（1）》第128页，图10・4		
119	窃曲纹匜	春秋早期	1976年山西省闻喜上郭村M6	第三期	Aa型Ⅲ式		7.2	14.2		《三晋考古（1）》第126页，图8・2		
120	荀侯稽匜	春秋早期	1974年山西闻喜上郭村M55	第三期	Aa型Ⅲ式	16字（其中重文2），荀侯稽作宝匜，其万寿子子孙孙永宝用	16.5	35		《铭图》14937，《全集》6・63，《集成》10232，《三晋考古（1）》第105页，图10・2		
121	窃曲纹匜	春秋早期	1989年山西省闻喜上郭村M12	第三期	Aa型Ⅲ式		12.7	25		《三晋考古（1）》第143页，图6・3		

续表

序号	名称	时代	出土时间及地点	分期	型式	铭文	通高/厘米	通长/厘米	重量/千克	著录出处	图片	备注
122	贾子己父匜	春秋早期	1974年山西闻喜上郭村M51	第三期	Aa型Ⅲ式	18字（其中重文2），唯王二月，贾子己父作宝匜，其子子孙孙永用	13.5	30.5		《铭图》14958，《集成》10252，《辞典》564，《三晋考古（1）》第105页，图10·3		
123	窃曲纹匜	春秋早期	2006年山西黎城西关春秋墓地M7	第三期	Aa型Ⅲ式		12.9	24.5	0.95	《江汉考古》2020年4期		
124	窃曲纹匜	春秋早期	2006年山西黎城西关春秋墓地M8	第三期	Aa型Ⅲ式	15字（其中重文2），中考父作旅匜，其万年子子孙孙用享	17	31	1.925	《江汉考古》2020年4期		
125	素面匜	春秋早期	1963～1987年山西侯马上马墓地M1287	第三期	Aa型Ⅲ式		11.8	27.9		《上马墓地》第66、67页，图版20·3		
126	瓦棱纹匜	春秋早期	1986年山西侯马上马墓地M1284	第三期	Aa型Ⅲ式		12.2	26		《文物》1988年3期		

续表

序号	名称	时代	出土时间及地点	分期	型式	铭文	通高/厘米	通长/厘米	重量/千克	著录出处	图片	备注
127	夔龙纹匜	春秋早期	1963～1986年山西侯马上马墓地M4078	第三期	Aa型Ⅲ式		16	31		《文物》1989年6期，《全集》8·100		
128	交龙纹匜	春秋早期	1971年安徽肥西柿树岗小八里村	第三期	Aa型Ⅲ式		17	31	2.2	《安徽文明史陈列（上）》第108页，《全集》11·176，《江淮》118，《精华·铜》747，《群舒》65，《东方博物（第63辑）》第44页		
129	重环纹匜（M8501：8）	春秋早期	1985年内蒙古宁城小黑石沟石椁墓	第三期	Aa型Ⅲ式		16.4	35		《小黑石沟》第268、270页，《出土铜》1·147		
130	重环纹小匜（M8501：9-14），大小尺寸一样	春秋早期	1985年内蒙古宁城小黑石沟石椁墓	第三期	Aa型Ⅲ式		8	12.3		《小黑石沟》第269页，《全集》15·190		共6件，形制大小一样
131	蟠螭纹匜	春秋中期	山东滕州薛国故城	第四期	Aa型Ⅳ式		25.5	20.4		《出土铜》6·307		

续表

序号	名称	时代	出土时间及地点	分期	型式	铭文	通高/厘米	通长/厘米	重量/千克	著录出处	图片	备注
132	窃曲纹匜	春秋中期	1995年山东济南长青仙人台周代墓地M4	第四期	Aa型Ⅳ式		14.9	28.6		《文物》2019年4期		
133	素面匜	春秋中期	2012年湖北随州文峰塔东周墓地M18	第四期	Aa型Ⅳ式		无尺寸资料发表			《考古》2014年7期		
134	蟠螭纹匜	春秋中期	2018年湖北随州枣树林春秋曾国墓地M190	第四期	Aa型Ⅳ式		无尺寸资料发表			《考古》2020年7期		
135	蟠螭纹匜	春秋中期	2003年陕西凤翔孙家南头春秋秦墓M191	第四期	Aa型Ⅳ式		16.2	33.4		《考古与文物》2013年4期		
136	蟠虺纹匜	春秋中期	2003年陕西凤翔孙家南头春秋秦墓M126	第四期	Aa型Ⅳ式		残高13.8	26.8		《考古与文物》2013年4期		

续表

序号	名称	时代	出土时间及地点	分期	型式	铭文	通高/厘米	通长/厘米	重量/千克	著录出处	图片	备注
137	蟠虺纹匜	春秋中期	1963年陕西宝鸡阳平镇秦家沟村秦墓M1	第四期	Aa型Ⅳ式		10	15.9		《考古》1965年7期		
138	蟠虺纹匜	春秋中期	1963年陕西宝鸡阳平镇秦家沟村秦墓M2	第四期	Aa型Ⅳ式		器形比M1匜略小，尺寸不明			《考古》1965年7期		
139	素面匜	春秋中期	1959年陕西宝鸡福临堡东周墓葬M1	第四期	Aa型Ⅳ式		11.7	21.6		《考古》1963年10期		
140	素面匜（明器）	春秋中期	2004年河南安阳市王古道村村南东周墓M1	第四期	Aa型Ⅳ式		9.6	17		《华夏考古》2008年1期		
141	素面匜（明器）	春秋中期	2004年河南安阳市王古道村村南东周墓M2	第四期	Aa型Ⅳ式		8.4	14.8		《华夏考古》2008年1期		

续表

序号	名称	时代	出土时间及地点	分期	型式	铭文	通高/厘米	通长/厘米	重量/千克	著录出处	图片	备注
142	素面匜	春秋中期	河南洛阳中州路东周墓M4	第四期	Aa型Ⅳ式		8.5	25.2		《洛阳中州路》第95页，图版52·3		
143	蟠虺纹匜	春秋中期	1961年山西侯马上马村M5	第四期	Aa型Ⅳ式		10.8	23.5		《考古》1963年5期		
144	蟠虺纹匜	春秋晚期	1980年河北怀来甘子堡春秋墓M1	第五期	Aa型Ⅴ式		15.6	28		《文物春秋》1993年2期，《文物春秋》2011年2期，《全集》15·191，《出土铜》2·75		
145	三角云纹匜（M2：8）	春秋晚期	1985年7月北京延庆军都山玉皇庙墓地M2	第五期	Aa型Ⅴ式		15.8	28	1.017	《军都山》（2）第905页，图568，（4）彩版54·1；《北京文物精粹大系·青铜器卷》，图165，图版说明第17页；《出土铜》1·74		

续表

序号	名称	时代	出土时间及地点	分期	型式	铭文	通高/厘米	通长/厘米	重量/千克	著录出处	图片	备注
146	賓匜	春秋晚期	1957年河北怀来甘子堡	第五期	Aa型V式	38字（其中重文2），唯正月初吉丁亥，蔡叔季之孙賓媵孟姬有之妇沬盘，用祈眉寿，万年无疆，子子孙孙，永宝用之，匜	15	22.3		《铭图》15003，《文物春秋》1993年2期，《集成》10284，《精华·铜》753，《出土铜》2·74，《铜辞典》第1217页		河北省博物院藏
147	夔龙纹匜	春秋晚期	2001年湖北襄阳市王坡M55	第五期	Aa型V式		14.4	25.2		《出土铜》12·359		
148	蟠虺纹匜	春秋晚期	山东沂水纪王崮春秋墓	第五期	Aa型V式		20.4	31.8		《沂水纪王崮》23		
149	蟠虺纹匜	春秋晚期	1965年山东费县大田庄乡黄崖村	第五期	Aa型V式		12.8			《出土铜》6·310		

续表

序号	名称	时代	出土时间及地点	分期	型式	铭文	通高/厘米	通长/厘米	重量/千克	著录出处	图片	备注
150	夆叔匜	春秋晚期	山东滕州出土	第五期	Aa型Ⅴ式	36字（其中重文2），唯王正月初吉丁亥，夆叔作季改盥盘，其眉寿万年，永保其身，施施熙熙，寿老无期，永保用之	18.5	35.7		《铭图》15001，《善斋》99乙，《全集》9·88，《集成》10282，《精华·铜》752，《夏商周（东周上）》525，《山金》700，《贞松》10·42，《宁寿》12·66，《积微居》第160页，《铜辞典》第1218页		现藏上海博物馆
151	齐侯匜	春秋晚期	《山东存》云："齐侯四器，以光绪十八年（1892年）出于河北易县。"	第五期	Aa型Ⅴ式	34字（其中重文4），齐侯作媵宽圐孟姜盥盂，用祈眉寿，万年无疆，施施熙熙，男女无期，子子孙孙，永保用之	14.2	32.5		《铭图》14997；《缀遗斋》28·2·2；《美集录》R424、830；《集成》10283；《山金》706；《大系》图编17·150；《通考》第467页，附图858；《通论》第68页，图版135，261；《奇觚》6·38		现藏美国大都会美术博物馆
152	素面匜	春秋晚期	1957年河南陕县M2056	第五期	Aa型Ⅴ式			25.8		《陕县东周秦汉墓》第64页，图版26·3		

续表

序号	名称	时代	出土时间及地点	分期	型式	铭文	通高/厘米	通长/厘米	重量/千克	著录出处	图片	备注
153	曾侯乙匜	战国早期	1978年湖北随县擂鼓墩曾侯乙墓	第六期	Aa型Ⅵ式	7字，曾侯乙作持用终	15.5	31.8	2.44	《铭图》14883，《曾侯乙墓》第243页，《全集》10·125，《楚图典》第85页，《集成》10198，《铜辞典》第1223页		现藏湖北省博物馆
154	素面匜	战国早期	2000年河南洛阳高速公路伊川段LJM74	第六期	Aa型Ⅵ式		残高8.6	22.6		《文物》2001年6期		
155	素面匜	战国早期	1983年陕西凤翔八旗屯西沟道秦墓M3	第六期	Aa型Ⅵ式		4.3	13.5		《文博》1986年3期		
156	厘环纹匜	春秋早期	1979年湖北随县安居公社桃花坡M1	第三期	Ab型Ⅰ式		15.7	28		《文物》1982年12期，《江汉汤汤》116页，《曾国青铜器》第249～251页，《出土铜》12·236		

续表

序号	名称	时代	出土时间及地点	分期	型式	铭文	通高/厘米	通长/厘米	重量/千克	著录出处	图片	备注
157	窃曲纹匜	春秋早期	1965年山东邹县七家峪村	第三期	Ab型Ⅰ式		腹高14，深11，足高6	36.5	3	《考古》1965年11期，《综览》匜61		匜、盘紧靠，并列放置于墓的南侧
158	虎形匜	春秋早期	1989年山西省闻喜上郭村M33	第三期	Ab型Ⅰ式		6.5	14.4		《三晋考古（1）》第143页，图6 · 5；《晋国雄风》第55页；《铜辞典》第1216页		
159	窃曲纹匜	春秋早期	1963年山东临沂册山五寺庄	第三期	Ab型Ⅰ式	14字，莫□□□所佳宝用，郳邦宝宅其□	14.9	30.4		《临沂集萃》第73页		该匜与附表3第44号器郳友父匜疑为同一器，因无明确证据，姑作两器对待
160	窃曲纹匜	春秋早期	1963年山东肥城小王庄	第三期	Ab型Ⅰ式			35		《山东藏珍》30		
161	上鄀太子平侯匜	春秋早期	2012年河南南阳夏饷铺墓地	第三期	Ab型Ⅰ式	3行16字（重文2），上鄀太子平侯作盥匜，子子孙孙永宝用				《文物》2020年4期，《铭图三编》1252		

续表

序号	名称	时代	出土时间及地点	分期	型式	铭文	通高/厘米	通长/厘米	重量/千克	著录出处	图片	备注
162	蟠螭纹匜	春秋中期	1978年山东滕州薛国故城M1	第四期	Ab型Ⅱ式		14	35.7		《考古学报》1991年4期		匜出土时放在盘内
163	蟠螭纹匜	春秋中期	1977年山东沂水刘家店子一号墓	第四期	Ab型Ⅱ式		22.5	49		《文物》1984年9期，《出土铜》6·312		
164	重环纹匜	春秋中期	2011年山东淄博市临淄区刘家新村春秋墓M19	第四期	Ab型Ⅱ式		12	17.5		《考古》2013年5期		
165	蟠螭纹匜	春秋中期	1973年湖北江陵郢城岳山大队	第四期	Ab型Ⅱ式		10.3	23		《文物》1982年10期，《荆州博物馆馆藏精品》7，《出土铜》12·357		
166	蟠螭纹匜	春秋中期	2016年湖北京山苏家垄M85	第四期	Ab型Ⅱ式		15.6	15.6		《出土铜》12·356，《江汉考古》2018年1期		匜出土时放在盘内

续表

序号	名称	时代	出土时间及地点	分期	型式	铭文	通高/厘米	通长/厘米	重量/千克	著录出处	图片	备注
167	塞公孙𨚕父匜	春秋中期	1969年湖北枝江市王家岗	第四期	Ab型Ⅱ式	29字（其中重文2），唯正月初吉庚午，塞公孙𨚕父自作盥匜，其眉寿无疆，子子孙孙永宝用之	20.3	34.5		《铭图》14989，《全集》10·72，《文物》1972年3期，《集成》10276，《湖北出土文物精华》第58页，《铜辞典》第1217页，《大邦之梦》第115、116页		匜出土时放在盘内，湖北省博物馆藏
168	兽首流匜	春秋中期	1978年山东滕州市薛国故城M2	第四期	Ab型Ⅱ式		10	33.5		《考古学报》1991年4期		
169	兽首流匜	春秋中期	1978年山东滕州市薛国故城M4	第四期	Ab型Ⅱ式		8	27		《考古学报》1991年4期		
170	兽首流匜	春秋中期	2001～2002年河南洛阳市西工区C1M7256	第四期	Ab型Ⅱ式		12.1	26.1		《考古与文物》2003年2期		
171	兽首流匜	春秋中期	2001～2002年河南洛阳市西工区C1M7258	第四期	Ab型Ⅱ式		9.3	23.3		《考古与文物》2003年2期		

续表

序号	名称	时代	出土时间及地点	分期	型式	铭文	通高/厘米	通长/厘米	重量/千克	著录出处	图片	备注
172	兽首流匜	春秋中期	2001～2002年河南洛阳市西工区C1M7257	第四期	Ab型Ⅱ式					《考古与文物》2003年2期	形制同于C1M7258出土匜，尺寸不详	
173	兽首流匜	春秋中期	1998年河南洛阳613研究所C1M6112	第四期	Ab型Ⅱ式		11	24		《文物》1999年8期		
174	兽首流匜	春秋中期	河南洛阳新安县	第四期	Ab型Ⅱ式		8.5	23		《洛阳出土青铜器》183		
175	兽首流匜	春秋中期	1992年河南洛阳市木材公司M3529	第四期	Ab型Ⅱ式		9.4	23.4		《中国国家博物馆馆刊》2011年8期		
176	兽首流匜	春秋中期	1963～1987年山西侯马上马墓地M1010	第四期	Ab型Ⅱ式		10.6	24		《上马墓地》第66、67页		
177	兽首流匜	春秋中期	1963～1987年山西侯马上马墓地M1015	第四期	Ab型Ⅱ式		9	20.2		《上马墓地》第68页，图版21·4		

续表

序号	名称	时代	出土时间及地点	分期	型式	铭文	通高/厘米	通长/厘米	重量/千克	著录出处	图片	备注
178	兽首流匜	春秋中期	1987年山西临猗程村东周墓M1	第四期	Ab型Ⅱ式		残高9	残长19		《考古》1991年11期		鋬、足残失
179	兽首流匜	春秋中期	1987年山西临猗程村东周墓M2	第四期	Ab型Ⅱ式		4.5	29.5		《考古》1991年11期		
180	素面匜	春秋中期	1976年山西闻喜上郭村M7	第四期	Ab型Ⅱ式		12	24.5		《三晋考古（1）》第132页，图16·2		
181	兽首流匜	春秋中期	1961年山西侯马上马墓地M13	第四期	Ab型Ⅱ式		12.5	26		《考古》1963年5期，《传承与谋变》第22页，《出土铜》4·356		
182	兽首流匜	春秋中期	2011年山东淄博市临淄区刘家新村春秋墓M28	第四期	Ab型Ⅱ式		12.3	21.6		《考古》2013年5期		
183	兽首流匜	春秋中期	1959年山西侯马上马墓地	第四期	Ab型Ⅱ式		14	27		《考古》1959年7期		

续表

序号	名称	时代	出土时间及地点	分期	型式	铭文	通高/厘米	通长/厘米	重量/千克	著录出处	图片	备注
184	兽首流匜	春秋中期	1963～1987年山西侯马上马墓地M1027	第四期	Ab型Ⅱ式		14.4	29.4		《上马墓地》第67、68页，图版21·5		
185	素面匜	春秋中期	2005年山西隰县瓦窑坡春秋墓地M29	第四期	Ab型Ⅱ式		12.8	29.3		《考古》2017年5期		
186	素面匜	春秋中期	2005年山西隰县瓦窑坡春秋墓地M30	第四期	Ab型Ⅱ式		11.4	27		《考古》2017年5期		
187	兽首流匜	春秋中期	2005年河南洛阳体育场M8830	第四期	Ab型Ⅱ式		9.8	14.8		《文物》2011年8期		
188	兽首流匜	春秋中期	1981年河南洛阳东周墓C1M4	第四期	Ab型Ⅱ式		7.5	18.5		《中原文物》1983年4期		
189	兽首流匜	春秋中期	1983年河南洛阳西工区LBM4	第四期	Ab型Ⅱ式		8.5	19.5		《考古》1985年6期		

续表

序号	名称	时代	出土时间及地点	分期	型式	铭文	通高/厘米	通长/厘米	重量/千克	著录出处	图片	备注
190	兽首流匜	春秋中期	河南洛阳中州路东周墓M6	第四期	Ab型Ⅱ式		残高9.7	26.7		《洛阳中州路》第95页，图版50·5		
191	素面匜（M8832：12）	春秋中期	2005年河南洛阳西工区M8832	第四期	Ab型Ⅱ式		12	16		《考古》2011年9期		
192	兽首流匜（M8832：25）	春秋中期	2005年河南洛阳西工区M8832	第四期	Ab型Ⅱ式		11	17.5		《考古》2011年9期		
193	兽首流匜	春秋中期	1992年河南洛阳市西工区M3422	第四期	Ab型Ⅱ式		6.6	22.6		《考古》2016年4期		
194	兽首流匜	春秋中期	1992年河南洛阳市西工区M3494	第四期	Ab型Ⅱ式		13.2	25.4		《考古》2016年4期		
195	兽首流匜	春秋中期	1992年河南洛阳市西工区M3490	第四期	Ab型Ⅱ式		10.8	24.6		《考古》2016年4期		

续表

序号	名称	时代	出土时间及地点	分期	型式	铭文	通高/厘米	通长/厘米	重量/千克	著录出处	图片	备注
196	兽首流匜	春秋中期	2005年河南洛阳体育场东周墓M8830	第四期	Ab型Ⅱ式		9.8	14.8		《文物》2011年8期		
197	兽首流匜	春秋中期	1923年河南新郑李家楼郑公大墓	第四期	Ab型Ⅱ式		15.5	32.5		《新郑出土古器图志初编》21·1，《郑冢古器图考》5·5，《新郑彝器》93，《郑公大墓》第135页		尺寸据《郑公大墓》
198	兽首流匜	春秋中期	1923年河南新郑李家楼郑公大墓	第四期	Ab型Ⅱ式		12.8	27		《新郑出土古器图志续编》1·2，《郑冢古器图考》5·6，《新郑彝器》94，《郑公大墓》第134页		尺寸据《郑公大墓》
199	兽首流匜（类22）	春秋中期	1971年河南尉氏县河东周村	第四期	Ab型Ⅱ式		无尺寸数据发表			《中原文物》1982年4期		
200	兽首流匜（类24）	春秋中期	1971年河南尉氏县河东周村	第四期	Ab型Ⅱ式		无尺寸数据发表			《中原文物》1982年4期		

续表

序号	名称	时代	出土时间及地点	分期	型式	铭文	通高/厘米	通长/厘米	重量/千克	著录出处	图片	备注
201	兽首流匜（类23）	春秋中期	1971年河南尉氏县河东周村	第四期	Ab型Ⅱ式		无尺寸数据发表			《中原文物》1982年4期	形制类似24	
202	兽首流匜	春秋中期	1966年河北唐县钓鱼台积石墓	第四期	Ab型Ⅱ式		11	24.5		《中原文物》2007年6期		
203	蟠螭纹匜	春秋晚期	1974年湖北天门市李场黄家店	第五期	Ab型Ⅲ式		23	34		《湖北出土文物精粹》第94页，《出土铜》12·358		
204	公子㔷父匜	春秋晚期	传山东出土	第五期	Ab型Ⅲ式	20字（其中合文1），公子㔷父作孟姜媵匜，其万年无疆，子孙永保用之				《铭图续编》0992		私人收藏
205	三角云纹匜	春秋晚期	1986年河南淅川县上乡集	第五期	Ab型Ⅲ式		15	口径18		《淅川精粹》第96页		

续表

序号	名称	时代	出土时间及地点	分期	型式	铭文	通高/厘米	通长/厘米	重量/千克	著录出处	图片	备注
206	蟠螭纹匜	春秋晚期	1986年湖南省岳阳县凤形嘴山一号墓	第五期	Ab型Ⅲ式		11	22.6		《文物》1993年1期，《出土铜》14·156		
207	鸟首盖蟠螭纹匜	春秋晚期	山西浑源李峪村	第五期	Ab型Ⅲ式		19.3	流至鋬21.2		《文物》1992年10期；《海外吉金》117；《通考（上）》第468、469页，附图868；《通论》第68页，图版137·265		
208	兽首流匜	春秋晚期	1980年河北怀来甘子堡春秋墓M2	第五期	Ab型Ⅲ式		16	28.4		《文物春秋》1993年2期，《全集》15·192		
209	兽首流匜	春秋晚期	1980年河北怀来甘子堡春秋墓M6	第五期	Ab型Ⅲ式		13.6	19.6		《文物春秋》1993年2期		
210	兽首流匜	春秋晚期	1963～1986年山西侯马上马墓地M4006	第五期	Ab型Ⅲ式		13.4	25.4		《文物》1989年6期		

续表

序号	名称	时代	出土时间及地点	分期	型式	铭文	通高/厘米	通长/厘米	重量/千克	著录出处	图片	备注
211	蟠虺纹匜	春秋晚期	1963～1987年山西侯马上马墓地M1004	第五期	Ab型Ⅲ式		13	26.8		《上马墓地》第68、69页，《全集》8·101，《出土铜》4·358		
212	兽首流匜	春秋晚期	1963～1987年山西侯马上马墓地M1006	第五期	Ab型Ⅲ式		13.3	25.6		《上马墓地》第67、68页		
213	兽首流匜	春秋晚期	1963～1987年山西侯马上马墓地M1026	第五期	Ab型Ⅲ式		10	20.3		《上马墓地》第68、70页		
214	兽首流匜	春秋晚期	1963～1987年山西侯马上马墓地M2008	第五期	Ab型Ⅲ式		12	22.1		《上马墓地》第68、70页		
215	素面匜	春秋晚期	1988年山西临猗程村墓地M1001	第五期	Ab型Ⅲ式		11	29.4		《临猗程村墓地》第99页，图版54·1		
216	素面匜	春秋晚期	1988年山西临猗程村墓地M1002	第五期	Ab型Ⅲ式		11	25.8		《临猗程村墓地》第97、99页，图版53·5		

续表

序号	名称	时代	出土时间及地点	分期	型式	铭文	通高/厘米	通长/厘米	重量/千克	著录出处	图片	备注
217	素面匜	春秋晚期	1988年山西临猗程村墓地M1023	第五期	Ab型Ⅲ式		7	16.8		《临猗程村墓地》第99页，图版54·3		
218	素面匜	春秋晚期	1988年山西临猗程村墓地M1024	第五期	Ab型Ⅲ式		10	24.6		《临猗程村墓地》第97页，图版53·3		
219	素面匜	春秋晚期	1988年山西临猗程村墓地M1056	第五期	Ab型Ⅲ式		8.6	21.2		《临猗程村墓地》第97页，图版53·4		
220	素面匜	春秋晚期	1988年山西临猗程村墓地M1057	第五期	Ab型Ⅲ式		残高6.2	21.6		《临猗程村墓地》第96页，图版53·1		
221	素面匜	春秋晚期	1988年山西临猗程村墓地M1064	第五期	Ab型Ⅲ式		7	16.6		《临猗程村墓地》第96页，图版53·2		
222	素面匜	春秋晚期	1988年山西临猗程村墓地M1082	第五期	Ab型Ⅲ式		9.4	24.6		《临猗程村墓地》第99页，图87·10		
223	素面匜	春秋晚期	1988年山西临猗程村墓地M0003	第五期	Ab型Ⅲ式		10.6	24.8		《临猗程村墓地》第99页，图版53·6		

续表

序号	名称	时代	出土时间及地点	分期	型式	铭文	通高/厘米	通长/厘米	重量/千克	著录出处	图片	备注
224	素面匜	春秋晚期	1988年山西临猗程村墓地M0004	第五期	Ab型Ⅲ式		9	20		《临猗程村墓地》第99页，图版54·2	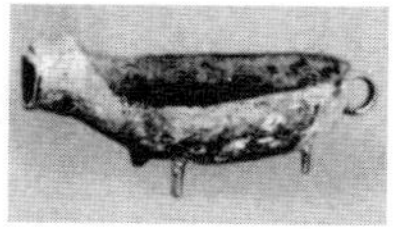	
225	素面匜	春秋晚期	20世纪70年代山西长子县羊圈沟东周墓M1	第五期	Ab型Ⅲ式		5.5	19		《考古学报》1984年4期		
226	素面匜	春秋晚期	20世纪70年代山西长子县羊圈沟东周墓M2	第五期	Ab型Ⅲ式		3.8	19.4		《考古学报》1984年4期	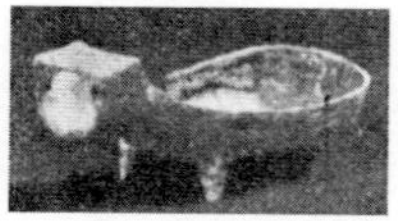	
227	素面匜	春秋晚期	2005年山西隰县瓦窑坡春秋墓地M23	第五期	Ab型Ⅲ式		9.8	22		《中原文物》2019年1期		
228	兽首流匜	春秋晚期	1975年河南洛阳春秋墓	第五期	Ab型Ⅲ式		13.2	24		《考古》1981年1期		
229	牛首流匜	春秋晚期	1998年河南洛阳市西关中州路98LM535	第五期	Ab型Ⅲ式		11.2	26.8		《考古》2002年1期		

续表

序号	名称	时代	出土时间及地点	分期	型式	铭文	通高/厘米	通长/厘米	重量/千克	著录出处	图片	备注
230	三角回纹匜	春秋晚期	2003年河南洛阳王城广场战国墓M37	第五期	Ab型Ⅲ式		6.5	17.5		《文物》2009年11期		
231	兽首流匜	春秋晚期	2001年河南洛阳市纱厂路东周墓JM32	第五期	Ab型Ⅲ式		11.7	25.4		《文物》2002年11期		
232	素面匜	春秋晚期	1991年河南洛阳西工区M3498	第五期	Ab型Ⅲ式		9.5	21		《文物》2010年8期		
233	素面匜	春秋晚期	1991年河南洛阳西工区M3427	第五期	Ab型Ⅲ式		11.5	28		《文物》2010年8期		
234	素面匜	春秋晚期	河南洛阳中州路东周墓M2729	第五期	Ab型Ⅲ式		7.2	19.6		《洛阳中州路》第95页，图版58·4		
235	兽首流匜	春秋晚期	河南胡庄墓地	第五期	Ab型Ⅲ式		10.1	22.6		《南水北调》第180页，《长渠缀珍》第160页		

续表

序号	名称	时代	出土时间及地点	分期	型式	铭文	通高/厘米	通长/厘米	重量/千克	著录出处	图片	备注
236	兽首流匜	春秋晚期	2004年河南新郑市郑韩路6号春秋墓	第五期	Ab型Ⅲ式		13.4	29.6		《文物》2005年8期		
237	兽首流匜	春秋晚期	2003～2008河南新郑西亚斯东周墓地M247	第五期	Ab型Ⅲ式		13.2	26.7		《西亚斯》第50页，图43、44，彩版19		出土时匜在盘中
238	兽首流匜	春秋晚期	2009年河南新郑铁岭墓地M429	第五期	Ab型Ⅲ式		14.5	29.7		《中原文物》2010年1期		
239	兽首流匜	春秋晚期	2009年河南新郑铁岭墓地M550	第五期	Ab型Ⅲ式		12.5	22		《中原文物》2010年5期	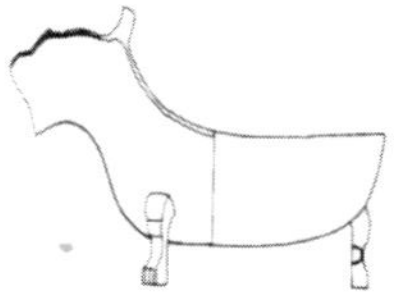	
240	兽首流匜	春秋晚期	2011年河南新郑铁岭墓地M1404	第五期	Ab型Ⅲ式		12	23.5		《中原文物》2012年2期		

续表

序号	名称	时代	出土时间及地点	分期	型式	铭文	通高/厘米	通长/厘米	重量/千克	著录出处	图片	备注
241	兽首流匜	春秋晚期	2011年河南新郑铁岭墓地M1405	第五期	Ab型Ⅲ式		15.4	29.5		《中原文物》2012年2期		
242	兽首流匜	春秋晚期	1979年河南新郑县李家村春秋墓	第五期	Ab型Ⅲ式		11.5	25		《考古》1983年8期		
243	兽首流匜	春秋晚期	1957年河南陕县M2061	第五期	Ab型Ⅲ式		12.8	30		《陕县东周秦汉墓》第64页，图版27·3		
244	兽首流匜	春秋晚期	2001～2002年河南洛阳市西工区C1M7039	第五期	Ab型Ⅲ式		10.3	20.3		《考古与文物》2003年2期		
245	兽首流匜	春秋晚期	2001～2002年河南洛阳市西工区C1M7226	第五期	Ab型Ⅲ式		6	20		《考古与文物》2003年2期		
246	兽首流匜	春秋晚期	山东临淄棕榈城	第五期	Ab型Ⅲ式		12.5	25		《泱泱大国》第71页		齐故城遗址博物馆藏

续表

序号	名称	时代	出土时间及地点	分期	型式	铭文	通高/厘米	通长/厘米	重量/千克	著录出处	图片	备注
247	兽首流匜	春秋晚期	2009年山东枣庄徐楼东周墓M1	第五期	Ab型Ⅲ式		11.8	33		《文物》2014年1期		
248	兽首流匜	春秋晚期	1994年山东烟台海阳县嘴子前春秋墓M4	第五期	Ab型Ⅲ式		12.5	30.4		《考古》1996年9期，《泱泱大国》第79页		
249	兽首流匜	春秋晚期	1979年山东邹平县大省村东周墓M1	第五期	Ab型Ⅲ式		10	22.5		《考古》1986年7期		
250	素面匜	春秋晚期	1956年山东泰安市黄花岭村	第五期	Ab型Ⅲ式		15.2	25.5		《考古与文物》2000年4期，《山东文物选集·普查部分》图117		
251	兽首流匜	春秋晚期	1973年山东莱芜西上崮	第五期	Ab型Ⅲ式		13.1	27.6		《文物》1990年11期		
252	兽首流匜	战国早期	河南洛阳新安县	第六期	Ab型Ⅳ式			20		《洛阳出土青铜器》184		

续表

序号	名称	时代	出土时间及地点	分期	型式	铭文	通高/厘米	通长/厘米	重量/千克	著录出处	图片	备注
253	素面匜	战国早期	1957年河南陕县东周墓M2060	第六期	Ab型Ⅳ式		7.2	17.1		《陕县东周秦汉墓》第64页，图版30·2		
254	素面匜	战国早期	1987年河南新郑新禹公路战国墓M1	第六期	Ab型Ⅳ式		8	20.5		《考古》1994年5期		
255	素面残匜（明器）	战国早期	1988年河南新郑新禹公路战国墓M2	第六期	Ab型Ⅳ式		10.2	23		《考古》1994年5期		
256	素面匜（明器）	战国早期	1988年河南新郑新禹公路战国墓M13	第六期	Ab型Ⅳ式		11.4	20.7		《考古》1994年5期		
257	素面匜	战国早期	1962年山西万荣庙前村M1	第六期	Ab型Ⅳ式		7.4	17		《三晋考古（1）》第235页，图14·6		
258	兽首流匜	战国早期	1963～1987年山西侯马上马墓地M15	第六期	Ab型Ⅳ式		10.2	21.5		《上马墓地》第68、70页，图版21·7		

续表

序号	名称	时代	出土时间及地点	分期	型式	铭文	通高/厘米	通长/厘米	重量/千克	著录出处	图片	备注
259	素面匜	战国早期	1963～1986年山西侯马上马墓地M4090	第六期	Ab型Ⅳ式		6.7	16.2		《上马墓地》第68、70页，图版21·8		
260	素面匜	战国早期	1966年山西长治分水岭战国墓M232	第六期	Ab型Ⅳ式		10.2	22.7		《长治分水岭》第325页		
261	龙纹匜（M2：36）	战国中期	2000年湖北省荆州市天星观二号楚墓	第七期	Ab型Ⅳ式		12.4	40	1.55	《荆州天星观二号楚墓》第60页，图版15·3		报告称系仿古器
262	兽首流匜	春秋中期	1981年河南洛阳东周墓C1M124	第四期	Ba型		11	22		《中原文物》1983年4期		
263	素面匜	春秋晚期	1959年江苏邳州刘林墓葬	第五期	Ba型		11.7	23.5		《考古》1960年3期，《出土铜》7·204		现藏南京博物院
264	素面环足匜	春秋晚期	2010年河南淇县宋庄东周墓地M4	第五期	Ba型		10	29.5		《华夏考古》2015年4期		

续表

序号	名称	时代	出土时间及地点	分期	型式	铭文	通高/厘米	通长/厘米	重量/千克	著录出处	图片	备注
265	兽首流匜	春秋晚期	2009年山东枣庄徐楼东周墓M2	第五期	Ba型		10.4	26.8	0.88	《文物》2014年1期，《出土铜》6·313		
266	素面匜	战国早期	1959～1961年底山西长治分水岭战国墓M26	第六期	Bb型		7	长10.5、宽11		《考古》1964年3期，《长治分水岭》第275页		
267	曾侯乙匜	战国早期	1978年湖北随县曾侯乙墓	第六期	Ca型	7字，曾侯乙作持用终	13.4	19.4	2.6	《铭图》14882，《曾侯乙墓》第243页，《全集》10·122，《楚图典》第85页，《集成》10197，《精华·铜》905，《出土铜》13·496，《铜辞典》第1225页		出土时匜在盘中，现藏湖北省博物馆
268	蟠螭纹匜	战国早期	山西浑源李峪村	第六期	Ca型					《文物》1992年10期；《通考》第469页，附图869		
269	错嵌红铜云雷纹匜（M2040：210）	战国早期	1957年河南陕县M2040	第六期	Ca型		13.5	27.9		《陕县东周秦汉墓》第64页，图版40·1		

续表

序号	名称	时代	出土时间及地点	分期	型式	铭文	通高/厘米	通长/厘米	重量/千克	著录出处	图片	备注
270	瓢形匜	战国早期	1959～1961年山西长治分水岭战国墓M25	第六期	Ca型		9.8	20.7		《考古》1964年3期，《长治分水岭》第266页		
271	瓢形匜	战国早期	1989年河北邯郸北大门	第六期	Ca型		9.3	20.6		《文物春秋》2003年4期		
272	瓢形匜	战国早期	1981～1982年河南淇县赵沟土坑墓M1	第六期	Ca型		8.7	25.3		《中原文物》1984年2期		
273	瓢形匜（M8832：39）	春秋中期	2005年河南洛阳西工区M8832	第四期	Cb型Ⅰ式		13	23		《考古》2011年9期		
274	瓢形匜	战国早期	1972年湖北襄阳山湾23号墓	第六期	Cb型Ⅱ式		6.1	22.9		《江汉考古》1983年2期		
275	瓢形匜	战国早期	河南洛阳中州路东周墓M2717	第六期	Cb型Ⅱ式		7.3	23.6		《洛阳中州路》第95、96页，图版65·3		

续表

序号	名称	时代	出土时间及地点	分期	型式	铭文	通高/厘米	通长/厘米	重量/千克	著录出处	图片	备注
276	瓢形匜	战国早期	1995年山东淄博市相家庄M6	第六期	Cb型Ⅱ式		8.5	26.3		《临淄齐墓（1）》第293页，图版88·1		
277	瓢形匜	战国早期	1983年山西省长治市潞城县潞河战国墓M8	第六期	Cb型Ⅱ式		8.2			《文物》1986年6期		
278	瓢形匜	战国早期	1955年山西长治分水岭战国墓M11	第六期	Cb型Ⅱ式		6.9	13.8		《长治分水岭》第234、235页		
279	兽首流匜	战国早期	1970年河北唐县北城子M2	第六期	Cb型Ⅱ式		34.2	37		《文物春秋》1991年1期，《全集》9·133，《出土铜》2·123，《铜辞典》第1224页		
280	瓢形匜	战国中期	1981年湖北随州擂鼓墩二号墓	第七期	Cb型Ⅲ式		6			《文物》1985年1期，《出土铜》13·498		出土时匜在盘中
281	私官匜	战国晚期	陕西西安长安区神禾塬大墓	第八期	Cb型Ⅳ式	16字，私官二斗。二斗□升。十五斤十五两。今中府		46.5		《秦业流风》025，《陕西金文集成（12）》1381，《铭图三编》1253		

续表

序号	名称	时代	出土时间及地点	分期	型式	铭文	通高/厘米	通长/厘米	重量/千克	著录出处	图片	备注
282	东姬匜	春秋中期	1978～1979年河南淅川下寺楚墓M7	第四期	Da型Ⅰ式	37字（其中重文2），唯王正月初吉乙亥，宣王之孙，雍王之子东姬，自作会匜，其眉寿万年无期，子子孙孙永宝用之	10	22	0.9	《铭图》15002，《下寺》第35、36页，图29；《楚图典》第82页；《淅川精粹》第90页；《近出》1021；《新收》398		河南省文物考古研究所藏
283	蟠虺纹匜	春秋中期	1978～1979年河南淅川下寺楚墓M36	第四期	Da型Ⅰ式		11	21	0.65	《下寺》第40页，图36，图版16 · 5		
284	曾关臣匜	春秋中期	1996年河南罗山县高店乡高庙砖瓦厂春秋墓	第四期	Da型Ⅰ式	6字，曾关臣之会匜		25	1.21	《铭图》14871，《曾国青铜器》第398页		现藏罗山县文物局
285	垂麟纹匜	春秋中期	2014年湖北襄阳市南漳县川庙山M18	第四期	Da型Ⅰ式		10.4	22		《江汉考古》2015年4期，《出土铜》12 · 363		现藏南漳县博物馆

续表

序号	名称	时代	出土时间及地点	分期	型式	铭文	通高/厘米	通长/厘米	重量/千克	著录出处	图片	备注
286	蟠螭纹匜	春秋中期	1988年湖北当阳赵巷4号墓	第四期	Da型Ⅰ式		10	21		《文物》1990年10期，《出土铜》12·366		
287	唐子仲濒儿匜	春秋中期	2002年3月湖北郧县五峰乡肖家河村春秋墓	第四期	Da型Ⅰ式	20字（其中合文1），唯正月咸己未，唐子仲濒儿择其吉金，铸其御会匜	13.7	26		《铭图》14975，《江汉考古》2003年1期，《新收》1209，《江汉汤汤》第159页，《出土铜》12·367		郧阳博物馆藏
288	蟠螭纹匜	春秋中期	1985年湖北枝江姚家港高山庙楚墓M14	第四期	Da型Ⅰ式		9	22		《文物》1989年3期		
289	云雷纹匜	春秋晚期	1978年河南固始侯古堆一号墓陪葬坑	第五期	Da型Ⅱ式		14.5	22.5		《文物》1981年1期，《固始侯古堆一号墓》第46页		
290	蟠虺纹匜	春秋晚期	1983年河南固始万营山陪葬坑	第五期	Da型Ⅱ式		11.5	25		《考古》1992年3期		

续表

序号	名称	时代	出土时间及地点	分期	型式	铭文	通高/厘米	通长/厘米	重量/千克	著录出处	图片	备注
291	彭子射匜	春秋晚期	2008年10月河南南阳市卧龙区八一路春秋楚墓M38	第五期	Da型Ⅱ式	7字，彭子射之行会匜	16.4	23.8		《铭图》14878，《文物》2011年3期		现藏南阳市文物考古研究所
292	蟠虺纹匜	春秋晚期	2008年河南南阳市卧龙区八一路春秋楚墓M1	第五期	Da型Ⅱ式		10.6	25.7		《文物》2020年10期		
293	蟠虺纹匜	春秋晚期	2008年河南南阳市卧龙区八一路春秋楚墓M2	第五期	Da型Ⅱ式		12	25		《文物》2020年10期		
294	蟠虺纹匜	春秋晚期	1966年河南省潢川县隆古公社高稻场	第五期	Da型Ⅱ式		14.8	17	0.5	《文物》1980年1期		
295	蟠螭纹匜	春秋晚期	1975年河南淅川县毛坪楚墓M18	第五期	Da型Ⅱ式		10	18.5		《中原文物》1982年1期，《淅川精粹》第95页		

续表

序号	名称	时代	出土时间及地点	分期	型式	铭文	通高/厘米	通长/厘米	重量/千克	著录出处	图片	备注
296	蟠虺纹匜	春秋晚期	1978～1979年河南淅川下寺春秋楚墓M1	第五期	Da型Ⅱ式		14.2	27	0.875	《下寺》第70、72页，图62，彩版3，图版28·2、3；《全集》10·71；《淅川精粹》第91页；《铜辞典》第1221页；《精华·铜》754		
297	倗匜	春秋晚期	1978～1979年河南淅川下寺春秋楚墓M2	第五期	Da型Ⅱ式	4字，倗之盥盘	13.6	26	1.65	《铭图》14855；《下寺》第135、136页图112，图版5，5·2；《淅川精粹》第92页；《近出》1010；《新收》464；《南国楚宝》第22页；《铜辞典》第1220页		
298	蔡侯匜	春秋晚期	1978～1979年河南淅川下寺楚墓M3	第五期	Da型Ⅱ式	34字（其中重文2），唯王正月初吉丁亥，蔡侯作媵鄎仲姬丹会匜，用祈眉寿，万年无疆，子子孙孙，永保用之	13.3	25	1.8	《铭图》14996；《下寺》第226、228～230页，图169·1，图版82·2、3；《淅川精粹》第93页；《近出》1020；《新收》472		

续表

序号	名称	时代	出土时间及地点	分期	型式	铭文	通高/厘米	通长/厘米	重量/千克	著录出处	图片	备注
299	蟠虺纹匜	春秋晚期	1978～1979年河南淅川下寺楚墓M4	第五期	Da型Ⅱ式		10.7	20.5	1.4	《下寺》第244～246页，图182，图版91·4		匜出土时放在盘内
300	蟠虺纹匜	春秋晚期	1978～1979年河南淅川下寺楚墓M10	第五期	Da型Ⅱ式		12.5	25	1	《下寺》第253～254页，图190·1，图版95·3、4；《淅川精粹》第94页		
301	三角云纹匜	春秋晚期	1992年河南平顶山应国墓地M301	第五期	Da型Ⅱ式		11	17.8		《文物》2012年4期		
302	兽首流匜	春秋晚期	2005年河南南阳万家园M181	第五期	Da型Ⅱ式		11.5	18.6		《中原文物》2009年1期		
303	蟠螭纹匜	春秋晚期	2006年湖北十堰市郧阳区乔家院M4	第五期	Da型Ⅱ式		13	20		《出土铜》12·368，《考古》2008年4期		
304	蟠螭纹匜（采9）	春秋晚期	1967年湖北襄阳山湾东周墓地	第五期	Da型Ⅱ式		11.5	26.5		《江汉考古》1988年1期		

续表

序号	名称	时代	出土时间及地点	分期	型式	铭文	通高/厘米	通长/厘米	重量/千克	著录出处	图片	备注
305	兽首流匜（采32）	春秋晚期	1967年湖北襄阳山湾东周墓地	第五期	Da型Ⅱ式		11	19.5		《江汉考古》1988年1期	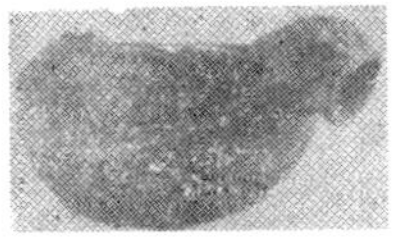	鋬残失
306	兽首流匜（采38）	春秋晚期	1967年湖北襄阳山湾东周墓地	第五期	Da型Ⅱ式		9.8	18		《江汉考古》1988年1期	器形同采32，无照片资料发表	
307	绹索纹匜	春秋晚期	1972年湖北襄阳山湾6号墓	第五期	Da型Ⅱ式		11	26.5		《江汉考古》1983年2期，《湖北出土文物精华》第62页	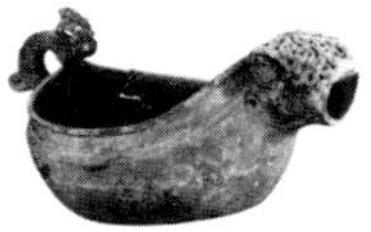	
308	素面匜	春秋晚期	1972年湖北襄阳山湾33号墓	第五期	Da型Ⅱ式		10	15		《江汉考古》1983年2期	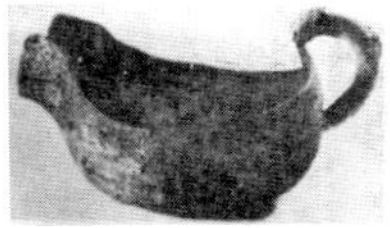	
309	绹索纹匜	春秋晚期	1972年湖北襄阳山湾14号墓	第五期	Da型Ⅱ式		10	24		《江汉考古》1983年2期	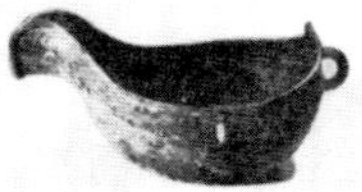	
310	仆匜	春秋晚期	2012年湖北随州市文峰塔M33	第五期	Da型Ⅱ式	4字，仆之行匜	5	41.4		《出土铜》12·365，《考古》2014年7期	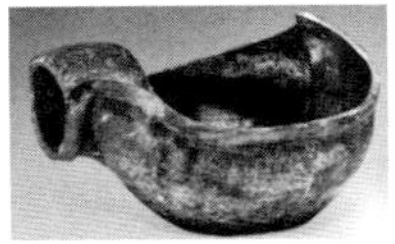	

续表

序号	名称	时代	出土时间及地点	分期	型式	铭文	通高/厘米	通长/厘米	重量/千克	著录出处	图片	备注
311	蟠螭纹匜	春秋晚期	1989年湖北宜城市蒋湾母牛山M1	第五期	Da型Ⅱ式		12	23.5		《出土铜》12 · 369，《考古》2008年9期		出土时匜在盘中
312	蟠螭纹匜	春秋晚期	2011年湖北襄阳市枣园墓地M325	第五期	Da型Ⅱ式		9.2	36		《出土铜》12 · 370		出土时匜在盘中，现藏襄阳博物馆
313	蟠螭纹匜	春秋晚期	2008年湖北襄阳市余岗墓地M614	第五期	Da型Ⅱ式		11.8	19		《考古》2018年1期		出土时匜在盘中
314	弦纹匜	春秋晚期	1996年湖北钟祥黄土坡东周墓M31	第五期	Da型Ⅱ式		9.3	16.7		《考古学报》2009年2期		
315	蟠虺纹匜	春秋晚期	1996年湖北钟祥黄土坡东周墓M3	第五期	Da型Ⅱ式		13.6	19.2		《考古学报》2009年2期		与之同出的盘有“邓子”铭文，有刮削痕迹
316	蟠虺纹匜	春秋晚期	1974年湖北当阳赵家湖	第五期	Da型Ⅱ式		11.9	17.9		《江汉考古》1983年1期		

续表

序号	名称	时代	出土时间及地点	分期	型式	铭文	通高/厘米	通长/厘米	重量/千克	著录出处	图片	备注
317	蟠螭纹匜	春秋晚期	1980年江苏吴县何山东周墓	第五期	Da型Ⅱ式		11	19	0.61	《文物》1984年5期		
318	攻吴季生匜	春秋晚期	1985年4月江苏淮安市盱眙县旧铺乡农科站王庄	第五期	Da型Ⅱ式	9字，攻吴季生作其盥会匜	19	29	1.75	《铭图》14901，《全集》11·63，《集成》10212，《文物》1988年9期，《大邦之梦》第119～121页		现藏淮安市博物馆
319	罗儿匜	春秋晚期	1988年江苏六合程桥春秋墓葬3号墓	第五期	Da型Ⅱ式	23字，罗儿曰："余吴王之甥，学卯公□壄之子，择厥吉金，自作盥匜。"	14.5	23		《铭图》14985，《东南文化》1991年1期，《近出》1018，《新收》1266，《大邦之梦》第117、118页，《出土铜》7·144，《故都神韵》第38页		
320	蔡侯申匜	春秋晚期	1955年5月安徽寿县西门内蔡侯墓	第五期	Da型Ⅱ式	6字，蔡侯申之盥匜	13.5	19.3	1.1	《铭图》14867，《蔡侯墓》第9、10页，图版17·5、35·2，《集成》10189		

续表

序号	名称	时代	出土时间及地点	分期	型式	铭文	通高/厘米	通长/厘米	重量/千克	著录出处	图片	备注
321	蟠螭纹匜	春秋晚期	2008年安徽蚌埠双墩一号春秋楚墓	第五期	Da型Ⅱ式		12.8	23.4		《考古学报》2013年2期，《出土铜》8 · 168		
322	蟠螭纹匜	春秋晚期	安徽蒙城县小涧	第五期	Da型Ⅱ式		9.8	22.1		《出土铜》8 · 169		
323	郳大司马彊匜	春秋晚期	2017年山东滕州市官桥镇大韩村春秋墓M43	第五期	Da型Ⅱ式	42字（其中重文2），唯正月初吉，辰在庚午，郳大司马彊，择其吉金，为其𩰫匜，固寿其身，眉寿无疆，饮飤无期，子子孙孙，永保用之				《铭图三编》1260		
324	重环纹匜	春秋早期	1981年河南信阳明港	第三期	Db型Ⅰ式		11	26.7		《全集》7 · 125，《中原文物》1981年4期		

续表

序号	名称	时代	出土时间及地点	分期	型式	铭文	通高/厘米	通长/厘米	重量/千克	著录出处	图片	备注
325	云雷纹匜	春秋中期	1998年甘肃礼县圆顶山春秋秦墓98LDM1	第四期	Db型Ⅱ式		15.8	29.2		《文物》2002年2期，《秦西垂陵区》图版2·26		
326	瓢形匜	春秋中期	1998年甘肃礼县圆顶山春秋秦墓98LDM2	第四期	Db型Ⅱ式		21.2	36.4		《文物》2005年2期，《秦西垂陵区》图版2·27		
327	弦纹匜	春秋中期	1923年河南新郑李家楼郑公大墓	第四期	Db型Ⅱ式		8寸5分	1尺7寸3分	120两	《新郑出土古器图志初编》20·1，《郑冢古器图考》7·2，《新郑彝器》118		尺寸据《新郑出土古器图志初编》
328	瓢形匜	春秋中期	1923年河南新郑李家楼郑公大墓	第四期	Db型Ⅱ式		16.5	42		《新郑出土古器图志初编》20·2，《新郑彝器》119，《郑公大墓》第136页		尺寸据《郑公大墓》
329	以邓匜	春秋中期	1978～1979年河南淅川下寺楚墓M8	第四期	Db型Ⅱ式	29字（其中重文2），唯正月初吉丁亥，楚叔之孙以邓，择其吉金，铸其会匜，子子孙孙，永宝用之	10.7	24.4	1.25	《铭图》14990，《下寺》第13、15、16页，图10、11；《淅川精粹》第89页；《楚图典》第82页；《近出》1019；《新收》405		

续表

序号	名称	时代	出土时间及地点	分期	型式	铭文	通高/厘米	通长/厘米	重量/千克	著录出处	图片	备注
330	蟠螭纹匜	春秋中期	2002年湖北枣阳郭家庙曾国墓地M8	第四期	Db型Ⅱ式		8	18.3	0.62	《枣阳郭家庙》第127、128页，彩版14·2；《曾国青铜器》第91页；《出土铜》12·362		
331	瓢形匜	春秋中期	2009年湖北襄阳沈岗墓地M1022	第四期	Db型Ⅱ式		7.4	16.8		《文物》2013年7期		
332	瓢形匜（类30）	春秋中期	1971年河南尉氏河东周村	第四期	Db型Ⅱ式		无尺寸数据发表			《中原文物》1982年4期		
333	瓢形匜	春秋晚期	1980年河南固始白狮子地一号墓	第五期	Db型Ⅲ式		7	21		《中原文物》1981年4期		共2件，形制一样
334	蟠虺纹匜	春秋晚期	2004年河南南阳李八庙春秋墓	第五期	Db型Ⅲ式		9.4	流长3.5		《文物》2012年4期		
335	瓢形匜	春秋晚期	1990年河南淅川和尚岭楚墓M2	第五期	Db型Ⅲ式		8	24		《淅川和尚岭与徐家岭楚墓》第45页		

续表

序号	名称	时代	出土时间及地点	分期	型式	铭文	通高/厘米	通长/厘米	重量/千克	著录出处	图片	备注
336	刻纹匜	春秋晚期	1985年江苏镇江市丹徒县谏壁镇王家山东周墓	第五期	Db型Ⅲ式		10	28		《文物》1987年12期，《镇江出土吴国青铜器》112，《出土铜》7·143		
337	瓢形匜	春秋晚期	2011年湖北随州义地岗M6曾公子去疾墓	第五期	Db型Ⅲ式		8.6	19.2		《江汉考古》2012年3期		
338	瓢形匜	春秋晚期	1988年湖北襄阳团山东周墓M1	第五期	Db型Ⅲ式		6	24		《考古》1991年9期		
339	瓢形匜	春秋晚期	2008年安徽蚌埠双墩1号墓	第五期	Db型Ⅲ式		13	31.2		《出土铜》8·165		
340	瓢形匜	春秋晚期	2003年山东新泰周家庄东周墓葬M2	第五期	Db型Ⅲ式		8.9	18.3		《文物》2013年4期		
341	刻纹残匜	春秋晚期	1995年山西定襄中霍村	第五期	Db型Ⅲ式					《文物》1997年5期		

续表

序号	名称	时代	出土时间及地点	分期	型式	铭文	通高/厘米	通长/厘米	重量/千克	著录出处	图片	备注
342	线刻纹匜	春秋晚期	1988年山西太原金胜村M251赵卿墓	第五期	Db型Ⅲ式		11.2	25.4×24	0.33	《太原晋国赵卿墓》第67、69页，《全集》8·105、106，《铜辞典》第1222页		
343	瓢形匜	春秋晚期	2006年湖北十堰市郧阳区乔家院M5	第五期	Db型Ⅲ式		8	16.6		《出土铜》12·360，《考古》2008年4期		
344	蟠虺纹匜	春秋晚期	2006年湖北十堰市郧阳区乔家院M6	第五期	Db型Ⅲ式		7.5	18.2		《出土铜》12·361，《考古》2008年4期		
345	黄仲酉匜	春秋晚期	1994年湖北随州东风油库M1	第五期	Db型Ⅲ式	9字，曾少宰黄仲酉之行匜	4.6	12.6	0.251	《铭图》14902，《随州出土文物精粹》50，《曾国青铜器》第350、351页，《出土铜》12·364		
346	可匜	春秋晚期	1994年湖北随州东风油库M2	第五期	Db型Ⅲ式	4字，可之行匜	5.7	12.2	0.236	《曾国青铜器》第361页		

续表

序号	名称	时代	出土时间及地点	分期	型式	铭文	通高/厘米	通长/厘米	重量/千克	著录出处	图片	备注
347	刻纹匜	战国早期	1973年江苏六合县和仁东周墓	第六期	Db型Ⅳ式		尺寸未发表			《考古》1977年5期		
348	瓢形匜	战国早期	1975年江苏苏州虎丘东周墓	第六期	Db型Ⅳ式		9.3	22.8		《文物》1981年11期		
349	刻纹残匜	战国早期	1983年山西省长治市潞城县潞河战国墓M7	第六期	Db型Ⅳ式		6			《文物》1986年6期		此匜虽残损，但据简报描述形制明确可辨
350	瓢形匜	战国早期	1973年山东济南莱芜西上崮	第六期	Db型Ⅳ式		13.3	26		《文物》1990年11期		
351	瓢形匜	战国早期	1993年山东肥城市王庄镇商周遗址	第六期	Db型Ⅳ式		11.6	21.6		《考古》2003年6期		

续表

序号	名称	时代	出土时间及地点	分期	型式	铭文	通高/厘米	通长/厘米	重量/千克	著录出处	图片	备注
352	瓢形匜	战国早期	1990年山东滕州庄里西战国墓90STZM8	第六期	Db型Ⅳ式		8.3	14.5		《文物》2002年6期		
353	瓢形匜	战国早期	1978年山东威海市东北部小丘陵M3	第六期	Db型Ⅳ式		27.2			《考古》1995年1期		
354	刻纹匜	战国早期	1957年河南陕县M2042	第六期	Db型Ⅳ式		10.5	25		《陕县东周秦汉墓》第66页，图53		
355	瓢形匜	战国早期	1957年河南陕县M2048	第六期	Db型Ⅳ式			18.9		《陕县东周秦汉墓》第65、66页，图版30·3		
356	线刻纹匜	战国早期	1959年河南陕县后川	第六期	Db型Ⅳ式		9.9	22.5		《铜辞典》第1223页		
357	瓢形匜	战国早期	1935年河南汲县山彪镇M1	第六期	Db型Ⅳ式		8.3	21.6	0.434	《山彪镇与琉璃阁》第24页，图版23·1		

续表

序号	名称	时代	出土时间及地点	分期	型式	铭文	通高/厘米	通长/厘米	重量/千克	著录出处	图片	备注
358	瓢形匜	战国早期	1993年河南三门峡市盆景园8号墓	第六期	Db型Ⅳ式		3.4	16		《中原文物》2002年1期		
359	瓢形匜（M2040：71）	战国早期	1957年河南陕县M2040	第六期	Db型Ⅳ式		7.6	21.6		《陕县东周秦汉墓》第64页，图50·5		
360	残匜	战国早期	1990年河南省淅川县徐家岭楚墓M10	第六期	Db型Ⅳ式		6	21.7		《淅川和尚岭与徐家岭楚墓》第267页		
361	瓢形匜	战国早期	1956年河南信阳长台关1号楚墓	第六期	Db型Ⅳ式		8	24.8		《信阳楚墓》第50页，图33·4，图版41·3		
362	瓢形匜	战国早期	1980年四川新都晒坝战国木椁墓	第六期	Db型Ⅳ式		5	20		《文物》1981年6期		共2件，形制一样
363	线刻纹匜	战国早期	2016～2018年四川成都双元村东周墓M154	第六期	Db型Ⅳ式		8	22.3		《考古学报》2020年3期		

续表

序号	名称	时代	出土时间及地点	分期	型式	铭文	通高/厘米	通长/厘米	重量/千克	著录出处	图片	备注
364	刻纹匜	战国早期	1957年河南陕县M2144	第六期	Db型Ⅳ式		10	21.8		《陕县东周秦汉墓》第65、66页，图版30·5、6		
365	线刻纹匜	战国早期	1977年陕西凤翔县高王寺村窖藏	第六期	Db型Ⅳ式		10	流长6.4		《文物》1981年1期，《凤翔遗珍》132		流内錾刻水波与鱼纹，出土时匜在盘中
366	瓢形匜	战国早期	1983年陕西凤翔八旗屯西沟道秦墓M26	第六期	Db型Ⅳ式		1.2	6		《文博》1986年3期		
367	瓢形匜（明器）	战国早期	1955～1957年陕西长安客省庄202号墓	第六期	Db型Ⅳ式			5.6		《沣西发掘报告》第134页，图版95·1		出土时匜在盘中
368	瓢形匜	战国早期	1982年陕西洛南冀塬一号战国墓	第六期	Db型Ⅳ式		6.8	22.4		《文物》2001年9期		

续表

序号	名称	时代	出土时间及地点	分期	型式	铭文	通高/厘米	通长/厘米	重量/千克	著录出处	图片	备注
369	瓢形匜	战国早期	1993年河南三门峡市郊原陕县老城东8号战国墓	第六期	Db型Ⅳ式		3.4	13.4		《考古》2004年第2期		
370	瓢形匜	战国早期	1985年山东淄博市东夏庄M6第13号陪葬坑	第六期	Db型Ⅳ式		8.8	26		《临淄齐墓（1）》第119页，图72·2		
371	瓢形匜	战国早期	1992年山东淄博市单家庄M1第3号陪葬坑	第六期	Db型Ⅳ式		9.6	23.2		《临淄齐墓（1）》第146页，图39·2		
372	瓢形匜	战国早期	1995年山东淄博市相家庄M2第9号陪葬坑	第六期	Db型Ⅳ式		9.6	26		《临淄齐墓（1）》第203页，图137·1		
373	瓢形匜	战国早期	1995年山东淄博市相家庄M6	第六期	Db型Ⅳ式		4.1	8.7		《临淄齐墓（1）》第293页，图版88·2		
374	瓢形匜	战国早期	2010年山东临淄辛店2号战国墓	第六期	Db型Ⅳ式		6.8	22.2		《考古》2013年1期		

续表

序号	名称	时代	出土时间及地点	分期	型式	铭文	通高/厘米	通长/厘米	重量/千克	著录出处	图片	备注
375	瓢形匜	战国早期	1990年湖北郧县肖家河春秋楚墓	第六期	Db型Ⅳ式		8.4	24		《考古》1998年4期		
376	瓢形匜	战国早期	1991年安徽省六安县城西窑厂2号楚墓	第六期	Db型Ⅳ式		5.2	17		《考古》1995年2期		
377	瓢形匜	战国早期	2004年重庆巫山土城坡墓地M65	第六期	Db型Ⅳ式		8	19.3		《江汉考古》2009年2期		
378	刻纹匜	战国早期	辽宁葫芦岛市东大杖子墓地M11	第六期	Db型Ⅳ式		11.7	28.3		《文物》2015年11期，《出土铜》20·318		
379	兽首流匜	战国早期	1966年河北行唐县疙瘩头乡庙上村战国墓M1	第六期	Db型Ⅳ式		20.07	37.2		《河北省考古文集》第201页，图版18·4		
380	瓢形匜	战国中期	2016年河北涿鹿故城遗址M2	第七期	Db型Ⅴ式		10.8	19.2		《考古》2019年10期		

续表

序号	名称	时代	出土时间及地点	分期	型式	铭文	通高/厘米	通长/厘米	重量/千克	著录出处	图片	备注
381	瓢形匜	战国中期	安徽省六安市城东经济开发区白鹭洲M566	第七期	Db型V式		10.5	29		《南国楚宝》第31页，《考古》2012年5期		共2件，形制一样，安徽省文物考古研究所藏
382	刻纹匜	战国中期	2011年安徽省六安市城东经济开发区白鹭洲M585	第七期	Db型V式		9.3	21.5		《出土铜》8·195，《考古》2012年11期		安徽省文物考古研究所藏
383	瓢形匜	战国中期	2010年河南淅川熊家岭M24	第七期	Db型V式		3.7	10.2		《华夏考古》2016年2期		
384	瓢形匜	战国中期	2016～2018年湖北沙洋罗家湾M1	第七期	Db型V式		9	7.2		《江汉考古》2018年4期		
385	刻纹匜（M1：0138）	战国中期	1978年江苏淮阴市高庄村HGM1	第七期	Db型V式		17.5	51.5		《考古学报》1988年2期，《出土铜》7·203		

续表

序号	名称	时代	出土时间及地点	分期	型式	铭文	通高/厘米	通长/厘米	重量/千克	著录出处	图片	备注
386	瓢形匜（M949：5）	战国中期	1990～1998年湖北荆州施家地楚墓M949	第七期	Db型Ⅴ式		6.1	17.3		《考古》2000年8期		还有2件，分别出自其他两座墓，形制与M949：5相同，资料未发表
387	瓢形匜	战国中期	1973年湖北江陵藤店一号墓	第七期	Db型Ⅴ式		5.8	20.5		《文物》1973年9期		
388	瓢形匜	战国中期	1986年湖北荆门包山2号楚墓	第七期	Db型Ⅴ式		腹深12.5	36.1	1.45	《包山楚墓（上）》第110页，图版34·1		
389	瓢形匜	战国中期	1999年湖南常德跑马岗战国墓M21	第七期	Db型Ⅴ式		9	流长6.5		《江汉考古》2003年3期		
390	瓢形匜	战国中期	1978年湖北省江陵天星观一号楚墓	第七期	Db型Ⅴ式		8	24		《考古学报》1982年1期		

续表

序号	名称	时代	出土时间及地点	分期	型式	铭文	通高/厘米	通长/厘米	重量/千克	著录出处	图片	备注
391	瓢形匜	战国中期	湖北江陵九店东周墓M4	第七期	Db型V式		4.9			《江陵九店东周墓》第212页，图版69·4		
392	瓢形匜	战国中期	湖北江陵九店东周墓M253	第七期	Db型V式		4.8			《江陵九店东周墓》第212页，图141·6		还有1件资料未发表，但形制与M4、M253所出相同
393	瓢形匜	战国中期	湖北江陵九店东周墓M620	第七期	Db型V式		7.3			《江陵九店东周墓》第212页，图版70·5		其余2件非M620所出，但形制与之相同
394	瓢形匜	战国中期	1991年湖南长沙市马益顺巷一号楚墓	第七期	Db型V式		6.8	27.6		《考古》2003年4期		
395	瓢形匜	战国中期	湖北宜城市鄢城办事处跑马堤M43	第七期	Db型V式		6.7	19.1		《出土铜》13·499		

续表

序号	名称	时代	出土时间及地点	分期	型式	铭文	通高/厘米	通长/厘米	重量/千克	著录出处	图片	备注
396	瓢形匜	战国中期	1993年湖北荆门市郭店一号楚墓	第七期	Db型V式		尺寸数据未发表			《文物》1997年7期		
397	龙纹匜（M2：21）	战国中期	2000年湖北省荆州市天星观二号楚墓	第七期	Db型V式		7.5	24.1	0.3	《荆州天星观二号楚墓》第60页，图版16·1		
398	瓢形匜	战国中期	2005年湖北襄阳市余岗墓地M173	第七期	Db型V式		11.5	21		《出土铜》13·500		
399	瓢形匜	战国中期	2012年湖北襄阳鏖战岗战国楚墓M178	第七期	Db型V式		8.4	20.6		《考古》2016年11期		
400	瓢形匜	战国中期	2007年湖北襄阳市团山墓地M107	第七期	Db型V式		8.4	19.6		《考古》2017年1期		

续表

序号	名称	时代	出土时间及地点	分期	型式	铭文	通高/厘米	通长/厘米	重量/千克	著录出处	图片	备注
401	瓢形匜（M1：730）	战国中期	2002～2003年湖北枣阳九连墩楚墓M1	第七期	Db型V式		10.4	24		《江汉考古》2019年3期		共3件，其余2件形制与M1：730相同，资料未发表
402	瓢形匜（M2：319）	战国中期	2002～2003年湖北枣阳九连墩楚墓M2	第七期	Db型V式		6.7	18.1		《江汉考古》2018年6期		共3件，其余2件形制与M2：319相同，资料未发表
403	瓢形匜	战国中期	1992年湖北江陵车垱战国一号墓	第七期	Db型V式		8.6	16		《江汉考古》1996年1期		
404	瓢形匜	战国中期	1984～1985年湖北江陵马山楚墓M2	第七期	Db型V式		7.6			《江汉考古》1988年3期		
405	瓢形匜	战国中期	2007年湖北天门彭家山楚墓M1	第七期	Db型V式		13.3	25.5		《天门彭家山楚墓》第65页，图35·2，彩版4·3		
406	瓢形匜	战国中期	2007年湖北天门彭家山楚墓M18	第七期	Db型V式		4.4	16.4		《天门彭家山楚墓》第66页，图36·2		共2件，形制一样

续表

序号	名称	时代	出土时间及地点	分期	型式	铭文	通高/厘米	通长/厘米	重量/千克	著录出处	图片	备注
407	瓢形匜	战国中期	1991年安徽省六安县城北楚墓M16	第七期	Db型V式		6.2	15		《文物》1993年1期		
408	瓢形匜	战国中期	2000年湖北荆门左冢一号楚墓	第七期	Db型V式		8.6	9.6		《荆门左冢楚墓》第46页，图版8·3		
409	瓢形匜	战国中期	2000年湖北荆州曹家山一号楚墓	第七期	Db型V式		腹深7.4			《江汉考古》2015年5期		
410	瓢形匜	战国中期	2001～2002年湖北荆门黄付庙M17	第七期	Db型V式		10.4	26.4		《江汉考古》2005年1期		
411	瓢形匜	战国中期	1990年河南省淅川县徐家岭楚墓M8	第七期	Db型V式		残高10	34		《淅川和尚岭与徐家岭楚墓》第347页		
412	瓢形匜	战国中期	1996～1997年河南洛阳市针织厂C1M5269	第七期	Db型V式		3	10		《文物》2001年12期		

续表

序号	名称	时代	出土时间及地点	分期	型式	铭文	通高/厘米	通长/厘米	重量/千克	著录出处	图片	备注
413	瓢形匜	战国中期	1988年陕西凤翔邓家崖M7	第七期	Db型V式		1.8	6.6		《考古与文物》1991年2期		
414	瓢形匜（明器）	战国中期	1981年陕西凤翔八旗屯M14	第七期	Db型V式		1	0.8		《考古与文物》1986年5期		
415	瓢形匜	战国中期	2011年陕西凤翔雷家台M2	第七期	Db型V式		0.9	4.2		《文博》2013年5期		
416	冶匀匜	战国中期	1977年河北平山县中山王礨墓M1	第七期	Db型V式	19字（其中合文2），八枼，冶匀、啬夫殷重、工蒖，重七十刀之重，右[illegible]者	8.4	28	0.85	《铭图》14945，《集成》10257，《文物》1979年1期，《中山王》第128、129页		
417	瓢形匜	战国中期	1974年湖南长沙识字岭战国墓M2	第七期	Db型V式		2.9	13.6		《考古》1977年1期		
418	瓢形匜（M354：7）	战国中期	1975年湖北江陵雨台山M354	第七期	Db型V式		9	7		《江陵雨台山楚墓》第73、74页		

续表

序号	名称	时代	出土时间及地点	分期	型式	铭文	通高/厘米	通长/厘米	重量/千克	著录出处	图片	备注
419	瓢形匜	战国中期	1975年湖北江陵雨台山M482	第七期	Db型V式					《江陵雨台山楚墓》第73、74页	报告称形制同于435号M204：5匜，未发表尺寸、照片资料	
420	瓢形匜	战国中期	1975年湖北江陵雨台山M554	第七期	Db型V式					《江陵雨台山楚墓》第73、74页	报告称形制同于435号M204：5匜，未发表尺寸、照片资料	
421	瓢形匜	战国中期	2013年山东省淄博市淄川区尧王战国墓M1陪葬坑	第七期	Db型V式		10.6	23.4		《考古》2017年4期		
422	瓢形匜	战国中期	山东沂源东安古城遗址	第七期	Db型V式		9.8	20.3		《沂源东安古城》129		
423	瓢形匜	战国中期	1965～1966年湖北江陵马山区望山一号楚墓	第七期	Db型V式		4.8	22.7		《江陵望山沙冢楚墓》第47、210页，图版13·2		共2件，形制一样

续表

序号	名称	时代	出土时间及地点	分期	型式	铭文	通高/厘米	通长/厘米	重量/千克	著录出处	图片	备注
424	瓢形匜	战国中期	1965～1966年湖北江陵马山区望山二号楚墓	第七期	Db型V式		11	25		《江陵望山沙冢楚墓》第134、210页，图版70·2		共2件，形制一样
425	瓢形匜	战国中期	2015年湖北荆州望山桥1号楚墓	第七期	Db型V式		5.8	20.8		《文物》2017年2期		
426	瓢形匜	战国中期	1992年湖北老河口安岗1号楚墓	第七期	Db型V式		9.6	22.9		《文物》2017年7期		
427	瓢形匜	战国中期	1992年湖北老河口安岗2号楚墓	第七期	Db型V式		9.9	21.2		《文物》2017年7期		
428	刻纹匜	战国中期	1952～1994年湖南长沙近郊楚墓M186	第七期	Db型V式		64	28		《长沙楚墓（上）》第159、162页，彩版9·4		
429	瓢形匜	战国中期	1952～1994年湖南长沙近郊楚墓M266	第七期	Db型V式		6.4	24		《长沙楚墓（上）》第159、162页，图版47·2		

续表

序号	名称	时代	出土时间及地点	分期	型式	铭文	通高/厘米	通长/厘米	重量/千克	著录出处	图片	备注
430	瓢形匜	战国中期	1996年湖南长沙市茅亭子楚墓M1	第七期	Db型V式		8.5	27		《考古》2003年4期		底部有烟炱痕迹
431	瓢形匜	战国晚期	2015～2016年湖北荆州张屋台M52	第八期	Db型Ⅵ式		3.3	10.4		《文博》2017年4期		
432	瓢形匜	战国晚期	2015～2016湖北荆州张屋台M56	第八期	Db型Ⅵ式		7.7	24.8		《文博》2017年4期		
433	瓢形匜	战国晚期	2015～2016湖北荆州张屋台M59	第八期	Db型Ⅵ式		5	14.1		《文博》2017年4期		

续表

序号	名称	时代	出土时间及地点	分期	型式	铭文	通高/厘米	通长/厘米	重量/千克	著录出处	图片	备注
434	瓢形匜	战国晚期	1996年湖北襄阳法龙付岗墓地M3	第八期	Db型Ⅵ式		7.2	25.2		《江汉考古》2002年4期		
435	瓢形匜（M204：5）	战国晚期	1975年湖北江陵雨台山M204	第八期	Db型Ⅵ式		9.2	9		《江陵雨台山楚墓》第73、74页		
436	瓢形匜	战国晚期	1975年湖北江陵雨台山M419	第八期	Db型Ⅵ式					《江陵雨台山楚墓》第73、74页	报告称形制同于435号M204：5匜，未发表尺寸、照片资料	
437	瓢形匜	战国晚期	山东临淄区炼油厂	第八期	Db型Ⅵ式		9.8			《泱泱大国》第110页		齐故城遗址博物馆藏
438	瓢形匜	战国晚期	2004～2005年山东临淄国家村M4	第八期	Db型Ⅵ式		12.8	26.4		《考古》2007年8期		
439	瓢形匜	战国晚期	山东省临淄孙家徐姚战国墓M20	第八期	Db型Ⅵ式		18	43.2		《考古》2011年10期		
440	瓢形匜	战国晚期	重庆云阳李家坝遗址	第八期	Db型Ⅵ式			17.8		《寻巴》第79页		现藏重庆中国三峡博物馆

续表

序号	名称	时代	出土时间及地点	分期	型式	铭文	通高/厘米	通长/厘米	重量/千克	著录出处	图片	备注
441	瓢形匜	战国晚期	1985年湖南桃源三元村1号墓	第八期	Db型Ⅵ式		11.7	22.8		《湖南考古辑刊（第四集）》，第26、30页		
442	瓢形匜	战国晚期	湖北江陵九店东周墓M250	第八期	Db型Ⅵ式		8			《江陵九店东周墓》第212页，图版70 · 6		
443	瓢形匜	战国晚期	2007年湖北天门彭家山楚墓M7	第八期	Db型Ⅵ式		4.3	11.9		《天门彭家山楚墓》第67页，图36 · 3，彩版4 · 5		
444	瓢形匜	战国晚期	2007年湖北天门彭家山楚墓M8	第八期	Db型Ⅵ式		7.2	20.3		《天门彭家山楚墓》第67页，图36 · 1，彩版4 · 4		
445	瓢形匜	战国晚期	2002年河南信阳长台关楚墓M7	第八期	Db型Ⅵ式		3.2～3.8	长径12.7～13.5，短径11.5～12		《文物》2004年3期，《南国楚宝》第58页		共9件，形制相同
446	瓢形匜	战国晚期	1982年湖北江陵马山1号楚墓	第八期	Db型Ⅵ式		4.1	13.2		《江陵马山一号楚墓》第74页，图版33 · 5		

续表

序号	名称	时代	出土时间及地点	分期	型式	铭文	通高/厘米	通长/厘米	重量/千克	著录出处	图片	备注
447	瓢形匜	战国晚期	1974年甘肃平凉庙庄战国墓M 6	第八期	Db型Ⅵ式		5.5	15.5		《考古与文物》1982年5期		出土时匜在洗内
448	瓢形匜	战国晚期	2010～2011年甘肃天水马家塬战国墓M18	第八期	Db型Ⅵ式		5	13.7		《文物》2012年8期，《出土铜》20・219		出土时匜在洗内
449	瓢形匜	战国晚期	2017年陕西西咸新区秦汉新城坡刘村战国秦墓M3	第八期	Db型Ⅵ式		4.6	15		《考古与文物》2020年4期		
450	瓢形匜	战国晚期	1982年河南洛阳解放路陪葬坑C1M395	第八期	Db型Ⅵ式		4	19.4		《考古学报》2002年3期，《洛阳出土青铜器》185		共2件，形制一样
451	瓢形匜	战国晚期	1965年山东诸城葛布口村	第八期	Db型Ⅵ式		6	14.2		《文物》1987年12期		
452	瓢形匜	战国晚期	2001年山东淄博市临淄区战国墓M1	第八期	Db型Ⅵ式		11.1	28.5		《考古》2005年1期		

续表

序号	名称	时代	出土时间及地点	分期	型式	铭文	通高/厘米	通长/厘米	重量/千克	著录出处	图片	备注
453	瓢形匜	战国晚期	1986年湖北广水彭家塆1号墓	第八期	Db型Ⅵ式		7.5	20		《江汉考古》1990年2期		
454	瓢形匜	战国晚期	1990～1996年湖北襄樊郑家山M17	第八期	Db型Ⅵ式		5.2	20		《考古学报》1999年3期		
455	瓢形匜	战国晚期	1976年湖北江陵张家山201号楚墓	第八期	Db型Ⅵ式		5.6	24		《江汉考古》1984年2期		
456	瓢形匜	战国晚期	1964年湖南浏阳县北岭	第八期	Db型Ⅵ式			27		《考古》1965年7期		
457	瓢形匜	战国晚期	1973年四川成都西郊战国墓	第八期	Db型Ⅵ式		7.2			《考古》1983年7期		
458	苛𧧻匜	战国晚期	1978年春安徽舒城县秦家桥乡杨店村战国墓葬	第八期	Db型Ⅵ式	5字，蔡倅铸苛𧧻	9	30.5		《铭图》14858，《江淮》185，《文物研究（第六辑）》第137页		舒城县文管所藏

续表

序号	名称	时代	出土时间及地点	分期	型式	铭文	通高/厘米	通长/厘米	重量/千克	著录出处	图片	备注
459	铸客匜	战国晚期	1933年安徽寿县朱家集李三孤堆楚王墓	第八期	Db型Ⅵ式	7字，铸客为御臸为之	10.9	23		《铭图》14884；《楚图典》第86页；《集成》10199；《通考》第469页，附图871；《通论》第68页，图版139，269		现藏天津博物馆
460	瓢形匜	战国晚期	2003年安徽天长苏桥村	第八期	Db型Ⅵ式		9.8	26.3		《文物》2009年6期		
461	瓢形匜	战国晚期	1973年江苏无锡前洲	第八期	Db型Ⅵ式		9.5	33.5		《文物》1980年8期		
462	龙形鋬匜	春秋早期	1982年安徽怀宁县杨家牌村	第三期	地方类型		31.4	56		《文物》1983年11期，《全集》11·178，《江淮》117，《群舒》89		
463	夔纹匜	春秋早期	1982年江苏丹徒磨盘墩周墓	第三期	地方类型		21.5	46	4	《考古》1985年11期，《出土铜》7·141		

续表

序号	名称	时代	出土时间及地点	分期	型式	铭文	通高/厘米	通长/厘米	重量/千克	著录出处	图片	备注
464	龙形鋬匜	春秋早期	1975年安徽寿县肖严湖堤魏岗	第三期	地方类型		24.4	46		《文物》1990年11期，《全集》11 · 177，《江淮》115，《群舒》54		现藏寿县博物馆
465	龙形鋬匜	春秋早期	安徽庐江县三塘乡轮窑厂	第三期	地方类型		18.5	36		《江淮》116，《群舒》44		现藏庐江县文管所
466	龙形鋬匜	春秋早期	2002年山东枣庄小邾国墓地M2	第三期	地方类型		17.5	35	3.4	《小邾国》第56页，《海岱考古（4）》第163页		
467	龙形鋬匜	春秋早期	1976年山东平邑县东阳公社蔡庄村墓葬	第三期	地方类型		13	37	3.8	《考古》1986年4期		
468	燕尾鋬匜	西周晚期	2013年安徽省繁昌县平铺镇新牌村	第二期	地方类型		22.1	39.2		《江汉考古》2015年6期		
469	燕尾鋬匜	西周晚期	1981年安徽天长谭井村	第二期	地方类型		16.7	34.5	5	《考古》1986年6期，《全集》11 · 161，《江淮》114，《群舒》94		匜的底部有黑灰附着

续表

序号	名称	时代	出土时间及地点	分期	型式	铭文	通高/厘米	通长/厘米	重量/千克	著录出处	图片	备注
470	燕尾鋬匜	西周晚期	安徽芜湖市	第二期	地方类型		19.9	40.8		《皖南商周青铜器》第66页，《出土铜》8·82		
471	燕尾鋬匜	西周晚期	江苏南京江宁陶吴人民公社	第二期	地方类型		25	43		《考古》1960年6期		
472	燕尾鋬匜	西周晚期	1976年江苏南京雨花台区板桥九四二四工地	第二期	地方类型		20.6	38.5		《故都神韵》第37页		
473	燕尾鋬匜	春秋早期	安徽马鞍山市当涂县	第三期	地方类型		8.6	18.4		《皖南商周青铜器》第68页		当涂县文管所藏
474	燕尾鋬匜	春秋早期	1987年安徽宿县桂山乡谢芦村平山村	第三期	地方类型		20	34.7	3.9	《文物》1991年11期，《出土铜》8·167，《群舒》96		
475	燕尾鋬匜	春秋早期	1972年安徽繁昌县孙村镇窑上村	第三期	地方类型		20	38.8		《皖南商周青铜器》第62页，《全集》11·160，《出土铜》8·166		

续表

序号	名称	时代	出土时间及地点	分期	型式	铭文	通高/厘米	通长/厘米	重量/千克	著录出处	图片	备注
476	燕尾鋬匜	春秋早期	1986年安徽芜湖县火龙岗镇韩墩村	第三期	地方类型		21	38.4		《皖南商周青铜器》第64页，《出土铜》8·81		
477	燕尾鋬匜	春秋早期	1989年安徽铜陵市区谢垅土坑中	第三期	地方类型		22	28.7		《皖南商周青铜器》第105页		鋬残
478	卷体夔纹匜	春秋早期	1981年江苏溧水宽广墩	第三期	地方类型		20.3	34.8		《出土铜》7·79		
479	卷体夔纹匜	春秋早期	1981年江苏溧水宽广墩	第三期	地方类型		8	16		《文物》1985年12期，《镇江出土吴国青铜器》79		
480	燕尾鋬匜	春秋早期	1966年山东临沂俄庄	第三期	地方类型		16.5			《临沂集萃》第74页		
481	燕尾鋬匜	春秋早期	1994年山东安丘柘山镇东古庙村	第三期	地方类型		16.7	32.7		《文物》2012年7期，《出土铜》6·304		

续表

序号	名称	时代	出土时间及地点	分期	型式	铭文	通高/厘米	通长/厘米	重量/千克	著录出处	图片	备注
482	燕尾錾匜	春秋早期	1976年山东平邑县东阳公社蔡庄村	第三期	地方类型		16	39	3.5	《考古》1986年4期		
483	燕尾錾匜	春秋早期	1966年山东日照岚山区巨峰横山水库基建工地	第三期	地方类型		19.3	33		《日照博物馆馆藏文物集》第79页		
484	燕尾錾蟠虺麟纹匜	春秋中期	山东临沂郯城县大埠二村M1	第四期	地方类型		17.8	30.6		《海岱考古（4）》第121页，图20，彩版2·3		
485	鸮首三足匜	战国早期	1970年河北唐县北城子战国墓M1	第六期	地方类型		16.5	14.9		《文物春秋》1991年1期，《全集》9·135		
486	鸮首三足匜	战国早期	1952年河北唐山贾各庄M18	第六期	地方类型		15.7	22.9		《世界美术大全集·东洋编》（第1卷）先史·殷·周175，《全集》9·134，《中国考古学报》第6册		中国国家博物馆藏

续表

序号	名称	时代	出土时间及地点	分期	型式	铭文	通高/厘米	通长/厘米	重量/千克	著录出处	图片	备注
487	鸮首三足匜	战国早期	2008年北京房山前朱各庄	第六期	地方类型		16	24.7		《出土铜》1·98，《文物》2017年4期		现藏房山区文管会
488	鸮首三足匜	战国早期	2017年河北涿鹿故城遗址M1	第六期	地方类型		14.4	23.2		《文物》2019年11期		
489	鹰首匜	战国中期	1986年湖北荆门包山2号楚墓	第七期	地方类型		7.5	14.3	0.3	《包山楚墓（上）》第189页，图版56·4；《全集》10·61；《出土铜》13·501		共2件，形制相同，报告称带流杯
490	鹰首匜	战国晚期	山东临淄郎家庄	第八期	地方类型		8.6	18		《泱泱大国》第109页，《全集》9·36，《出土铜》6·383		齐故城遗址博物馆藏
491	鹰首匜	战国晚期	1992年山东临淄商王村一号战国墓	第八期	地方类型		10	18		《文物》1997年6期		共2件，形制相同

续表

序号	名称	时代	出土时间及地点	分期	型式	铭文	通高/厘米	通长/厘米	重量/千克	著录出处	图片	备注
492	平底匜窄体匜	春秋早期	2002年山东枣庄小邾国墓地M3	第三期	特殊类型		9	26		《中国历史文物》2003年5期；《小邾国》第74页，《海岱考古（4）》第176页		
493	虎头提梁匜	春秋晚期	1988年山西太原金胜村M251赵卿墓	第五期	特殊类型		18.8	35.8	2.6	《晋国赵卿墓》26页，《太原晋国赵卿墓》第66、67页，《全集》8·103、104，《出土铜》4·357，《铜辞典》第1219页		
合计	493组524件											

附表2　传世青铜匜资料统计表

序号	名称	时代	流传经历及现藏地	分期	型式	铭文	通高/厘米	通长/厘米	重量/千克	著录出处	图片
1	册宁竹匜	西周晚期	陕西历史博物馆藏	第二期	Aa型Ⅱ式	3字，册宁竹	17	32		《铭图》14852，《陕西金文集成（16）》1850	
2	伯大父匜	西周晚期	私人收藏	第二期	Aa型Ⅱ式	7字，伯大父作行盘匜	13.6	17.5		《铭图》14857	
3	孟皇父匜（周孟皇父匜）	西周晚期	下落不明	第二期	Aa型Ⅱ式	6字，孟皇父作旅匜	5.5寸	8寸	3.125斤	《铭图》14863，《博古图》20·37，《薛氏》114，《啸堂》71，《集成》10185，《六艺之一录》卷12下18	
4	窃曲纹匜（牛匜）	西周晚期		第二期	Aa型Ⅱ式		4寸3分	9寸4分		《考古图》6·10，《博古图》21·9	尺寸据《博古图》
5	窃曲纹匜（周夔纹匜四）	西周晚期		第二期	Aa型Ⅱ式		3寸7分	8寸	69两	《宁寿》12·64	
6	重环纹匜	西周晚期	泉屋博物馆藏	第二期	Aa型Ⅱ式		15.9			《综览》匜68	

续表

序号	名称	时代	流传经历及现藏地	分期	型式	铭文	通高/厘米	通长/厘米	重量/千克	著录出处	图片
7	重环纹匜	西周晚期	天理参考馆藏	第二期	Aa型Ⅱ式		14.5			《综览》匜70	
8	齐伯里父匜	西周晚期	大唐西市博物馆藏	第二期	Aa型Ⅱ式	19字（其中重文2），齐伯里父作周姜媵匜，其万年子子孙孙永宝用	15.5	28.6		《铭图》14966，《陕西金文集成（16）》1964	
9	蟠螭纹匜	西周晚期	首阳斋藏	第二期	Aa型Ⅱ式		16.6	32	2.975	《首阳吉金》51	
10	重环纹匜	西周晚期	日本坂本五郎藏	第二期	Aa型Ⅱ式		13.7			《不言堂》182	
11	蔡侯匜	西周晚期	原藏阮元，现藏上海博物馆	第二期	Aa型Ⅱ式	7字，蔡侯作姬单媵匜	15.4	26.5	1.75	《铭图》14874，《集成》10195，《夏商周（西周下）》423，《缀遗斋》14·6·1，《捃古》2之1·16·1，《积古斋》7·244，《铜辞典》第1211页	

续表

序号	名称	时代	流传经历及现藏地	分期	型式	铭文	通高/厘米	通长/厘米	重量/千克	著录出处	图片
12	窃曲纹匜	西周晚期	荷兰民族学博物馆藏	第二期	Aa型Ⅱ式					《海外遗珍·铜器续》118	
13	伯庶父匜	西周晚期	原藏吴大澂	第二期	Aa型Ⅱ式	8字，伯庶父作匜，永宝用				《铭图》14888，《集成》10200，《三代》17·26·5，《缀遗斋》14·34·1，《捃古》2之1·30·1，《郁华阁》第28册	
14	燕伯圣匜	西周晚期	北京故宫博物院	第二期	Aa型Ⅱ式	8字，燕伯圣作工匜，永用				《铭图》14885，《集成》10201，《录遗》499，《总集》6817	
15	[illegible]姬匜（燕匜）	西周晚期	原藏陈秋堂、吕尧仙、盛昱、潘祖荫	第二期	Aa型Ⅱ式	现存铭文9字，[illegible]姬作宝，其用子孙享				《铭图》14887，《集成》10202，《三代》17·27·4，《积古斋》5·24，《周金》3·113，《捃古》2之1·43	

续表

序号	名称	时代	流传经历及现藏地	分期	型式	铭文	通高/厘米	通长/厘米	重量/千克	著录出处	图片
16	叔侯父匜	西周晚期	原藏刘体智、邹安、容庚	第二期	Aa型Ⅱ式	8字，叔侯父作姜□宝匜	4.2寸	6.3寸		《铭图》14890，《集成》10203，《三代》17·27·3，《总集》6817，《颂斋续》47，《贞松》10·33	
17	郑义伯匜	西周晚期	原藏清宫，现藏台北故宫博物院	第二期	Aa型Ⅱ式	9字，郑义伯作季姜宝匜用	14	26.2	1.26	《铭图》14891，《西清》32·4，《贞松》10·33，《故图》下上220，《集成》10204，《三代》17·28·3，《总集》6822，《大系》图编17·149，《故宫学术季刊》1卷3期，图版14	
18	甫人父匜	西周晚期	原藏曹秋舫	第二期	Aa型Ⅱ式	10字，甫人父作旅匜，其万年用	4.7寸	9.7寸	75两	《铭图》14894，《集成》10206，《三代》17·29·4，《总集》6828，《铭文选》1·521，《怀米》乙·7，《缀遗斋》14·7·2，《捃古》2之1·55·2	

续表

序号	名称	时代	流传经历及现藏地	分期	型式	铭文	通高/厘米	通长/厘米	重量/千克	著录出处	图片
19	重环纹匜	西周晚期		第二期	Aa型Ⅱ式		5寸7分	1尺1寸5分		《通考（上）》第468页，附图860；《通论》第68页，图版136 · 263	
20	史颂匜	西周晚期	原藏陈承裘、于省吾，现藏日本松冈美术馆	第二期	Aa型Ⅱ式	14字（其中重文2），史颂作匜，其万年子子孙孙永宝用	9.1寸	12.2寸		《铭图》14920；《集成》10220；《综览》匜53；《三代》17 · 31 · 2；《总集》6836；《铭文选》1 · 433；《窓斋》16 · 25 · 2；《缀遗斋》14 · 11 · 2；《澂秋馆》53；《捃古》2之2 · 11 · 1；《郁华阁》第28册；《双剑誃》（卷上）匜51；《大系》图编17 · 145；《通考（上）》第466页，附图852；《通论》第68页，图版135 · 260	
21	窃曲纹匜（周蟠夔匜二）	西周晚期		第二期	Aa型Ⅱ式		4寸	7寸9分	69两	《西清》32 · 26	

续表

序号	名称	时代	流传经历及现藏地	分期	型式	铭文	通高/厘米	通长/厘米	重量/千克	著录出处	图片
22	三角云纹匜（周夔首匜）	西周晚期		第二期	Aa型Ⅱ式		4寸3分	8寸	49两	《西清》32·27	
23	□匜（周子匜）	西周晚期		第二期	Aa型Ⅱ式	7字，（其中重文1）□子作匜，子子用。这件匜《铭图》未收，从字形书体来看，铭文当为伪刻	4寸8分	8寸5分	85两	《西清》32·15	
24	重环纹匜（周螭首匜）	西周晚期		第二期	Aa型Ⅱ式		1寸9分	3寸5分		《博古图》20·39	
25	窃曲纹匜（周云纹匜）	西周晚期		第二期	Aa型Ⅱ式		5寸3分	1尺8分	102两	《西清》32·29	

续表

序号	名称	时代	流传经历及现藏地	分期	型式	铭文	通高/厘米	通长/厘米	重量/千克	著录出处	图片
26	重环纹匜（周环纹匜二）	西周晚期		第二期	Aa型Ⅱ式		3寸3分	6寸4分	42两	《西清》32 · 31	
27	重环纹匜（周环纹匜三）	西周晚期		第二期	Aa型Ⅱ式		2寸5分	9寸	30两	《西清》32 · 32	
28	重环纹匜（周环纹匜一）	西周晚期		第二期	Aa型Ⅱ式		4寸7分	9寸	84两	《西清续甲》14 · 37	
29	重环纹匜（周环纹匜二）	西周晚期		第二期	Aa型Ⅱ式		3寸8分	8寸	56两	《西清续甲》14 · 38	
30	重环纹匜（汉环纹匜一）	西周晚期		第二期	Aa型Ⅱ式		2寸8分	5寸4分	22两	《宁寿》12 · 75	

续表

序号	名称	时代	流传经历及现藏地	分期	型式	铭文	通高/厘米	通长/厘米	重量/千克	著录出处	图片
31	重环纹匜（汉环纹匜二）	西周晚期		第二期	Aa型Ⅱ式		1寸	2寸3分	3.5两	《宁寿》12·76	
32	員孟姜匜	西周晚期	原藏陈介祺，现藏上海博物馆	第二期	Aa型Ⅱ式	15字，王妇員孟姜作旅匜，其万年眉寿用之	16.2	32.1	2.53	《铭图》14929，《集成》10240，《夏商周（西周下）》426，《山金》691，《三代》17·32·2，《总集》6842，《窸斋》16·23·2，《缀遗斋》14·16·2，《簠斋》匜6，《郁华阁》第28册，《积微居》第185页	
33	蠡匜	西周晚期	原藏刘体智，现藏北京故宫博物院	第二期	Aa型Ⅱ式	16字（其中合文1），蠡作皇母媿氏沫盉，媿氏其眉寿万年用	6寸	13.7寸		《铭图》14934；《善斋》98；《集成》10247；《综览》匜50；《三代》17·33·3；《总集》6848；《通考》第466页，附图854	

续表

序号	名称	时代	流传经历及现藏地	分期	型式	铭文	通高/厘米	通长/厘米	重量/千克	著录出处	图片
34	堇生匜	西周晚期	现藏上海博物馆	第二期	Aa型Ⅱ式	20字（其中重文2），唯有伯君堇生自作匜，其万年子子孙孙永宝用之	20.8	37.6	3.11	《铭图》14969，《集成》10262，《夏商周（西周下）》425，《三代》17·36·2，《总集》6863，《铭文选》3·504，《缀遗斋》14·14·2，《奇觚》8·32	
35	毛百父匜	西周晚期	私人收藏	第二期	Aa型Ⅱ式	13字（重文2），毛百父作宝，子子孙孙永宝用享	尺寸未发表			《铭图续编》0988	
36	窃曲纹匜	西周晚期	现克里夫兰美术博物馆藏	第二期	Aa型Ⅱ式		21.9	45		《美集录》第1158页，A827，第154页	
37	芀匜	西周晚期	私人收藏	第二期	Aa型Ⅱ式	22字（其中重文2），唯五月初吉丁亥，芀作旅盘匜，其万年子子孙孙永宝用	15.5	30		《铭图续编》0993	

续表

序号	名称	时代	流传经历及现藏地	分期	型式	铭文	通高/厘米	通长/厘米	重量/千克	著录出处	图片
38	叔倮父匜	西周晚期	私人收藏	第二期	Aa型Ⅱ式	15字（其中重文2），叔倮父作匜，其万年，子子孙孙永宝用				《铭图三编》1249	
39	大保匽仲匜	春秋早期	私人收藏	第三期	Aa型Ⅲ式	30字，太保匽仲作荐匜，用享用孝于其皇祖考，用祈万年无疆，子子孙孙永宝用享				《铭图三编》1259	
40	鲁侯匜	春秋早期	私人收藏	第三期	Aa型Ⅲ式	14字，鲁侯作杞姬番媵匜，其万年眉寿宝				《铭图》14923	
41	侯氏匜	春秋早期	私人收藏	第三期	Aa型Ⅲ式	6字，侯氏作，永宝用				《铭图续编》0983	
42	交龙纹匜	春秋早期	现乃布藏	第三期	Aa型Ⅲ式		20.8	38.4		《美集录》第1157页，A826，第154页	

续表

序号	名称	时代	流传经历及现藏地	分期	型式	铭文	通高/厘米	通长/厘米	重量/千克	著录出处	图片
43	䣄伯庸匜	春秋早期	原藏袁理堂、潘祖荫、端方	第三期	Aa型Ⅲ式	17字（其中重文2），䣄伯庸作宝匜，其万年子子孙孙永宝用享	6寸			《铭图》14947，《窸斋》16·22·1，《陶续》2·16，《周金》4·25·1，《集成》10237，《缀遗斋》14·12·1，《捃古》2之2·55，《郁华阁》第28册	
44	夫人䣄姬匜	春秋早期	原藏纽约马赛厄斯·科莫，现藏不明，2017年12月见于西泠印社拍卖会	第三期	Aa型Ⅲ式	19字（其中重文2），夫人䣄姬作宝匜，其万年子子孙孙永宝用享，八	21.8			《铭图三编》1254	
45	虢公匜	春秋早期	私人收藏	第三期	Aa型Ⅲ式	14字（其中重文2），虢公作孟姒匜，子子孙孙永宝用之		30		《铭图三编》1248	
46	曾卿士季宣匜	春秋早期	私人收藏	第三期	Aa型Ⅲ式	13字，唯曾卿士季宣，自作宝匜，子孙用	20.4	37.5		《铭图三编》1247	

续表

序号	名称	时代	流传经历及现藏地	分期	型式	铭文	通高/厘米	通长/厘米	重量/千克	著录出处	图片
47	齐侯匜	春秋早期	上海博物馆藏	第三期	Aa型Ⅲ式	22字（其中重文2），齐侯作虢孟姬良母宝匜，其万年无疆，子子孙孙永宝用	24.7	48.1	6.42	《铭图》14982，《全集》6·84，《集成》10272，《夏商周（西周下）》424，《山金》697，《总集》6866，《铭文选》3·497，《三代》17·37·2，《怀米》乙16，《两罍轩》7·21，《筠清馆》4·48，《愙斋》16·23·1，《缀遗斋》14·14·1，《捃古》2之3·15·1，《奇觚》18·26，《铜辞典》第1211页	
48	鲁士商𢽾匜	春秋早期	旅顺博物馆藏	第三期	Aa型Ⅲ式	6字，鲁士商𢽾作匜	15.9	29.8		《铭图》14866，《全集》9·59，《集成》10187，《山金》689，《旅顺铜》79	
49	鲁伯敢匜	春秋早期	故宫博物院藏	第三期	Aa型Ⅲ式	12字，鲁伯敢作宝匜，其万年永宝用				《铭图》14911，《集成》10222	

续表

序号	名称	时代	流传经历及现藏地	分期	型式	铭文	通高/厘米	通长/厘米	重量/千克	著录出处	图片
50	取肤上子商匜	春秋早期	原藏陈介祺，现藏故宫博物院	第三期	Aa型Ⅲ式	18字（其中重文1），取肤上子商铸匜，用媵之丽只，子孙孙永宝用	22.1	42.3	2.1	《铭图》14961，《窓斋》16·22·2，《故铜》211，《集成》10253，《山金》712，《三代》17·34·5，《总集》6853，《缀遗斋》14·10·1，《簠斋》匜2，《捃古》2之2·66·1，《郁华阁》第28册，《奇觚》8·32	
51	番昶伯者君匜	春秋早期	现藏上海博物馆	第三期	Aa型Ⅲ式	21字（其中重文1），唯番昶伯者君自作宝匜，其万年子子孙永宝用享，己	21.2	57.5	2.98	《铭图》14972，《集成》10269，《郁华阁》第28册，《夏商周（东周上）》472，《三代》17·35·3，《总集》6859，《铭文选》4·615，《贞松》10·40	
52	窃曲纹匜	春秋早期	天津博物馆藏	第三期	Aa型Ⅲ式		20.4	38.2		《天津博物馆藏青铜器》066	

续表

序号	名称	时代	流传经历及现藏地	分期	型式	铭文	通高/厘米	通长/厘米	重量/千克	著录出处	图片
53	楚嬴匜	春秋早期	大英博物馆藏	第三期	Aa型Ⅲ式	21字，唯王正月初吉庚午，楚嬴铸其匜，其万年子孙永用享		36.5		《铭图》14979，《楚图典》第82页，《集成》10273，《三代》17·37·1，《总集》6865，《通考》第467页，附图856	
54	冉父辛匜	春秋早期	美国华盛顿弗里尔美术博物馆藏	第三期	Aa型Ⅲ式	6字，冉父辛宝尊彝。铭文与时代不符，疑伪，《铭图》持同样看法	21	40.5		《铭图》14860，《新收》1805	
55	蟠螭纹匜（周云雷匜）	春秋早期		第三期	Aa型Ⅲ式		1寸7分	4寸8分	9两	《西清》32·21	
56	重环纹匜（周环纹匜一）	春秋早期		第三期	Aa型Ⅲ式		4寸	7寸8分	44两	《西清》32·30	
57	窃曲纹匜（商祖丁匜）	春秋早期		第三期	Aa型Ⅲ式	有4字“祖丁……”铭文，疑伪				《梦坡》第25页	

续表

序号	名称	时代	流传经历及现藏地	分期	型式	铭文	通高/厘米	通长/厘米	重量/千克	著录出处	图片
58	陈子匜	春秋早期	故宫博物院藏	第三期	Aa型Ⅲ式	30字（其中重文1），唯正月初吉丁亥，陈子子作廙孟妫穀女媵匜，用祈眉寿，万年无疆，永寿用之	16.7	29.8	2.09	《铭图》14994，《愙斋》16·24·2，《缀遗斋》14·18·1，《故铜》226，《集成》10279，《山金》698，《三代》17·39·1，《总集》6871，《簠斋》匜1，《据古》2之3·60·1，《郁华阁》第28册，《奇觚》8·344，《铜辞典》第1217页	
59	叔上匜	春秋早期	故宫博物院藏	第三期	Aa型Ⅲ式	33字（其中重文2），唯十又二月初吉乙巳，郑大内史叔上作叔妘媵匜，其万年无疆，子子孙孙，永宝用之	16.8	28.6	1.86	《铭图》14995，《故铜》209，《故图典》108，《集成》10281，《三代》17·40·1，《总集》6874，《筠清馆》4·49，《缀遗斋》14·17·2，《据古》2之3·60·1，《古文审》（卷首）214，《铜辞典》第1212页	

续表

序号	名称	时代	流传经历及现藏地	分期	型式	铭文	通高/厘米	通长/厘米	重量/千克	著录出处	图片
60	番仲𦉢匜	春秋早期	私人收藏	第三期	Aa型Ⅲ式	20字（其中重文2），唯番仲𦉢自作尊匜，其万年其子子孙孙永宝用享				《铭图续编》0991	
61	窃曲纹匜	春秋早期	宁乐美术馆藏	第三期	Aa型Ⅲ式		18			《综览》匜62	
62	人足兽鋬匜	春秋早期	现藏台北故宫博物院	第三期	Aa型Ⅲ式		24.5	42.5		《宁寿》12·56；《故宫学术季刊》1卷3期，图版11；《精彩一百：国宝总动员》13；《铜辞典》第1215页	
63	召乐父匜	春秋早期	旅顺博物馆藏	第三期	Aa型Ⅲ式	11字，召乐父作妇改宝匜，永宝用	16.8	33		《铭图》14906，《集成》10216，《旅顺博》第30、47页，《三代》17·29·6，《总集》6830，《贞松》10·34	
64	窃曲纹匜	春秋早期		第三期	Aa型Ⅲ式		5寸6分	8寸8分	59.1两	《海外吉金》115；《通考（上）》第466页，附图853	

续表

序号	名称	时代	流传经历及现藏地	分期	型式	铭文	通高/厘米	通长/厘米	重量/千克	著录出处	图片
65	窃曲纹匜	春秋早期		第三期	Aa型Ⅲ式		19.1			《综览》匜67	
66	伯𣪘父匜	春秋早期	私人收藏	第三期	Aa型Ⅲ式	26字（其中重文2），伯𣪘父作宝匜，其用享用孝，用锡寿无疆，其子子孙孙，其永宝用享				《铭图续编》0995	
67	交龙纹匜	春秋早期	美国旧金山亚洲艺术馆藏	第三期	Aa型Ⅲ式		15.2	31.4		《全集》7·15，《综览》匜594，《铜辞典》第1216页	
68	子传匜	春秋早期	私人收藏	第三期	Aa型Ⅲ式	16字（其中重文3），郑邢伯小子子传，作宝匜，子子孙孙永宝				《铭图三编》1251	

续表

序号	名称	时代	流传经历及现藏地	分期	型式	铭文	通高/厘米	通长/厘米	重量/千克	著录出处	图片
69	交龙纹匜	春秋早期	上海博物馆	第三期	Aa型Ⅲ式		15.6	25.3	1.9	《夏商周（东周上）》475	
70	叔穀匜	春秋早期	原藏日本京都川合定治郎，现藏美国圣路易市戴维斯氏	第三期	Aa型Ⅲ式	12字，联子叔穀自作盥匜，万年用之				《铭图》14912；《美集录》第264页，R504；《集成》10219；《日精华》4·340；《总集》6833	
71	筸匜	春秋早期	原藏刘体智	第三期	Aa型Ⅲ式	16字，唯筸肇其作沫鼎其匜，万年无疆，孙孙享	6.5寸	13寸		《铭图》14936，《善斋》97，《集成》10251，《三代》17·33·2，《总集》6847	
72	窃曲纹匜	春秋早期		第三期	Aa型Ⅲ式					《海外中国铜器图录》277	
73	窃曲纹匜	春秋早期	维多利亚和阿尔伯特博物馆藏	第三期	Aa型Ⅲ式		16.4			《综览》匜56	

续表

序号	名称	时代	流传经历及现藏地	分期	型式	铭文	通高/厘米	通长/厘米	重量/千克	著录出处	图片
74	苏公匜	春秋早期	上海博物馆藏	第三期	Aa型Ⅲ式	21字（其中重文2），苏公作仲改媵匜，其万年眉寿无疆，子子孙孙永宝用	19.6	37.2	3.35	《铭图》14980，《夏商周（东周上）》474，《新收》1465	
75	苏公匜	春秋早期	香港私人收藏	第三期	Aa型Ⅲ式	9字，苏公作晋改匜，永宝用	16.7	31.5		《铭图》14892，《新收》1916	
76	大孟姜匜	春秋早期	美国明尼阿波里斯美术博物馆藏	第三期	Aa型Ⅲ式	25字（其中重文2），太师子大孟姜，作盘匜，用享用孝，用祈眉寿，子子孙孙，用为元宝	16.6			《铭图》14987，《集成》10274，《综览》匜54，《录遗》502，《总集》6868	
77	公父宅匜（周公父匜）	春秋早期	台北故宫博物院藏	第三期	Aa型Ⅲ式	29字（其中重文1），唯正月初吉庚午，浮公之孙公父宅铸其行匜，其万年，子子孙永宝用之	16.6	24.7	1.575	《铭图》14992；《宁寿》12·51；《故图》下上222；《集成》10278；《综览》匜64；《三代》17·38·2；《总集》6869；《贞松》10·41；《故宫学术季刊》1卷3期，图版12	

续表

序号	名称	时代	流传经历及现藏地	分期	型式	铭文	通高/厘米	通长/厘米	重量/千克	著录出处	图片
78	窃曲纹匜	春秋早期	现藏台北故宫博物院	第三期	Aa型Ⅲ式		16	25.8		《故宫学术季刊》1卷3期，图版13	
79	顾龙纹匜（周蟠夔匜）	春秋早期		第三期	Aa型Ⅲ式		5寸9分	1尺2分	92两	《西清续乙》14·43	
80	雷纹匜	春秋中期	现藏台北故宫博物院	第四期	Aa型Ⅳ式		14.1	25.6		《故宫学术季刊》1卷3期，图版15	
81	陈伯元匜（周陈伯匜）	春秋中期	原藏清宫，现藏台北故宫博物院	第四期	Aa型Ⅳ式	19字，陈伯鷏之子伯元作西孟妫婤母媵匜，永寿用之	17.5	23.1	1.905	《铭图》14967，《西清》32·5，《集成》10267，《山金》715，《古文审》卷首·21，《三代》17·35·2，《总集》6860，《大系》图编17·147，《贞松》10·39，《通考》第467页，附图855，《故宫学术季刊》1卷3期，图版20	

续表

序号	名称	时代	流传经历及现藏地	分期	型式	铭文	通高/厘米	通长/厘米	重量/千克	著录出处	图片
82	素面匜	春秋中期	现藏台北故宫博物院	第四期	Aa型Ⅳ式		10	20.3		《故宫学术季刊》1卷3期，图版10	
83	蟠螭纹匜	春秋中期	西安市征集，现藏西安博物院	第四期	Aa型Ⅳ式		15	30.7	1.67	《西安文物精华·青铜器》94	
84	蟠螭纹匜	春秋中期	现藏台北故宫博物院	第四期	Aa型Ⅳ式		17.8	29.2		《故宫学术季刊》1卷3期，图版21	
85	陈侯匜	春秋中期	瑞典斯德哥尔摩远东古物馆藏	第四期	Aa型Ⅳ式	29字，唯正月初吉丁亥，陈侯作王仲妫㛢母媵匜，用祈眉寿，万年无疆，永寿用之				《铭图》14991，《新收》1833	
86	交龙纹匜	春秋晚期	上海博物馆	第五期	Aa型Ⅴ式		17.2	31.2	1.81	《夏商周（东周上）》476	

续表

序号	名称	时代	流传经历及现藏地	分期	型式	铭文	通高/厘米	通长/厘米	重量/千克	著录出处	图片
87	夔纹匜	春秋晚期	现藏台北故宫博物院	第五期	Aa型V式		15.3	22.5		《故宫学术季刊》1卷3期，图版22	
88	蟠螭纹匜	春秋晚期	艾里克生藏	第五期	Aa型V式		14.8	26.5		《美集录》第1160页，A829，第154页	
89	鱼凫纹匜	春秋晚期		第五期	Aa型V式		4.9寸			《通考》第467页，附图857；《故宫学术季刊》1卷3期，图版23	
90	蟠螭纹匜（汉螭匜）	春秋晚期		第五期	Aa型V式		4寸3分	8寸		《博古图》21·12	
91	蟠螭纹匜（周蟠夔匜三）	春秋晚期		第五期	Aa型V式		4寸	7寸6分	66两	《宁寿》12·58	

续表

序号	名称	时代	流传经历及现藏地	分期	型式	铭文	通高/厘米	通长/厘米	重量/千克	著录出处	图片
92	蟠螭纹匜（周蟠夔匜四）	春秋晚期		第五期	Aa型V式		4寸4分	9寸4分	58两	《宁寿》12·59	
93	蟠螭纹匜（周夔龙匜）	春秋晚期		第五期	Aa型V式		5寸6分	7寸5分	37两	《西清》32·23	
94	蟠螭纹匜	春秋晚期	克里夫兰美术博物馆藏	第五期	Aa型V式		11.4	26.7		《美集录》第1159页，A828，第154页	
95	云雷纹匜（周雷纹匜）	春秋晚期		第五期	Aa型V式		4寸4分	7寸2分	26两	《西清续乙》14·45	
96	蟠螭纹匜（汉蟠虺匜）	春秋晚期		第五期	Aa型V式		3寸4分	9寸	58两	《宁寿》12·72	

续表

序号	名称	时代	流传经历及现藏地	分期	型式	铭文	通高/厘米	通长/厘米	重量/千克	著录出处	图片
97	蟠螭纹匜（周蟠夔匜二）	春秋晚期		第五期	Aa型V式		3寸5分	7寸	34两	《宁寿》12·57	
98	蟠螭纹匜（周蟠虬匜）	春秋晚期	台北故宫博物院藏	第五期	Aa型V式		5寸5分	8寸7分	71两	《西清》32·24；《故宫学术季刊》1卷3期，图版3	
99	燕公匜	春秋晚期	台北故宫博物院藏	第五期	Aa型V式	13字，燕公作为姜乘盘匜，万年永宝用	19.1	31.15	2.7	《铭图》14918；《故图》下下429；《集成》10229；《三代》17·31·1；《总集》6835；《怀米》乙·8；《筠清馆》4·50；《缀遗斋》14·13·2；《攈古》2之1·84·3；《郁华阁》第28册，《善斋》96；《大系》图编17·146；《故宫学术季刊》1卷3期，图版19	
100	蟠虺纹匜（周蟠夔匜一）	春秋晚期		第五期	Aa型V式		5寸1分	8寸8分	65两	《西清》32·25	

续表

序号	名称	时代	流传经历及现藏地	分期	型式	铭文	通高/厘米	通长/厘米	重量/千克	著录出处	图片
101	作司寇匜（周司寇匜）	春秋晚期		第五期	Aa型V式	现存铭文17字，作司寇彝，用率用［征］，唯之百［姓］，雩之四方，永作祐［福］	1.4寸	2.5寸		《铭图》14956，《博古图》20·31，《啸堂》71，《集成》10260，《薛氏》114～115，《梦坡》第26页，《六艺之一录》卷12下17	尺寸据《博古图》
102	素面匜	春秋晚期	现藏台北故宫博物院	第五期	Aa型V式		11.8	24.1		《故宫学术季刊》1卷3期，图版27	
103	素面匜（周牺首匜）	春秋晚期		第五期	Aa型V式		2寸6分	7寸6分	28两	《宁寿》12·66	
104	三角云纹匜	春秋早期	法国吉美博物馆藏	第三期	Ab型I式	铭文漫漶不清	16.5			《综览》匜52	
105	季大匜	春秋早期	私人收藏	第三期	Ab型I式	14字，季大作其盘匜，眉寿无疆，永宝用之	16.5	30		《铭图续编》0989	

续表

序号	名称	时代	流传经历及现藏地	分期	型式	铭文	通高/厘米	通长/厘米	重量/千克	著录出处	图片
106	皇与匜	春秋早期	私人收藏	第三期	Ab型Ⅰ式	15字（其中重文2），皇与作匜，眉寿万年，子子孙孙永宝用				《铭图》14933	
107	䄷仲匜	春秋早期	私人收藏	第三期	Ab型Ⅰ式	22字，唯正五月初吉乙亥，䄷仲作其孙叔嬴酖媵匜，万年用之	21	31	2	《铭图续编》0994	
108	蟠螭纹带盖匜	春秋中期	现梅约藏	第四期	Ab型Ⅱ式		20.6	32		《通考（上）》第468页，附图867；《通论》第68页，图版137·264；《美集录》第1162页，A831·1，第154页	
109	曾夫人匜	春秋中期	私人收藏	第四期	Ab型Ⅱ式	18字，曾夫人作仲姬、辛姬盥匜，其万年眉寿永用之	23	34		《铭图》14964	

续表

序号	名称	时代	流传经历及现藏地	分期	型式	铭文	通高/厘米	通长/厘米	重量/千克	著录出处	图片
110	伯匜	春秋中期	台北故宫博物院藏	第四期	Ab型Ⅱ式	现存21字（其中重文2），唯十月伯作日□监日文……眉寿无疆，子子孙孙，永保用也	20.1	35.9	3.295	《铭图》14981；《善斋》95；《故图》下下430；《集成》10264；《通考（上）》第468页，附图864；《故宫学术季刊》1卷3期，图版17	
111	楚媿归母匜	春秋中期	私人收藏	第四期	Ab型Ⅱ式	15字，楚媿归母自作盥匜，子子孙孙永孝用				《铭图三编》1250	
112	蟠螭纹匜（周夔纹匜二）	春秋晚期		第五期	Ab型Ⅲ式		4寸1分	9寸3分	94两	《宁寿》12 · 62	
113	蟠螭纹匜（汉蟠虬匜）	春秋晚期		第五期	Ab型Ⅲ式		5寸6分	8寸	69两	《西清续乙》14 · 47；《故宫学术季刊》1卷3期，图版18	

续表

序号	名称	时代	流传经历及现藏地	分期	型式	铭文	通高/厘米	通长/厘米	重量/千克	著录出处	图片
114	蟠虺纹匜	春秋晚期	现藏故宫博物院	第五期	Ab型Ⅲ式		22.3	42.7	4.88	《故宫图典》134，《铜辞典》第1219页	
115	蟠螭纹匜	春秋晚期	现藏上海博物馆	第五期	Ab型Ⅲ式		18.6	30.2	1.36	《夏商周（东周下）》578	
116	兽首流匜（汉牺首匜）	春秋晚期		第五期	Ab型Ⅲ式		2寸	4寸8分	7两	《西清续乙》14·46；《故宫学术季刊》1卷3期，图版9	
117	兽首流匜（汉夔匜）	春秋晚期		第五期	Ab型Ⅲ式		2寸8分	6寸8分	16两	《宁寿》12·69	
118	兽首流匜（汉牺首匜一）	春秋晚期		第五期	Ab型Ⅲ式		2寸4分	6寸	18两	《宁寿》12·73	

续表

序号	名称	时代	流传经历及现藏地	分期	型式	铭文	通高/厘米	通长/厘米	重量/千克	著录出处	图片
119	兽首流匜（汉牺首匜二）	春秋晚期		第五期	Ab型Ⅲ式		2寸4分	7寸6分	20两	《宁寿》12·74	
120	兽首流匜（周螭首匜）	春秋晚期		第五期	Ab型Ⅲ式		2寸9分	7寸	17两	《西清》32·28	
121	兽首匜（觥）	春秋晚期		第五期	Ab型Ⅲ式		7寸	1尺2寸		《续考古图》3·33	
122	兽面纹匜	春秋晚期	现藏上海博物馆	第五期	Ab型Ⅲ式		15.6	29	1.35	《夏商周（东周下）》579	
123	梦子匜	春秋晚期	旅顺博物馆藏	第五期	Ab型Ⅲ式	15字，梦子作行彝，其万年无疆，子孙永保用				《铭图》14935，《集成》10245，《三代》17·31·4，《贞松》10·35，《总集》6840	

续表

序号	名称	时代	流传经历及现藏地	分期	型式	铭文	通高/厘米	通长/厘米	重量/千克	著录出处	图片
124	邓公匜	春秋晚期	2018年9月出现在南京，私人收藏	第五期	Ab型Ⅲ式	23字，唯邓八月初吉丁亥，邓公□□自作盥盘，其眉寿，永保用之				《铭图三编》1258	
125	良夫匜	春秋晚期	私人收藏	第五期	Ab型Ⅲ式	35字（其中重文2），唯王正月初吉丁亥，郑武公之孙，圣伯之子良夫，择厥吉金，自作盥匜，子子孙孙永宝用之				《铭图》15000	
126	兽首匜	春秋晚期	现藏台北故宫博物院	第五期	Ab型Ⅲ式		14.5	36		《故宫学术季刊》1卷3期，图版28	
127	蟠虺纹匜	春秋晚期		第五期	Ab型Ⅲ式		不详	不详		《通考（上）》第468页，附图866	

续表

序号	名称	时代	流传经历及现藏地	分期	型式	铭文	通高/厘米	通长/厘米	重量/千克	著录出处	图片
128	兽首流匜	春秋晚期	现藏台北故宫博物院	第五期	Ab型Ⅲ式		13.5	28.7		《故宫学术季刊》1卷3期，图版5	
129	兽首流匜	春秋晚期	现藏台北故宫博物院	第五期	Ab型Ⅲ式		12.5	24.5		《故宫学术季刊》1卷3期，图版6	
130	兽首流匜	春秋晚期	现藏台北故宫博物院	第五期	Ab型Ⅲ式		12.6	23.2		《故宫学术季刊》1卷3期，图版7	
131	兽首流匜	春秋晚期	现藏台北故宫博物院	第五期	Ab型Ⅲ式		13.3	19.8		《故宫学术季刊》1卷3期，图版8	
132	素面匜	战国早期	甘浦斯曾藏	第六期	Ab型Ⅳ式		7	15.9		《美集录》第1164页，A833，第155页	
133	素面匜	战国早期	鲁本斯曾藏	第六期	Ab型Ⅳ式		5	15.8		《美集录》第1166页，A834，第155页	

续表

序号	名称	时代	流传经历及现藏地	分期	型式	铭文	通高/厘米	通长/厘米	重量/千克	著录出处	图片
134	蛙纹匜	战国早期	现藏故宫博物院	第六期	Ab型Ⅳ式		11.5	22.4	0.68	《故宫图典》165	
135	兽首流匜	战国早期	瓦许曾藏	第六期	Ab型Ⅳ式		14	20		《美集录》第1167页，A835，第155页	
136	兽首流匜	战国早期	日本坂本五郎藏	第六期	Ab型Ⅳ式		8.7			《不言堂》183	
137	兽首流匜	战国早期	赫伊特曾藏	第六期	Ab型Ⅳ式		10	25.2		《美集录》第1165页，A832，第154页	
138	兽首圈足匜	春秋晚期	福格美术博物馆曾藏	第五期	Ca型		16.7	29.5		《美集录》第1168页，A836；《通考（上）》第468页；附图863，《通论》第68页；图版138·266	

续表

序号	名称	时代	流传经历及现藏地	分期	型式	铭文	通高/厘米	通长/厘米	重量/千克	著录出处	图片
139	燕公匜	春秋晚期	北京师范大学文博馆藏	第五期	Ca型	13字，燕公作为姜乘盘匜，万年永宝用	10	25		《文物春秋》2015年5期	
140	滕太宰得匜	春秋中期	香港中文大学文物馆藏	第四期	Cb型Ⅰ式	7字，滕太宰得之御匜	12.7	29.5		《铭图》14879，《文物》1998年8期，《近出》1011，《新收》1733，《山金》705·4，《铜辞典》第1220页	
141	夔龙纹匜	春秋中期	现藏上海博物馆	第四期	Cb型Ⅰ式		18.5	34.4	3.35	《夏商周（东周上）》526	
142	绹索纹匜	春秋中期	现藏北京故宫博物院	第四期	Cb型Ⅰ式		23.1	40	6.32	《西清》33·2，《故宫图典》136	

续表

序号	名称	时代	流传经历及现藏地	分期	型式	铭文	通高/厘米	通长/厘米	重量/千克	著录出处	图片
143	王子适匜（汉盉匜）	春秋晚期	原藏清宫，现藏台北故宫博物院	第五期	Da型Ⅱ式	6字，王子适之会匜	12.8		1.3	《铭图》14870；《故图》下上228；《集成》10190；《三代》17·25·2；《宁寿》12·67；《总集》6806，《贞松》10·32；《通考（上）》第469页，附图870；《故宫学术季刊》1卷3期，图版25；《通论》第68页，图版139·268	
144	王子申匜	春秋晚期	台北故宫博物院	第五期	Da型Ⅱ式	6字，王子申之会匜				《铭图》14868，新收1675	
145	兽首流匜（周螭首匜）	春秋晚期		第五期	Da型Ⅱ式		4寸	5寸8分	29两	《西清续乙》14·44，《宝蕴楼》83	
146	楚王酓恷匜	春秋晚期	澳门崇源国际拍卖公司	第五期	Da型Ⅱ式	6字，楚王酓恷作持				《铭图》14869，《文物》2008年1期，《江汉考古》2008年1期	

续表

序号	名称	时代	流传经历及现藏地	分期	型式	铭文	通高/厘米	通长/厘米	重量/千克	著录出处	图片
147	䵼匜	春秋晚期	私人收藏	第五期	Da型Ⅱ式	28字（其中重文2），唯正月初吉□□□□孙䵼，自作会匜，其眉寿无期，子子孙孙永保用之				《铭图续编》0996	
148	蔡大司马燮匜	春秋晚期	中国国家博物馆藏	第五期	Da型Ⅱ式	30字，唯正月初吉丁亥，蔡大司马燮作媵孟姬铸盥匜，其眉寿无期，子孙永保用之	14	24.2		《铭图续编》0997	
149	臧父匜	春秋晚期	私人收藏	第五期	Da型Ⅱ式	23字（其中合文1），唯正月初吉庚寅，臧父自作盥匜，其眉寿无疆，子孙永宝用				《铭图》14984	
150	蟠螭纹匜	春秋晚期	旧金山亚洲艺术博物馆藏	第五期	Da型Ⅱ式		13.9			《文物世界》2000年6期，《全集》8 · 102	

续表

序号	名称	时代	流传经历及现藏地	分期	型式	铭文	通高/厘米	通长/厘米	重量/千克	著录出处	图片
151	蟠虺纹匜	春秋晚期	现藏台北故宫博物院	第五期	Da型Ⅱ式		12	21.4		《故宫学术季刊》1卷3期，图版24	
152	瓢形匜	春秋中期	现藏上海博物馆	第四期	Db型Ⅱ式		16.5	30.7	3.3	《夏商周（东周下）》577	
153	用饮元駐乘马匜	春秋中期	现藏台北故宫博物院	第四期	Db型Ⅱ式	4行22字，铸会匜，用征以行，以䊚䊚盪，用饮元駐乘马，其眉寿无疆	18.5	34.4		《青铜器与金文（2）》第1～15页，附图1；《铭图三编》1256	
154	瓢形匜（“公中考父”匜）	春秋中期		第四期	Db型Ⅱ式	37字（重文2），唯六月初吉丁亥，公中考父自作匜，用祀用享，多福滂，用祈眉寿，万年无疆，子子孙孙永宝是尚。该匜《铭图》未收，铭文疑伪	5寸10分	1尺9分	172两	《移林馆》	

续表

序号	名称	时代	流传经历及现藏地	分期	型式	铭文	通高/厘米	通长/厘米	重量/千克	著录出处	图片
155	弦纹匜	春秋中期	现藏台北故宫博物院	第四期	Db型Ⅱ式		14.4	21.5		《故宫学术季刊》1卷3期，图版26	
156	下鄀唐公妆匜	春秋晚期	私人收藏	第五期	Db型Ⅲ式	8字，下鄀唐公妆之盥盘				《铭图续编》0984	
157	曾子叔䵼匜	春秋晚期	私人收藏	第五期	Db型Ⅲ式	12字，曾子叔䵼择其吉金，自作沬匜				《铭图续编》0987	
158	塞伯匜	春秋晚期	私人收藏	第五期	Db型Ⅲ式	14字，塞伯作匜，其万年子子孙孙永宝用				《铭图续编》0990	
159	蔡子夹匜	春秋晚期	私人收藏	第五期	Db型Ⅲ式	6字，蔡子夹之会匜				《铭图三编》1244	

续表

序号	名称	时代	流传经历及现藏地	分期	型式	铭文	通高/厘米	通长/厘米	重量/千克	著录出处	图片
160	蔡子佗匜	春秋晚期	原藏大兴孙庄，现藏故宫博物院	第五期	Db型Ⅲ式	7字，蔡子佗自作会匜	11.9	27.3	1.1	《铭图》14881；《故铜》245；《故宫图典》135；《集成》10196；《贞松》10·33；《积微居》第167页；《通考（上）》第468页，附图862；《通论》第68页，图版138·267	
161	几何纹匜	战国早期	现藏上海博物馆	第六期	Db型Ⅳ式		8.7	17.8	0.73	《夏商周（东周下）》632	
162	刻划纹匜	战国早期	首阳斋藏	第六期	Db型Ⅳ式		11.9	22	0.33	《首阳吉金》62	
163	刻纹匜	战国早期	卢芹斋曾藏	第六期	Db型Ⅳ式		10	24		《美集录》第1169页，A837·1	
164	刻纹匜	战国早期	香港私人收藏	第六期	Db型Ⅳ式		11.9		0.33	《铜辞典》第1222页	

续表

序号	名称	时代	流传经历及现藏地	分期	型式	铭文	通高/厘米	通长/厘米	重量/千克	著录出处	图片
165	窃曲纹匜	春秋早期	曾经富士比、佳士得拍卖，寇钦旧藏	第三期	地方类型	伪铭，仿自故宫博物院藏叔男父匜		36.5		《铭图续编》0523，《流散欧美殷周有铭青铜器集录》341	
166	夔龙纹匜	春秋早期		第三期	地方类型		5寸9分	1尺1寸1分	101.6两	《海外吉金》116，《通考（上）》第468页，附图861	
167	夔纹匜	春秋早期	现藏台北故宫博物院	第三期	地方类型		19.4	36.5		《故宫学术季刊》1卷3期，图版1	
168	蟠螭纹匜	春秋中期	现藏台北故宫博物院	第四期	地方类型		18.5	30.5		《故宫学术季刊》1卷3期，图版2	
169	蟠虺纹匜	春秋中期	现藏台北故宫博物院	第四期	地方类型		17	32.3		《故宫学术季刊》1卷3期，图版4	
170	鸮首三足匜	战国早期	北京市文物研究所藏	第六期	地方类型		16.2	通长23.6，口径15.9×12.6		《北京文物精粹大系·青铜器卷》，图237，图版说明第24页	

续表

序号	名称	时代	流传经历及现藏地	分期	型式	铭文	通高/厘米	通长/厘米	重量/千克	著录出处	图片
171	夷曰匜	西周中期	《故周金》云："1986年6月购藏。"《故宫文物月刊》2001年19卷3期云："近年购藏。"《新收》："本器于1997年8月购藏。"现藏台北故宫博物院	第一期	特殊类型	6字，夷曰作宝尊彝	19.6	27.3	2.681	《铭图》14859，《故周金》81，《故宫文物月刊》19卷3期，《文博》2006年3期，《新收》1670，《陕西金文集成》1900	
172	皃叔匜（周唯叔匜）	西周晚期	原藏沈阳故宫，现藏台北故宫博物院	第二期	特殊类型	器、盖各5字，皃叔作旅匜	19.2	34.2	3.015	《铭图》14856；《西清续乙》14·41；《综览》匜60；《宝蕴楼》80；《贞松》10·32；《积微居》第168页；《通考（上）》第468页，附图865；《故宫学术季刊》1卷3期，图版16；《通论》第68页，图版136·262；《铜辞典》第1214页	
合计	172件										

附表3　器形、尺寸不明匜资料统计表

序号	名称	时代	流传经历	分期	铭文	出处	铭文拓本或残片图像
1	冉匜	西周中期	下落不明	第一期	7字，作父乙宝尊彝，冉	《铭图》14872，《集成》10191，《三代》17 · 25 · 5，《总集》6811	
2	虢季匜	西周晚期	原藏潘祖荫	第二期	7字，虢季作中姬宝匜	《铭图》14873，《缀遗斋》14 · 7 · 1，《窸斋》16 · 20 · 2，《集成》10192	
3	郑邢姜匜	西周晚期	私人收藏	第二期	12字，郑邢姜作宝匜，其子孙永宝用	《铭图续编》0986	
4	婐匜	西周晚期	原藏潘祖荫	第二期	1字，婐	《铭图》14851，《集成》10177，《缀遗斋》14 · 2 · 2，《郁华阁》第28册	

续表

序号	名称	时代	流传经历	分期	铭文	出处	铭文拓本或残片图像
5	叔匜	西周晚期	下落不明	第二期	4字，叔作旅匜	《铭图》14854，《集成》10180	
6	孟嬴匜	西周晚期	中国国家博物馆藏	第二期	8字，作子孟嬴匜，永宝用	《铭图》14886，《集成》10184	
7	自作吴姬匜	西周晚期	上海博物馆	第二期	6字，自作吴姬媵匜	《铭图》14864，《集成》10186，《贞松》10·33，《积微居》第166页	
8	寒戊匜	西周晚期	下落不明	第二期	12字，寒戊作宝匜，其子子孙孙永用	《铭图》14904，《集成》10213，《薛氏》114	

续表

序号	名称	时代	流传经历	分期	铭文	出处	铭文拓本或残片图像
9	周宅匜	西周晚期	据《攈古录金文》，传山东青州出土	第二期	13字（重文1） [illegible]，周宅作救姜宝匜，孙孙永宝用	《铭图》14914，《集成》10218，《山金》690，《三代》17·30·3，《总集》6834，《窓斋》16·21·2，《缀遗斋》14·9·1，《簠斋》匜3，《攈古》2之1·85·1，《郁华阁》第28册，《奇觚》8·31，《敬吾心》	
10	铜匜	西周晚期	1993年山西天马—曲村遗址北赵晋侯墓地M64出土	第二期		《文物》1994年8期	无尺寸、照片等资料发表
11	窃曲纹匜	西周晚期	1994年山西天马—曲村遗址北赵晋侯墓地M91出土	第二期		《文物》1995年7期	无尺寸、照片等资料发表
12	伯吉父匜	西周晚期	下落不明，传1940年陕西扶风任家村窖藏出土	第二期	15字（其中重文2），伯吉父作京姬匜，其子子孙孙永宝用	《铭图》14930，《集成》10226，《录遗》500，《总集》6843，《陕金汇编（下）》第722页	
13	叔高父匜	西周晚期	原藏刘体智	第二期	17字（其中重文2），叔高父作仲妘匜，其万年子子孙孙永宝用	《铭图》14949，《集成》10239，《三代》17·34·3，《总集》6850，《贞松》10·37	

续表

序号	名称	时代	流传经历	分期	铭文	出处	铭文拓本或残片图像
14	吕仲生匜	西周晚期	原藏直隶通州李氏	第二期	15字，吕仲生ታ作旅匜，其万年子孙永宝用	《铭图》14931，《捃古》2之2·20·2，《集成》10243	
15	叔㞕父匜	西周晚期	下落不明	第二期	18字（其中重文2），叔㞕父作师姬宝匜，其万年子子孙孙永用之	《铭图》14959，《集成》10248，《三代》17·33·1，《总集》6845，《贞松》10·38	
16	甫季加匜	西周晚期	下落不明	第二期	口沿、底同铭，各21字（其中重文2），唯甫季加自作宝匜，其万年无疆，子子孙孙永宝用享	《铭图》14977，《集成》10265，《薛氏》117	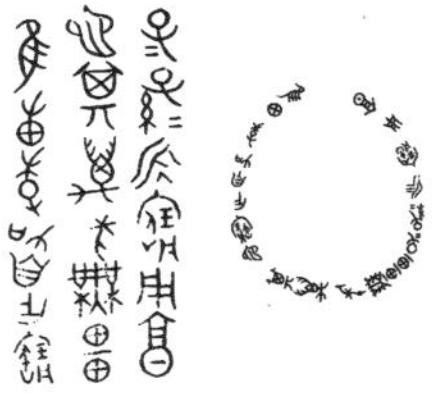
17	者仆故匜	西周晚期	1974年山东莒县中楼镇崔家峪出土，莒县博物馆藏	第二期	13字，者仆故作匜，其万年眉寿永宝用	《铭图》14916，《山金》696	

续表

序号	名称	时代	流传经历	分期	铭文	出处	铭文拓本或残片图像
18	重环纹匜	西周晚期	1976年山东日照崮河崖一号墓出土	第二期		《考古》1984年7期	无尺寸、照片等资料发表
19	孟叔匜	西周晚期	清同治十二年（1873年）湖南岳阳花桥出土	第二期	13字（报告称15字），孟叔作宝匜，其万年子孙永宝用	《湖南考古辑刊（第一集）》第92页	无尺寸、照片等资料发表
20	黄仲匜	春秋早期	原藏陈介祺	第三期	10字，黄仲自作媵匜，永宝用享	《铭图》14903，《集成》10214，《三代》17·29·5，《总集》6829，《窓斋》16·24·1，《缀遗斋》14·6·2，《簠斋》匜4，《捃古》2之1·55·3，《郁华阁》第28册，《奇觚》8·30	
21	苏夫人匜	春秋早期	原藏陈介祺，现藏上海博物馆	第三期	9字，苏夫人作姪改襄媵匜	《铭图》14893，《集成》10205，《三代》17·29·1，《日精华》4·337，《汇编》528，《总集》825，《窓斋》16·25·1，《缀遗斋》14·8·1，《簠斋》匜5，《郁华阁》第28册，《奇觚》8·30	
22	铜匜	春秋早期	1979年随县安居公社桃花坡M2出土	第三期		《文物》1982年12期	器物散失，尺寸、照片不详
23	铜匜	春秋早期	1966年陕西户县宋村秦墓出土	第三期		《文物》1975年10期	情况不明，无相关资料发表
24	铜匜	春秋早期	1978年山东临朐泉头村甲、乙墓东约400米春秋墓出土	第三期		《文物》1983年12期	无尺寸、照片等资料发表

续表

序号	名称	时代	流传经历	分期	铭文	出处	铭文拓本或残片图像
25	重环纹匜	春秋早期	1994年山西天马—曲村遗址北赵晋侯墓地M93出土	第三期		《文物》1995年7期	无尺寸、照片等资料发表
26	重环纹匜	春秋早期	1957年河南陕县上村岭虢国墓M1689出土	第三期		《上村岭》第18、19页	无尺寸、照片等资料发表
27	弦纹匜	春秋早期	1957年河南陕县上村岭虢国墓M1701出土	第三期		《上村岭》第18、19页	无尺寸、照片等资料发表
28	瓦棱纹匜	春秋早期	1957年河南陕县上村岭虢国墓M1702出土	第三期		《上村岭》第18、19页	无尺寸、照片等资料发表
29	窃曲纹匜	春秋早期	1957年上村岭虢国墓M1705出土	第三期		《上村岭》第18、19页	无尺寸、照片等资料发表
30	窃曲纹匜	春秋早期	1957年河南陕县上村岭虢国墓M1711出土	第三期		《上村岭》第18、19页	无尺寸、照片等资料发表
31	重环纹匜	春秋早期	1957年河南陕县上村岭虢国墓M1761出土	第三期		《上村岭》第18、19页	无尺寸、照片等资料发表
32	重环纹匜	春秋早期	1957年河南陕县上村岭虢国墓M1767出土	第三期		《上村岭》第18、19页	无尺寸、照片等资料发表
33	素面匜	春秋早期	1957年河南陕县上村岭虢国墓M1714出土	第三期		《上村岭》第18、19页	无尺寸、照片等资料发表
34	窃曲纹匜	春秋早期	2012年河南南阳夏饷铺鄂国墓地M1出土	第三期		《江汉考古》2019年4期	残碎，无尺寸及照片发表

续表

序号	名称	时代	流传经历	分期	铭文	出处	铭文拓本或残片图像
35	杞伯每刃匕匜	春秋早期	传清末山东新泰市出土，故宫博物院藏	第三期	17字，杞伯每刃匕铸邾曹用宝匜，其子孙永宝用	《铭图》14943，《集成》10255，《贞松》10·36	
36	孟嬴匜	春秋早期	1933年山东滕州安上村出土，现藏中国国家博物馆	第三期	现存铭文7字，作孟嬴匜，永宝用	《铭图》14877	
37	鄠伯匜	春秋早期	上海博物馆藏	第三期	现存14字（其中重文2），鄠伯作邾子……媵匜，子子孙孙永宝用	《铭图》14910，《集成》10221	
38	番君匜	春秋早期	辽宁省博物馆藏	第三期	20字，唯番君肇用吉金，作自宝匜，其万年子孙永宝用享	《铭图》14970，《集成》10271，《贞松》10·41	

续表

序号	名称	时代	流传经历	分期	铭文	出处	铭文拓本或残片图像
39	长汤伯茬匜	春秋早期	下落不明	第三期	6字，长汤伯茬作匜	《铭图》14865，《集成》10188，《捃古》2之1·42·2	
40	曾子白窞匜	春秋早期	下落不明	第三期	9字，隹曾子白窞自作尊匜	《铭图》14897，《集成》10207，《曾国青铜器》第390页，《山金》704，《三代》17·28·5，《贞松》10·34，《总集》6824	
41	长汤伯茬匜	春秋早期	原藏吴式芬	第三期	9字，长汤伯茬作匜，永用之	《铭图》14898，《集成》10208，《三代》17·28·4，《捃古》2·1·42，《总集》6823	
42	铸子獟匜	春秋早期	山东博物馆藏	第三期	9字，铸子獟作匜，其永宝用	《铭图》14899，《集成》10210，《山金》709	

续表

序号	名称	时代	流传经历	分期	铭文	出处	铭文拓本或残片图像
43	叔黑𦣞匜	春秋早期	清光绪初年山东桓台县出土	第三期	11字，唯叔黑𦣞作宝匜，其永宝用	《铭图》14908，《集成》10217，《山金》708，《三代》17·30·2，《总集》6832，《贞松》10·34，《郁华阁》第28册	
44	郳友父匜	春秋早期	山东临沂市博物馆藏	第三期	16字，郳友父媵其子胙曹宝鬲，其眉寿永宝用	《铭图》14926，《集成》10236，《山金》717	疑与附表1第159号器为同一器
45	戴伯匜	春秋早期	原藏建德周氏	第三期	17字（其中重文2），唯衛邑戴伯自作宝匜，子子孙孙永宝用之	《铭图》14951，《集成》10246，《三代》17·34·4，《总集》6852	
46	曩夫人匜	春秋早期	下落不明	第三期	20字（其中重文2），曩夫人余，余王寠叡孙，兹作宝匜，子子孙孙永宝用	《铭图》14973，《集成》10261，《山金》702，《三代》17·35·4，《总集》6861，《贞松》10·40	

续表

序号	名称	时代	流传经历	分期	铭文	出处	铭文拓本或残片图像
47	番仲𡚬匜	春秋早期	原藏福山王懿荣、刘鹗、邹安，现藏上海博物馆	第三期	18字（其中重文1），唯番仲𡚬自作宝匜，其万年子子孙永宝用享	《铭图》14963，《集成》10258，《郁华阁》第28册，《三代》17·35·1，《总集》6856	
48	仲白匜	春秋早期	原藏冯云鹏	第三期	31字（其中重文2），鲁大司徒子仲白作其庶女厉孟姬媵匜，其眉寿万年无疆，子子孙孙，永保用之	《铭图》14993，《窸斋》16·27·1，《集成》10277，《山金》703，《三代》17·39·2，《山东存》鲁14，《总集》6872，《缀遗斋》14·15·2，《郁华阁》第28册，《奇觚》8·33	
49	邓公匜	春秋中期	中国国家博物馆藏	第四期	13字，唯邓桊生吉酬邓公金，自作盥匜	《铭图》14919，《集成》10228	
50	辛公之孙匜	春秋中期	私人收藏	第四期	21字（其中重文1），辛公之孙□豖铸其□匜，眉寿无疆，子子孙永宝用之	《铭图三编》1255	

续表

序号	名称	时代	流传经历	分期	铭文	出处	铭文拓本或残片图像
51	薛侯匜	春秋中期	下落不明	第四期	20字（其中重文2），薛侯作叔妊襄滕匜，其眉寿万年，子子孙孙永宝用	《铭图》14974，《集成》10263，《山金》713，《三代》17·36·1，《总集》6862，《窓斋》16·21·1，《郁华阁》第30册	
52	虘𠛍丘堂匜	春秋中期	上海博物馆藏	第四期	7字，虘𠛍丘堂之会匜	《铭图》14880，《集成》10194	
53	残匜	春秋中期	1972年湖北襄阳山湾15号墓出土	第四期		《江汉考古》1983年2期	残碎，无尺寸及照片发表
54	樊君夔匜	春秋中期	传1949年湖南长沙市郊杨家山“长沙王后冢”（西汉刘骄墓）出土	第四期	盖、器同铭，各17字（其中重文2），樊君夔用自作浣匜，子子孙孙其永宝用享	《铭图》14962，《考古》1963年12期，《集成》10256	
55	鲁大司徒元匜	春秋中期	1932年山东曲阜县曲阜镇林前村出土，现藏山东省博物馆	第四期	内底铸铭15字，鲁大司徒元作饮盂，万年眉寿永宝用	《铭图》06221，《窓斋》16·27，《集成》10316，《山金》723	

续表

序号	名称	时代	流传经历	分期	铭文	出处	铭文拓本或残片图像
56	齐侯匜	春秋中期	下落不明	第四期	16字（其中重文1），齐侯作楙姬宝匜，其万年子子孙永保用	《铭图》14944，《集成》10242，《山金》716，《薛氏》116	
57	铜匜	春秋中期	1977年山东沂水刘家店子春秋墓M2出土	第四期		《文物》1984年9期	无尺寸、照片等资料发表
58	铜匜	春秋中期	2018年湖北随州枣树林春秋曾国墓地M171出土	第四期		《考古》2020年7期	无尺寸、照片等资料发表
59	铜匜	春秋中期	2018年湖北随州枣树林春秋曾国墓地M191出土	第四期		《考古》2020年7期	无尺寸、照片等资料发表
60	兽首流匜	春秋晚期	河南洛阳中州路M6出土	第五期		《洛阳中州路》第95页	无尺寸、照片等资料发表
61	曾工尹乔匜	春秋晚期	2013年湖北随州文峰塔东周墓M61出土	第五期	6字，曾工尹乔之斗	《铭图三编》1245	
62	寿匜	春秋晚期	河南南阳市卧龙区物资城春秋墓葬出土，南阳市文物考古研究所藏	第五期	4字，寿之会匜	《铭图续编》0982，《中国文物报》2012年12月7日第6版，图4	

续表

序号	名称	时代	流传经历	分期	铭文	出处	铭文拓本或残片图像
63	兽首流匜	春秋晚期	2003年南阳市物资城春秋墓M1出土	第五期		《中原文物》2004年2期	无尺寸、照片等资料发表
64	庆叔匜	春秋晚期	下落不明	第五期	34字（其中重文4），庆叔作媵子孟姜盥匜，其眉寿万年，永保其身，施施熙熙，男女无期，子子孙孙，永保用之	《铭图》14998，《集成》10280，《薛氏》116、117，《大系》图录第236页，《总集》6875	
65	兽首流匜	春秋晚期	1961年山西侯马上马墓地M11出土	第五期		《考古》1963年5期	无尺寸、照片等资料发表
66	素面匜	春秋晚期	1978年山西浑源李峪M3出土	第五期		《考古》1983年8期，《文物》1992年10期	无尺寸、照片等资料发表
67	素面匜	春秋晚期	河南洛阳中州路东周墓M115出土	第五期		《洛阳中州路》第95页	无尺寸、照片等资料发表
68	残匜（M116：5）	春秋晚期	山东曲阜鲁国故城甲组墓M116出土	第五期		《鲁故城》第108页	无尺寸、照片等资料发表
69	残匜	春秋晚期	1978年山东滕州市薛国故城遗址M9出土	第五期		《考古学报》1991年4期	残碎，无尺寸及照片发表
70	铜匜	春秋晚期	2004年山西夏县崔家河墓地M2出土	第五期		《中国文物报》2005年3月4日第1版	无尺寸、照片等资料发表
71	残匜	春秋晚期	1972年江苏六合程桥东周二号墓出土	第五期		《考古》1974年2期	残碎，无尺寸及照片发表

续表

序号	名称	时代	流传经历	分期	铭文	出处	铭文拓本或残片图像
72	刻纹匜	春秋晚期	1994年河南平顶山应国墓地M10出土	第五期		《中原文物》2007年4期	
73	蟠虺纹匜	春秋晚期	1978～1979年河南淅川下寺楚墓M11出土	第五期		《下寺》第299页	残碎，无尺寸及照片发表
74	素面匜	春秋晚期	1990年河南省淅川县徐家岭楚墓M9出土	第五期		《淅川和尚岭与徐家岭楚墓》第187页	残碎，无尺寸及照片发表
75	锻制匜	春秋晚期	1994年湖北随州东风油库M3出土	第五期		《文物》2008年2期	厚0.2厘米，具体情况不明
76	瓢形匜	战国早期	1984年湖北麻城楚墓出土	第六期		《江汉考古》1986年2期	残碎，无尺寸及照片发表
77	残匜	战国早期	1988年山东阳信城关镇西北村陪葬坑出土	第六期		《考古》1990年3期	残碎，无尺寸及照片发表
78	鎏金刻纹匜	战国早期	1973～1975年山东烟台市长岛县王沟村东周墓群M2出土	第六期		《考古学报》1993年1期	残碎，仅存纹饰残片

续表

序号	名称	时代	流传经历	分期	铭文	出处	铭文拓本或残片图像
79	圈足匜	战国早期	1981～1982年河南淇县赵沟土坑墓M2出土	第六期		《中原文物》1984年2期	明器，无尺寸、照片资料发表
80	素面匜	战国早期	1957年河南陕县M2044出土	第六期		《陕县东周秦汉墓》第64页	明器，无尺寸、照片资料发表
81	残匜	战国早期	1970年河北平山县访驾庄战国早期墓出土	第六期		《文物》1978年2期	情况不明
82	刻纹匜	战国早期	1957年河南陕县东周墓葬出土	第六期		《陕县东周秦汉墓》第64页	无尺寸、照片等资料发表
83	刻纹残匜	战国早期	1957年河南陕县M2041出土	第六期		《陕县东周秦汉墓》第65、66页	残碎，无尺寸及照片发表
84	瓢形匜	战国早期	1957年河南陕县M2121出土	第六期		《陕县东周秦汉墓》第66页	残碎，无尺寸及照片发表
85	铜匜	战国早期	1984～1988年河南洛阳战国墓C1M2547出土	第六期		《考古》1991年6期	无尺寸、照片等资料发表
86	残匜	战国早期	1990年河南省淅川县徐家岭楚墓M1出土	第六期		《淅川和尚岭与徐家岭楚墓》第232页	残碎，无尺寸及照片发表
87	残匜	战国早期	1936年河南辉县琉璃阁甲墓出土	第六期		《山彪镇与琉璃阁》第70页	残碎为31片，无尺寸、照片等资料发表
88	铜匜	战国早期	1936年河南辉县琉璃阁乙墓出土	第六期		《山彪镇与琉璃阁》第71页	无尺寸、照片等资料发表
89	瓢形匜、刻纹匜等共6件	战国早期	1977年陕西凤翔高庄秦墓M18、M48、M49等出土	第六期		《考古与文物》1981年1期	无尺寸、照片等资料发表

续表

序号	名称	时代	流传经历	分期	铭文	出处	铭文拓本或残片图像
90	残匜	战国早期	1979年山东烟台市金沟寨古墓M1出土	第六期		《考古》2003年3期	残碎，无尺寸及照片发表
91	残匜	战国早期	2003年河南三门峡经开区西苑小区M1出土	第六期		《文物》2008年2期	残碎，无照片发表
92	刻纹匜	战国早期	1954年山西长治分水岭M12出土	第六期		《长治分水岭》第237～239页	残碎
93	刻纹残匜	战国中期	1981年北京通县中赵甫出土	第七期		《考古》1985年8期	残为碎片
94	素面残匜	战国中期	1958年山西万荣县庙前村战国墓出土	第七期		《文物参考资料》1958年12期	残破，无尺寸及照片资料发表
95	瓢形匜（M1：97）	战国中期	1978年江苏淮阴市高庄村HGM1出土	第七期		《考古学报》1988年2期	口径17.5厘米，无照片资料发表
96	刻纹匜	战国中期	1978年江苏淮阴市高庄村HGM1出土	第七期		《考古学报》1988年2期	高庄M1共出土刻纹匜6件，皆残碎，形制不明
97	残匜	战国中期	1998年湖北丹江口市吉家院墓地M2出土	第七期		《考古》2000年8期	残碎，形制不明，资料未发表

续表

序号	名称	时代	流传经历	分期	铭文	出处	铭文拓本或残片图像
98	瓢形匜	战国中期	湖北江陵九店东周墓出土	第七期		《江陵九店东周墓》第212页	形制不明，资料未发表
99	残匜	战国中期	1980年江苏武进孟河战国墓出土	第七期		《考古》1984年2期	残碎，无尺寸及照片发表
100	残匜	战国中期	1982年湖北黄冈罗汉山楚墓出土	第七期		《江汉考古》1987年1期	残损，无尺寸及照片资料发表
101	刻纹匜	战国中期	1973年河南辉县三位营出土	第七期		《文物》1975年5期	共2件，残碎，无尺寸及照片发表
102	素面残匜	战国中期	1992年河南洛阳市中州路C1M3750出土	第七期		《文物》1995年8期	情况不明，无相关资料发表
103	素面大残匜	战国中期	1983年河南南阳市彭营砖瓦厂战国楚墓出土	第七期		《中原文物》1994年1期	高10、长30厘米，无照片资料发表
104	素面小残匜	战国中期	1983年河南南阳市彭营砖瓦厂战国楚墓出土	第七期		《中原文物》1994年1期	高4.5、长15.3厘米，无照片资料发表
105	瓢形匜	战国中期	1976年陕西凤翔八旗屯CM2出土	第七期		《考古与文物》1986年5期	无尺寸、照片等资料发表
106	瓢形匜	战国中期	1976年陕西凤翔八旗屯BM31出土	第七期		《考古与文物》1986年5期	无尺寸、照片等资料发表
107	瓢形匜	战国中期	1988年陕西凤翔邓家崖M4出土	第七期		《考古与文物》1991年2期	无尺寸、照片等资料发表
108	瓢形匜	战国中期	1937年河南辉县琉璃阁M59出土	第七期		《山彪镇与琉璃阁》第55页	无尺寸、照片等资料发表

续表

序号	名称	时代	流传经历	分期	铭文	出处	铭文拓本或残片图像
109	瓢形匜	战国中期	河南辉县琉璃阁M75出土	第七期		《山彪镇与琉璃阁》第55页	共2件，无尺寸、照片等资料发表
110	瓢形匜	战国中期	河南辉县琉璃阁M44出土	第七期		《山彪镇与琉璃阁》第55页	无尺寸、照片等资料发表
111	瓢形匜	战国中期	河南辉县琉璃阁M55出土	第七期		《山彪镇与琉璃阁》第55页	无尺寸、照片等资料发表
112	瓢形匜	战国中期	河南辉县琉璃阁M80出土	第七期		《山彪镇与琉璃阁》第55页	无尺寸、照片等资料发表
113	刻纹残匜	战国中期	1957～1959年河北邯郸百家村赵国墓M57出土	第七期		《考古》1962年12期	无尺寸、照片等资料发表
114	铜匜	战国中期	1974～1978河北平山县战国墓葬M6西库出土	第七期		《中山灵寿城》第149页	残碎，无照片
115	残匜	战国中期	山东曲阜鲁国故城乙组墓M58出土	第七期		《鲁故城》第185页	残碎，无尺寸及照片发表
116	残匜	战国中期	2000年湖北沙洋县程新村花果山战国楚墓出土	第七期		《考古》2013年2期	残碎，无尺寸及照片发表
117	残匜	战国中期	1955年四川成都羊子山M172出土	第七期		《考古学报》1956年4期	3件，残损，无尺寸及照片资料发表
118	瓢形匜	战国晚期	1992年山东临淄商王村一号战国墓出土	第八期		《文物》1997年6期	无尺寸、照片等资料发表
119	瓢形匜	战国晚期	1990～1996年湖北襄樊郑家山M62出土	第八期		《考古学报》1999年3期	无尺寸、照片等资料发表

续表

序号	名称	时代	流传经历	分期	铭文	出处	铭文拓本或残片图像
120	瓢形匜	战国晚期	1952～1994年湖南长沙近郊楚墓M1854出土	第八期		《长沙楚墓（上）》第159页	残损，无尺寸及照片资料发表
121	瓢形匜	战国晚期	1952～1994年湖南长沙近郊楚墓M1750出土	第八期		《长沙楚墓（上）》第159页	残损，无尺寸及照片资料发表
122	瓢形匜	战国晚期	1952～1994年湖南长沙近郊楚墓M1649出土	第八期		《长沙楚墓（上）》第159页	残损，无尺寸及照片资料发表
123	瓢形匜	战国晚期	1952～1994年湖南长沙近郊楚墓M1274出土	第八期		《长沙楚墓（上）》第159页	残损，无尺寸及照片资料发表
124	残匜	战国晚期	1952～1994年湖南长沙近郊楚墓M1040出土	第八期		《长沙楚墓（上）》第159页	残损，无尺寸及照片资料发表
125	铜匜	战国晚期	2004年侯马市公安局案件追缴	第八期		《文物世界》2004年2期	无尺寸、照片等资料发表
126	瓢形匜	战国晚期	1978年春安徽舒城县秦家桥战国楚墓M1出土	第八期		《文物研究（第六辑）》第137页	无尺寸、照片等资料发表
合计	126组140件（出土107件，传世33件）						

附表4 出土青铜匜窖藏、墓葬资料统计表

序号	时代	报告显示墓主性别及地位等	出土单位	墓葬面积/平方米	出土青铜礼器	资料来源
1	西周中期		1975年陕西岐山董家村西周铜器窖藏	窖藏	鼎13、鬲2、簋14、豆2、壶2、盘1、匜1、盉1、鋈1	《文物》1976年5期，《周原（3）》第373页
2	西周晚期		1976年陕西扶风县庄白2号窖藏	窖藏	簋1、甗1、盨1、簠1、匜1等	《文物》1978年11期，《周原（5）》第969页
3	西周晚期		1960年扶风庄白大队召陈村窖藏	窖藏	鼎5、簋8、壶2、盘1、匜1、勺2	《文物》1972年6期，《周原（2）》第154页
4	西周晚期		1963年扶风齐家村窖藏	窖藏	方尊1、方彝1、觥1、盉1、盘1、匜1	《文物》1963年9期，《考古》1963年8期，《周原（2）》第229页
5	西周晚期		1960年陕西扶风县法门镇齐家村窖藏	窖藏	鼎2、鬲1、簋8、甗2、簠1、罍2、壶4、盂1、盘1、匜1、钟16	《周原（1）》第21页
6	西周晚期		2003年陕西眉县杨家村青铜器窖藏	窖藏	鼎12、鬲9、壶2、盘1、匜1、盉1、盂1	《文物》2003年6期
7	西周晚期		1974年陕西蓝田县辋川公社指甲湾村铜器窖藏	窖藏	簠2、盘1、匜1	《考古》1979年2期
8	西周晚期		1973年陕西西安市长安区马王镇马王村西周铜器窖藏	窖藏	鼎3、簋6、甗1、壶1、盘1、匜1等	《考古》1974年1期
9	西周晚期		1967年陕西长安沣西公社新旺村窖藏	窖藏	盂1、匜1，出土时匜在盂内	《考古》1977年1期
10	西周晚期	男性，大夫	山西洪洞永凝堡M7	约13.5	鼎3、簋4、壶2、盘1、匜1	《三晋考古（1）》第74、94页
11	西周晚期	女性	山西洪洞永凝堡M9	约12.4	鼎1、簋1、匜1	《三晋考古（1）》第76、94页
12	西周晚期	晋侯正夫人	1993年山西天马—曲村晋侯墓地M62	约36.03	鼎3、簋4、壶1、爵1、尊1、方彝1、盘1、匜1、鼎形方盒1等	《文物》1994年8期
13	西周晚期	晋侯邦父	1993年山西天马—曲村晋侯墓地M64	约41.43	鼎5、簋4、尊4、方壶2，以及盘、匜、簠、爵、甗等	《文物》1994年8期

续表

序号	时代	报告显示墓主性别及地位等	出土单位	墓葬面积/平方米	出土青铜礼器	资料来源
14	西周晚期	晋侯喜父	1994年山西天马—曲村晋侯墓地M91	约34.44	鼎7、鬲2、簋5、甗1、豆1、爵2、尊1、卣1、方壶1、圆壶1、盘1、匜1、盂1等	《文物》1995年7期
15	西周晚期	女性，晋侯妾属	1994年山西天马—曲村晋侯墓地M102	约14.66	礼器组：鼎3、簋4、壶1、盘1、匜1；明器组：鼎1、簋1、盉1、爵1、觯1、方彝1	《文物》1995年7期
16	西周晚期	男性	山西天马—曲村晋侯墓地M5189	约12.93	鼎2、簋2、盘1、匜1	《天马—曲村》第386页
17	西周晚期	男性，应伯	1986年河南平顶山应国墓地M95	约20.28，一斜坡墓道	鼎5、鬲4、簋6、甗1、盨3、方壶2、尊1、盘2、匜2	《华夏考古》1992年3期
18	西周晚期	男性，应公	1989年河南平顶山应国墓地M8	约38.22	鼎5、簋5、甗1、方壶2、方彝2、尊2、爵1、盘2、匜1、盉1	《华夏考古》2007年1期
19	西周晚期	性别不明，身份有可能是殷遗民后裔	1953年洛阳白马寺西周墓M1	约6.46	鼎1、甗1、簋1、爵1、觯1、盘1、匜1	《文物》1998年10期
20	西周晚期	不明	1997年洛阳东郊邙山南坡C5M1135	约10	鼎2、簋2、匜1等	《文物》1999年9期
21	西周晚期	不明	1993年洛阳东郊C5M906号西周墓	约12	鼎1、盨2、壶1、盘1、匜1等	《考古》1995年9期
22	西周晚期		1965年唐县南伏城西周铜器窖藏	窖藏	壶1、鬲1、盘1、匜1	《文物春秋》1991年1期
23	西周晚期	不明	1974年山东莱阳县己国墓	约1.6	鼎2、甗1、壶2、盘1、匜1等	《文物》1983年12期
24	西周晚期	不明	1976年山东平邑蔡庄墓葬	不明	鼎2、鬲1、簠4、盘1、匜1	《考古》1986年4期
25	西周晚期	不明	1976年山东日照崮河崖1号墓	约9.57	鼎4、鬲4、壶2、盆2、盘1、匜1等	《考古》1984年7期

续表

序号	时代	报告显示墓主性别及地位等	出土单位	墓葬面积/平方米	出土青铜礼器	资料来源
26	西周晚期	不明	1969年山东烟台上夼村㠱国墓葬	约11.48	鼎2、壶2、匜1等	《考古》1983年4期
27	西周晚期	不明	曲阜鲁国故城乙组墓M30	约4.66	鼎1、盨1、盘1、匜1、壶1等	《鲁故城》第224页续表2
28	西周晚期	不明	曲阜鲁国故城乙组墓M48	约9.79	鼎3、簋2、甗1、盨2、簠1、盘2、匜2、壶1等	《鲁故城》第225页续表3
29	西周晚期	不明	曲阜鲁国故城乙组墓M49	约6.14	鼎1、簋2、盘1、匜1等	《鲁故城》第225页续表3
30	西周晚期	不明	1996年山东莒县西大庄西周墓葬96M1	约13.8	鼎3、鬲1、簋4、甗1、壶2、盘1、匜1、舟1等	《考古》1999年7期
31	西周晚期	不明	1977年湖北枣阳资山墓葬	不明	鼎2、簋2、盘1、匜1	《考古》1987年5期
32	西周晚期	不明	1972年湖北随县熊家老湾（应为墓葬）	不明	鼎3、簋2、甗1、罍1、盘1、匜1	《文物》1973年5期
33	西周晚期	不明	1987年湖北应山吴店古墓葬M1	约18	鼎2、鬲2、簋2、甗1、壶2、盘1、匜1	《文物》1989年3期
34	西周晚期	不明	2013年安徽省繁昌县平铺镇新牌村墓葬	被破坏，不明	鼎1、匜1	《江汉考古》2015年6期
35	西周晚期	不明	南京江宁陶吴人民公社取土发现	出土单位性质不明	鼎1、鬲1、匜1	《考古》1960年6期
36	春秋早期	男性，士级别	2004年河南三门峡李家窑M34	约4.35	鼎1、盘1、匜1	《文物》2014年3期
37	春秋早期	男性，士级别	2004年河南三门峡李家窑M37	约4.14	鼎3、盘1、匜1	《文物》2014年3期
38	春秋早期	男性，虢国大夫	1990年河南三门峡市上村岭虢国墓地M2010	约21.31	鼎5、簋4、甗1、方壶2、盘1、匜1等	《文物》2000年12期
39	春秋早期	不明	1989年河南三门峡市上村岭虢国墓地M2008	约14.88	鬲1、簋2、簠1、方壶1、方壶盖1、盘1、匜1、方彝2、爵1	《文物》2009年2期

续表

序号	时代	报告显示墓主性别及地位等	出土单位	墓葬面积/平方米	出土青铜礼器	资料来源
40	春秋早期	男性，虢国太子	1991～1992年河南三门峡市上村岭虢国墓地M2011	约24.37	鼎9、鬲8、簋8、甗1、铺1、壶4、盘1、匜1、盆1等	《三门峡》第339页
41	春秋早期	女性，丑姜	1992年12月河南三门峡市上村岭虢国墓地M2013	约12.32	鼎3、簠2、盘1、匜1	《文物》2000年12期
42	春秋早期	女性，梁姬	1990～1999年河南三门峡市上村岭虢国墓地M2012	约19.8	鼎11、鬲8、簋10、甗1、簠2、铺2、壶2、小罐2、盉6、方彝5、爵4、觚1、觯1、盘7、明器匜1、方盒1	《三门峡》第235～264页
43	春秋早期	不明	1957年河南三门峡市上村岭虢国墓地M1689	约17.47	鼎4、簋5、盉1、盘1、匜1	《上村岭》第64页表一
44	春秋早期	不明	1957年河南三门峡市上村岭虢国墓地M1601	约13.64	盘1、匜1	《上村岭》第55页表一
45	春秋早期	不明	1957年河南三门峡市上村岭虢国墓地M1602	约14.72	鼎3、鬲2、簋4、盘1、匜1	《上村岭》第55页表一
46	春秋早期	不明	1957年河南三门峡市上村岭虢国墓地M1701	约13.11	鼎1、盘1、匜1	《上村岭》第65页表一
47	春秋早期	不明	1957年河南三门峡市上村岭虢国墓地M1702	约12.24	鼎1、盘1、匜1	《上村岭》第65页表一
48	春秋早期	不明	1957年河南三门峡市上村岭虢国墓地M1705	约9.35	鼎3、簋4、壶2、小罐1、盘1、匜1	《上村岭》第65页表一
49	春秋早期	不明	1957年河南三门峡市上村岭虢国墓地M1711	约10.25	鼎2、盘1、匜1	《上村岭》第66页表一

续表

序号	时代	报告显示墓主性别及地位等	出土单位	墓葬面积/平方米	出土青铜礼器	资料来源
50	春秋早期	不明	1957年河南三门峡市上村岭虢国墓地M1721	约12.83	鼎3、盘1、匜1	《上村岭》第67页表一
51	春秋早期	不明	1957年河南三门峡市上村岭虢国墓地M1761	约11.96	鼎1、盘1、匜1	《上村岭》第71页表一
52	春秋早期	不明	1957年河南三门峡市上村岭虢国墓地M1767	约17.75	盘1、匜1	《上村岭》第71页表一
53	春秋早期	不明	1957年河南三门峡市上村岭虢国墓地M1820	约15.98	鼎3、鬲2、簋4、甗1、豆1、簠2、壶2、罐2、盘1、匜1	《上村岭》第76页表一
54	春秋早期	不明	1957年河南三门峡市上村岭虢国墓地M1714	约7.34	鼎1、盘1、匜1	《上村岭》第67页表一
55	春秋早期	不明	1979年河南罗山县高店公社高店村春秋墓	不明	鼎2、壶1、盆1、盘1、匜1、舟1等	《中原文物》1981年4期
56	春秋早期	不明	1972年河南罗山县高店村窖藏	窖藏	壶1、盘1、匜1	《文物》1980年1期
57	春秋早期	不明	1974年河南信阳长台关乡彭岗村春秋墓	不明	盘1、匜2	《文物》1980年1期
58	春秋早期	不明	1979年河南信阳吴家店乡坟扒村土坑墓	约7.5	鼎2、盘1、匜1等	《文物》1980年1期
59	春秋早期	男性	1978年河南信阳市五星公社平西大队春秋墓M2	约16.24	鼎2、簠4、壶2、盘1、匜1等	《文物》1981年1期
60	春秋早期	女性	1978年河南信阳市五星公社平桥南山嘴春秋墓M1	约14.96	鼎1、鬲2、壶1、盆1、盘1、匜1	《文物》1981年1期
61	春秋早期	不明	1981年河南信阳明港春秋墓	不明，墓葬被破坏	鼎4、鬲2、壶3、盘1、匜1	《中原文物》1981年4期
62	春秋早期	不明	洛阳中州路东周墓M2415	约15.21	鼎1、簋1、盘1、匜1、舟1等	《洛阳中州路》第151页表四

续表

序号	时代	报告显示墓主性别及地位等	出土单位	墓葬面积/平方米	出土青铜礼器	资料来源
63	春秋早期	不明	1980年河南省泌阳县郭岗村春秋墓	不明	盘1、匜1	《文物资料丛刊（6）》第170页
64	春秋早期	男性，大夫	2003年南阳市物资城春秋墓M1	不明	鼎6、簠4、缶2、敦1、盘1、匜1等	《中原文物》2004年2期
65	春秋早期	不明	1975年河南桐柏县城郊公社新庄生产队春秋墓	不明	鼎3、鬲2、豆4、壶2、盘1、匜1等	《考古》1983年8期
66	春秋早期	不明	1964年河南桐柏县月河公社东周墓	不明	鼎1、罍1、盘1、匜1等	《考古》1965年7期
67	春秋早期	不明	2001～2002年河南桐柏月河M4	约10.85	鼎2、鬲2、罍2、盘1、匜1等，盘、匜放置在边箱西端	《文物》2005年8期
68	春秋早期	不明	2001～2002年河南桐柏月河M22	约12.9	鼎2、壶2、盘1、匜1等	《文物》2005年8期
69	春秋早期	男性	1983年河南光山县宝相寺黄君孟墓G1	夫妇合葬墓，约97.6	鼎2、豆2、壶2、罍2、盘1、匜1等	《考古》1984年4期
70	春秋早期	女性	1983年河南光山县宝相寺黄君孟夫人墓G2	夫妇合葬墓，约97.6	鼎2、鬲2、豆2、壶2、罍2、盉2、盘1、匜1等	《考古》1984年4期
71	春秋早期	不明	1971年河南新野县城关镇小西关村古墓	约9.5	圆鼎1、敦形鼎1、甗1、簠2、盆1、盘1、匜1等	《文物》1973年5期
72	春秋早期	不明	1982年河南确山县竹沟镇发现铜器	窖穴情况不明	鼎1（丢失）、鬲1、盘1、匜1	《考古》1993年1期
73	春秋早期	女性，鄂侯夫人	2012年河南南阳夏饷铺鄂国墓地M1	约34.98	鼎7、鬲3、簠2、簋盖2、盘1、匜1、方壶盖2	《江汉考古》2019年4期
74	春秋早期	女性，鄂侯夫人	2012年河南南阳夏饷铺鄂国墓地M16	约16.8	鼎3、鬲4、簋4、壶2、盘1、匜1	《江汉考古》2019年4期
75	春秋早期	男性，鄂侯	2012年河南南阳夏饷铺鄂国墓地M19	约16.17	鼎2、簋4、圆壶2、盘1、匜1	《江汉考古》2019年4期

续表

序号	时代	报告显示墓主性别及地位等	出土单位	墓葬面积/平方米	出土青铜礼器	资料来源
76	春秋早期	男性，晋文侯仇	1994年山西天马—曲村晋侯墓地M93	约34.56，中字形墓	礼器组：鼎5、簋6、甗1、壶2、盘1、匜1；明器组：鼎1、簋1、尊1、卣1、爵1、觯1、方彝1、盘1	《文物》1995年7期
77	春秋早期	女性	1976年山西闻喜上郭村M4	约6.93	鼎1、簋1、舟1、盘1、匜1	《三晋考古（1）》第127、128页
78	春秋早期	男性，士级别	1976年山西闻喜上郭村M6	约6.46	鼎1、盘1、匜1	《三晋考古（1）》第125页
79	春秋早期	不明	1989年山西闻喜上郭村M12	约17.3	鼎1、盘1、匜1	《三晋考古（1）》第153页
80	春秋早期	不明	1963～1987年山西侯马上马墓地M1287	约9.8	鼎3、盘1、匜1等	《上马墓地》第321页续附表
81	春秋早期	男性	1986年山西侯马上马墓地M1284	约9.95	鼎2、盘1、匜1等	《文物》1988年3期
82	春秋早期	不明	1963～1986年山西侯马上马墓地M4078	约12.98	鼎3、簠2、盘1、匜1等	《文物》1989年6期
83	春秋早期	男性，楷侯家臣，士级别	2006年山西黎城西关春秋墓地M7	约23.4	鼎1、簋2、壶2、盘1、匜1	《江汉考古》2020年4期
84	春秋早期	性别不明，推测为M7夫人	2006年山西黎城西关春秋墓地M8	约13.2	鼎1、簋2、甗1、壶2、盘1、匜1	《江汉考古》2020年4期
85	春秋早期	不明	1975～1976年湖北随县万店公社周家岗春秋墓	不明	鼎2、鬲2、簋2、壶2、盘1、匜1等	《考古》1984年6期
86	春秋早期	不明	1979年湖北随县安居公社桃花坡M1	约6.15	鼎2、鬲4、簋4、壶1、有流盘1、匜1等	《文物》1982年12期
87	春秋早期	不明	1979年随县安居公社桃花坡M2	约6.3	鼎4、鬲2、簋1。据传曾出土盘1、匜1，已散失	《文物》1982年12期
88	春秋早期	不明	1978年湖北随县何店公社出土	出土单位性质不明	鼎2、鬲4、簋2、甗1、壶2、盘1、匜1等	《考古》1982年2期
89	春秋早期	不明	1993年湖北随州义地岗M83	不明	鬲1、盘1、匜1	《江汉考古》1994年2期

续表

序号	时代	报告显示墓主性别及地位等	出土单位	墓葬面积/平方米	出土青铜礼器	资料来源
90	春秋早期	不明	2002年湖北枣阳郭家庙曾国墓地M1	墓葬被破坏，约8	鼎1、簠2、盘1、残匜1	《枣阳郭家庙》第90～95页
91	春秋早期	不明	1983年湖北枣阳郭家庙曾国墓地M2	不明	鼎1、簋1、罍1、盘1、匜1	《枣阳郭家庙》第189页
92	春秋早期	女性	2014～2015年湖北枣阳郭家庙曹门湾墓地M22	约11.5	鼎1、簠2、盘1、匜1	《江汉考古》2016年5期
93	春秋早期	女性	2014～2015年湖北枣阳郭家庙曹门湾墓地M43	约13.7	鼎1、簠2、盘1、匜1	《江汉考古》2016年5期
94	春秋早期	不明	1966年湖北京山苏家垄（应为曾国墓葬）	不明	鼎9、鬲9、簋7、甗1、豆2、方壶2、盉1、盘1、匜1等	《文物》1972年2期
95	春秋早期	不明	1951年山东烟台黄县归城出土	出土单位性质不明	鼎1、鬲1、盨4、盘1、匜1	《古文字研究（第19辑）》第68页
96	春秋早期	不明	1980年山东滕县后荆沟一残墓	约14.4	鼎2、鬲2、簋2、簠2、盘1、匜1、罐2等	《文物》1981年9期
97	春秋早期	不明	山东曲阜鲁国故城甲组墓M202	约4.2	盆1、盘1、匜1、舟1	《鲁故城》第219页续表2
98	春秋早期	不明	1984年山东临淄齐国故城一座墓葬	约3.92	鼎3、簋2、壶1、盘1、匜1、舟1等	《考古》1988年1期
99	春秋早期	男性	1977年山东临朐县嵩山公社泉头村甲墓	约12	鼎2、鬲5、盘1、匜1、舟1	《文物》1983年12期
100	春秋早期	女性	1981年山东临朐县嵩山公社泉头村乙墓	约12	鼎3、鬲2、簠2、盘1、匜1、壶1	《文物》1983年12期
101	春秋早期	不明	1978年泉头村社员在甲、乙墓东约400米春秋墓	不明	鼎1、匜1	《文物》1983年12期
102	春秋早期	不明	1994年山东安丘柘山镇东古庙村春秋墓	不明	鼎5、鬲2、罍4、觯2、壶1、盘1、匜1、单耳杯1（报告称盉）等	《文物》2012年7期

续表

序号	时代	报告显示墓主性别及地位等	出土单位	墓葬面积/平方米	出土青铜礼器	资料来源
103	春秋早期	男性，疑为郳君庆	2002年山东枣庄春秋小邾国墓地M2	约33.35，一条墓道	鼎4、鬲4、簠4、罍1、壶2、盘1、匜1	《小邾国》第6、7页，《中国历史文物》2003年5期，《海岱考古（4）》第152~170页
104	春秋早期	女性	2002年山东枣庄春秋时期小邾国墓地M3	约30.8	鼎3、匜形鼎1、鬲2、簠4、罍2、壶2、盘1、匜1、方奁1	《小邾国》第6、7页，《中国历史文物》2003年5期，《海岱考古（4）》第174~180页
105	春秋早期	不明	1965年山东邹县七家峪春秋墓	墓葬被破坏，面积不明	鼎6、鬲5、簠8、罍2、壶1、盘1、匜1等	《考古》1965年11期
106	春秋早期	不详	1998年陕西宝鸡南阳村春秋秦墓M1	8.8	鼎3、簋2、壶2、盘1、匜1。墓葬被盗、组合不完整	《考古》2001年7期
107	春秋早期	卿大夫级别	1974年陕西户县南关春秋秦墓	不明	鼎5、簋4、壶2、盘1、匜1	《文博》1989年2期
108	春秋早期	诸侯级别	1982年陕西户县南关春秋秦墓	约10.95	鼎7、簋6、壶2、盘1、匜1	《文博》1989年2期
109	春秋早期	秦国卿大夫	1974年陕西户县宋村秦墓M3	口小底大，口不明，底约23.4	鼎5、簋4、壶2、甗1、盘1、匜1	《文物》1975年10期
110	春秋早期	不详	1966年陕西户县宋村秦墓	出土情况不明	鼎、簋、壶、盘、匜等，组合不完整	《文物》1975年10期
111	春秋早期	男性，士级别	2017年陕西澄城刘家洼春秋芮国墓地M49	约15.64	鼎3、簋4、甗1、壶2、盘1、匜1	《文物》2019年7期
112	春秋早期	男性，士级别，芮室宗亲	2017年陕西澄城刘家洼春秋芮国墓地M6	约14.8	鼎3、甗1、壶2、盘1、匜1	《考古与文物》2019年2期

续表

序号	时代	报告显示墓主性别及地位等	出土单位	墓葬面积/平方米	出土青铜礼器	资料来源
113	春秋早期	不明	1993年甘肃天水市古墓	墓葬被破坏，面积不明	鼎4、盘1、匜1	《考古与文物》1998年3期
114	春秋早期	不明	2015年甘肃礼县大堡子山春秋秦墓M32	约8.4	鼎3、簋2、壶2、盘1、匜1	《文物》2018年1期
115	春秋早期	不明	1985年宁城小黑石沟石椁墓M8501	墓葬遭到破坏，面积不明	方鼎1、鬲1、簋2、罍1、盉1、豆2、壶1、尊1、匜7、盨盖1以及六联罐、鼓腹罐等	《小黑石沟》第264页
116	春秋早期	不明	1982年安徽怀宁春秋墓	墓葬遭到破坏，情况不明	云纹鼎2、牲鼎1、缶1、盉1、匜1等	《文物》1983年11期
117	春秋早期	不明	1975年安徽寿县肖严湖	约1，出土单位性质不明	鼎1、小方簋1、羊尊1、缶2、匜1	《文物》1990年11期
118	春秋早期	不明	1987年安徽宿县谢芦村	出土单位性质不明	鼎1、鬲2、簋1、匜1	《文物》1991年11期
119	春秋早期	不明	1972年安徽繁昌县孙村镇窑上村	出土单位性质不明	鼎3、匜1	《皖南商周青铜器》第1页宫希成文
120	春秋早期	不明	1986年安徽芜湖县火龙岗镇韩墩村	出土单位性质不明	鼎1、匜1	《皖南商周青铜器》第1页宫希成文
121	春秋早期	不明	1989年铜陵市区谢垅一椭圆形窖藏	窖藏	鼎1、甗1、曲柄盉1、匜1	《皖南商周青铜器》第1～2页宫希成文
122	春秋早期	不明	1971年安徽肥西柿树岗小八里村墓葬	不明	鼎2、簋2、盘1、匜1、盉1	《东方博物（第63辑）》第40页

续表

序号	时代	报告显示墓主性别及地位等	出土单位	墓葬面积/平方米	出土青铜礼器	资料来源
123	春秋早期	不明	1982年江苏丹徒磨盘墩周墓	约5.06	尊1、匜1	《考古》1985年11期
124	春秋中期	不明	山东郯城县大埠二村M1	约32.2	鼎2、鬲1、罐2、舟1、壶1、盆1、盘1、匜1、连体罐1等	《海岱考古（4）》第115～123页
125	春秋中期	女性	1995年山东长青仙人台周代墓地M4	约9.6	鼎5、簋4、甗1、敦1、壶2、觚形杯1、舟1、罐1、盘1、匜1等	《文物》2019年4期
126	春秋中期	男性，曾侯丙	2012年湖北随州文峰塔东周墓地M18	约258.96，“亚”字形墓	鼎、鬲、簋、簠、鉴、方壶、方缶、匜等70余件	《考古》2014年7期
127	春秋中期	男性，大夫	2003年陕西凤翔孙家南头春秋秦墓M191	约27.7	鼎6、簋4、甗1、敦1、壶2、盘1、匜1	《考古与文物》2013年4期
128	春秋中期	男性，大夫	2003年陕西凤翔孙家南头春秋秦墓M126	约14.5	鼎5、簋4、甗1、敦1、壶2、盘1、匜1	《考古与文物》2013年4期
129	春秋中期	不详	1963年陕西宝鸡阳平镇秦家沟村秦墓M1	约9.02	鼎3、簋4、壶2、盘1、匜1等	《考古》1965年7期
130	春秋中期	不详	1963年陕西宝鸡阳平镇秦家沟村秦墓M2	不明	鼎3、簋4、壶2、盘1、匜1等	《考古》1965年7期
131	春秋中期	不详	1959年陕西宝鸡福临堡东周墓葬M1	约7.88	鼎3、簋2、甗1、敦1、方壶2、盘1、匜1等	《考古》1963年10期
132	春秋中期	不明	洛阳中州路东周墓M4	约8.64	鼎3、簋1、簠2、罍2、盘1、匜1、舟1等	《洛阳中州路》第152页，表五
133	春秋中期	性别不明，卫国中小型贵族或中下级军事将领	2004年安阳市王古道村村南东周墓M1	约8.05	鼎1、壶2、盘1、明器匜1、双耳罐2	《华夏考古》2008年1期

续表

序号	时代	报告显示墓主性别及地位等	出土单位	墓葬面积/平方米	出土青铜礼器	资料来源
134	春秋中期	性别不明，卫国中小型贵族或中下级军事将领	2004年安阳市王古道村村南东周墓M2	约10.2	鼎2、甗1、簠1、壶2、明器匜1、双耳罐2	《华夏考古》2008年1期
135	春秋中期	不明	1961年山西侯马上马墓地M5	约11.6	鼎3、簋？、盘1、匜1等	《考古》1963年5期
136	春秋中期	不明	1989年山西省闻喜上郭村M33	约13.8	匜鼎1、盆1、匜1	《三晋考古（1）》第153页
137	春秋中期	男性	1977年山东沂水刘家店子1号墓	约102.4	鼎16、鬲9、簋7、甗1、壶7、罍4、瓿2、盆2、盘1、匜1、舟2、盂1、盉1、罐1	《文物》1984年9期
138	春秋中期	女性	1977年山东沂水刘家店子2号墓	约33.15	鼎9、罍2、壶、罐、盘、匜等	《文物》1984年9期
139	春秋中期	女性	2011年山东淄博市临淄区刘家新村春秋墓M19	约4.86	盘1、匜1	《考古》2013年5期
140	春秋中期	男性，士级别	2011年山东淄博市临淄区刘家新村春秋墓M28	约10.92	鼎3、簋4、甗1、壶2、盘1、匜1、舟2	《考古》2013年5期
141	春秋中期	不明	1973年湖北江陵郢城岳山大队楚墓	墓葬被破坏，面积不明	鼎1、簠1、盏1、浴缶1、盘1、匜1等	《文物》1982年10期
142	春秋中期	女性	2016年湖北京山苏家垄M85	约9.29	鼎1、甗1、簠1、盘1、匜1	《江汉考古》2018年1期，《江汉考古》2019年4期
143	春秋中期	不明	1969年湖北枝江县百里洲八亩公社王家岗出土	出土单位性质不明	鼎3、簠2、方壶1、盘1、匜1	《文物》1972年3期
144	春秋中期	不明	1978年山东滕州市薛国故城M1	约36.38	鼎8、鬲6、簋6、簠2、壶3、盘1、匜1、舟1等	《考古学报》1991年4期

续表

序号	时代	报告显示墓主性别及地位等	出土单位	墓葬面积/平方米	出土青铜礼器	资料来源
145	春秋中期	不明	1978年山东滕州市薛国故城M2	约30.4	鼎8、鬲6、簋6、簠2、壶3、盘1、匜1、舟1等	《考古学报》1991年4期
146	春秋中期	不明	1978年山东滕州市薛国故城M4	不明	器物箱：鼎11、鬲6、簋6、簠2、壶3、盉1、盘2、匜1、鸟形杯3、鉴1、舟1等	《考古学报》1991年4期
147	春秋中期	士大夫	1998年洛阳613研究所C1M6112	约10.14	鼎3、簠2、敦1、壶2、盘1、匜1、舟1等	《文物》1999年8期
148	春秋中期	不明	1992年洛阳市木材公司M3529	约6.3	鼎1、敦1、罍2、盘1、匜1、舟1	《中国国家博物馆馆刊》2011年8期
149	春秋中期	不明	1963～1987年山西侯马上马墓地M1010	约10.08	鼎、簋、甗、盘、匜、舟等，数目不详	《上马墓地》第308页续附表
150	春秋中期	不明	1963～1987年山西侯马上马墓地M1015	约10.01	鼎2、敦2、盘1、匜1、舟1等	《上马墓地》第309页续附表
151	春秋中期	不明	1987年山西临猗程村东周墓M1	约12	鼎4、簋1、甗1、鉴2、匜1等	《考古》1991年11期
152	春秋中期	不明	1987年山西临猗程村东周墓M2	约17.74	鼎7、鬲2、甗1、镀2、簠2、敦2、方壶2、鉴2、盘1、匜1等	《考古》1991年11期
153	春秋中期	女性，士级别贵族妻	1976年山西闻喜上郭村M7	约7.84	鼎1、簋1、扁壶1、盘1、匜1	《三晋考古（1）》第131、138页
154	春秋中期	不明	1961年山西侯马上马村墓地M13	约20.02	鼎7、鬲2、簋4、甗1、簠2、鉴2、方壶2、盘1、匜1、舟2等	《考古》1963年5期
155	春秋中期	不明	1959年山西侯马上马村春秋墓	不明	鼎3、簋1、豆2、盘1、匜1等	《考古》1959年7期
156	春秋中期	不明	1963～1987年山西侯马上马墓地M1027	约11.2	鼎3、盘1、匜1、敦2、罐1、舟1	《上马墓地》第310页，续附表
157	春秋中期	男性	2005年山西隰县瓦窑坡春秋墓地M29	约15.7	鼎6、甗1、敦1、盆1、舟1、盘1、匜1、鉴1	《考古》2017年5期

续表

序号	时代	报告显示墓主性别及地位等	出土单位	墓葬面积/平方米	出土青铜礼器	资料来源
158	春秋中期	女性，与M29为夫妻	2005年山西隰县瓦窑坡春秋墓地M30	约18.36	鼎5、鬲3、簋2、簠2、豆1、壶2、盆2、盘1、匜1、舟1等	《考古》2017年5期
159	春秋中期	高级贵族	2005年河南洛阳体育场东周墓M8830	约7.77	鼎5、簋1、簠2、壶2、罍2、匜1、舟1	《文物》2011年8期
160	春秋中期	不明	1981年河南洛阳东周铜器墓C1M4	约7.27	鼎1、簋1、盘1、匜1、舟1等	《中原文物》1983年4期
161	春秋中期	不明	1981年河南洛阳东周铜器墓C1M124	约8.51	鼎1、簋1、盘1、匜1、舟1等	《中原文物》1983年4期
162	春秋中期	不明	1983年河南洛阳西工区LBM4	约9.96	鼎1、簋1、罍2、盘1、匜1、舟1等	《考古》1985年6期
163	春秋中期	不明	河南洛阳中州路东周墓M6	约7.68	鼎1、簋1、盘1、匜1、舟1等	《洛阳中州路》第152页表五
164	春秋中期	男性，卿大夫以上	2005年河南洛阳西工区M8832	约12.6	鼎8、簋1、簠4、壶3、罍2、盘1、匜3、舟1等	《考古》2011年9期
165	春秋中期	男性，低于卿大夫	1992年河南洛阳市西工区M3422	约14.4	鼎5、豆2、罍2、盘1、匜1、舟1等	《考古》2016年4期
166	春秋中期	男性，卿大夫	1992年河南洛阳市西工区M3494	约15	鼎5、簋1、壶2、盘1、匜1等	《考古》2016年4期
167	春秋中期	男性，卿大夫	1992年河南洛阳市西工区M3490	约10.53	鼎5、簋1、簠2、罍2、盘1、匜1、舟1等	《考古》2016年4期
168	春秋中期	不明	1966年河北唐县钓鱼台积石墓	约4.55	鼎1、罍1、镀1、敦1、器盖1、匜1、舟1	《中原文物》2007年6期
169	春秋中期	不明	1971年河南尉氏河东周村春秋墓	不明	鼎2、簠2、簋4、壶1、盘2、匜4、舟3等	《中原文物》1982年4期
170	春秋中期	女性，以邓之妻	1978～1979年河南淅川下寺春秋楚墓M7	35	鼎2、簠2、盏1、浴缶2、盘1、匜1	《下寺》第26～38、326页

续表

序号	时代	报告显示墓主性别及地位等	出土单位	墓葬面积/平方米	出土青铜礼器	资料来源
171	春秋中期	男性，楚叔之孙，高级贵族	1978～1979年河南淅川下寺春秋楚墓M8	41.18	鼎1、簠4、盉1、匜1、浴缶盖握手1	《下寺》第6～16、326页
172	春秋中期	不明	1978～1979年河南淅川县下寺春秋墓M36	约13.2左右	鼎2、簠2、浴缶2、盘1、匜1	《下寺》第39～40页
173	春秋中期	男性，郑国国君	1923年河南新郑李家楼郑公大墓	不明	鼎16、鬲9、簋11、甗1、簠3、罍2、壶6、鉴2、盘3、匜4、舟5	《新郑郑公大墓青铜器》第36页
174	春秋中期	不详	1996年河南罗山县高店乡高庙砖瓦厂春秋墓	5.85	鼎1、簠2、壶2、盘1、匜1	《曾国青铜器》第391页
175	春秋中期	士以上，男性	2004年河南南阳李八庙春秋墓	约3.04	鼎2、甗1、盏1、浴缶1、盘1、匜1	《文物》2012年4期
176	春秋中期	不明	1978年山西浑源李峪墓M3	不明	簋形器1、鬲1、壶1、盘1、匜1等	《考古》1983年8期
177	春秋中期	男性，大夫	1988年湖北当阳赵巷M4	约45.1	盘1、匜1	《文物》1990年10期
178	春秋中期	不明	2001年湖北郧县五峰乡肖家河春秋墓	约3.8	鼎1、盏1、鈚1、盘1、匜1	《江汉考古》2003年1期
179	春秋中期	不明	1985年湖北枝江姚家港高山庙楚墓M14	约8	鼎2、簠2、缶1、盘1、匜1、斗1	《文物》1989年3期
180	春秋中期	不明	1972年湖北襄阳山湾15号墓	约10.11	鼎1、盏1、缶1、盘1、残匜1	《江汉考古》1983年2期
181	春秋中期	不明	2002年湖北枣阳郭家庙曾国墓地M8	约10.4	仅1件匜	《枣阳郭家庙》第127页
182	春秋中期	男性，下大夫	2009年湖北襄阳沈岗M1022	约14.24	鼎2、簠2、浴缶1、盘1、匜1等	《文物》2013年7期
183	春秋中期	男性，下大夫或元士	2013年湖北南漳川庙山东周墓地M18	约9.3	鼎2、盏2、浴缶2、盘1、匜1等	《江汉考古》2015年4期
184	春秋中期	曾公求	2018年湖北随州枣树林春秋曾国墓地M190	“甲”字形墓，墓室面积约50.4	鼎5、簠1、壶4、盘1、匜1、舟1等	《考古》2020年7期

续表

序号	时代	报告显示墓主性别及地位等	出土单位	墓葬面积/平方米	出土青铜礼器	资料来源
185	春秋中期	曾公求夫人渔	2018年湖北随州枣树林春秋曾国墓地M191	“甲”字形墓，约39.1	鼎5、鬲5、簋4、簠4、壶2、盘1、匜1、舟1、铜罐1等	《考古》2020年7期
186	春秋中期	不明	2018年湖北随州枣树林春秋曾国墓地M171	不明	除1件匜以外的其他器物随葬情况不明	《考古》2020年7期
187	春秋中期	女性	1998年甘肃礼县圆顶山秦墓98LDM1	约13.7	鼎6、簋2、方壶2、圆壶1、盉1、盘1、匜1、舟1等	《文物》2002年2期
188	春秋中期	男性，与M1为夫妇	1998年甘肃礼县圆顶山秦墓98LDM2	约20.31	鼎5、簋6、方壶2、圆壶1、盉1、盘1、匜1、簠1等	《文物》2005年2期
189	春秋晚期	不明	1986年湖南岳阳凤形嘴山一号墓	约22	鼎2、簠1、盏1、盉1、盘1、匜1等	《文物》1993年1期
190	春秋晚期	女	1985年7月北京延庆军都山东周山戎部落玉皇庙墓地M2	约3.7	鼎1、敦1、盘1、匜1、罍1、舟1等	《军都山（1）》第284页
191	春秋晚期	不明	1980年河北怀来甘子堡春秋墓M1	不明	鼎1、豆1、甗1、罍1、盘1、匜1、舟1等	《文物春秋》1993年2期
192	春秋晚期	不明	1980年河北怀来甘子堡春秋墓M2	不明	鼎2、敦1、罍2、壶1、匜1、舟1等	《文物春秋》1993年2期
193	春秋晚期	不明	1980年河北怀来甘子堡春秋墓M6	不明	共存器物详情未发表	《文物春秋》1993年2期
194	春秋晚期	不明	2004年山西夏县崔家河墓地M2	约21.73	鼎5、豆4、鬲3、壶2、舟2、簠2、甗1、盘1、匜1等	《中国文物报》2005年3月4日第1版
195	春秋晚期	不明	1963～1986年山西侯马上马墓地M4006	约15.3	鼎3、盘1、匜1、舟1	《文物》1989年6期
196	春秋晚期	不明	1961年山西侯马上马墓地M11	约10.64	鼎2、鬲2、簋2、豆1、盘1、匜1等	《考古》1963年5期
197	春秋晚期	不明	1963～1987年山西侯马上马墓地M1004	约34.69	鼎5、豆4、罍2、盘1、匜1、舟1等	《上马墓地》第307页，附表
198	春秋晚期	不明	1963～1987年山西侯马上马墓地M1006	约14.1	鼎2、簋1、盘1、匜1、舟1等	《上马墓地》第307页，附表

续表

序号	时代	报告显示墓主性别及地位等	出土单位	墓葬面积/平方米	出土青铜礼器	资料来源
199	春秋晚期	不明	1963～1987年山西侯马上马墓地M1026	约11.97	鼎1、敦1、盘1、匜1、舟1等	《上马墓地》第309页，续附表
200	春秋晚期	不明	1963～1987年山西侯马上马墓地M2008	约13.76	鼎3、甗1、敦2、镘1、盘1、匜1、舟1等	《上马墓地》第324页，续附表
201	春秋晚期	M1001与M1002是夫妻墓，但究竟谁夫谁妻不清楚	1988年山西临猗程村M1001	约23.5	鼎5、甗1、豆2、方壶2、簠1、盘1、匜1、舟2、鉴2等	《临猗程村墓地》附表1
202	春秋晚期		1988年山西临猗程村M1002	约18.03	鼎5、敦2、方壶2、簠2、鉴2、盘1、匜1、舟2等	《临猗程村墓地》附表1
203	春秋晚期	不明	1988年山西临猗程村M1023	约7.93	鼎1、敦1、盘1、匜1、舟1等	《临猗程村墓地》附表1
204	春秋晚期	不明	1988年山西临猗程村M1024	约9.2	鼎1、敦1、盘1、匜1、舟1等	《临猗程村墓地》附表1
205	春秋晚期	男性	1988年山西临猗程村M1056	约13.98	鼎3、豆1、盘1、匜1、舟1等	《临猗程村墓地》附表1
206	春秋晚期	男性	1988年山西临猗程村M1057	约10.24	鼎1、甗1、敦1、盘1、匜1等	《临猗程村墓地》附表1
207	春秋晚期	男性	1988年山西临猗程村M1064	约9.84	鼎1、敦1、盘1、匜1等	《临猗程村墓地》附表1
208	春秋晚期	男性	1988年山西临猗程村M1082	约11.48	鼎1、敦1、盘1、匜1、舟1等	《临猗程村墓地》附表1
209	春秋晚期	不明	1988年山西临猗程村M0003	约12.63	鼎3、甗1、敦1、盘1、匜1、舟1等	《临猗程村墓地》附表1
210	春秋晚期	不明	1988年山西临猗程村M0004	约10.64	鼎1、簠1、盘1、匜1等	《临猗程村墓地》附表1
211	春秋晚期	不明	20世纪70年代山西长子县羊圈沟东周墓M1	约12.75	鼎2、敦1、豆1、壶2、匜1、舟1	《考古学报》1984年4期
212	春秋晚期	不明	20世纪70年代山西长子县羊圈沟东周墓M2	约10.92	鼎2、豆3、盘1、匜1、舟1等	《考古学报》1984年4期
213	春秋晚期	不明	2005年山西隰县瓦窑坡春秋墓地M23	约18.8	鼎4、敦2、盘1、匜1	《中原文物》2019年1期

续表

序号	时代	报告显示墓主性别及地位等	出土单位	墓葬面积/平方米	出土青铜礼器	资料来源
214	春秋晚期	不明	1975年河南洛阳春秋墓	约8.88	鼎5、簋4、豆1、壶1、盘1、匜1、舟2等	《考古》1981年1期
215	春秋晚期	不明	1994年河南桐柏县月河镇1号墓	约92.4	鼎2、缶2、方壶2、盂1、盘1、匜1等	《中原文物》1997年4期
216	春秋晚期	不明	1998年洛阳市西关中州路98LM535	约3.9	鼎1、豆1、盘1、匜1、双耳杯1	《考古》2002年1期
217	春秋晚期	不明	2003年河南洛阳王城广场战国墓M37	约13.4	鼎2、豆2、壶1、盘1、匜1、舟1	《文物》2009年11期
218	春秋晚期	不明	2001年河南洛阳市纱厂路东周墓JM32	约12.9	鼎3、簠2、敦1、罍2、盘1、匜1、舟1等	《文物》2002年11期
219	春秋晚期	男性，卿大夫	1991年河南洛阳西工区M3498	约16.56	鼎5、豆3、簠2、壶2、罍2、盘1、匜1、舟1	《文物》2010年8期
220	春秋晚期	卿大夫	1991年河南洛阳西工区M3427	约10.08	鼎5、簋1、簠2、壶2、罍2、盘1、匜1、舟1	《文物》2010年8期
221	春秋晚期	不明	河南洛阳中州路东周墓M2729	约10.95	鼎2、豆2、罍2、盘1、匜1、舟1等	《洛阳中州路》第156页表六
222	春秋晚期	不明	河南洛阳中州路东周墓M115	约12	鼎1、豆2、罍2、匜1、舟1等	《洛阳中州路》第154页表六
223	春秋晚期	不明	2004年新郑市郑韩路6号春秋墓	约10.92	鼎1、敦1、盘1、匜1、舟1	《文物》2005年8期
224	春秋晚期	不明	2003～2008年河南新郑西亚斯东周墓地M247	约24.6	鼎1、盘1、匜1、铜簠残片等	《新郑西亚斯》第12～13页
225	春秋晚期	不明	2009年河南新郑铁岭墓地M429	约12.7	鼎1、盏1、盘1、匜1、舟1	《中原文物》2010年1期
226	春秋晚期	不明	2009年河南新郑铁岭墓地M550	约18.6	鼎1、盏1、盘1、匜1、舟1	《中原文物》2010年5期
227	春秋晚期	中年女性	2011年河南新郑铁岭墓地M1404	约14	鼎1、盏1、盘1、匜1、舟1	《中原文物》2012年2期
228	春秋晚期	青年男性	2011年河南新郑铁岭墓地M1405	约20.1	鼎1、甗1、盏1、壶1、盘1、匜1、舟1	《中原文物》2012年2期

续表

序号	时代	报告显示墓主性别及地位等	出土单位	墓葬面积/平方米	出土青铜礼器	资料来源
229	春秋晚期	不明	1979年河南新郑李家村春秋墓	墓葬被盗，情况不明	鼎1、敦1、盘1、匜1、舟1	《考古》1983年8期
230	春秋晚期	不明	2010年河南淇县宋庄东周墓地M4	约20.7	鼎3、敦4、壶1、盒1、盘1、匜1、舟1	《华夏考古》2015年4期
231	春秋晚期	不明	1957年河南陕县M2056	约11.76	鼎3、簋1、盘1、匜1、舟1	《陕县东周秦汉墓》第205页续附表一
232	春秋晚期	不明	1957年河南陕县M2061	约7.6	鼎1、簋1、盘1、匜1、舟1	《陕县东周秦汉墓》第205页续附表一
233	春秋晚期		1983年河南固始万营山陪葬坑	约1.6	鼎2、簠1、敦1、缶1、盘1、匜1、舟1等	《考古》1992年3期
234	春秋晚期	不明	1980年河南固始白狮子地一号墓	约132	鼎2、壶2、匜2、熏炉1等	《中原文物》1981年4期
235	春秋晚期		1978年河南固始侯古堆一号墓陪葬坑	约126，有一条斜坡墓道	鼎9、簠4、罍1、方豆2、壶2、盉1、匜1、舟2、三足带盖壶等	《文物》1981年1期
236	春秋晚期	女性	1990年河南省淅川县和尚岭楚墓M2	约55.05	鼎7、簠2、敦1、壶2、浴缶1、盘1、匜1、斗1等	《淅川和尚岭与徐家岭楚墓》第24～45、118页
237	春秋晚期	男性，楚国高级贵族	1990年河南省淅川县徐家岭楚墓M9	约169.2	鼎4、鬲3、簠1、尊缶2、浴缶2、鉴1、盘1、匜1、盆1等	《淅川和尚岭与徐家岭楚墓》第174～187、217页
238	春秋晚期	夫妻合葬墓	2008年河南南阳八一路住宅小区春秋楚彭射墓M38	约35	圆鼎5、汤鼎1、簠4、盏1、尊缶2、浴缶2、盘1、匜1	《文物》2011年3期
239	春秋晚期	男性，大夫级贵族	2008年河南南阳八一路住宅小区春秋楚墓M1	约26.1	鼎5、簠4、尊缶2、浴缶2、盘1、匜1、斗1等	《文物》2020年10期

续表

序号	时代	报告显示墓主性别及地位等	出土单位	墓葬面积/平方米	出土青铜礼器	资料来源
240	春秋晚期	女性，M1墓主彭启夫人	2008年河南南阳八一路住宅小区春秋楚墓M2	约16.6	鼎3、簠2、敦1、尊缶2、浴缶1、盘1、匜1、斗2等	《文物》2020年10期
241	春秋晚期	不详	1966年河南省潢川县隆古公社高稻场蔡公子义墓	不明	鼎1、敦1、簠1、盘1、匜1、浴缶1、舟1	《文物》1980年1期
242	春秋晚期	孟滕姬，女性，王子午夫人	1978～1979年河南淅川县下寺春秋墓M1	约70.3	鼎13、盏1、鬲2、簠2、簋1、壶2、盉1、尊缶2、浴缶2、盘1、匜1、斗1、勺2等	《下寺》第50～75、325页
243	春秋晚期	令尹子庚	1978～1979年河南淅川县下寺春秋墓M2	约58.9	鼎19、鬲2、簠1、禁1、俎1、簋2、浴缶2、尊缶2、盘1、匜1、盆1、盦1、鉴1、舟1、壶冠1、豆1、盏耳1、斗1等	《下寺》第103～137、324页
244	春秋晚期	鄬仲姬丹，女性，王子午夫人	1978～1979年河南淅川县下寺春秋墓M3	约22.47	鼎6、簠4、盏1、浴缶2、尊缶2、盘1、匜1、壶1、盉1、鉴1、盒形器1、斗1、勺2	《下寺》第212～235、326页
245	春秋晚期	性别不明，地位比M1、M3低	1978～1979年河南淅川县下寺春秋墓M4	约18.8	鼎1、簠1、浴缶1、盘1、匜1	《下寺》第240页
246	春秋晚期	不明	1978～1979年河南淅川县下寺春秋墓M10	约23	鼎3、簠2、敦1、尊缶2、浴缶2、盘1、匜1、斗1	《下寺》第247～257页
247	春秋晚期	不明	1978～1979年河南淅川县下寺春秋墓M11	约21左右	鼎2、簠2、敦1、尊缶2、浴缶1、盘1、匜1、斗1	《下寺》第293～302页
248	春秋晚期	女性，下大夫贵族夫人	1994年河南平顶山应国墓地M10	约27.5	鼎5、敦2、尊缶2、浴缶1、盘1、匜1、舟3、斗1	《中原文物》2007年4期

续表

序号	时代	报告显示墓主性别及地位等	出土单位	墓葬面积/平方米	出土青铜礼器	资料来源
249	春秋晚期	应王室后裔，男性，士或者上大夫	1992年河南平顶山应国墓地M301	约20.5	鼎3、簠2、敦1、浴缶2、盘1、匜1	《文物》2012年4期
250	春秋晚期	男性，士大夫	2005年河南南阳万家园M181	约12.9	鼎3、簠2、盏1、洗1、兽尊1、浴缶1、盘1、匜1	《中原文物》2009年1期
251	春秋晚期	女性	2009年山东枣庄徐楼东周墓M1	约36.5	鼎3、簋2、簠4、铺2、罍1、舟1、盘1、匜1、提链罐1、盒2	《文物》2014年1期
252	春秋晚期	男性	2009年山东枣庄徐楼东周墓M2	约30.27	鼎3、盘1、匜1、舟1	《文物》2014年1期
253	春秋晚期	不明	1994年山东海阳县嘴子前春秋墓M4	约45.68	鼎7、甗1、豆？、壶2、舟1、盆2、盂1、匜1等	《考古》1996年9期
254	春秋晚期	不明	1979年山东邹平县大省村东周墓M1	不明	鼎1、鉴1、盘1、匜1、舟2	《考古》1986年7期
255	春秋晚期	不明	1956年山东泰安市黄花岭村东周墓	不明	鼎1、盨1、爵1、盘1、匜1、舟2等	《考古与文物》2000年4期
256	春秋晚期	男性	2003年山东新泰周家庄东周墓葬M2	约11.64	鼎2、甗1、豆4、壶1、盘1、匜1、舟2	《文物》2013年4期
257	春秋晚期	不明	山东曲阜鲁国故城甲组墓M116	约6.93	鼎1、盨2、盖豆2、盘1、残匜1	《鲁故城》第217页，表五
258	春秋晚期	不明	1978年山东滕州薛国故城M9	约5.4	鼎1、豆2、盘1、匜1	《考古学报》1991年4期
259	春秋晚期	女性	2006年湖北十堰郧阳区乔家院春秋殉人墓M4	约28.62	鼎2、簠2、盏1、浴缶2、盘1、匜1	《考古》2008年4期
260	春秋晚期	男性，与M6为夫妻合葬墓	2006年湖北十堰郧阳区乔家院春秋殉人墓M5	约30.7	鼎2、簠2、尊缶2、浴缶1、盘1、匜1	《考古》2008年4期
261	春秋晚期	女性	2006年湖北十堰郧阳区乔家院春秋殉人墓M6	约26.7	鼎2、簠2、尊缶2、浴缶1、盘1、匜1	《考古》2008年4期
262	春秋晚期	不明	1972年湖北襄阳山湾6号墓	约8.69	鼎2、簠2、缶2、盘1、匜1、瓢1等	《江汉考古》1983年2期

续表

序号	时代	报告显示墓主性别及地位等	出土单位	墓葬面积/平方米	出土青铜礼器	资料来源
263	春秋晚期	不明	1972年湖北襄阳山湾33号墓	约7.01	鼎2、簠1、敦1、缶1、盘1、匜1、瓢1等	《江汉考古》1983年2期
264	春秋晚期	不明	1972年湖北襄阳山湾14号墓	约8.28	鼎1、簠1、缶1、盘1、匜1、瓢1等	《江汉考古》1983年2期
265	春秋晚期	不明	2012年湖北随州文峰塔东周墓地M33	约20.02	鼎6、鬲4、簋4、尊缶2、浴缶1、壶3、盂1、盉1、盘1、匜1	《考古》2014年7期
266	春秋晚期	男性，曾公子去疾	2011年湖北随州义地岗M6	约11.13	鼎2、甗1、簠2、壶2、缶1、匜1、斗1等	《江汉考古》2012年3期
267	春秋晚期	不明	1988年湖北襄阳团山东周墓M1	约14.7	鼎2、簠2、缶2、盘1、匜1等	《考古》1991年9期
268	春秋晚期	性别不明，楚国贵族	1989年湖北宜城市蒋湾母牛山M1	约8.05	鼎2、簠2、浴缶1、盘1、匜1	《考古》2008年9期
269	春秋晚期	上士，殉人	1996年湖北钟祥黄土坡东周墓M31	约9.36	鼎1、盏1、盘1、匜1	《考古学报》2009年2期
270	春秋晚期	上士	1996年湖北钟祥黄土坡东周墓M3	约10.62	鼎2、簠1、浴缶1、尊缶1、鉴1、盘1、匜1	《考古学报》2009年2期
271	春秋晚期	不明	1974年湖北当阳赵家湖楚墓	不明	鼎2、簠1、缶1、盘1、匜1	《江汉考古》1983年1期
272	春秋晚期	男性，曾少宰黄仲酉	1994年湖北随州东风油库M1	约8.51	鼎1、甗1、簠1、方壶1、盘1、匜1	《文物》2008年2期，《曾国青铜器》第338页
273	春秋晚期	不明	1994年湖北随州东风油库M2	约9	鼎1、簠1、方壶1、盘1、匜1	《文物》2008年2期，《曾国青铜器》第354页
274	春秋晚期	女性，曾仲姬	1994年湖北随州东风油库M3	约12.87	鼎1、豆1、壶1、盘1、匜1	《文物》2008年2期，《曾国青铜器》第362页
275	春秋晚期	不明	1980年江苏吴县何山东周墓	不明	鼎5、簠2、缶1、盉1、盘1、匜1等	《文物》1984年5期

续表

序号	时代	报告显示墓主性别及地位等	出土单位	墓葬面积/平方米	出土青铜礼器	资料来源
276	春秋晚期	不明	1972年江苏六合程桥东周2号墓	约22.9	鼎3、匜1等	《考古》1974年2期
277	春秋晚期	不明	1988年江苏六合程桥东周3号墓	不明	鼎2、甗1、簠1、盘1、匜1、舟1等	《东南文化》1991年1期
278	春秋晚期	不明	1985年江苏镇江谏壁王家山东周墓	约18	盉1、盘1、匜1、鉴1、虎子1等	《文物》1987年12期
279	春秋晚期	男性，蔡侯	1955年5月安徽寿县西门内春秋蔡侯墓	约60	鼎18、汤鼎1、鬲8、簋8、簠4、敦2、豆4、方壶2、尊3、盉1、鉴5、尊缶4、浴缶2、盘4、匜1、盆3、瓢4	《寿县蔡侯墓出土遗物》第4、6～10页
280	春秋晚期	男性，钟离国君柏	2008年安徽双墩1号春秋楚墓	圆形土坑墓，约320.3，一条斜坡墓道	鼎5、甗1、簠4、豆2、罍2、盉1、盘1、匜2、双连盒1	《考古学报》2013年2期
281	春秋晚期	男性，赵卿	1988太原市南郊金胜村赵卿墓M251	约101.2	鼎27、鬲5、甗2、簠2、豆14、壶8、鸟尊1、鉴6、罍2、舟4、盘2、匜2等	《太原晋国赵卿墓》第17～75页
282	战国早期	不明	1987年河南新郑新禹公路战国墓M1	墓葬被盗，情况不明	鼎1、敦1、盘2、匜1、舟1等	《考古》1994年5期
283	战国早期	不明	1988年河南新郑新禹公路战国墓M2	约7.84	鼎1、敦1、盘1、明器匜1、舟1	《考古》1994年5期
284	战国早期	不明	1988年河南新郑新禹公路战国墓M13	约10.14	鼎1、敦1、盘1、明器匜1、舟1	《考古》1994年5期
285	战国早期	不明	2000年洛阳高速公路伊川段LJM74	约17.55	鼎4、盘1、匜1、杯1等	《文物》2001年6期
286	战国早期	不明	1984～1988年洛阳战国墓C1M2547	约10.11	鼎2、豆2、壶1、匜1、匕2等	《考古》1991年6期
287	战国早期	不明	洛阳中州路东周墓M2717	约15.75	鼎5、甗1、豆4、壶7、盘1、匜1、舟1等	《洛阳中州路》第157页表七
288	战国早期	不明	1957年河南陕县M2060	约10.4	鼎1、壶2、盘1、匜1等	《陕县东周秦汉墓》第205页续附表一

续表

序号	时代	报告显示墓主性别及地位等	出土单位	墓葬面积/平方米	出土青铜礼器	资料来源
289	战国早期	不明	1957年河南陕县M2144	约14.96	鼎3、豆2、壶2、盘1、匜1	《陕县东周秦汉墓》第209页续附表一
290	战国早期	不明	1957年河南陕县M2041	约17.76	鼎5、鬲2、甗1、豆6、簠2、壶2、盘1、匜1、鉴2、舟1	《陕县东周秦汉墓》第204页附表一
291	战国早期	不明	1957年河南陕县M2042	约14.58	鼎3、壶2、盘2、匜1、舟1	《陕县东周秦汉墓》第204页附表一
292	战国早期	不明	1957年河南陕县M2044	约13.52	鼎1、豆2、盘1、匜1	《陕县东周秦汉墓》第205页续附表一
293	战国早期	不明	1957年河南陕县M2048	约12.6	鼎2、鬲1、豆2、壶1、鉴1、盘1、匜1	《陕县东周秦汉墓》第205页续附表一
294	战国早期	不明	1957年河南陕县M2121	约18.1	鼎3、壶2、盘1、匜1	《陕县东周秦汉墓》第208页续附表一
295	战国早期	不明	1957年河南陕县M2040	约39.9	鼎17、鬲3、甗1、簠2、敦2、豆10、壶5、勺、盘4、匜2、鉴4、舟2	《陕县东周秦汉墓》第204页附表一
296	战国早期	士级贵族	2003年河南三门峡经开区西苑小区M1	约15.7	鼎3、豆2、壶2、盘1、残匜1	《文物》2008年2期
297	战国早期	不明	1993年河南三门峡市郊原陕县老城东8号战国墓	约17.64	鼎1、豆2、壶2、匜1	《考古》2004年第2期
298	战国早期	不明	1935年河南汲县山彪镇墓地M1	约56.16	鼎14、豆4、簋1、簠1、壶7、甂1、牲尊1、鉴2、盘2、匜1、瓢2（报告称匜）等	《山彪镇与琉璃阁》第4、11～24页
299	战国早期	不明	1993年三门峡市盆景园8号墓	约17.64	鼎1、豆2、壶2、匜1等	《中原文物》2002年1期

续表

序号	时代	报告显示墓主性别及地位等	出土单位	墓葬面积/平方米	出土青铜礼器	资料来源
300	战国早期	男性	1990年河南省淅川县徐家岭楚墓M10	约179.4，有一斜坡墓道	鼎11、鬲5、簠2、簋4、敦2、豆4、壶4、浴缶2、尊缶2、鉴2、盘1、残匜1等	《淅川和尚岭与徐家岭楚墓》第247～267页
301	战国早期	男性	1990年河南省淅川县徐家岭楚墓M1	约85.56，有一条墓道	鼎5、簠2、敦2、尊缶2、浴缶1、盘1、残匜1等	《淅川和尚岭与徐家岭楚墓》第218～232页
302	战国早期	士大夫	1956年河南信阳长台关1号楚墓	约178.3，一条斜坡墓道	鼎5、敦3、壶5、盘4、匜1、盉1、箕1、炉1、夌2等	《信阳楚墓》第3、48～51、121页
303	战国早期	男性	1936年河南辉县琉璃阁甲墓	约113.3	鼎15、鬲4、簠4、簋14、豆8、罍2、壶7、尊1、洗3、方盘1、匜1、舟1等	《山彪镇与琉璃阁》第70页，《瑰宝重现：辉县琉璃阁甲乙墓器物图集》第47页
304	战国早期	女性	1936年河南辉县琉璃阁乙墓	约69.16	鼎10、鬲4、簠4、簋4、豆1、壶1、洗2、盘1、匜1、舟2等	《山彪镇与琉璃阁》第71页，《辉县琉璃阁甲乙墓器物图集》第48页
305	战国早期	不明	1981～1982年河南淇县赵沟土坑墓M1	不明	鼎1、敦1、盘1、匜1、舟1	《中原文物》1984年2期
306	战国早期	不明	1981～1982年河南淇县赵沟土坑墓M2	不明	鼎1、敦1、盘1、匜1	《中原文物》1984年2期
307	战国早期		1977年陕西凤翔高王寺村窖藏	不明	鼎3、甗1、敦2、豆1、壶2、盘1、匜1、盉1	《文物》1981年1期
308	战国早期	不明	1983年陕西凤翔八旗屯西沟道秦墓M3	约37.67	仅1件匜，其余因墓葬被盗，只有铜残片	《文博》1986年3期
309	战国早期	不明	1983年陕西凤翔八旗屯西沟道秦墓M26	约10.36	鼎3、甗1、壶3、豆2、盘3、匜1、盆1、鍪1等	《文博》1986年3期

续表

序号	时代	报告显示墓主性别及地位等	出土单位	墓葬面积/平方米	出土青铜礼器	资料来源
310	战国早期	不明	1977年陕西凤翔高庄秦墓M18	约9.35	釜1、敦1、匜1、舟1等	《考古与文物》1981年1期墓葬登记表
311	战国早期	不明	1977年陕西凤翔高庄秦墓M48	约10.08	鼎1、甗1、敦1、盘1、明器匜1等	《考古与文物》1981年1期墓葬登记表
312	战国早期	不明	1977年陕西凤翔高庄秦墓M49	约8	鼎2、甗1、壶2、盘1、匜1、盂1等	《考古与文物》1981年1期墓葬登记表
313	战国早期	不明	1982年陕西洛南冀塬一号战国墓	约14.76	鼎1、豆2、匜1等	《文物》2001年9期
314	战国早期	不明	1955～1957年陕西长安客省庄202号墓	约7	鼎2、簋2、甗1、壶2、鉴2、盘1、匜1	《沣西发掘报告》第177、134页
315	战国早期	男性，戎狄贵族，大约相当于中原地区大夫级	1995年山西省定襄县官庄乡中霍村古墓葬M1	约20.64	鼎4、甗1、豆2、壶2、盘1、匜1等	《文物》1997年5期
316	战国早期	女性	1962年山西万荣庙前村M 1	约17.3	鼎2、敦1、盘1、匜1、舟1	《三晋考古（1）》第231、233～235页
317	战国早期	男性	1963～1987年山西侯马上马墓地M15	约11.04	鼎3、甗1、豆2、壶2、盘1、匜1、舟2等	《上马墓地》第188页
318	战国早期	不明	1963～1986年山西侯马上马墓地M4090	约8.68	鼎2、豆2、盘1、匜1、舟1	《文物》1989年6期
319	战国早期	不详	1955年山西长治分水岭战国墓M11	约16.97	鼎2、敦2、壶2、匜1、舟1	《长治分水岭》第234～235页
320	战国早期	男性	1954年山西长治分水岭M12	约71.73	鼎5、簋3、簠3、敦2、盘1、匜1、鉴3、甑1、钫2、壶2、舟2	《长治分水岭》第237～239页
321	战国早期	女性，当与M12为夫妇	1959～1961年山西长治分水岭战国墓M25	约37.52	鼎9、鬲2、簋2、豆2、敦2、鉴2、壶2、盘2、匜1、舟1	《考古》1964年3期，《长治分水岭》第264页

续表

序号	时代	报告显示墓主性别及地位等	出土单位	墓葬面积/平方米	出土青铜礼器	资料来源
322	战国早期	不详	1959～1961年山西长治分水岭战国墓M26	约46.67	鼎7、簋4、豆2、簠2、敦2、壶2、钫2、盘1、匜1、鉴3	《考古》1964年3期，《长治分水岭》第272页
323	战国早期	不详	1966年山西长治分水岭战国墓M232	约11.2	鼎2、豆2、盘1、匜1、舟1	《长治分水岭》第324页
324	战国早期	不明	1983年山西省潞城县潞河战国墓M7	约36.48	鼎13、甗1、簠2、豆8、壶2、罍2、罐2、盉1、盘3、匜1、鉴4、舟1等	《文物》1986年6期
325	战国早期	女性	1983年山西省潞城县潞河战国墓M8	约12	鼎1、盒1、壶2、盘1、匜1	《文物》1986年6期
326	战国早期	男性，卿大夫	山东临淄相家庄6号墓	约505.7，一条墓道	鼎1、鬲2、豆5、敦2、舟3、壶1、盘2、匜1、鸭尊1等	《临淄齐墓（1）》第277、429页
327	战国早期	女性	山东临淄东夏庄6号墓13号陪葬坑	约5.39	匜1、舟1	《临淄齐墓（1）》第462页
328	战国早期	女性	山东临淄单家庄1号墓3号陪葬坑	约3.36	盘1、匜1、盒1	《临淄齐墓（1）》第465页
329	战国早期	男性，卿大夫	山东临淄相家庄2号墓9号陪葬坑	约2.6	只有1件匜	《临淄齐墓（1）》第201～203、429页
330	战国早期	不明	2010年山东临淄辛店2号战国墓	约268.6	鼎9、甗1、敦6、豆5、壶4、盉1、提梁壶2、卮1、舟1、盘2、匜1等	《考古》2013年1期
331	战国早期	不明	1988年山东阳信城关镇西北村陪葬坑	约4	鼎2、豆2、敦4、壶2、罍1、盘1、残匜1、舟1、罐1等	《考古》1990年3期
332	战国早期	不明	1990年山东滕州庄里西战国墓M8	约9.07	鼎1、盘1、匜1、豆2、舟2等	《文物》2002年6期
333	战国早期	不明	1979年山东烟台市金沟寨墓葬M1	约5	敦2、残匜1、舟1等	《考古》2003年3期
334	战国早期	性别不明，墓葬规模巨大，被破坏，高级贵族	1973～1975年山东烟台市长岛县王沟村东周墓群M2	约9.74	鼎1、豆2、敦1、壶1、鉴1、匜1、舟1等，其中鼎、壶、舟散失	《考古学报》1993年1期

续表

序号	时代	报告显示墓主性别及地位等	出土单位	墓葬面积/平方米	出土青铜礼器	资料来源
335	战国早期	男性	1978年山东威海东周墓M3	约9.74	敦1、匜1等	《考古》1995年1期
336	战国早期	不明	1970年唐县北城子战国墓M1	约6	鼎1、甗1、豆1、壶1、盘1、匜1等	《文物春秋》1991年1期
337	战国早期	不明	1970年唐县北城子战国墓M2	约8.96	鼎2、簠1、甗1、豆1、壶1、瓿1、匜1、双耳小铜釜1等	《文物春秋》1991年1期
338	战国早期	不明	河北唐山贾各庄春秋墓M18	不明	鼎1、敦1、豆1、壶1、盘1、匜1	《中国考古学报》第6册
339	战国早期	不明	2017年河北涿鹿故城遗址M1	约9.32	鼎3、敦1、豆1、壶2、盘1、匜1	《文物》2019年11期
340	战国早期	男性，40岁左右	2016年河北涿鹿故城遗址M2	约9.8	鼎4、豆2、敦2、壶2、盘1、匜1	《考古》2019年10期
341	战国早期	不明	1970年河北平山县访驾庄战国墓	不明	鼎1、豆（残）1、壶1、盘1、残匜1等	《文物》1978年2期
342	战国早期	不明	1984年河北灵寿县西岔头村战国墓	约3.15	鼎2、豆1、瓿1、盘1、匜1、舟1等	《文物》1986年6期
343	战国早期	不明	2008年北京房山前朱各庄M1	约3.6	鼎1、豆1、甑1、壶1、洗1、盘1、匜1	《文物》2017年4期
344	战国早期	不明	1989年邯郸北大门战国墓	墓葬被破坏，面积不详	鼎2、甗1、敦2、盘1、匜1	《文物春秋》2003年4期
345	战国早期	不明	1966年河北行唐县疙瘩头乡庙上村战国墓M1	墓葬被破坏，面积不详	鼎1、簠1、甗1、壶1、匜1、洗1	《河北省考古文集》第199~201页
346	战国早期	不明	1973年江苏六合县和仁东周墓	约15.05	鼎1、匜1等	《考古》1977年5期
347	战国早期	不明	1975年苏州虎丘东周墓	不明	鼎2、豆1、壶1、盉1、鉴1、匜1	《文物》1981年11期

续表

序号	时代	报告显示墓主性别及地位等	出土单位	墓葬面积/平方米	出土青铜礼器	资料来源
348	战国早期	男性，曾侯乙	1978年湖北随县曾侯乙墓	220	鼎20、鼎形器10、汤鼎1、匜鼎1、鬲10、簋8、甗1、簠4、壶4、鼎形器10、圆尊缶2、方尊缶2、方鉴2（方鉴、方尊缶组成2套鉴缶）、尊1、盘1（尊盘组成一套器物）、罐1、浴缶4、圆鉴2、禁1、豆3、盘1、匜2、盒2以及炭炉等	《曾侯乙墓（上）》第189～245页
349	战国早期	不明	1984年湖北麻城楚墓M4	约27.09	盘1、匜1等	《江汉考古》1986年2期
350	战国早期	不明	1972年湖北襄阳山湾23号墓	约7.3	鼎1、簠1、缶1、盘1、匜1等	《江汉考古》1983年2期
351	战国早期	男性，麇国王族	1990年湖北郧县肖家河春秋楚墓	约11.25	鼎2、簠2、缶2、盘1、匜1等	《考古》1998年4期
352	战国早期	男性	1991年安徽省六安县城西窑厂2号楚墓	约55.44，一条墓道	鼎2、敦2、盘1、匜1等	《考古》1995年2期
353	战国早期	男性，古蜀国王	1980年四川新都晒坝战国木椁墓	约96.14，一条墓道	鼎5、甗2、甑2、釜5、敦2、豆2、壶10、缶2、盘2、匜2、鉴2、罍5等	《文物》1981年6期
354	战国早期	女性，古蜀高级贵族或开明王族某一系的上层人物	2016～2018年四川成都双元村东周墓M154	约17.2	鼎1、甗1、尊缶1、盆1、匜1等	《考古学报》2020年3期
355	战国早期	不明	2004年重庆巫山土城坡墓地M65	约15.12	鼎1、壶1、匜1	《江汉考古》2009年2期
356	战国早期	不明	2000年辽宁葫芦岛市建昌县东大杖子墓地M11	约12.02	鼎2、豆1、壶2、洗1、匜1、勺2	《文物》2015年11期
357	战国中期	女性，1号墓主夫人	2000年湖北省荆州市天星观二号楚墓	约72.8，一条墓道	鼎15、鬲5、簋5、豆5、敦2、盘2、提梁盉1、罍1、匜2等	《荆州天星观二号楚墓》第6、34页，《文物》2001年9期

续表

序号	时代	报告显示墓主性别及地位等	出土单位	墓葬面积/平方米	出土青铜礼器	资料来源
358	战国中期	女性，曾国国君夫人	1981年湖北随州擂鼓墩二号墓	约50.37	鼎17、鬲10、簋8、甗1、簠4、釜1、豆3、壶4、尊缶4、浴缶2、盘1、匜1等	《文物》1985年1期
359	战国中期	男性，士级别	2010年河南省淅川熊家岭M24	约22.7	鼎1、豆1、壶、匜1	《华夏考古》2016年2期
360	战国中期	男性，下大夫	2016～2018年湖北沙洋罗家湾M1	约252，一条斜坡墓道	鼎2、壶2、洗1、匜1等	《江汉考古》2018年4期
361	战国中期	不明	1978年江苏淮阴市高庄村HGM1	约94.5	鼎11、甗1、鉴4、盘18、匜7、盆1、罍2、盉2、瓶？1等	《考古学报》1988年2期
362	战国中期	不明	1980年江苏武进孟河战国墓	不明	鼎2、敦1、壶2、盘1、残匜1等	《考古》1984年2期
363	战国中期	不明	1990年～1998年湖北荆州市施家地楚墓M949	约33.28	盘1、匜1等	《考古》2000年8期
364	战国中期	不明	1990～1998年湖北荆州市施家地楚墓M973	约10.97	鼎2、壶2、盘1、匜1	《考古》2000年8期
365	战国中期	男性	1978年湖北省江陵天星观一号楚墓	约1532.6，一条墓道，被盗	鼎残碎、数量无法统计、壶盖2、小口鼎1、浴缶1、盉1、盘1、匜1等	《考古学报》1982年1期
366	战国中期	男性，上士	1993年湖北荆门市郭店一号墓	约27.6，一条墓道	残存盘1、匜1、耳杯1等	《文物》1997年7期
367	战国中期	男性，上士或下大夫	2012年湖北襄阳麋战岗战国楚墓M178	约170，一条斜坡墓道	鼎2、盘1、匜1	《考古》2016年11期
368	战国中期	男性，下大夫	2007年湖北襄阳市团山墓地M107	约110.8，一条斜坡墓道	鼎2、敦2、壶2、盘1、匜1等	《考古》2017年1期

续表

序号	时代	报告显示墓主性别及地位等	出土单位	墓葬面积/平方米	出土青铜礼器	资料来源
369	战国中期	不明	1973年湖北江陵藤店一号墓	约105.6，一条斜坡墓道	鼎2、豆2、壶2、盘1、匜1等	《文物》1973年9期
370	战国中期	男性，大夫	1986年湖北荆门包山2号楚墓	约1097.3，一条斜坡墓道	鼎19、汤鼎1、簠2、敦2、壶6、缶6、鉴2、盉1、盒3、盘4、瓢形匜1、鹰首匜2等	《包山楚墓（上）》第47、96～110、331、337页
371	战国中期	男性，上大夫	2002～2003年湖北枣阳九连墩楚墓M1	约1325.9，一条墓道	铜祭器：鼎29、鬲19、簋8、甗1、簠4、敦2、盒2、方壶8、尊缶3、尊1、盘1、盖豆2、盖方豆2、豆8、高柄壶形杯2、圆鉴3、方鉴2；铜燕器：汤鼎1、盉1、盒2、壶2、长颈壶1、卣1、浴缶2、盆1、盘6、匜3、套杯5、洗2等	《江汉考古》2019年3期
372	战国中期	女性	2002～2003年湖北枣阳九连墩楚墓M2	约1110.4，一条墓道	铜祭器：鼎25、簋4、敦2、盒2、壶4、方壶2、尊缶1、盖豆2、豆10、鉴2；铜燕器：匜鼎1、盉1、浴缶2、盆1、盘2、匜3、熏杯1、耳杯2、炭炉1等	《江汉考古》2018年6期
373	战国中期	男性，下大夫	2000年湖北荆门左冢1号楚墓	约283.5，一条墓道	鼎5、壶1、缶1、盘2、匜1、盉1、盒1、缶纽2	《荆门左冢楚墓》第11、33、45～48页
374	战国中期	男性，元士或下大夫	2000年湖北荆州曹家山一号楚墓	约21.32	鼎2、敦2、壶2、盘1、匜1	《江汉考古》2015年5期
375	战国中期	男性	1992年江陵车垱战国一号墓	约6.66	鼎2、敦1、壶2、洗2、匜1等	《江汉考古》1996年1期
376	战国中期	不明	1984～1985年湖北江陵马山楚墓M2	不明	鼎2、敦2、壶2、盘1、匜1、勺2等	《江汉考古》1988年3期

续表

序号	时代	报告显示墓主性别及地位等	出土单位	墓葬面积/平方米	出土青铜礼器	资料来源
377	战国中期	男性	1965～1966年湖北江陵马山区望山一号楚墓	约217.35，一条墓道	鼎9、敦2、壶4、缶2、盉1、浴缶1、盘2、匜2等	《江陵望山沙冢楚墓》第5、19、20页
378	战国中期	女性	1965～1966年湖北江陵马山区望山二号楚墓	约111.65，一条墓道	鼎5、敦4、壶4、缶1、樽1、盘2、匜2等	《江陵望山沙冢楚墓》第111、121、122页
379	战国中期	男性	2007年湖北天门彭家山楚墓M1	约35.2	鼎3、盉1、盘1、匜1	《天门彭家山楚墓》第104～105页
380	战国中期	男性	2007年湖北天门彭家山楚墓M18	约120.8，一条斜坡墓道	匜2、铜镇、铜匕等	《天门彭家山楚墓》第93页
381	战国中期	不明	1975年湖北江陵雨台山M482	约6.3	盘1、匜1等	《江陵雨台山楚墓》第189页
382	战国中期	不明	1975年湖北江陵雨台山M554	约13.5	匜1、剑、戈、矛等兵器	《江陵雨台山楚墓》第174页
383	战国中期	不明	1975年湖北江陵雨台山M354	约29.25	鼎2、盘1、匜1等	《江陵雨台山楚墓》第171页
384	战国中期	性别不明，王室成员	2015年湖北荆州望山桥1号楚墓	约1088，一条墓道	簠1、鬲6、匜1、簋盖6、壶盖2、缶盖1、熏杯1、	《文物》2017年2期
385	战国中期	男性，约36岁，下大夫，与2号墓主为夫妻	1992年湖北老河口安岗1号墓	约28.5，一条墓道	鼎6、敦2、壶4、鐎壶1、盘1、匜1	《文物》2017年7期
386	战国中期	女性，约46岁	1992年湖北老河口安岗2号墓	约12.42，一条墓道	鼎2、敦2、壶2、盘1、匜1	《文物》2017年7期
387	战国中期	女性	1998年湖北丹江口市吉家院墓地M2	约25.2，一条墓道	鼎2、壶2、盘1、残匜1等	《考古》2000年8期
388	战国中期	不明	1990～1998年湖北荆州市施家地楚墓M832	约9.04	鼎2、敦2、壶2、盘1、匜1	《考古》2000年8期

续表

序号	时代	报告显示墓主性别及地位等	出土单位	墓葬面积/平方米	出土青铜礼器	资料来源
389	战国中期	男性，大夫	1996年长沙市茅亭子楚墓M1	约14.12，一条墓道	鼎2、敦1、壶2、盘1、匜1	《考古》2003年4期
390	战国中期	不明	1974年长沙识字岭战国墓M2	约7.35，一条墓道	鼎2、壶2、盘1、匜1	《考古》1977年1期
391	战国中期	不明	1952～1994年长沙近郊楚墓M186	约13.21	鼎2、盘1、匜1、勺2等	《长沙楚墓（上）》第609页
392	战国中期	不明	1952～1994年长沙近郊楚墓M266	约5.52	鼎2、敦1、豆1、壶2、盘1、匜1等	《长沙楚墓（上）》第615页
393	战国中期	男性，大夫	1991年长沙市马益顺巷一号楚墓	约18.8，一条墓道	鼎2、敦1、壶1、盘1、匜1等	《考古》2003年4期
394	战国中期	不明	1999年湖南常德跑马岗战国墓M21	约9.6	洗1、匜1、匕1等	《江汉考古》2003年3期
395	战国中期	不明	1991年安徽省六安县城北楚墓M16	墓口被破坏，墓室面积约32	鼎1、敦1、盘1、匜1等	《文物》1993年1期
396	战国中期	女性，M585墓主夫人	2011年安徽六安白鹭洲战国墓M566	29.4，一条斜坡墓道	鼎4、甗2、壶2、盉1、洗3、匜2等	《考古》2012年5期
397	战国中期	男性，武将	2011年安徽六安白鹭洲战国墓M585	36.8，一条斜坡墓道	鼎4、盒2、罍1、洗1、匜1	《考古》2012年11期
398	战国中期	男性	1990年河南省淅川县徐家岭楚墓M8	约35.85，墓葬严重被盗	盆1、匜1	《淅川和尚岭与徐家岭楚墓（上）》第345～347页
399	战国中期	男性	1996～1997年洛阳市针织厂C1M5269	约42	鼎5、提梁盉2、方壶2、提梁壶1、匜1等	《文物》2001年12期
400	战国中期	不明	1992年洛阳市中州路C1M3750	约16.53	鼎2、敦2、壶2、罐1、盘1、匜1等	《文物》1995年8期

续表

序号	时代	报告显示墓主性别及地位等	出土单位	墓葬面积/平方米	出土青铜礼器	资料来源
401	战国中期	不明	1983年南阳市彭营砖瓦厂战国楚墓	约28.05	铜鼎4、壶2、盘2、残匜2、熏杯1等	《中原文物》1994年1期
402	战国中期	不明	河南辉县琉璃阁M59	约14	鼎、壶、鬲1、甑1、盘1、匜1、舟1等	《山彪镇与琉璃阁》第66页
403	战国中期	不明	河南辉县琉璃阁M75	约44.1	鼎12、豆12、壶6、鉴4、盘2、匜2、甑1组等	《山彪镇与琉璃阁》第66页
404	战国中期	不明	1988年陕西凤翔邓家崖M7	墓葬面积情况不明	匜1，组合情况未发表	《考古与文物》1991年2期
405	战国中期	不明	1988年陕西凤翔邓家崖M4	墓葬面积情况不明	组合情况未发表	《考古与文物》1991年2期
406	战国中期	不明	1981年陕西凤翔八旗屯M14	约4.864	鼎1、甗1、盘1、明器匜1、盆1等	《考古与文物》1986年5期，附表一
407	战国中期	不明	1976年陕西凤翔八旗屯CM2	约15.64	鼎3、簋1、盘1、匜1等	《考古与文物》1986年5期，附表三
408	战国中期	不明	1976年陕西凤翔八旗屯BM31	约4.31	甗1、盘1、匜1	《考古与文物》1986年5期，附表四
409	战国中期	不明	2011年陕西凤翔雷家台M2	约8.3	鼎1、甗1、盘1、匜1	《文博》2013年4期
410	战国中期	不详	1958年山西万荣县庙前村战国墓	约17.5	鼎7、鬲3、簋2、尊1、罍2、鉴2、残匜1等	《文物参考资料》1958年12期

续表

序号	时代	报告显示墓主性别及地位等	出土单位	墓葬面积/平方米	出土青铜礼器	资料来源
411	战国中期	男性，中山成公	1974～1978河北平山县战国墓葬M6西库	中字形墓，两墓道，墓室面积650.25，西库上口面积9.88，墓主人为中山成公	升鼎9、陪鼎5、鬲4、簋1、甗2、簠2、方座豆2、平盘豆2、圆壶4、扁壶2、小方壶2、盉4、盘1、匜1等，以及银首人俑灯等其他宝器	《中山灵寿城》第128页
412	战国中期	男性，中山王嚳	1974～1978河北平山县中山王嚳墓	王陵，“亚”字形墓室，一条斜坡墓道，椁室底部面积172.6，东库坑面积37.4	鼎5、甗1、扁壶4、方壶2、圆壶4、盉3、盘1、匜1、鸟柱盆1等，还有错金银铜牛、错金银铜虎噬鹿、错金铜犀等宝器	《文物》1979年1期，《中山王》第57～60页
413	战国中期	不明	1957～1959年河北邯郸百家村赵国墓M57	约16.66	鼎、甗、豆、壶、盘、残匜、舟等，具体数字不明	《考古》1962年12期
414	战国中期	不明	1981年北京通县中赵甫战国墓葬	墓被破坏，面积不明	鼎3、豆1、敦1、残匜1、匕3等	《考古》1985年8期

续表

序号	时代	报告显示墓主性别及地位等	出土单位	墓葬面积/平方米	出土青铜礼器	资料来源
415	战国中期	女性	2013年山东省淄博市淄川区尧王战国墓M1	约80.84	鼎6、豆6、盖豆4、方豆2、鬲1、敦4、笾2、壶2、提梁壶1、提梁罐2、盘2、匜1、舟2、卮1	《考古》2017年4期
416	战国中期	不明	曲阜鲁国故城乙组墓M58	约124.12	鼎1、壶2、罐1、尊1、鐎壶1、盘1、残匜1等	《鲁故城》第227页续表5
417	战国中期	不明	1955年四川成都羊子山M172	约16.2	鼎3、甗1、釜5、甑1、罍1、钫2、盉1、盘5、残匜3等	《考古学报》1956年4期
418	战国晚期	不明	1996年湖北襄阳法龙付岗墓地M3	不明	鼎1、盘1、匜1	《江汉考古》2002年4期
419	战国晚期	不明	1975年湖北江陵雨台山M204	约3.77	匜1、勺、匕等	《江陵雨台山楚墓》第179页
420	战国晚期	不明	1975年湖北江陵雨台山M419	约15.75	匜1、剑、戈、矛等兵器	《江陵雨台山楚墓》第173页
421	战国晚期	男性，士阶层	1982年湖北江陵马山1号楚墓	9.92，一条墓道	鼎2、壶1、匜1、耳杯2、匕1、舟1等	《江陵马山一号楚墓》第71～74页，95页
422	战国晚期	不明	1976年江陵张家山201号楚墓	不明	鼎2、壶2、盒2、盘1、匜1	《江汉考古》1984年2期
423	战国晚期	比士略高	2016年湖北荆州张屋台M56	约14.93	鼎2、敦2、壶2、洗1、匜1	《文博》2017年4期
424	战国晚期	士阶层	1986年湖北广水彭家湾1号墓	约5.86	鼎2、壶2、盘1、匜1	《江汉考古》1990年2期
425	战国晚期	不明	1990～1996年湖北襄樊郑家山M17	约18.13	鼎2、缶1、盉1、盘1、匜1、壶1	《考古学报》1999年3期
426	战国晚期	不明	1990～1996年湖北襄樊郑家山M62	约5.33	鍪1、钫2、盘1、匜1	《考古学报》1999年3期
427	战国晚期	不明	1952～1994年湖南长沙近郊楚墓M1854	约7.11，一条墓道	鼎2、匜1、勺	《长沙楚墓（上）》第749页
428	战国晚期	不明	1952～1994年湖南长沙近郊楚墓M1750	约25.42	匜1、剑1、镜1	《长沙楚墓（上）》第741页
429	战国晚期	不明	1952～1994年湖南长沙近郊楚墓M1649	约7.35，一条墓道	鼎2、壶2、盘1、匜1、勺2	《长沙楚墓（上）》第734页

续表

序号	时代	报告显示墓主性别及地位等	出土单位	墓葬面积/平方米	出土青铜礼器	资料来源
430	战国晚期	不明	1952～1994年湖南长沙近郊楚墓M1274	约5.46	铁足鼎2、壶1、盘1、匜1、盒1、勺2等	《长沙楚墓（上）》第704页
431	战国晚期	不明	1952～1994年湖南长沙近郊楚墓M1040	不明	残匜1、镜、带钩等	《长沙楚墓（上）》第682页
432	战国晚期	不明	1985年湖南桃源三元村1号墓	约9.17	鼎2、壶2、盘1、匜1等	《湖南考古辑刊（第四集）》第23页
433	战国晚期	不明	1964年湖南浏阳县北岭出土	出土单位性质不详	鼎3、匜1	《考古》1965年7期
434	战国晚期	男性，士级别	2007年湖北天门彭家山楚墓M7	约33.8	鼎2、壶2、匜1	《天门彭家山楚墓》第145页
435	战国晚期	男性，士级别	2007年湖北天门彭家山楚墓M8	约26.1，斜坡墓道	壶2、匜1	《天门彭家山楚墓》第136页
436	战国晚期	不明	2002年河南信阳长台关七号楚墓	约163.96，一条斜坡墓道	鼎4，两套组合器：铜扁壶及器皿组合（铜扁壶1、折沿盘8、平口盘10、圆盒4套）；铜圆盒及酒具组合（圆盒1、盘6、耳杯23、匜9）	《文物》2004年3期
437	战国晚期	不明	1982年河南洛阳解放路陪葬坑C1M395	不明	鼎12、簋18、簠4、壶12、豆2、盒4、罐1、碗1、舟2、罍1、盘7、匜2、盆3	《考古学报》2002年3期
438	战国晚期	男性，士级别	2004～2005年山东临淄国家村M4	约120.6	鼎2、敦2、罍2、盘1、匜1	《考古》2007年8期
439	战国晚期	不明	2008年山东省临淄孙家徐姚战国墓M20	约2.66	只有1件匜	《考古》2011年10期
440	战国晚期	不明	1965年山东诸城县葛布口村古墓	不明	罍1、罐1、壶1、盘2、匜1、炉1	《文物》1987年12期
441	战国晚期	不明	2001年山东淄博市临淄区战国墓M1	约111.72，一条墓道	鼎2、豆2、敦1、壶2、盘1、匜1、舟1、盒2等	《考古》2005年1期
442	战国晚期	女性	1992年山东临淄商王村一号战国墓	约14.62	鼎5、釜4、壶4、罍4、蒜头壶1、盘1、鹰首匜2、盒9等	《文物》1997年6期

续表

序号	时代	报告显示墓主性别及地位等	出土单位	墓葬面积/平方米	出土青铜礼器	资料来源
443	战国晚期	低级官吏	1978年春安徽舒城县秦家桥战国楚墓M1	不明	鼎2、壶2、盘1、匜1、盂1。苛訷匜出土于M1还是M2，因器物先前被扰乱，已无法确知，今暂列M2，仅供参考	《文物研究（第六辑）》第138页
444	战国晚期	低级官吏	1978年春安徽舒城县秦家桥战国楚墓M2	不明	鼎2、壶2、盘1、匜1	《文物研究（第六辑）》第138页
445	战国晚期		2003年安徽天长苏桥村铜器窖藏		鼎7、敦2、壶2、盘1、匜1、盆1、箕1、盒3	《文物》2009年6期
446	战国晚期	男性，秦国大夫级贵族	2017年陕西西咸新区秦汉新城坡刘村战国秦墓M3	约32.7	鼎、钫、壶、盘、匜1、鉴1、提梁盉1、鍪1等	《考古与文物》2020年4期
447	战国晚期	不明	1974年甘肃平凉庙庄战国墓	约29	鼎1、壶2、铜洗1、匜1	《考古与文物》1982年5期
448	战国晚期	不明	2010～2011甘肃天水张家川马家塬战国墓M18	约61左右，一条墓道	鼎1、壶2、铜洗1、匜2	《文物》2012年8期
449	战国晚期	不明	1973年成都西郊战国墓	约12.47	鼎1、敦1、鍪4、壶3、盒2、匜1等	《考古》1983年7期

附表5　青铜匜分期演变图

分期 型式	A型		B型		C型		D型	
	Aa	Ab	Ba	Bb	Ca	Cb	Da	Db
第一期（西周中期）	 1							
第二期（西周晚期）	 2							
第三期（春秋早期）	 3	 7						 21
第四期（春秋中期）	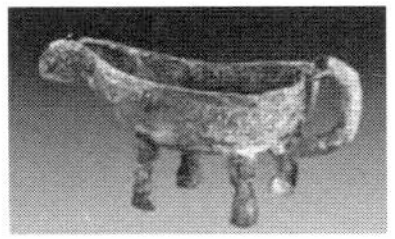 4	 8	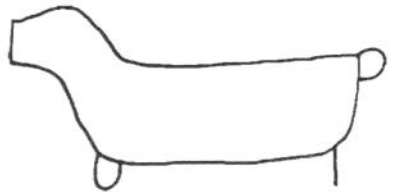 11				 19	 22
第五期（春秋晚期）	 5	 9	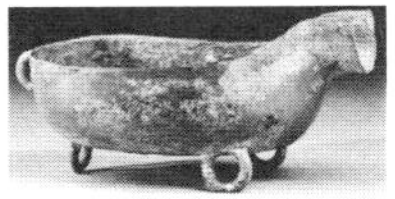 12		 14	 15	 20	 23

续表

分期 型式	A型		B型		C型		D型	
	Aa	Ab	Ba	Bb	Ca	Cb	Da	Db
第六期 （战国早期）	6	10		13		16		24
第七期 （战国中期）						17		25
第八期 （战国晚期）						18		26

1. Aa型Ⅰ式儠匜　2. Aa型Ⅱ式叔五父匜　3. Aa型Ⅲ式番伯酓匜　4. Aa型Ⅳ式凤翔孙家南头蟠螭纹匜　5. Aa型Ⅴ式北京延庆军都山M2三角云纹匜　6. Aa型Ⅵ式洛阳高速公路LJM74素面匜　7. Ab型Ⅰ式湖北随县安居桃花坡重环纹匜　8. Ab型Ⅱ式滕州薛国故城M1蟠螭纹匜　9. Ab型Ⅲ式湖北天门黄家店蟠螭纹匜　10. Ab型Ⅳ式1966年山西长治分水岭战国墓M232蟠螭纹匜　11. Ba型河南洛阳东周墓C1M124素面匜　12. Ba型河南淇县宋庄M4素面匜　13. Bb型山西长治分水岭战国墓M26桃形环足　14. Ca型河南陕县M2040错嵌红铜云雷纹匜　15. Cb型Ⅰ式洛阳西工区M8832素面圈足匜　16. Cb型Ⅱ式洛阳中州路东周墓M2717素面圈足匜　17. Cb型Ⅲ式湖北随州擂鼓墩二号墓素面匜　18. Cb型Ⅳ式私官匜　19. Da型Ⅰ式湖北南漳川庙山M18垂鳞纹匜　20. Da型Ⅱ式河南淅川下寺春秋楚墓M1蟠虺纹匜　21. Db型Ⅰ式河南信阳明港重环纹匜　22. Db型Ⅱ式湖北枣阳郭家庙M8蟠螭纹匜　23. Db型Ⅲ式湖北十堰市郧阳区乔家院M6蟠虺纹匜　24. Db型Ⅳ式陕西凤翔高王寺村窖藏刻纹匜　25. Db型Ⅴ式湖北老河口安岗1号楚墓素面匜　26. Db型Ⅵ式铸客匜

附表6　本书引用书目简称全称对应表

序号	简称	对应书目全称
1	《薛氏》	（宋）薛尚功：《历代钟鼎彝器款识法帖》，1935年海城于省吾影印明崇祯六年朱谋垔刻本
2	《啸堂》	（宋）王俅：《啸堂集古录》，1922年涵芬楼本
3	《西清》	（清）梁诗正：《西清古鉴》，乾隆二十年内府刻本
4	《西清续甲》	（清）王杰：《西清续鉴》（甲编），宣统三年涵芬楼石印宁寿宫写本
5	《西清续乙》	（清）王杰：《西清续鉴》（乙编），1931年北平古物陈列所依宝蕴楼钞本石印本
6	《宁寿》	（清）梁诗正、王杰：《宁寿鉴古》，1913年涵芬楼依宁寿宫写本石印本
7	《两罍轩》	（清）吴云《两罍轩彝器图释》，同治十一年自刻木本
8	《怀米》	（清）曹载奎：《怀米山房吉金图》，日本明治十五年（1883年）文石堂翻刻木本
9	《陶斋》	（清）端方：《陶斋吉金录》，清光绪三十四年石印本
10	《陶斋续》	（清）端方：《陶斋吉金续录》，清宣统元年石印本
11	《移林馆》	（清）丁麟年：《移林馆吉金图识》，1941年北平东雅堂翻印清宣统二年石印本
12	《积古斋》	（清）阮元：《积古斋钟鼎彝器款识》，清嘉庆九年自刻本
13	《筠清馆》	（清）吴荣光：《筠清馆金文》，清宜都杨守敬重刻本
14	《攈古》	（清）吴式芬：《攈古录金文》，1913年西泠印社翻刻光绪二十一年吴氏家刻本
15	《缀遗斋》	（清）方濬益：《缀遗斋彝器考释》，1935年商务印书馆石印本
16	《愙斋》	（清）吴大澂：《愙斋集古录》，1930年涵芬楼影印本
17	《恒轩》	（清）吴大澂：《恒轩所见所藏吉金录》，光绪十一年自刻木本
18	《簠斋》	（清） 陈介祺：《簠斋吉金录》，1918年风雨楼影印本
19	《郁华阁》	（清）盛昱：《郁华阁金文》，北京大学图书馆藏原拓本
20	《奇觚》	（清）刘心源：《奇觚室吉金文述》，清光绪二十八年自写刻本
21	《敬吾心》	（清）朱善旂《敬吾心室彝器款识》，清光绪三十四年朱之榛石印本
22	《澄秋馆》	孙壮：《澄秋馆吉金图》，1931年北平商务印书分馆石印本
23	《梦坡》	周庆云、邹寿祺：《梦坡室获古丛编》，1927年石印本
24	《双剑誃》	于省吾：《双剑誃古器物图录》，中华书局，2009年
25	《录遗》	于省吾：《商周金文录遗》，科学出版社，1957年
26	《长安获》	刘喜海：《长安获古编》，清光绪三十一年刘鹗补刻标题本
27	《海外吉金》	容庚：《海外吉金图录》，1935年考古学社专集第三种影印本
28	《宝蕴楼》	容庚：《宝蕴楼彝器图录》，1929年北平京华印书局影印本
29	《善斋》	容庚：《善斋彝器图录》，1936年燕京大学哈佛燕京学社影印本
30	《颂斋续》	容庚：《颂斋吉金续录》，1938年考古学社专集第十四种影印本
31	《通考》	容庚：《商周彝器通考》，台湾大通书局印行，1973年
32	《通论》	容庚、张维持：《殷周青铜器通论》，文物出版社，1984年
33	《三代》	罗振玉：《三代吉金文存》，中华书局，1983年

续表

序号	简称	对应书目全称
34	《贞松》	罗振玉：《贞松堂集古遗文》，1930年石印本
35	《故图》	台北故宫、“中央”博物院联合管理处：《故宫青铜器图录》，台北中华丛书委员会出版，1958年
36	《美集录》	陈梦家：《美帝国主义劫掠的我国殷周铜器集录》，科学出版社，1962年
37	《海外遗珍》	台北故宫博物院编辑委员会：《海外遗珍·铜器续》，台北故宫博物院、台北士林区外双溪，1988年
38	《精华·铜》	国家文物局：《中国文物精华大辞典·青铜卷》，上海辞书出版社，1995年
39	《全集》	中国青铜器编辑委员会：《中国青铜器全集》，文物出版社，1995～2009年
40	《楚图典》	高至喜：《楚文物图典》，湖北教育出版社，2000年
41	《故铜》	故宫博物院：《故宫青铜器》，紫禁城出版社，1999年
42	《夏商周》	陈佩芬：《夏商周青铜器研究》，上海古籍出版社，2004年
43	《旅顺博》	旅顺博物馆：《旅顺博物馆》，文物出版社，2004年
44	《山东藏珍》	山东省博物馆：《山东省博物馆藏珍·青铜器卷》，山东文化音像出版社，2004年
45	《周原》	曹玮：《周原出土青铜器》，巴蜀书社，2005年
46	《小邾国》	枣庄市政协台港澳侨民族宗教委员会、枣庄市博物馆：《小邾国遗珍》，中国文史出版社，2006年
47	《流散》	刘雨、汪涛：《流散欧美殷周有铭青铜器集录》，上海辞书出版社，2007年
48	《旅顺铜》	旅顺博物馆：《旅顺博物馆馆藏文物选粹——青铜器卷》，文物出版社，2008年
49	《首阳吉金》	首阳斋、上海博物馆、香港中文大学文物馆：《首阳吉金——胡盈莹、范季融藏中国古代青铜器》，上海古籍出版社，2008年
50	《晋国雄风》	大连现代博物馆、山西博物院、山西省考古研究所：《晋国雄风——山西出土两周文物精华》，万卷出版公司，2009年
51	《美术全集·铜》	金维诺：《中国美术全集·青铜器》，黄山书社，2010年
52	《故宫图典》	故宫博物院：《故宫青铜器图典》，紫禁城出版社，2010年
53	《临沂集萃》	郑西溪：《临沂市博物馆馆藏集萃》，山东美术出版社，2011年
54	《金玉华年》	上海博物馆、陕西省考古研究院：《金玉华年——陕西韩城出土周代芮国文物珍品》，上海书画出版社，2012年
55	《凤翔遗珍》	凤翔县博物馆：《凤翔遗珍——凤翔县博物馆藏品精粹》，三秦出版社，2012年
56	《故都神韵》	南京市博物馆：《古都神韵——南京市博物馆文物精华》，文物出版社，2013年
57	《南国楚宝》	秦始皇帝陵博物院：《南国楚宝　精采绝艳——楚文物珍品展》，三秦出版社，2013年
58	《铜辞典》	陈佩芬：《中国青铜器辞典》，上海辞书出版社，2013年
59	《群舒》	安徽博物院：《江淮群舒青铜器》，安徽美术出版社，2013年
60	《淅川精粹》	淅川县博物馆：《淅川楚国青铜器精粹》，中州古籍出版社，2013年

续表

序号	简称	对应书目全称
61	《呦呦鹿鸣》	山西省考古研究所、山西博物院、首都博物馆：《呦呦鹿鸣——燕国公主眼里的霸国》，科学出版社，2014年
62	《江淮》	陆勤毅、宫希成：《安徽江淮地区商周青铜器》，文物出版社，2014年
63	《古中山国》	河北博物院：《战国雄风·古中山国》，文物出版社，2014年
64	《传承与谋变》	秦始皇帝陵博物院：《传承与谋变——三晋历史文化展》，三秦出版社，2014年
65	《泱泱大国》	秦始皇帝陵博物院：《泱泱大国——齐国历史文化展》，三秦出版社，2015年
66	《江汉汤汤》	中国国家博物馆、湖北省博物馆：《江汉汤汤——湖北出土商周文物》，北京时代华文书局，2015年
67	《寻巴》	秦始皇帝陵博物院：《寻巴——消失的古代巴国》，西北大学出版社，2016年
68	《秦业流风》	台北故宫博物院：《秦业流风——秦文化特展》，台北故宫博物院，2016年
69	《沂水纪王崮》	山东省文物考古研究所等：《沂水纪王崮春秋墓出土文物集萃》，文物出版社，2016年
70	《大邦之梦》	苏州博物馆：《大邦之梦——吴越楚青铜器》，上海古籍出版社，2017年
71	《出土铜》	李伯谦：《中国出土青铜器全集》，科学出版社，2018年
72	《长渠缀珍》	郑州博物馆：《长渠缀珍——南水北调中线工程河南段出土文物保护成果展》，文物出版社，2020年
73	《日精华》	〔日〕梅原末治：《日本蒐储支那古铜精华》（五册），1959～1962年
74	《综览》	〔日〕林巳奈夫：《〈殷周时代青铜器之研究〉——殷周青铜器综览一》，吉川弘文馆，1984年
75	《不言堂》	〔日〕樋口隆康、林巳奈夫：《不言堂——坂本五郎：中国青铜器清赏》，日本经济新闻社
76	《总集》	严一萍：《金文总集》，艺文印书馆，1983年
77	《集成》	中国社科院考古研究所：《殷周金文集成》，中华书局，1984年
78	《铭文选》1	上海博物馆商周青铜器铭文选编写组：《商周青铜器铭文选（一）》，文物出版社，1986年
79	《铭文选》3	马承源：《商周青铜器铭文选（三）》，文物出版社，1988年
80	《陕金汇编》	吴镇烽：《陕西金文汇编》，三秦出版社，1989年
81	《故周金》	台北故宫博物院：《故宫西周金文录》，台北故宫博物院出版，1990年
82	《新收》	钟柏生、陈昭容、黄铭崇、袁国华：《新收殷周青铜器铭文暨器影汇编》，台北艺文印书馆，2006年
83	《山金》	山东省博物馆：《山东金文集成》，齐鲁书社，2007年
84	《铭图》	吴镇烽：《商周青铜器铭文暨图像集成》，上海古籍出版社，2012年
85	《铭图续编》	吴镇烽：《商周青铜器铭文暨图像集成续编》，上海古籍出版社，2016年
86	《铭图三编》	吴镇烽：《商周青铜器铭文暨图像集成三编》，上海古籍出版社，2020年

续表

序号	简称	对应书目全称
87	《蔡侯墓》	安徽省文物管理委员会、安徽省博物馆：《寿县蔡侯墓出土遗物》，科学出版社，1956年
88	《上村岭》	中国科学院考古研究所：《上村岭虢国墓地》，科学出版社，1959年
89	《洛阳中州路》	中国科学院考古研究所：《洛阳中州路（西工段）》，科学出版社，1959年
90	《齐家村》	陕西省博物馆、陕西省文物管理委员会：《扶风齐家村青铜器群》，文物出版社，1963年
91	《鲁故城》	山东省文物考古研究所、山东省博物馆、济宁地区文物组等：《曲阜鲁国故城》，齐鲁书社，1982年
92	《曾侯乙墓》	湖北省博物馆：《曾侯乙墓》，文物出版社，1989年
93	《下寺》	河南省文物研究所等：《淅川下寺春秋楚墓》，文物出版社，1991年
94	《中山王》	河北省文物研究所：《𰯼墓——战国中山国国王之墓》，文物出版社，1996年
95	《三门峡》	河南省文物考古研究所、三门峡市文物工作队：《三门峡虢国墓》，文物出版社，1999年
96	《北窑》	洛阳市文物工作队：《洛阳北窑西周墓》，文物出版社，1999年
97	《天马—曲村》	邹衡：《天马—曲村（1980—1989）》，科学出版社，2000年
98	《郑公大墓》	河南博物院、台北历史博物馆：《新郑郑公大墓青铜器》，大象出版社，2001年
99	《枣阳郭家庙》	陈千万：《枣阳郭家庙曾国墓地》，科学出版社，2005年
100	《军都山》	北京市文物研究所：《军都山墓地——玉皇庙》，文物出版社，2007年
101	《小黑石沟》	内蒙古自治区文物考古研究所、宁城县辽中京博物馆：《小黑石沟——夏家店上层文化遗址发掘报告》，科学出版社，2009年
102	《长治分水岭》	山西省考古研究所等：《长治分水岭东周墓地》，文物出版社，2010年
103	《西亚斯》	河南省文物考古研究所：《新郑西亚斯东周墓地》，大象出版社，2012年
104	《大系》	郭沫若：《两周金文辞大系图录考释》，上海书店出版社，1999年
105	《积微居》	杨树达：《积微居金文说》，科学出版社，1959年

后　记

本书是在阴玲玲师姐的硕士毕业论文《两周青铜匜研究》（2008年）的基础上完成的。师姐近年因工作繁忙，嘱我协助老师完成《中国古代青铜器整理与研究·青铜匜卷》的写作工作。本书中，我在她论文的基础上将两周时期的青铜匜资料做了扩充，由原来的521件增补到836件，同时剔除了师姐论文中所收录的秦汉部分铜匜资料。对于文本的体例、内容，在师姐的允许下，我也按照自己的想法做了大幅度的变动，最终形成本书的成稿。所以本书存在的观点、讹误等问题，理当由我负全部责任。

需要说明的是，师姐在2007～2008年论文写作过程中，付出了辛苦的劳动，她用了近两年的时间进行青铜匜资料的收集、整理、研究工作，最终形成一篇硕士论文。正是有了她早期的铺垫工作，才让我后来的写作工作能够顺利进行，这是我必须要向师姐表示感谢的。

另外本书的完成，照例受到业师张懋镕先生的大力支持，他不断给予我写作方法上的指导与写作思路上的启发，使我获益良多。在我遇到疑难问题的时候总是耐心地为我答疑解惑，使我遇到的困难都能够得以解决。老师的教诲将使我终身受益，在此谨向老师致以最诚挚的谢意。

陕西省文物保护研究院的领导、同事们，以及我驻村扶贫期间的山阳县和平村的诸位同人，也给予了我格外的关心与照顾。同门的任雪莉师姐、毕经伟师兄、马强师兄、付建师兄、李树浪师弟，四川博物院的郭军涛博士、湖南省博物馆的吴小燕老师，为本书的写作提供了大量的参考资料，这些也都是我应当感谢的。

科学出版社的李茜副编审也为本书的出版付出了大量的劳动，在此一并表示感谢。

由于本书收录青铜匜数量繁多，涉及问题十分庞杂，虽经我屡次核对，但仍不免会有错讹发生，加之我学识水平有限，得出的结论也常恐有不当之处，所有这些，都谨望学界同人批评指正。书中所引用的材料及观点，我都尽可能地加了注，不慎遗漏之处，也谨望同人谅解！

王　宏

2021年10月于陕西西安